国家社会科学基金项目“公共利益的立法表达与司法考量研究”
（项目编号：19BFX001）成果

公共利益的立法表达与司法考量

高志宏 著

LEGISLATIVE EXPRESSION AND JUDICIAL CONSIDERATION OF THE PUBLIC INTEREST

法律出版社
LAW PRESS · CHINA
北京

图书在版编目（CIP）数据

公共利益的立法表达与司法考量 / 高志宏著.
北京：法律出版社，2025. -- ISBN 978 - 7 - 5197 - 9387 - 6
Ⅰ. D922.104
中国国家版本馆 CIP 数据核字第 2024LB9525 号

公共利益的立法表达与司法考量
GONGGONG LIYI DE LIFA BIAODA YU SIFA KAOLIANG

高志宏　著

策划编辑 沈小英
责任编辑 毛镜澄
装帧设计 鲍龙卉

出版发行 法律出版社
编辑统筹 法治与经济出版分社
责任校对 李慧艳
责任印制 吕亚莉
经　　销 新华书店

开本 710 毫米 × 1000 毫米　1/16
印张 24.5　**字数** 409 千
版本 2025 年 1 月第 1 版
印次 2025 年 1 月第 1 次印刷
印刷 北京虎彩文化传播有限公司

地址：北京市丰台区莲花池西里 7 号（100073）
网址：www.lawpress.com.cn
投稿邮箱：info@lawpress.com.cn
举报盗版邮箱：jbwq@lawpress.com.cn
销售电话：010 - 83938349
客服电话：010 - 83938350
咨询电话：010 - 63939796

书号：ISBN 978 - 7 - 5197 - 9387 - 6
定价：118.00 元

凡购买本社图书，如有印装错误，我社负责退换。电话：010 - 83938349

目 录

下篇 公共利益的司法考量

绪　论

近年来，公共利益重大事件引起了社会的讨论，公共利益泛化、虚化和弱化现象引发了学界的思考，如何从法治角度界定公共利益并实现各利益单元之间的平衡，亟待深入研究。

一、国内外文献综述

实际上，公共利益是古今中外理论界广泛关注的问题之一。现代公共利益观念滥觞于古希腊罗马时期，亚里士多德（Aristotle）将公共利益视为“共同的善”，乌尔比安（Domitius Ulpianus）则把公共利益作为划分公法与私法的重要标准。随后，公共利益研究实现了从中世纪神学主义到近代社会契约学说的转变，从功利主义到新自由主义、社群主义、新公共管理主义等多元理论的并存发展，阿奎那（Thomas Aquinas）、卢梭（Rousseau）、罗尔斯（Rawls）、熊彼特（Schumpeter）等思想家都对公共利益有独到见解。通过梳理西方学界对公共利益研究的发展脉络，可以发现：首先，西方公共利益研究具有历史延续性，早在古希腊罗马时期，西方公共利益观的三个基本范畴就已形成，即公共利益与个人利益、政府、法律之间的关系；三大公理性认识也基本达成，即公共利益是限制个人利益之伦理要求，是论证政府合法性之逻辑基础，是衡量正当性之判断标准。其次，西方社会主要是从评价尺度、价值追求、社会互动、制度形态等角度认识公共利益，从理性主义到现实主义、从抽象思辨到社会实践。最后，西方学界普遍认为，公共利益无论是在建构政府，还是在平衡私权，抑或是在凝聚社会等方面都发挥着重要作用，是影响公共生活、社会生活、个人生活的重要范畴。当然，公共利益命题也一直经受质疑，部分理论家否认了公共利益的客观存在，包括边沁（Bentham）、哈耶克（Hayek）、亚当·斯密（Adam Smith）等。阿罗

(Arrow)甚至提出著名的(公共利益)“不可能定理”。同时,西方学界对解决公共利益问题的着眼点、侧重点、解释方法和解决路径并不完全相同。

如今,随着公共性问题的复杂化、多样化,西方学界更加注重从公共利益角度对权力制衡方案的框架设计和对权力规范运作的路径设计,尤其是关注公共利益在立法的表达问题和在司法中的考量问题。德博拉·斯通(Deborah Stone)从公共决策的角度研究公共利益在现实中面临的困境;库珀(Cooper)从行政伦理视角研究公共利益的模糊性、变动性、阐释性问题;罗斯科·庞德(Roscoe Pound)作为社会法学的奠基人提出了个人利益与公共利益相统一的观点;安德里亚·杜尔巴赫(Andrea Durbach)认为,公益诉讼是利益衡量方法在司法审判中的具体运用;埃德加·博登海默(Edgar Bodenheimer)则结合具体司法案件的审理过程,提出法官应当以当事人的具体利益为起点,在公共利益的基础上对制度利益进行综合衡量并得出妥当的结论;萨拉蒙(Salamon, L. M.)认为,随着现代社会生活的日益复杂以及对公共利益需求的日益增多,非营利性组织机制在很大程度上弥补了政府机制和市场机制的缺陷,在提供公共产品和公共服务方面的作用日益扩展。这些理论观点不仅极大地丰富了公共利益学说,而且有力地推动了公共利益的实践。

就我国而言,公共利益研究热是我国社会经济结构变迁在理论上的要求和具体体现,法学界对公共利益的研究日益深入更是我国法治变革的客观结果。随着2004年《宪法》第4次修正案、2007年《物权法》(已失效)、2011年《国有土地上房屋征收与补偿条例》等法律法规的出台,“公共利益”越来越多地出现在法律条文中,成为限制个人利益进行征收或征用的合法理由。国内关于“公共利益”命题的理论化研究呈现从本体论、价值论向体系论、实践论的演变与升华。公共利益的本体论研究着眼公共利益的内涵外延与基本特征,认为公共利益作为一种价值理念,是一个关涉政府合法性和政治正义性的基石性概念,在事实层面却是一个充满争议性的话题(梁上上,2016年;刘光华,2018年)。公共利益的价值论研究着眼公共利益的理论价值与应然功能,认为公共利益在不同的社会关系中会有不同的表现层次,是关乎人类长远的根本的整体利益(韩大元,2005年;冯晓青,2019年),对于防止公权滥用和私权膨胀的意义重大(张雪帆,2019年)。公共利益的体系论研究着眼公共利益的内容架构与制度设计,认为公共利益具有优先价值,国家可以为了公共利益而限制、克减甚至剥夺公民的个人利益(刘太刚,2011 年;麻宝斌,2019 年),法律亦普遍将公共利益作为限制个人利益的合法条件(孙笑侠,1995 年;顾向一,2019 年)。公共利益的实践论研究着眼公共利益的现实困境与突破路径,认为公共利益的实现尤其需要加强公共利益的程序法制建设和救济制度建设(钱弘道,2007 年;颜冬铌,2020 年;汪青松,2020 年)。

学者上述学术努力的最大贡献在于,为我们初步勾勒出公共利益命题在逻辑上的理论图景,探讨了公共利益是什么、源于什么、怎么平衡等问题,但综观研究的脉络与视野,公共利益话语的兴起及其分析框架始终未能超越一种本质主义的公共利益观,呈现一元主义的研究视角,正当性与可行性的整体性、融贯性研究缺失,并由此造成了公共利益本体论研究与实践论研究的脱节。换言之,目前学界关于公共利益的研究多偏重抽象的概念阐释或者法律意义上的文本诠释,忽视了公共利益的界定主体、认定标准、增进方式、实现程序等"细节"问题。特别是在全面推进依法治国(张文显,2017 年)的背景下,如何确保公共利益本体、价值、体系与实践保持在同一逻辑的结构层面,成为相互支持、相互证明的整体,从而促使公共利益从道德诉求走向制度建设(胡鸿高,2008 年),还有待深入研究。

二、研究价值与意义

改革开放 40 余年来,利益主体多元化、利益需求多样化、利益关系复杂化等成为客观事实。在利益结构变迁和利益冲突协调过程中,存在几种错误的认识倾向:一是单纯强调自身个人利益,以个人利益最大化为由侵犯他人利益、集体利益以及公共利益;二是夸大公共利益,以公共利益为借口忽略个人利益或谋取部门利益、地方利益乃至个人私利;三是未充分重视真正的公共利益,一些环境污染、不正当竞争、虚假广告、食品安全、国有资产流失等公共利益问题未得到妥善处理。上述错误认识倾向的症结是没有正确看待和处理好公共利益与其他利益之间的关系。

因此,对公共利益的立法表达与司法考量进行研究具有重要的学术和应用价值。其一,从理论角度合理确定公共利益与个人利益及其他利益之间的边界,确保各种利益之间保持适度的张力。树立科学的利益观念是弥合社会矛盾分歧的观念支撑。从宏观角度研究公共利益观,不仅有助于社会公共意识的形成和公共精神的培养，而且有助于形成有效的利益分配、协调和平衡机制，最终有助于消弭利益冲突。其二，从立法角度提出公共利益的表达机制、表达范式和表达内容。通过立法的方式产生公共利益法律制度，对公共利益事项作出法律判断，这是公共利益实现的前提和基础。研究公共利益的决定权和判断权以及公共决策程序和利益衡量，不仅是厘清理论误区的迫切需要，而且是解决实践争议的现实要求。其三，从司法角度推进司法机关在个案中平衡各方利益，既保护个人合法利益又增进公共利益。通过公益诉讼等解决纠纷机制，维护公共利益，这是公共利益实现的保障。研究司法机关的个案监督和公益诉讼有利于解决公共利益异化、虚化和泛化的问题。

三、研究内容与重点

本书以“公共利益”这一概念为核心，以立法梳理和司法实践反思为切入点，以文本分析和实证研究为方法，重点研究公共利益的界定、衡量与保障问题。详言之，本书以“公共利益法律规制体系”为研究对象，主要围绕公共利益立法表达、行政衡量和司法保障三个层面展开：一是公共利益在不同部门法、不同法律文本中的表现形态、内涵范围及表述差异，探讨立法层面的公共利益法律规则问题；二是公共利益在行政决策中面临的困境以及存在的公共利益泛化、虚化、弱化现象，提出公共决策的程序机制和实体体制；三是司法机关在具体案件中如何判定公共利益，如何衡量公共利益与他利益之间的关系，提出实现、维护和增进公共利益的新思路，从而为促进公共利益与个人利益的平衡提供智力支持。

本书有三点研究目标：一是通过对公共利益基本范畴进行学术梳理，形成公共利益理论体系，倡导树立科学的公共利益观和价值观；二是通过对公共利益相关制度进行法律梳理，提出公共利益法律制度完善建议；三是对公共利益事件及案例进行现实考察，得出公共利益立法制度与司法实践的偏差，提出司法审判建议。

本书研究的重点、难点在于：一是如何从理论角度厘清公共利益的边界。分析公共利益的内涵范围、本质特征、价值体系，尤其是公共利益与个人利益等相关利益的关系，厘清认识中的误区，从而为公共利益法律制度完善提供理论支撑，是本书研究的重点。二是如何剥离抽象公共利益立法条款的含义。公共利益是法律正当性和有效性的评判标准，公共利益的规范化、类型化、层次化和体系化是完善公共利益立法的应有之义。现行法律法规中“公共利益”条款各式各样、内容不一，梳理现行部门法中公共利益的称谓名称、内容表述、立法目的以及实现机制等，深入、系统比较分析这些法律条款是本书研究的重点和难点。三是如何确定公共决策中利益衡量的原则和方法。善治和法治语境下的行政决策应以追求公共利益最大化为目标，严格遵循价值位阶原则、比例原则、正当程序原则等法治原则，但在不同的公共决策中如何适用公共利益的认定原则、认定方法和认定程序，是本书研究的难点。四是如何撷取公共利益司法案例并提出对策建议。公共利益司法案例众多，如何撷取典型案例并挖掘这些公共利益案例背后的共同点、争议焦点以及解决困境，尤其是分析假借公共利益之名侵犯个人利益之实的社会和制度根源是本书研究的落脚点、重点和难点。

四、研究方法与思路

本书属于一项制度分析和实证研究相结合的研究课题，主要采用文本分析法、案例分析法和比较分析法等研究方法。一是文本分析法。“公共利益”是现代世界各国法律中普遍出现的一个概念，也是我国法律法规中出现频率极高的一个术语，在不同法律部门、不同层次的法律中均有体现。本书全面研究“公共利益”条款的具体内容、立法目的与法律性质，从实然角度分析公共利益的内容范围及立法目的。二是比较分析法。采用比较研究的方法，深入探讨公共利益在不同法律制度，甚至在同一法律制度中的表述差异、效用范围与立法不足，为解决我国当今公共利益问题提供更富有实效的理论资源。三是案例分析法。撷取公共利益社会热点事件和典型司法案例，总结公共利益在现实中的认定机制和维护机制，研究公共利益在执法司法实践中的呈现形式、保护机制和现实困境，反思实践与制度之偏差，构建符合中国特定时空结构中的公共利益法治系统。本书研究的基本思路如图 0－1 所示。

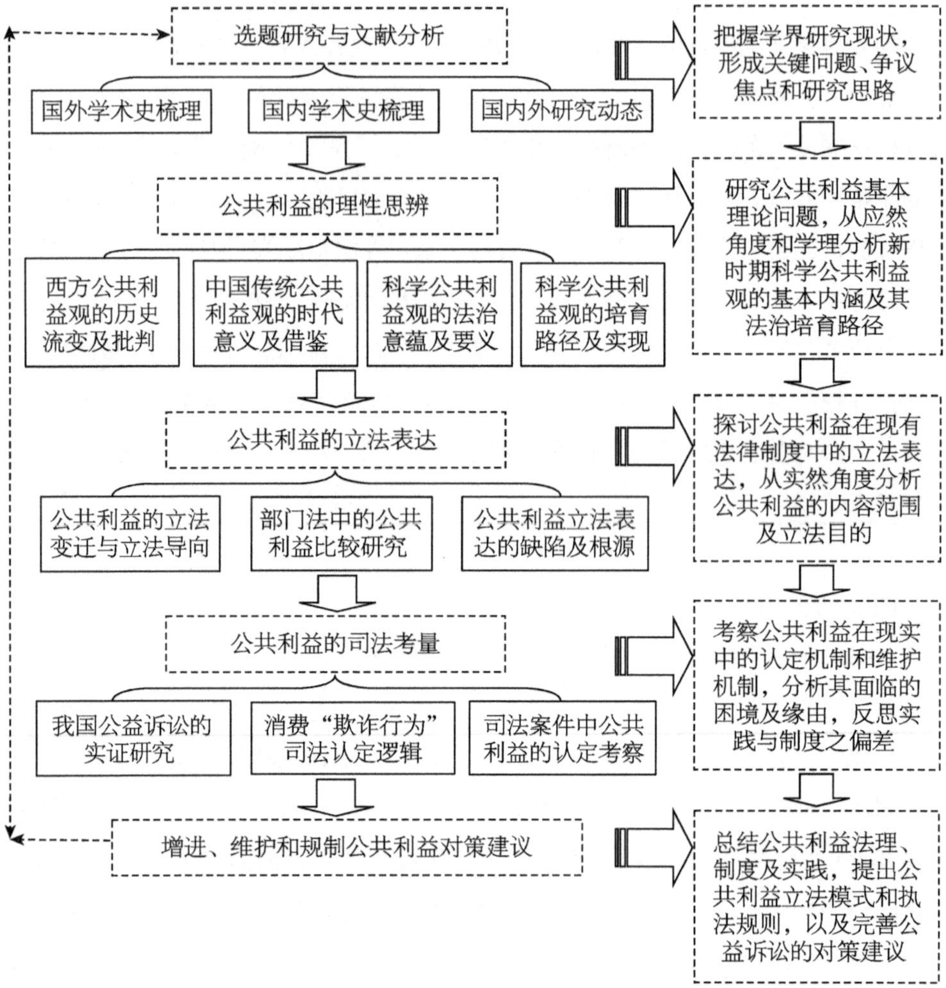

图 0－1　本书的研究路线

五、研究创新与不足

转型社会的现实图景决定了公共利益研究在法治实践中的特殊地位。本书的创新点在于：第一，在研究方法上，更加注重中国公共利益的法治实践，立足于中国传统文化和社会主义市场经济实践研究公共利益在社会转型期的复杂现实情景。第二，在研究思路上，转换了传统公共利益本质主义研究范式。“公共利益”往往是作为现代法律保留条款或是说法律限制条款而存在的，但法治建设日趋多元多层面，公共利益日趋多样复杂，传统公共利益理论在中国法治实践中面临挑战。为此，本书试图为解决公共利益现实问题另辟蹊径，提供一个更具多元化、实践性的分析视角和框架。第三，在研究结论上，提出更加具体务实的公共利益法治对策建议。本书在研究过程中，偏重公共利益增进和实现过程中具体规则制度的研究，包括从立法上如何表达公共利益，公共利益实现途径、增进方式和保护机制，如何在个案中平衡公共利益与其他利益之间的关系，等等。

本书期冀为国家立法机构、国家机关和研究机构提供理论和智识贡献，为国家立法、决策和法治运行提供理论指导。因此，成果去向包括国家机关、社会组织、研究机构和高等学校。本书希望能为国家行政机关的公共利益决策活动提供理论支撑和对策建议，为国家立法机关提供决策参考，为高等学校和有关研究机构的教学科研活动、学术交流提供理论参考。

然而，囿于“公共利益”自身的复杂性以及本人学术水平有限，本书难免存在疏漏乃至谬误之处。尤其是鉴于公共利益问题过于宏大，涉及法律的各个部门以及司法实践的诸多领域，本书不可能逐一展开研究，只能在总体论述的基础上择其一二进行分述。例如，在公共利益立法表达问题上，本书首先对我国 70 年(1949 ~ 2019 年)公共利益的立法变迁与立法导向进行了回顾、梳理和评析，然后以慈善事业、产品质量、消费者权益、学前教育等社会关注的热点问题为视角，研究社会组织立法、产品质量立法、消费者权益立法、侵权责任立法、教育立法等立法中的公共利益问题。再如，在公共利益司法考量方面，本书首先以实证研究为主要方法对我国公益诉讼司法裁判问题进行了统计、分析和反思，然后以消费者权益保护为视角，探讨了国家的责任及其实现机制、个人信息司法保护中的利益衡量问题，以及行政公益诉讼制度的反思与构建问题，在此基础上提出对我国公共利益司法保护的建议。本书存在的不足恳请各位专家不吝赐教、批评指正，本人也将在今后的学术生涯中继续关注公共利益法治问题。

上篇　公共利益的理性思辨

笔者按：本篇作为全书的首要部分，以更抽象的"公共利益观"为视角探讨公共利益基本理论问题，从而将公共利益的核心要义、主要特征、边界范围等问题蕴含其中。树立何种公共利益观以及如何培育科学公共利益观，无论是对个人来说抑或是对于政府来说，都至关重要。具体而言，本部分从3个层次展开：一是西方公共利益观的历史流变及批判；二是中国传统公共利益观的时代意义及借鉴；三是科学公共利益观的法治意蕴及要义。在此基础上，提出科学公共利益观的培育路径及实现，从而为第二部分即公共利益的立法表达和第三部分即公共利益的司法考量奠定理论基础。

第一章　西方公共利益观的历史流变及批判

思想是行为的先导，而行为反过来影响观念的形成。利益是人类社会进步的动力源。因此，正确认识和对待利益问题是解决社会矛盾的总开关。① 科学公共利益观的培育，要充分挖掘中国传统利益观中的合理成分，批判参考西方利益观中的有益部分，并用马克思唯物主义利益观进行指导。

第一节　问题的提出

改革开放40余年来，我国社会经济建设取得了举世瞩目的成就，社会主要矛盾也已悄然发生变化。社会矛盾的最终解决需要大力发展生产力和全面深化改革，改革的本质是对现存不合理经济关系的重新调整和对既有利益的重新分配。在我国改革的"深水区"和攻坚期，利益主体多样化、利益关系多元化、利益格局复杂化等趋势日益明显，②亟须打破旧的利益固化藩篱，建立新的利益均衡机制。

既定利益结构的调整和新型利益机制的建立，首先需要转变传统利益观念，树立科学利益观。利益观是与价值观、世界观、人生观紧密相连地看待和处理个人利益、他人利益、集体利益、公共利益等各种利益关系的基本态度、价值取向和行为准则。在以市场经济改革为取向的社会转型期，各种利益观纷繁交织，呈现复杂多变的现实图景。在公共利益认识方面，存在两种情况：一是过分强调个人利益而漠视甚至侵犯公共利益，即精致的利己主义者以个人利益为要挟妨碍公共利益的实现；

① 闫志常：《弘扬社会主义核心价值观》，载《理论学习》2014年第7期。
② 张思军：《中国特色社会主义利益观的形成和发展理路》，载《重庆工商大学学报》2011年第3期。

二是夸大公共利益的范围而忽视个人利益,即以公共利益为由谋取政府利益、部门利益乃至个人利益。上述两种认识误区的根源在于,对公共利益与其他利益之间的关系缺乏全面且客观的认识,没有树立科学的公共利益观。

培育科学公共利益观在新时代有更加重要的意义。对党员干部来说,有利于正确处理干部与群众之间、政府利益与公共利益之间的关系;对于普通民众来说,有利于正确处理个人与他人、个人利益与公共利益之间的关系,从而凝聚共识,推进全面深化改革。因此,从宏观角度研究公共利益观不仅有助于遏制个人私欲的膨胀,有助于社会公共意识的形成和公共精神的培养,而且有助于形成有效的利益分配、协调和平衡机制,最终有助于消弭利益冲突。

基于此,本部分围绕"树立什么样的公共利益观"这一逻辑主线,梳理西方公共利益观的历史嬗变并对其进行现实批判,从而为后文考察中国传统公共利益观的时代意义以及马克思主义公共利益观的经典论述奠定基础,并最终通过探讨公共利益与相关利益单元之间的辩证关系来确定科学公共利益观应当具有的内涵要素。

第二节　西方公共利益观的历史嬗变

考察西方公共利益观之历史流变有助于还原其法律架构的具体时代场景,分析其公共利益制度的隐性要素和社会基础,从而为解决纷扰混杂的公共利益问题提供更富有实效的理论资源。

一、古希腊罗马时期的整体主义利益观

现代公共利益观滥觞于古希腊罗马时期。城邦制是古希腊社会的基本结构和主要特征,①城邦不仅是古希腊社会的组织形式,更是一种关涉每个公民共同的社会生活方式。"城邦是唯一的力量所在,没有什么东西能够置之度外,无论是国家的统一还是个人的自由,都不能超越它。"②在这一历史图景下,对于城邦的认识构成了

① 陈可风:《罗马共和宪政研究》,法律出版社 2004 年版,第 14 页。

② [法]库朗热:《古代城邦——古希腊罗马祭祀、权利和政制研究》,谭立铸等译,华东师范大学出版社 2006 年版,第 329 页。

古希腊罗马公共利益观的逻辑起点,也形构了西方公共利益观的基本趋向。

这一时期的公共利益观通常被称为“整体主义城邦(国家)观”,具体包括以下几层含义:(1)公共利益被视为“共同的善”,而城邦则是至善的存在。“城邦的长成出于人类‘生活’的发展,而其实际的存在却是为了‘优良’的生活。”[①](2)个人利益尤其是政治利益依赖城邦得以实现。亚里士多德有“人是天生的政治动物”这一著名论断,并认为“生活中所关注的中心是对城邦政治活动的参与而不是物质生活的富足……生命本身的目的却绝不在于物质欲望的满足,而在于成为城邦公共生活的一员”。[②] (3)城邦利益与公民利益具有一致性。城邦是由公民个人组成的,公民利益是城邦整体利益的部分。(4)城邦利益优先于个人利益。[③] 为了解决城邦利益与个人利益的分歧,古代希腊选择了城邦优先于个人、对个人生活施以必要干预的路径,亚里士多德更是把人与城邦的关系形象地比喻为手足与身体的关系。“公民个人对于城邦利益的服从以及个人对于城邦的义务,因为他们相信是城邦使他们成为真正的人,他们对于城邦只应该回报而非索取。”[④](5)公共利益是政府正当性的判断标准。亚里士多德鲜明地指出,“依绝对公正的原则来判断,凡照顾到公共利益的各种政体就都是正当或正宗的政体;而那些只照顾统治者们的利益的政体,就都是错误的政体或正宗政体的变态(偏离)”。[⑤]

古罗马不仅继承了古希腊公共利益的思想,而且将其法律化,并有了公法与私法的分野。古罗马五大法学家之一的乌尔比安在《学说汇纂》中提出:“凡涉及国家利益,以保护公共利益为目的的行为规则为公法;凡涉及个人利益,以保护个人利益为目的行为规则为私法。”[⑥]自此,公、私法的分类就成为大陆法系国家法律分类的

---

① [古希腊]亚里士多德:《政治学》,吴寿彭译,商务印书馆1965年版,第7页。
② 唐士其:《西方政治思想史》,北京大学出版社2002年版,第44页。
③ 古希腊晚期的思想家伊壁鸠鲁针对“公共利益优位于个人利益”提出了不同看法,即认为“个人利益优位于公共利益”,这颠覆了传统古希腊公共利益观,被认为是社会契约论的直接理论起点,对近代公共利益观的形成产生了深刻影响。参见张桂林:《西方政治哲学——从古希腊到当代》,中国政法大学出版社1999年版,第41页。
④ 顾肃:《西方政治法律思想史》,中国人民大学出版社2005年版,第11页。
⑤ [古希腊]亚里士多德:《政治学》,吴寿彭译,商务印书馆1965年版,第132页。
⑥ [意]彼得罗·彭梵得:《罗马法教科书》,黄风译,中国政法大学出版社1992年版,第9页。

一个重要方法。“划分公法与私法,是整个法律秩序的基础,是法律文明的重大成果。”①公共利益理论法律化标志古希腊的公共利益观又发展了一步,即法律应当以维护公共利益为目的。一方面,法律应以追求公共利益为主要内容,并且成为增进公共利益的制度保障;另一方面,公共利益是法律正当性和有效性的评判标准。柏拉图认为,法律应当关注城邦公民整体而非强者的利益,党派政治不能称为真正政治制度的原因就在于,它们的法律并非体现整体的利益。②

由此可见,古希腊罗马的整体主义公共利益观已经蕴含了公共利益观的核心思想,即公共利益(城邦、政治生活)与个人利益(公民、个人生活)具有一致性且具有优越性,个人利益应当服从公共利益,虽然关于这种优位性是绝对优位还是相对优位存在不同的看法。③ 古希腊罗马公共利益观对后世产生了广泛而深远的影响,成为近代公共利益观的滥觞,为西方政治学、法学等理论研究提供了基本的研究范式和研究方法。

二、从中世纪神学主义公共利益观到近代公共利益观的转变

中世纪,古希腊罗马时期的整体主义利益观被经院哲学得以传承,形成了独特的中世纪神学主义公共利益观。经院哲学家托马斯·阿奎那把“公共利益”与“一般幸福”“共同善”等词汇视为同义并混用。阿奎那认为,“我们私人利益各有不同,把社会团结在一起的是公共幸福……除掉每一个个人所特有的利益动机以外,还必须要有某种能够产生多数人的幸福的要素”。④ 与古希腊罗马时期的公共利益观相比,阿奎那中世纪神学主义公共利益观的进步之处在于,他把公共利益分为物质利益和精神利益。“人成为其中一部分的政治社会不仅帮助他取得由一个国家的许多

---

① 李功国:《民法本论》,兰州大学出版社1998年版,第10页。

② [古希腊]柏拉图:《法律篇》,张智仁、何勤华译,上海人民出版社2001年版,第279页。

③ 柏拉图认为,公共利益绝对优先,个人利益应当无条件地服从公共利益(城邦利益)。参见[古希腊]柏拉图:《理想国》,郭斌和、张明竹译,商务印书馆1986年版,第190页。亚里士多德则认为,公共利益相对优先,应当追求个人利益与公共利益(城邦利益)的和谐。参见[古希腊]亚里士多德:《政治学》,吴寿彭译,商务印书馆1965年版,第48页。

④ [意]阿奎那:《阿奎那政治著作选》,马清槐译,商务印书馆1982年版,第45页。

不同工业生产的这样一些物质福利，而且也帮助他求得精神上的幸福。”①当然，受当时社会环境的影响，阿奎那的公共利益思想没有完全脱离宗教因素。他认为，除世俗政权外，以主教和教会为代表的宗教力量在促进公共利益尤其是精神福利方面发挥重要的作用，他把法分为永恒法（上帝意志）、自然法（人类理性）、神法（教会法）和人定法（统治者制定法）四类，进而他认为，公共利益是国家产生的目的和基础，是政治共同体的整体善，增进和实现公共利益是人定法的基本出发点。“法律是为其所适用的共同体的共同利益服务的，并由在该共同体中起指导作用的力量加以维护”，“法的目的是公共幸福”。② 当然，他也认为，公共利益应当是判断法律和政权正当性、合理性的标准，“国王的职责就在于殚精竭虑地增进公共福利”。③ 在公共利益与个人利益的关系方面，阿奎那明确提出：“社会的利益大于个人的利益，并且更为神圣。”④总之，阿奎那将神学教义融入古希腊罗马公共利益观，将公共利益的内涵从物质层面拓展到精神层面，从而使西方公共利益观得以传承和发展。

进入近代，宗教权威式微，科学威信逐步树立，在文艺复兴、宗教改革、人文主义思潮的时代背景下，社会契约论成为近代公共利益观的思想理论基础。“自激进宗教改革的时代，以至18世纪下半叶，社会契约的理论主导政治思想。”⑤从马基雅弗利到霍布斯到洛克、卢梭，再到孟德斯鸠等思想家将社会契约论作为其立论的逻辑起点，并对公共利益与国家政府的关系作出新阐释。近代西方公共利益观把“合意”视为国家产生之基础以及权力合法性之根源，国家是“一群自由的人为享受权利和他们的共同利益而结合的完整的联合体”，⑥“政治社会都起源于自愿的结合和人们自由地选择他们的统治者和政府形式的相互协议”。⑦ 卢梭更是明确地指出，一切国家权力来自人民，国家权威源自公共利益需求，因此，公共利益理应当是国家或权

① ［意］阿奎那：《阿奎那政治著作选》，马清槐译，商务印书馆1982年版，第156页。
② 唐士其：《西方政治思想史》，北京大学出版社2002年版，第133页。
③ ［意］阿奎那：《阿奎那政治著作选》，马清槐译，商务印书馆1982年版，第46页。
④ ［意］阿奎那：《阿奎那政治著作选》，马清槐译，商务印书馆1982年版，第105页。
⑤ ［美］约翰·麦克里兰：《西方政治思想史》，程淮栋译，海南出版社2003年版，第202页。
⑥ ［美］E.博登海默：《法理学：法律哲学与法律方法》，邓正来译，中国政法大学出版社1999年版，第43页。
⑦ ［英］洛克：《政府论》（下），瞿菊农、叶启芳译，商务印书馆1983年版，第63页。

力的依归。“唯有公意才能够按照国家创制的目的,即公共幸福,来指导国家的各种力量……因此,治理社会就应当完全根据这种共同的利益。”①进而,在公共利益与法律的关系上,社会契约论者认为,公共利益是法律的目的所在,立法应当以公共利益为依归。“谁握有国家的立法权或最高权力,谁就应该以既定的、向全国人民公布周知的、经常有效的法律,而不是以临时的命令来实行统治……而这一切都没有别的目的,只是为了人民的和平、安定和公众福利。”②更具有进步意义的是,这些思想家已经意识到政府有可能与公共利益存在偏差,甚至会追求团体利益乃至个人利益;为了防止政府权力偏离公共利益轨道,他们设计了制约权力的路径模式。权力制衡理论的影响巨大,直接导致资产阶级革命的爆发和资本主义社会的建立。总之,到了十七十八世纪,身份社会逐渐转向契约社会,集体社会观逐渐转向个人社会观,近代公共利益观也逐步形成。

然而,在公共利益的实现路径方面出现了截然不同的两种观点:一种是“自动公益说”,以亚当·斯密为代表;另一种是“公益优位说”,以卢梭为代表。“自动公益说”认为,在个人利益与公共利益的关系中,个人利益居于主动地位、优先地位,公共利益的增进是作为增进个体利益的副产品而产生的。③ 即在市场机制作用下,个人利益会自动促进公共利益的实现。“个人在这一过程以及其他过程中,都是由一只看不见的手引导着并最终增进了社会的利益,虽然这最终的结果并非出自其个人的意愿。”④“自动公益说”的基础是个人利益最大化的经济理性,该学说肯定公共利益与个人利益的一致性无疑具有合理因素,直接导致了早期资本主义社会消极的政府管理模式。但是,该学说忽视了这样一种情形:当个人在追求自身利益最大化发生冲突时,公共利益如何实现?可见,“自动”一词并未自动消解个人利益之间的对立和冲突,“自动公益说”无法解释现实中日益凸显的“公地悲剧”问题。“公益优位说”则认为,个人利益在内容方面存在个体差别,公共利益的实现不能仅仅靠市场自发实现,需要通过公共组织的公共管理和公共活动直接增进公共利益,这就决定了

① [法]卢梭:《社会契约论》,何兆武译,北京商务印书馆2003年版,第31页。
② [法]卢梭:《社会契约论》,何兆武译,北京商务印书馆2003年版,第152页。
③ 赵成根:《民主与公共政策研究》,黑龙江人民出版社2001年版,第76页。
④ [英]亚当·斯密:《国民财富的性质和原因研究》(上),郭大力等译,商务印书馆1981年版,第23页。

公共利益具有优位性。“由社会公约而得出的第一条法律，也是唯一真正根本的法律，就是每个人在一切事物上都以全体的最大幸福为依归。”①因此，“自动公益说”和“公益优位说”都有一定的道理，前者立足私人生活领域，后者关注公共生活领域。但历史证明，市场具有诸多自身无法克服的缺陷，对个人利益的追逐并不能必然增进公共利益，甚至会危害公共利益，当今诸如环境污染、浪费资源、恶性竞争等公共问题无不是由于过度追求个人利益所导致的，人们日益增长的公共产品、公共服务需求的满足亦不能在追求个人利益中自动实现。当然，增进公共利益并不能无限度地牺牲个人利益，而是要在二者之间保持适当张力。

总之，西方近代公共利益观以社会契约论作为理论原点，走出了中世纪神学公共利益观的窠臼，实现了由神到人研究视角的转变，认识到公共利益是国家、政府、权力的基础。国家公权“一切无非是为了公益”“其权力决不越出公益范围之外”。②尤为重要的是，这一时期的思想家对公共利益的研究不再局限于价值评判，而是更加注重制度设计和社会实践，③公共利益成为一种社会构建原则。④ 然而，正如社会契约论本身招致休谟、马克思等后世思想家诟病一样，这一时期的公共利益观也具有一定的局限性，集中体现在其理论基础——社会契约论属于理论假设而非实践理性，其关于公共利益的实现路径设计集中于国家权力的配置方面，对于公共利益的具体制度尤其是程序内容则关注不够，对于公共利益与个人利益的冲突协调机制更是忽视了。

三、从功利主义公共利益观到公共利益观的多元发展

19 世纪后，随着资本主义制度的普遍确立和工业革命的迅速发展，社会改良主义逐步取代了传统的暴力革命主义，以边沁、密尔为代表的功利主义学派提出了功利主义公共利益观。首先，边沁把功利视为衡量一切德行、个人行为、政府行为正当

① [法]卢梭：《社会契约论》，何兆武译，商务印书馆 2003 年版，第 39 页。
② [英]罗素：《西方哲学史》(下册)，马元德译，商务印书馆 1996 年版，第 162 页。
③ [美]E. 博登海默：《法理学：法律哲学与法律方法》，邓正来译，中国政法大学出版社 1999 年版，第 56 页。
④ 张方华：《公共利益观念：一个思想史的考察》，载《社会科学》2012 年第 5 期。

性的标准。"一切行动的共同目标……就是幸福。任何行动中导向幸福的趋向性我们称之为它的功利;而其中的背离的倾向则称之为祸害。……因此,我们便把功利视为一种原则。""最大多数人的最大幸福是正确与错误的衡量标准。"①其次,边沁把个人利益视为唯一现实的利益,也是公共利益的基础。"公共利益是个虚构体,由那些被认为是构成其成员的个人组成。那么,共同体的利益是什么呢?是组成共同体的若干成员的利益的总和;不理解什么是个人利益,谈论共同体的利益便毫无意义。"②再次,边沁认同公共利益自动增进机制,即理性的个人在自由地去追求自身利益的同时自然而然地就实现了公共利益最大化,因而,"寻求满足享乐的手段的事情应当基本上完全留给个人去做,政府只管保护他免受痛苦"。③ 最后,边沁认为,应当通过立法和奖励机制实现增进最大多数最大幸福的目的。边沁功利主义公共利益观改变了以往公共利益形而上学式的思辨,转向了社会实证分析,具有积极意义,"边沁的功绩不在于该学说本身,而在于他把它积极运用到种种实际问题上。"④然而,他从个人利益出发,将公共利益视为个人利益的简单相加,忽视了二者之间的本质差别,其关于政府利益和个人利益之间关系的认识也过于理想化。⑤ 密尔作为另外一位功利主义者的代表人物,修正和丰富了边沁功利主义公共利益观,在德性幸福和自我牺牲等概念的基础上提出了利他主义理论,认为"行为上是非标准的幸福并不是行为者一己之幸福,乃是一切与这行为有关的人的幸福"。⑥ 质言之,密尔认为,有益于他人或公共利益的个人牺牲也具有价值,对个人自由也应当适当限制,从而促进公共利益的实现。

20 世纪以来,西方国家处于由近代向现代转型时期,公共利益观呈现多元发展局面。首先是社会本位公共利益观的出现。随着自由资本主义阶段逐步过渡到垄断资本主义阶段,经济垄断、消费侵权、环境污染、金融危机、贫富差距等公共性问题不断涌现,迫切需要经济转型,需要政府积极干预经济生活。新的经济结构和社会

① [英]边沁:《政府片论》,沈叔平等译,商务印书馆 1995 年版,第 115、92 页。
② [英]边沁:《道德与立法原理导论》,时殷弘译,商务印书馆 2000 年版,第 58 页。
③ 唐士其:《西方政治思想史》,北京大学出版社 2002 年版,第 336 页。
④ [英]罗素:《西方哲学史》(下册),马元德译,商务印书馆 1996 年版,第 328 页。
⑤ 王彩波:《西方政治思想史——从柏拉图到约翰·密尔》,中国社会科学出版社 2004 年版,第 450 页。
⑥ [英]密尔:《功利主义》,叶建新译,九州出版社 2007 年版,第 17 页。

结构引发新的理论思潮，社会法学兴起，社会本位公共利益观逐渐取代功利主义公共利益观，公共利益的实现机制也相应地从市场机制为主导转向以政府调控为主导。然而，政府主导公共利益供给导致了国家机构膨胀、国家公权扩张，①以个人为本位的新自由主义公共利益观日渐勃兴。以罗尔斯、哈耶克、德沃金等为代表的新自由主义者对社会本位公共利益观进行了批判性反思，否认了国家以公共利益的名义干预个人自由的正当性，认为不应强调公共利益的最大化，而应当强调个人自由优先。② 哈耶克、布坎南、阿罗、熊彼特等学者否认公共利益是一种独立的利益形态。熊彼特甚至认为，“不存在什么全体人民能够同意或通过理性论证的力量能够同意的被出色地决定的共同幸福那样的东西”。③ 阿罗则走得更远，他借助数学模型，运用“效用”概念，以个人需求和偏好为基础，提出了著名的“阿罗不可能定理”，即个人偏好无法汇集成社会的需要和偏好，社会福利函数就无法成就，公共利益无从谈起。④ 新自由主义公共利益观作为传统社会本位公共利益观的对立面，强调个人本位，主张通过市场机制自发增进公共利益，否认公共利益的优越性。整体而言，新自由主义并不排斥政府在公共利益供给中的作用，只是其更加主张市场机制的作用，即政府干预相对于市场机制而言处于辅助性的地位。

20 世纪 80 年代，新自由主义公共利益观则受到了社群主义的挑战。社群主义在与新自由主义的论战中完成了对新自由主义公共利益观的反思和批判，构建了自己的公共利益理论，并被称为政治哲学领域的三大公共利益观之一。⑤ 社群主义基于对当时社会现实的观察，认为自由主义的极端发展是导致诸多社会问题的根源，应当强调集体意识、社群价值、奉献精神和公共利益，“排他性地追求个人利益必然损害我们所赖以存在的社会环境，破坏我们共同的民主自治实验”。⑥ 进而，社群主

① ［德］哈特穆特·毛雷尔：《行政法学总论》，高家伟译，法律出版社 2000 年版，第 17 页。
② ［美］罗尔斯：《正义论》，何怀宏等译，中国社会科学出版社 1988 年版，第 62 页。
③ ［美］熊彼特：《资本主义、社会主义和民主主义》，商务印书馆 1979 年版，第 314 页。
④ 薛冰：《个人偏好与公共利益的形成——兼论阿罗不可能定理》，载《西北大学学报（哲学社会科学版）》2003 年第 4 期。
⑤ 王凌皞：《公共利益对个人权利的双维度限制——从公共利益的平等主义构想切入》，载《华东政法大学学报》2016 年第 3 期。
⑥ 俞可平：《社群主义》，社会科学文献出版社 1998 年版，第 1 页。

义认为，社会与个人相比是第一位的，个人权利是由特定生活环境和社会条件决定的，公共之善优于个人之善，公共利益是人类的最高价值。当然，在公共利益的实现机制上，社群主义强调国家的积极义务，并把追求公共利益视为公民的基本美德。如果说，社群主义与新自由主义的论战更多地停留在公共利益理念方面，那么新公共管理主义则把研究重心放到了公共利益的供给机制改革方面。新公共管理主义针对当时社会出现的“官僚病”，吸纳了企业管理的部分理论，提出了一系列公共管理改革措施和政府改造方案，其理论根基即是公共利益观。其基本观点是，社会的发展导致人们对公共利益的需求不断增长且日益多元化，而政府作为公共产品和公共服务的供给者越来越捉襟见肘，需要引入市场竞争机制，发挥企业和非营利性组织的作用，以提高公共利益供给效益；同时，政府要发挥公共利益供给掌舵者的作用，并通过增加公民影响公共利益政策形成的机会，改变政府垄断公共利益供给导致的低效率和腐败，从而提高政府绩效。① 可以说，新公共管理主义理论的最大贡献在于，其在政府供给、市场供给之外提出了一种全新的公共利益供给方式——非营利性组织供给，这种具有利他主义倾向的、自愿的、非正式的供给机制，拓宽了公众参与渠道，丰富了公共利益供给模式，提升了公共利益增进效率。实践证明，在公共教育、慈善救济、环境保护、医疗服务等方面，非营利性组织可以弥补“市场失灵”和“政府失败”带来的不足，能够发挥更大、更强的公共利益供给作用。回顾这一时期的西方公共利益观不难发现，从公共利益市场机制供给到国家供给，再到市场机制的回归，最后到非营利性组织供给机制的兴起，不断地根据社会发展需要进行调整，在回应公共利益多元化需求的同时也在不断推动着政府组织改革，大大丰富了公共利益理论，也深化了人类对公共利益的认知。

第三节　西方公共利益观的现实批判

从历史角度梳理中西方公共利益观的发展演变，探讨公共利益的代表学说，分析公共利益的制度沿革，有利于把握公共利益的时代意蕴，也为树立新时期科学公

① ［美］彼得斯：《政府未来的治理模式》，中国人民大学出版社 2001 年版，第 36 页。

共利益观提供借鉴。

一、不同发展阶段的西方公共利益观核心要义

可以说,西方公共利益观的发展史就是西方社会发展变迁史,公共利益思想的变革推动了西方社会的进步。与西方社会发展阶段相适应,可以把上述西方公共利益的发展历程分为4个阶段,其核心要义如下:

第一阶段,古希腊罗马时期的“整体主义利益观”。古希腊罗马时期公共利益观被称为现代西方公共利益观的滥觞,而这一时期的公共利益观起点于对城邦的认识,其核心要义有以下几点:其一,以城邦利益为代表的公共利益与公民的个人利益具有一致性,后者是前者的组成部分,后者的实现尤其是政治利益的实现依赖城邦的存在。其二,以城邦利益为代表的公共利益优先于个人利益。亚里士多德把个人与城邦的关系比喻为手足与身体的关系,提出了城邦优先于个人、公共利益优位于个人利益的观点。其三,公共利益是判断政府正当性与合法性的价值标准。古罗马在古希腊公共利益观的基础上将其法律化,并把公法和私法作为法律的分类方法,这也是当今法律分类的重要方法之一。更重要的是,这预示公共利益成为立法的重要目的之一,也是判断法律正当性和有效性的价值标准。整体而言,古希腊古罗马整体主义利益观已经蕴含了当代公共利益观的核心思想,尤其是其关于国家(城邦)与公民(个人)、公共利益与个人利益、政府、法律之间关系的认识形构了西方公共利益观的基本趋向,对后世产生了广泛而深远的影响。

第二阶段,中世纪神学主义公共利益观。欧洲的中世纪被称为黑暗时期,宗教充斥和主宰着社会的一切,在看待公共利益方面亦不例外。经院主义哲学的代表人物托马斯·阿奎那认为,除世俗政权外,以主教和教会为代表的宗教力量在增进公共利益方面发挥重要作用。当然,中世纪神学主义公共利益观也继承了古希腊古罗马的整体公共利益观,把公共利益视为国家产生的目的和基础,视为“人定法”的出发点。在个人利益与公共利益方面,中世纪神学主义公共利益观仍坚持公共利益的优越性观点,并且需要指出的是,阿奎那的公共利益观还往前走了一步,即把公共利益从物质层面拓展到精神层面,这大大丰富了公共利益的内涵范围。

第三阶段,近代社会契约公共利益观。随着文艺复兴、宗教改革、启蒙运动等西

欧近代三大思想解放运动的爆发,社会契约论成为主导的政治思想,也成为近代公共利益观的理论基础。社会契约论对政府、国家、权力的来源进行了重新阐释,把合意视为政府国家产生的基础,把公共利益视为国家权威的源泉,视为法律之目的。更值得肯定的是,社会契约论思想家已经意识到政府(公权力)有可能会偏离公共利益轨道,背离公共利益宗旨。为此,他们设计了权力制衡路径,即以权力制约权力和以权利制约权力,这些理论学说和制度设计直接指导了资产阶级革命和资本主义制度的确立,这也是这一时期公共利益观的最大贡献。从总体来看,与其他时期的公共利益观相比,社会契约公共利益观的最大特点在于,其完成了关注视角——由神到人的转变,不再单纯地强调公共利益优先,而是强调个人主义、个人利益,这也是资本主义早期采取消极管理政策的思想基础。遗憾的是,受时代所限,这一时期的公共利益观对公共利益本身的实现路径、制度设计及其与个人利益的冲突处理关注不够。

第四阶段,现代多元公共利益观。19 世纪后,社会关系日益复杂,利益矛盾更加突出,各种利益思潮不断涌现。首先是以边沁、密尔等为代表提出的功利主义公共利益观,即把功利视为衡量一切行为正当与否的标准,把个人利益视为公共利益之基础且是唯一现实之利益。换言之,功利主义者认为,公共利益在本质上是不存在的。其次是以凯恩斯为代表提出的社会本位公共利益观。随着经济垄断、环境污染、消费侵权等公共问题的不断涌现,迫切需要政府主动积极地干预经济生活,公共利益主导实现机制由市场机制逐渐转向为国家调控机制,此时公共利益观强调社会本位。然而,随着国家公权的扩张、国家机构的膨胀,以政府为主导的公共利益增进机制受到了以罗尔斯、哈耶克等为代表的新自由主义者的猛烈批判,于是以个人为本位的新自由主义公共利益观开始兴起。新自由主义公共利益观强调个人利益优先,甚至否认公共利益的独立存在,熊彼特、阿罗就是其中的代表人物。20 世纪 80 年代以来,新自由主义公共利益观受到了社群主义的挑战。社群主义基于对诸多社会现实问题的观察发起了对极端新自由主义的反思和批判,强调公共利益、集体意识和奉献精神。在此基础上,社群主义者构建了自身的公共利益观,即社会是第一位的,公共之善优于个人之善,公共利益优于个人利益,追求公共利益是公民的基本美德。几乎与此同时,新公共管理主义也丰富了公共利益学说,其吸纳了企业管理理论用于解决日益严重的“官僚病”问题，提出了公共利益供给机制改革建议，即为了满足社会日益增长且多元化的公共物品和公共服务的需要，应当改变传统单一的政府供给模式，引入市场竞争机制，发挥非营利组织的作用。换言之，新公共管理主义提出了市场机制、政府机制之外的第三种公共利益的供给机制——非营利性组织供给，大大丰富了公共利益的供给模式。事实证明，在环境保护、教育研究、医疗服务、慈善救济等领域，非营利性组织可以发挥更大的供给作用，极大地弥补“市场失灵”和“政府失败”带来的不足。整体而言，这一时期的公共利益观呈现多元化发展的趋势，这既是对社会现实的理论回应，也深化了人类对公共利益的认知。

二、西方公共利益观的现代意义及历史局限

通过回顾西方公共利益观的发展历程以及梳理西方公共利益观发展脉络，至少可以得出以下几点启示：

其一，从纵向联系来看，西方公共利益观是一脉相承的，其发展阶段是与西方社会的变迁历程相对应的，是不同时代的历史产物。西方公共利益观的发展具有历史延续性，其内容发展与西方社会的变迁密不可分，是社会现实的客观反映。换言之，是社会的客观变化需要从理论上对公共利益加以论证，需要从制度上对公共利益加以确认。

其二，从内容角度看，早在古希腊罗马时期，西方公共利益观已经形成了三大基本范畴，即公共利益与个人利益之间的关系、与国家公权力（政府）之间的关系以及与法律之间的关系。自古希腊罗马时期，三大公理性认识也基本达成，即公共利益是限制个人利益之伦理要求，公共利益是政府存在之逻辑基础，公共利益是法律正当性之判断标准。这些基本范畴和基本共识奠定了西方公共利益观发展的基本趋向，当代多元利益观更是对当今现实问题的客观反映。

其三，从逻辑关系来看，西方理论界对公共利益的认识逐步深入和多元，早期主要从抽象的价值尺度角度研究公共利益，后来则主要从现实的制度架构角度研究公共利益，实现了从理性主义、抽象思辨到现实主义、社会实践的转变。质言之，西方公共利益观主要是从评价尺度、价值追求、同质需求、安全需要、社会互动、制度形态等角度认识公共利益，实现了从理性主义到现实主义、从抽象思辨到社会实践的转

变,在政治国家和市民社会二分的西方传统民主共和政治体制中扮演了重要角色。[①]尤其是社会契约论为基础的近代公共利益观,对权力制衡方案的框架设计和公权规范运作的路径设计,至今仍具有深远影响。如今,随着公共性问题的复杂化、多样化,公共利益观也呈现多元状态。从公共利益增进机制角度看,也实现了从市场机制到政府机制再到非营利性组织机制三元模式并存的局面。

其四,西方公共利益观已经认识到,公共利益的重要价值。详言之,在公共生活方面,公共利益是国家、政府产生的应然目的,公共利益是判断政府合法性之伦理依据,各国政府也无不宣称以维护和增进公共利益为宗旨。在社会生活方面,公共利益能够排斥因社会差别导致的社会生活的离心力,凝聚社会共识,把社会团结在一起。[②] 对此,亚里士多德有着经典论述,“人类虽在生活上用不着互相依赖的时候,也有乐于社会共同生活的自然性情,为了共同利益,当然能够合群”。[③] 在个人生活方面,个人与社会的对立统一关系决定了个人利益与公共利益“有时相互一致,有时相互冲突”,[④]但为了共同的、长远的、根本性的个人利益,需要公共利益限制甚至牺牲个人利益。然而,不存在绝对优位的公共利益,其对个人利益的限制不是毫无边界的,相反需要严格的程序、合理的标准和公平的补偿。

可以说,每一种西方公共利益观都各具特色,无所谓绝对的优劣。即使是在新自由主义与社群主义激烈论战时期,二者都是针对当时的社会现实提出的不同解决主张,只是侧重点、着眼点、解释方法和解决路径不同而已。前者从个人本位出发,强调经济生活领域的政府过度干预阻碍了个人利益的实现;后者从社会本位出发,强调政治生活领域的政府缺位不利于公共利益的增进,最终也会损害个人利益。因此,“社群主义和新自由主义是一对由当代西方发达国家的土壤所培育出来的同胞兄弟,它们是互补的”。[⑤]

西方社会公共利益观发展比较成熟,内容体系也较为完整,尤其是关于公共利

---

① 倪斐:《公共利益法律化——基于思想流变的中西方考察》,载《江海学刊》2017 年第 2 期。
② [意]阿奎那:《阿奎那政治著作选》,马清槐译,商务印书馆 1982 年版,第 45 页。
③ [古希腊]亚里士多德:《政治学》,吴寿彭译,商务印书馆 1965 年版,第 130 页。
④ [德]哈特穆特·毛雷尔:《行政法学总论》,高家伟译,法律出版社 2000 年版,第 40 页。
⑤ 俞可平:《社群主义》,中国社会科学文献社 1998 年版,第 127 页。

益在遏制私权膨胀、限制公权滥用、凝聚社会共识等方面的认识具有一定的理论价值。当然，西方公共利益观也存在一些不足，例如，在公共利益的界定方面，没有对公共利益的内涵及外延进行充分研究；在公共利益与个人利益的关系方面，往往会陷入非此即彼的二元论，对二者的统一性论证不足；在公共利益的实现方面，对市场机制、政府机制及非营利性组织机制之间关系的研究不够深入。

本章小结

现代公共利益观滥觞于古希腊罗马时期。对于城邦的认识构成了古希腊罗马公共利益观的逻辑起点，也形构了西方公共利益观的基本趋向，这一时期的公共利益观通常被称为“整体主义城邦（国家）观”。古罗马不仅继承了古希腊公共利益思想，而且将其法律化，并有了公法与私法的分野。中世纪时期，形成了独特的中世纪神学主义公共利益观。进入近代，社会契约论成为近代公共利益观的思想理论基础。19 世纪后，随着资本主义制度的普遍确立和工业革命的迅速发展，以边沁、密尔为代表的功利主义学派提出了功利主义公共利益观。20 世纪以来，西方国家处于由近代向现代转型时期，公共利益观呈现多元化发展局面，社会本位公共利益观、新自由主义公共利益观、社群主义公共利益观、新公共管理主义公共利益观等公共利益观渐次兴起。每一种西方社会公共利益观都各具特色，无所谓绝对的优与劣。

第二章　中国传统公共利益观的时代意义及借鉴

公共利益观带有明显的意识形态特征，不同的社会形态下有着不同的公共利益观。通过前述梳理西方公共利益观的发展脉络，我们可以发现，西方国家传统上倾向肯定个人利益。本部分将进一步研究中西方公共利益观的主要内容，并得出中国传统上倾向保护公共利益的初步结论，这对于树立新时期科学公共利益观具有重要借鉴意义。

第一节　中国传统公共利益观的内涵要义

回顾中国传统利益观的主要内容，有利于把握其思想内涵和价值导向，也有利于理解其在当今时代的借鉴意义。中国传统公共利益观蕴含在中国传统儒家伦理文化之中，因此要研究中国传统公共利益观应当从儒家思想中关于“公”“私”以及其二者之间关系的基本观点入手。

一、儒家思想中“公”“私”的含义

儒家经典文献中关于“公”的论述主要有3个层面的含义：一是以封建国君和王侯为代表的统治集团的利益：如《诗经》中所言“嗟嗟臣工，敬尔在公”。[①] 在封建宗法社会的时代背景下，国君等统治集团的利益可以理解为国家利益。二是全体社会成员的利益：如西汉戴圣在《礼记·礼运》中所言“大道之行也，天下为公”。三是规范人们行为的公共理性和公共生活准则：正如朱熹所说：“改无私心，然后好恶当于

① 《诗经》，岳麓书社2000年版，第323页。

理，程子所谓‘得其公正’是也。”①

就“私”而言，儒家教义中主要有两层含义：一是指维持人生存和生活的物质条件。在这个意义上，个人追求不具有善恶性质的个人利益是合理的、被允许的。对此，王夫之曾言：“利者，民之依也。”②二是指私欲，这是传统儒家文化中被压制的对象。“饮食者，天理也，要求美味，人欲也。”③整体而言，中国古代公共利益观的形成和发展主要得益于义利之辨、理欲之辨、群己之辨等利益观的论战。

二、公私利益观之辩

发生于先秦时期的“义利之辨”是中国历史上利益观讨论的第一个高峰，也是中国传统利益思想的开端。义利问题被朱熹认为是“儒家第一义”，“义利之辨”表面上是取义抑或取利的问题，实质上是关乎道德和利益孰先孰后的问题，即个人在处理社会关系时道德与利益的关系问题。在道德范畴上，“义”在很大程度上代表统治阶级的利益即国家整体利益，“利”则主要意味着个人私利（私欲）即个人利益。因此，义利观在某种意义上就是指利益观。传统儒家思想以“先义后利”“见利思义”作为根本的道德原则来处理社会关系，即以“重义轻利”作为绝对主导，这也是中国古代公共利益观的基本价值导向。孔子明确提出了“君子喻于义，小人喻于利”的主张，④明确了“见利思义”与“义以为上”的道义论价值导向。孟子更是在此基础上直接提出“舍生而取义”的主张。⑤ 换言之，传统儒家道德强调个体应当服从整体（家庭、宗族、国家、民族等），⑥整体利益高于个体利益。义利之辨是我国思想史上第一次规模宏大的利益观辩论，也是我国传统公共利益观的开端，董仲舒提出的“重义轻利”利益观标志中国传统利益观的正式确立。

两宋时期是中国封建社会的转折时期，发生于这一时期的“理欲之争”也具有了独特的转折意义。在各种社会矛盾凸显的宋代，如何对待利益问题是理论界需要解

① 《朱子全书》卷六，上海古籍出版社 2010 年版，第 93 页。
② （清）王夫之：《尚书引义》卷一，中华书局 1960 年版，第 5 页。
③ 《朱子全书》卷十四，上海古籍出版社 2010 年版，第 389 页。
④ 《论语》，张燕婴译注，中华书局 2006 年版，第 47 页。
⑤ 《孟子》，万丽华、蓝旭译注，中华书局 2006 年版，第 252 页。
⑥ 朱贻庭：《中国传统伦理思想史》，华东师范大学出版社 2003 年版，第 50 页。

决的首要道德问题和重大现实问题。这一时期儒学思想更倾向本体论化，产生了禁欲主义伦理思想。朱熹将先秦时期所主张的儒家利益观极端化，把人欲和天理视为对立面，有了“存天理，灭人欲”的思想，“天理存则人欲亡，人欲胜则天理灭”。[①] 到了明清时期，思想家对传统利益观进行了反思性批判，提出“实非先圣之本也”，主张义利并举，但这并非对中国正统利益观的根本否定，当然也不是一种全新的价值观和意识形态。

肇始于孔子时期的“群己之辩”，是中国传统文化中关于自我与群体、自我与他人关系的探究、谈论和反思的一个重要问题。[②] 此处的“己”指的是社会个体，“群”指的是包括国家在内的社会群体。孔子主张，一方面，个人应当通过学习诗乐更好地融入群体之中，但不能结党营私。“君子矜而不争，群而不党。”[③]另一方面，君子应当能够促进自已与群体的和谐状态。“夫仁者，已欲立而立人，已欲达而达人。”[④]先秦儒学发展到程朱理学时期，“群体重于个人”的群已关系观已经占据了主体地位，到了汉代时期，群已关系已经通过制度构建确立下来，集中体现在“三纲六纪”“天下一家”等规范之中。一直到清朝末期，以传统皇权和礼教为中心的社会秩序逐渐崩塌，近代价值观发生了重大变革，古代正统的群已理论出现了反叛，个性得以张扬，个人利益得以强化。当然，近代群体意识、民族意识、国家意识亦开始觉醒，公共利益观得以升华。

第二节　马克思主义利益观的中国化及其基本立场

习近平总书记在纪念马克思诞辰 200 周年大会上的重要讲话中指出，“马克思主义不仅深刻改变了世界，也深刻改变了中国”。十月革命的一声炮响，为中国送来了马克思列宁主义，马克思主义利益观也随着马克思主义思想传入中国。

---

① 《朱子语类》卷十三，中华书局 1986 年版，第 464 页。
② 蒋孝军：《传统“群己之辩”的展开及其终结》，载《哲学动态》2011 年第 9 期。
③ 《论语·卫灵公》（十三经注疏本），中华书局 1980 年版，第 2518 页。
④ 《论语·雍也》（十三经注疏本），中华书局 1980 年版，第 2479 页。

一、马克思主义利益观与中国传统利益观的融合

马克思主义公共利益观蕴含在马克思主义利益观之中,利益观是马克思哲学不可分割的组成部分,在马克思主义思想中占有重要地位。一方面,正是基于对利益问题的研究,马克思才突破黑格尔绝对理性思维的限制,摆脱了唯心史观的束缚,创立了科学唯物史观。另一方面,也正是借助历史唯物主义,马克思才能更加深入地研究利益问题,并深刻地揭示出利益的本质,创造性地提出了尊重人民利益的观点。

马克思主义是中国革命和建设的指导思想,马克思主义利益观是我们解决改革中出现利益问题和利益矛盾的总钥匙,是分析和解决我国当前诸多利益问题的总指导和方法论。① 马克思主义利益观在马克思主义在中国的传播过程中,与中国革命实践和中国传统文化结合,实现了中国化的转变,对中国革命和建设发挥了至关重要作用。换言之,与中国传统利益观的融合建立在唯物史观基础之上的马克思主义利益观深刻揭示了利益的本质属性,提出了尊重人民利益的重要观点,这对于分析我国当前利益格局、协调各种利益关系、解决各种利益冲突,具有重要的指导意义。

二、重视利益的作用

尊重利益的历史作用是马克思主义利益观的首要原则,也是马克思走出唯心史观创立历史唯物主义的主要标志。马克思主义非常重视利益的作用,将利益视为人类社会存在的基础和发展的内在驱动力。马克思非常关注现实生活中物质利益问题,认为人类基于自身生存和发展的客观需要,推动了对物质利益的追求,进而形成了特定的社会经济条件。② 因此,尊重原则成为马克思主义利益观首要基本原则,把对物质利益的追求视为人类一切社会活动的最初动因。“人类生存的第一个前提,也就是一切历史的第一个前提,这个前提是:人们为了能够‘创造历史’,必须能够生活。”③“人们奋斗所争取的一切,都同他们的利益有关。”④反之,这些社会经济生活

① 底志欣:《马克思主义利益观的当代价值》,载《前线》2016 年第 12 期。
② 杨相琴:《马克思主义的利益观探究》,载《理论月刊》2010 年第 9 期。
③ 《马克思恩格斯选集》(第 1 卷),人民出版社 1995 年版,第 78 页。
④ 《马克思恩格斯全集》(第 1 卷),人民出版社 1956 年版,第 82 页。

条件也就决定了个人利益的实现方式，决定了人们的思维方式。“‘思想’一旦离开‘利益’，就一定会使自己出丑。”①

可以说，利益问题是马克思主义世界观的基础，马克思主义把利益视为维系人类社会关系的纽带，把追求利益视为人类一切社会活动的动因。换言之，马克思主义把利益作为人类有意识地改造客观世界的直接动因，主张人类社会在追求物质利益的过程中实现目的性与规律性的统一。与功利主义相比，二者虽然都强调利益的作用，但是马克思唯物史观中的利益不再是单纯的个人利益，而是强调个人利益与集体利益的有机统一，其基本立场和出发点都与功利主义有本质区别。

人们基于生存和发展的需要才推动了对物质利益的追求，进而推动了社会的进步；也正是在追求利益的过程中，人类社会发展才实现了规律性与目的性的统一。换言之，利益是人类社会发展的内在驱动力。“马克思以前的历史观从归根结底的意义上讲都是唯心主义的，它们要么把历史发展的动因归结为上帝的意志，要么归结为自我意识的结果，在社会历史领域最终都陷入了唯心主义，没能正确解释社会发展的动力问题。”②因此，尊重利益是马克思唯物史观的一个基本范畴。

三、揭示利益的本质

揭示利益的本质属性是马克思主义利益观区别于传统利益观的关键所在。马克思主义从社会经济关系的高度看待利益问题，“每一既定社会的经济关系首先表现为利益”，③利益是生产力、生产关系、上层建筑等重要范畴的实质所在。

马克思主义深刻地揭示出利益的本质属性，将利益问题上升到生产力、生产关系和上层建筑等社会经济关系范畴的高度。马克思从市民社会的现实物质利益出发，确立了生产关系范畴，从而揭示出利益的本质特点和历史作用，这也是唯物史观与唯心史观的重要区别所在。

---

① 《马克思恩格斯全集》（第 2 卷），人民出版社 1957 年版，第 103 页。
② 侯衍社：《马克思利益观及其在中国的发展创新》，载《新视野》2014 年第 3 期。
③ 《马克思恩格斯选集》（第 3 卷），人民出版社 1960 年版，第 209 页。

四、关注大众的利益

坚持个人利益与公共利益统一是马克思主义利益观的一大特色。马克思主义要求处理好个人利益与公共利益的关系,坚持二者的统一。前已述及,马克思主义充分肯定个人利益的重要作用,并积极倡导人们追求合法合理的个人利益,从而推动经济和社会的发展。但是,马克思主义反对个人利益的异化。马克思深刻地认识到,在旧式社会分工和私有财产制度下,个人利益通常表现为极端的"自私自利"形式,应当极力反对由这种异化导致的极端个人利己主义,即反对为了个人利益损害他人利益和公共利益的行为。当然,个人利益与公共利益之间会发生分裂,个人利益和公共利益之间的矛盾普遍存在。对此,马克思有清醒的认识,"利益就其本性来说是盲目的、无节制的、片面的",①"个人利益总是违反个人的意志而发展为阶级利益,发展为共同利益(公共利益——笔者注),后者脱离单独的个人而获得独立性,并在独立化过程中取得普遍利益的形式,作为普遍利益又与真正的个人发生矛盾"。②那么,如何摆脱个人利益与公共利益分裂的状况,促使个人利益真正地实现?马克思主义强调集体的作用,"没有集体,这是不可能实现的"。③ 换言之,马克思主义认为,个人利益只有在集体中才能得到真正地实现,只有在集体中才能在个人利益与公共利益之间找到合理的平衡点。

关注大众的利益是马克思主义利益观鲜明的阶级立场。只有依靠集体才能真正弥合个人利益与公共利益的割裂,最终实现个人利益。马克思主义在充分肯定和尊重个人利益并积极倡导人们为实现自己的合法利益而奋斗的同时,也反对个人利益的异化,即反对极端的个人利己主义、反对为了实现个人利益而损害他人利益、集体利益和公共利益。也就是说,个人利益必须是正当的、合理的、合法的。同时,马克思认识到,利益具有盲目性,个人利益与公共利益有可能发生分裂、产生矛盾。因此,要协调处理好个人利益与公共利益之间的矛盾,既要反对极端的个人主义,又要反对盲目的自我牺牲行为。

---

① 《马克思恩格斯选集》(第1卷),人民出版社1995年版,第288页。
② 《马克思恩格斯选集》(第3卷),人民出版社1960年版,第273页。
③ 《马克思恩格斯选集》(第3卷),人民出版社1960年版,第84页。

马克思主义最终关心的是大众的人民的利益,这既是马克思主义利益观区别于其他利益观的本质所在,也是马克思主义的阶级立场。马克思主义对旧制度的批判和对私有制局限性的揭露,最终是为了创立共产主义理论。为了实现共产主义社会,只能依靠与全人类根本利益一致的无产阶级,而代表无产阶级先进力量的共产党人更是"没有任何同整个无产阶级的利益不同的利益"。马克思、恩格斯在《共产党宣言》中庄严宣告:"过去的一切运动,都是少数人或为少数人谋利益的运动。无产阶级的运动是绝大多数人的、为绝大多数人谋利益的独立的运动。"功利主义者虽然也注重利益,但其过分强调个人利益;唯物史观则更多地强调人民群众集体的利益,实现个人利益与集体利益的统一。在立场、出发点、利益内涵等方面,唯物史观与功利主义面都有本质区别。① 可见,马克思主义利益观是层层递进的关系,最终把维护和实现大众的利益作为其根本,这也是马克思主义利益观的科学性所在和永葆生命力的根源所在。

总之,利益问题是马克思主义世界观的基础,马克思主义利益观经历了理想主义、理性主义、人本唯物主义、历史唯物主义等不同发展阶段,最后上升到共产党人的使命和整个人类解放的高度,其关于利益的本质属性、功能作用、实现方式、冲突解决等问题的认识对于深化当前我国改革进程具有重要的现实启示。②

第三节 中国传统公共利益观的时代价值

中国传统公共利益观蕴含于中国传统利益观之中,并根植于中国传统儒家文化体系。如果说,先秦时期的义利之辨是中国传统公共利益观的开端,那么,两宋时期的"理欲之争"则是中国传统公共利益观的转折,肇始于孔孟时期的"群已之辨"则贯穿中国传统公共利益观发展的全过程。

---

① 李斌斌、周行:《论传统利益观、马克思主义利益观及其当代价值》,载《社会主义研究》2008 年第4 期。

② 王盛辉:《马克思的利益观及其对深化改革的启示》,载《山东师范大学学报(人文社会科学版)》2013 年第4 期。

一、中国传统利益观的主要特质

一方面,中国传统社会并没有形成清晰的公共利益观念,更没有形成完整的公共利益理论体系。中国古代社会具有典型的“家国同构”特征,“重义轻利”伦理观念根深蒂固,宗法体制等级森严,无论是孔子提出的“君子喻于义,小人喻于利”[①]的主张,抑或是孟子提出的“舍生而取义”[②]看法,抑或是朱熹提出的“存天理,灭人欲”[③]的思想,都表明,中国古代社会羞于谈利。在此社会背景下,形成明确的公共利益观是不可能的,将公共利益制度化、实践化更是不现实的。但这并不意味着中国传统社会缺少公共利益的看法,只不过这些思想和观念隐含在中国传统文化之中,如儒家的民本思想、墨家的兼爱思想等。中国传统公共利益观的这一特质一直延续到今天,不利于科学公共利益观的形成。质言之,在“家国同构”的社会结构、重义轻利的伦理观念、等级森严的宗法体制下,中国传统文化中没有产生明确的西方意义上的公共利益概念,更没有形成体系化的公共利益思想。当然,中国传统社会虽没有发展出严格意义上的独立于国家利益的公共利益概念,但并不意味着古代中国公共利益思想缺失,只不过在表现形式和思想的体系化程度上有别于西方。

另一方面,整体而言,中国传统社会强调以国家利益、民族利益、家族利益为表征的公共利益,个人利益被压缩在极小的空间范围内且处于绝对的服从地位。当个人利益与公共利益发生冲突时,个人利益应当作出无条件的妥协和牺牲,这是儒家伦理精神的客观要求。这种“重义轻利”“大公无私”的价值取向在凝聚社会向心力方面有着重要作用,“这里无疑体现了道德的历史自觉,但对普遍公利的强化,又始终使个体之利难以得到适当的地位”。[④] 在我国传统上,公共利益表征为国家利益、民族利益和家族利益,具有至上性与优先性,要求个人利益作出彻底的妥协与牺牲。换言之,中国传统儒家伦理从整体主义的精神特质出发,“重义轻利”“大公无私”“公而忘私”成为基本价值倾向,这种利益观有重要意义亦具有重大缺陷,其“无疑

---

① 《论语》,张燕婴译注,中华书局2006年版,第47页。
② 《孟子》,万丽华、蓝旭译注,中华书局2006年版,第252页。
③ (宋)朱熹:《四书集注·里仁》,中华书局2013年版,第505页。
④ 杨国荣:《善的历程》,上海人民出版社2006年版,第4页。

体现了道德的历史自觉,但对普遍公利的强化,又始终使个体之利难以得到适当的地位”。[①] 在社会主义现代化建设的今天,漠视乃至压制社会个体合理的利益诉求已经显得不合时宜,也不利于社会发展。

此外,新中国成立后至改革开放这一时期,中国传统利益观走向极致。“必须承认,在新中国成立以后的相当长一段时间里,的确存在排斥或者忽略个体利益的倾向,而且把单纯的‘集体本位’思想解读为马克思主义的理想社会理论,产生了马克思主义排斥个人利益这样的看法。”[②]换言之,在当时单一的社会结构下,除工农差别、城乡差别外,利益分配相对均衡,利益格局整体平稳,利益摩擦和利益冲突也较少。然而,随着改革开放政策的实施,这种简单而落后的利益结构逐渐被打破,社会利益关系日益复杂多元,需要树立新型的公共利益观。

在不同的社会阶段、不同的文化背景下,处理个人与社会、个人利益与公共利益的方式不同。中国传统儒家文化强调公共利益(主要表现为国家利益、民族利益、家族利益)至上,当个人利益与公共利益发生冲突时,要求个人利益作出妥协和牺牲,这虽然对民族团结、社会秩序稳定有益,但其压抑了个体创造财富的积极性,也带来了经济效率的低下和生产力发展缓慢的后果。

二、新时期呼唤新型公共利益观

党的十一届三中全会开启了我国以市场为取向的经济体制改革,社会结构、利益结构发生了重大变迁。党的十一届三中全会预示着以市场为导,向经济改革拉开了序幕,利益结构和利益观念发生了根本性的变革。市场机制的确立,激发了人们创造财富的热情,也必然带来了社会物质利益的增加。社会利益格局的变化必然会对传统的利益观念、价值理念产生重大冲击,要求树立不同于中国传统利益观的全新公共利益观。

一方面,人们的利益意识开始觉醒,个人追求合法合理利益的观念不仅被社会所认可,而且不断得到社会的尊重和鼓励,个人利益逐渐从国家利益、集体利益中独

---

① 杨国荣:《善的历程》,上海人民出版社 2006 年版,第 4 页。

② 陈学明、黄力之、吴新文:《中国为什么还需要马克思主义》,天津人民出版社 2013 年版,第 151 页。

立出来，公共利益也从传统的国家利益中分化出来，成为重要的利益单元。① 另一方面，随着生产力的发展、物质生活的丰富以及利益分配方式的多样化，利益差距扩大化以及利益主体之间的矛盾冲突也就在所难免，②而改革的实质是对利益关系、利益格局的重新调整。此外，社会结构的变动、经济体制的变革以及利益格局的调整、生活方式的变化，必然导致人们对利益关系认识的变化。

尤其是社会转型期，不同思想文化激荡碰撞，各种价值取向矛盾并存。虽然从不同角度、不同立场出发，每种利益观都有其合理之处，都代表特定个体、特定群体或特定阶层的利益诉求，但是，需要一种主流的科学的利益观引领社会对利益关系的认识、整合利益主张的冲突、协调各方利益关系。历史事实证明，不良的利益心态极易导致利益矛盾的爆发，甚至会演化为局部性、群体性、阶层性的冲突对立。

社会转型是社会结构和社会形态的漫长变迁，是新旧经济体制的升级转换，其间因利益主体多元和利益分化加剧引发的矛盾需要经济发展和深化改革来解决，③而加强科学公共利益观的培育是深化改革的内在要求。因此，我们有必要重新审视中国传统利益观，培育科学的具有显著当今中国时代特点的公共利益观，以引导人民正确处理利益关系与矛盾，形成和谐共进的良好社会环境。

本章小结

中国传统公共利益观源于儒家思想中关于“公”“私”及其二者之间关系的基本观点。发生于先秦时期的“义利之辨”是中国历史上利益观讨论的第一个高峰，也是中国传统利益思想的开端；两宋时期是中国封建社会的转折时期，发生于这一时期的“理欲之争”也具有了独特的转折意义；肇始于孔子时期的“群己之辩”，是中国传统文化中关于自我与群体、自我与他人关系的探究、谈论和反思的一个重要问题。

---

① 于建东：《传统儒家的公私利益观及其现代分化》，载《河南师范大学学报（哲学社会科学版）》2014 年第 2 期。

② 彭劲松：《当代中国利益关系新变化及应对思路》，载《科学社会主义》2015 年第 4 期。

③ 张淇、任金梅：《邓小平利益观对正确处理社会转型期利益矛盾的启示》，载《北华大学学报（社会科学版）》2015 年第 1 期。

建立在唯物史观基础之上的马克思主义利益观深刻揭示了利益的本质属性,提出了尊重人民利益的重要观点,这对于树立新时期科学公共利益观具有重要的指导意义。经过几千年中国传统文化的历史沉淀和社会变迁,中国传统公共利益观呈现与西方公共利益观不同的特质。通过梳理和研究中西方公共利益观的发展脉络和主要内容,可以发现,西方国家传统上倾向肯定个人利益,中国传统上倾向保护公共利益;然而,当前西方国家日益强调公共利益,中国日益重视个人利益,中西方都更加重视公共利益与个人利益之间的平衡。实际上,过分强调个人利益抑或是过分强调公共利益,都是不科学的。

第三章　科学公共利益观的法治意蕴及要义

在我国社会转型期，利益观呈现纷繁交织、复杂多样的现实图景，存在多种错误的认识倾向。解决我国改革中出现的利益问题和利益矛盾，需要以科学公共利益观念分析我国当前利益格局、协调各种利益关系、解决各种利益冲突，进而推动社会主义公共利益法律体系更加成熟、更加定型。因此，树立科学公共利益观是化解利益冲突的观念先导，是构建公共利益法律制度的思想基础。

第一节　几种错误认识倾向

改革的本质是对既有利益分配体制机制的重新调整，如何协调和处理各种利益矛盾，构建和谐的利益均衡机制，是摆在我们面前的重要时代课题。

意识是行为的先导，科学的利益观是解决利益问题的前提。然而，正如前文所述，在我国社会转型期，利益观呈现纷繁交织、复杂多样的现实图景，甚至存在几种认识倾向：一是单纯强调自身个人利益；二是过分夸大公共利益；三是忽视公共利益。当前社会关于公共利益存在几种认识倾向的根源，一方面，在于"公共利益"本身就是一个悬而未决甚至充满误解的话题，在法律上也是一个极其模糊的概念；另一方面，在于我国公共利益理论不成熟、实践不充分，传统意义上的公共利益研究大都是在西方社会语境之下进行的，忽略了我国公共利益观形成的历史背景以及当下的现实表达。易言之，西方公共利益观是建立在社会化大生产高度发达以及国家与社会分离的基础之上的，而我国的公共利益观是建立在中国传统文化中的"义利观"基础之上的，这种"义利观"在社会转型期呈现复杂多样的现实情景。笔者于 2020 年 4 月 1 日以"公共利益"为检索词，以"篇名"为检索项，共找到 3024 条结果，其中

“期刊”论文1845篇,硕、博士学位论文302篇。由此可见,公共利益是学界尤其是法学、哲学、政治学等领域研究的一个热点。

理论源于现实,公共利益研究热是我国社会经济结构的变迁在理论上的必然要求和具体体现,法学界对公共利益的研究日益深入则更是我国法治变革的客观结果。即随着2004年《宪法》第4次修正案、2007年原《物权法》、2011年《国有土地上房屋征收与补偿条例》等法律法规的出台,“公共利益”越来越多地出现在法律条文之中,成为限制个人利益进行征收或征用的合法理由。然而,目前学界关于公共利益的研究多偏重抽象的概念阐释或者法律意义上的文本诠释,忽略公共利益问题的宏观研究,忽视了中国实践和中国问题。① 任何法律制度的分析都应当在特定的语境下进行,对于公共利益的研究亦应当立足中国传统文化和社会主义市场经济实践。因此,树立科学公共利益观是化解公共利益与其他利益冲突的观念先导,是构建公共利益法律制度的思想基础。

概念厘定是树立公共利益观之前提。公共利益观属于利益观的一部分,是人们对公共利益的总体看法和根本态度。② 所以,对公共利益观的研究应当置于利益观的宏观视野下,并以马克思主义价值观为指导。所谓公共利益观,简言之,就是人们对公共利益及其与其他利益之间关系的总体态度和基本看法;详言之,就是在一定的世界观、人生观、利益观的指导下,看待和处理公共利益与其他利益之间关系的价值取向、功利态度、行为方式和准则观念。③ 树立科学公共利益观,首先要解决什么是科学公共利益观这一命题。而这一命题又至少包括以下问题:公共利益是一个重要的独立的利益单元吗?如果是,那么什么是公共利益?如何看待公共利益与其他利益之间的关系?基于此,本部分从应然层面研究何谓科学公共利益观,即在前文研究公共利益观历史嬗变的基础上进行概念比较,总结科学公共利益观的内涵要义,并围绕以上几个问题展开论述。

---

① 范文舟:《论公共利益的公法保护》,载《汕头大学学报(人文社会科学版)》2006年第5期。
② 刘仁春:《多元利益背景下的公共利益:价值与事实的论辩》,载《前沿》2011年第22期。
③ 刘世明:《树立正确的利益观》,载《天津师范大学学报(社会科学版)》2004年第1期。

第二节　公共利益概念的舛讹归正

新时期科学公共利益观，不仅是衡量行政决策行为正当性的价值尺度，还是个人处理自身利益与他人利益、集体利益、公共利益的基本依据，更是弥合利益冲突、促进社会和谐的理念先导。不同国家地区、不同时代背景的公共利益观有所不同。新时期科学公共利益观，应当是对中国传统利益观的继承和扬弃，是对西方公共利益观合理成分的批判和吸收，是对马克思主义利益观的传承和发展，是建立在中国实践基础之上的与社会主义核心价值观一脉相承的利益观。笔者认为，正确理解新时期科学公共利益观，必须回答以下问题：其一，什么是“公共利益”？其二，公共利益与个人利益一定是对立的吗？其三，公共利益与集体利益、政府利益、群众利益等“共同的”利益有什么区别？

一、公共利益概念的理论争议

公共利益概念的界定不仅是一个理论问题，而且是一个关涉制度设计的现实问题。实际上，古今中外诸多思想家和学者都尝试着从不同角度给公共利益下定义。然而遗憾的是，由于公共利益本身的抽象性，至今尚未形成一个公认的权威公共利益概念，这也是导致现实中公共利益虚化、弱化泛化的一个重要原因。

对公共利益概念认识不清是导致现实中公共利益虚化、泛化的一个根本原因。实际上，在法治社会，清晰而合理地界定公共利益的内涵及外延，已不再仅是抽象的理论问题，而是一个关乎国家法律制度设计法治实践的重大现实问题。然而，公共利益作为一个“罗生门”式的概念，①一直存在争议，至今尚未形成一个公认的可操作性定义。② “在什么是公共利益的问题上，永远不能达成一个广泛的共识。公共利益有如一个空盒，每个人都可以往其中注入自身的理解。”③我国台湾地区学者陈

① 陈新民：《德国公法学基础理论》（上册），山东人民出版社 2001 年版，第 181 页。
② ［英］迈克·费恩塔克：《规制中的公共利益》，戴昕译，中国人民大学出版社 2014 年版，第 1 页。
③ Deborah Stone, *Policy Paradox: The Art of Political Decision Making*, W. W. Norton Company, Inc, 2001, p. 23.

锐雄认为:“何谓公共利益,因非常抽象,可能言者人殊。”①美国行政伦理学家库珀甚至认为,“要想给出一个能得到理论界或实际工作者公认的‘公共利益’定义,是不可能的”。② 我国学者梁上上则指出,公共利益是一个具有模糊性、变动性、阐释性和变动性的不确定概念。③ 可以说,公共利益作为一种价值理念,是一个关涉政府合法性和政治正义性的基石性概念,但在事实层面却是一个充满争议性的话题。

然而,诸多学者还是尝试给公共利益作出界定。如功利主义的代表人物边沁把公共利益界定为“最大多数人的最大的利益和幸福”。④ 美国社会法学派的创始人庞德把利益分为个人利益、公共利益(更接近于通常意义上的国家利益、政府利益——笔者注)、社会利益(更接近于本书的公共利益——笔者注)3 种形态,社会利益是指涉及文明社会的社会生活并以社会生活的名义提出的要求、愿望、主张,内容包括一般安全的利益、社会制度的安全、一般道德中的社会利益、社会资源的保护、一般进步中的利益、个人生活中的社会利益。⑤ 我国台湾地区学者王泽鉴先生把公共利益定义为“涉及的是不特定多数社会成员的利益”。⑥ 我国学者更倾向从马克思主义唯物主义基本立场出发,从主、客体关系角度界定公共利益。⑦

统观学界对公共利益所作出的定义,无论是语义分解界定法抑或是概念比较界定法,公共利益界定的分歧集中体现在两点:一是“公共”范围的大小、确定及其判定主体;二是“利益”的内涵、外延以及如何统一。前一个问题关涉公共利益与其他利益之间的关系,若处理不好,很容易导致利益之间的冲突;后一个问题则涉及公共利益的认定,若处理不好,不利于正确判断及实现公共利益。其中,公共利益界定争议的焦点在于如何判断是否属于“公共”,即如何确定“公共”的范围。这不仅是公共利益界定的重点所在,也是公共利益界定的难点所在,学界对此也有不同的认识。

---

① 陈锐雄:《民法总则新论》,台北,三民书局 1982 年版,第 913 页。

② Cooper, Terry L, *The Responsible Administrator* (*3rd ed*), San Francisco. Jossey-Bass publishers, 1990, p. 68.

③ 梁上上:《公共利益与利益衡量》,载《政法论坛》2016 年第 6 期。

④ [英]边沁:《政府片论》,沈叔平等译,商务印书馆 1995 年版,第 92 页。

⑤ [美]E. 博登海默:《法理学:法律哲学与法律方法》,邓正来译,中国政法大学出版社 1999 年版,第 106 页。

⑥ 王泽鉴:《民法总则》(增订新版),台北,兴农综合印刷有限公司 2014 年版,第 622 页。

⑦ 胡建淼、邢益精:《公共利益概念透析》,载《法学》2004 年第 10 期。

其中，以德国公法学者提出的3种标准影响最大。第一种标准是地域标准，即"地域说"，它是由洛厚德在1884年所提出的。其核心思想是，一定空间内多数人的利益即是公共利益。第二种标准是不确定多数标准，即"人数说"，它是由纽曼在1886年提出的。其核心思想是，公共利益是一个不确定多数人的利益。第三种标准是"某圈子之人"反面标准，即"综合标准说"或"反面说"，它是由德国学者近年来提出的新标准。其核心思想是，公共利益指"不特定人多数人"所享有的利益，其中，"特定"还是"不特定"，"多数"还是"少数"，都是相对一个特定的圈子而言的，同时，这个"圈子"是一个相对的、动态的概念。① 应当说，对于"公共"的范围，上述3种标准都具有一定的道理，分别从不同角度分析了这一概念的内涵，相较而言，"综合说"更具有合理性。"地域说"单纯以地域为划分标准，容易使人认为公共利益具有地域外的排他性，其以国界为最高界限范围，忽视了国际甚或全球公共利益；"人数说"虽然符合少数服从多数的民主理念和民主理论中的简单多数决定原则，但操作意义不大。总之，研究"公共"的要旨在于研究"公共"的范围多大为合适，即究竟多少个人(个人利益)才能构成公共(公共利益)，个人(个人利益)怎样组合为公共(公共利益)。

二、公共利益概念的基本内涵

公共利益概念与特定社会的文化传统、伦理道德、意识形态、政治架构、公共行政、法律实践密不可分，对于这一概念的不同理解，通常意味着不同的价值取向、行动准则和社会实践。② 笔者无意重新构造一种新的公共利益概念，而着重阐释公共利益的特质：

其一，"公共利益"是一个相对概念，是特定时空的产物。③ 不同社会的不同发展阶段，对公共利益的理解和认识可能会有所不同，其范围、内容和形式依附特定的社会环境，是相权衡比较的利益。从公共利益的层次来看，既有某区域的公共利益，也有一国范围的公共利益，还有全球性的公共利益。事实上，人类对公共利益的理

---

① 陈新民：《德国公法学基础理论》(上)，山东人民出版社2001年版，第182～186页。

② 韩志明：《公共利益与公共行政责任》，载《广东行政学院学报》2006年第1期。

③ 钱弘道、吴亮：《论行政征收的公共利益判断》，载《法律科学》2007年第6期。

解经历了一个从简单到复杂的发展历程。因此，一定要在特定语境下、特定时空内理解公共利益。换言之，公共利益的表现形式虽非常广泛，但具有相对性。多样性的公共利益在不同的社会关系中会有不同的表现层次，①既可以有全人类的公共利益，也可以有一国范围内的公共利益，还可以有特定地区范围内的公共利益。② 也就是说，公共利益不是绝对的，而是特定时空的产物，具有相对性。质言之，公共利益是相对个人利益而言的某一时期、某一特定区域内不特定多数人的利益，是相权衡比较的利益，其内容与形式依附于特定的社会环境，在不同时期，人们对社会公共利益的理解也会有所不同。在人类社会发展的不同阶段，对公共利益的认识也是不尽相同的，人类不会超越历史阶段选择公共利益，从这一点上说，公共利益具有历史性。③ 公共利益的相对性告诉我们，对公共利益界定要“具体问题具体分析”，应当在特定时空条件下对各种利益进行比较权衡作出判断。

其二，公共利益的表现形式非常广泛，且是一个不断发展的概念。公共利益既可以体现为抽象的利益形态，如国家安全、国防安全、社会安全、公共秩序、义务教育等，承载的更多的是价值功能；也可以表现为具体的物化的利益形态，如公共财产、环境卫生、公共资源、基础设施等，承载的更多的是物质功能；还可以表现为法律、政策等制度利益。

其三，公共利益是关乎人类长远的、根本的整体利益，具有不可分性。整体而言，公共利益是那些关乎人类长远发展的根本性的整体利益，这些利益都具有不可分性。“公共利益所具有的数量不能像私人利益那样被划分，不能由个人按照他们的偏爱多要一点或少要一点。”④公共利益绝不是个人利益的简单相加，“不是整体内个人利益在数学上的总和”，⑤而是“特定圈子”范围内人们所共同认可、对各方有价值的利益。换言之，公共利益超越了单个个体的利益，不是任何私人的、共同体的、利益团体的利益，也不是局部的、眼前的、狭隘的利益，而更多的是一种整体的、

① 胡象明、董琦：《论公共利益及其本质属性》，载《公共管理学报》2006 年第 1 期。

② 韩大元：《宪法文本中“公共利益”的规范分析》，载《法学论坛》2005 年第 1 期。

③ 王景斌：《论公共利益之界定——一个公法学基石性范畴的法理学分析》，载《法制与社会发展》2005 年第 1 期。

④ 茅于轼：《中国人的道德前景》，暨南大学出版社 1997 年版，第 64 页。

⑤ 城仲模：《行政法之一般法律原则》，台北，三民书局 1997 年版，第 156 ~ 157 页。

长远的、根本性的利益。①

其四,公共利益的本质特征在于其具有非排他性。不同于其他利益单元,公共利益的享有主体是不确定的、是开放的,具有普遍性、不确定性和非排他性。公共利益的非排他性,是指公共利益一旦形成,就无法排除或限制作为社会构成要素的任何个体从公共利益中受益,或者即使能够排除或限制特定的人消费,但这种成本很高。申言之,公共利益的享有主体具有普遍性和不特定性的特点,而不是由某个人专门享有的,其他人也可以享有。② 在一定程度上可以说,共享性是公共利益的基本属性。③ 公共利益的非排他性根源于公共利益是一种非竞争性利益形态,即公共利益的获取是不需要通过竞争就可以获得的,某些人享用并不排斥其他人正常享用,一个人对公共利益的享有不会对其他人享有该利益造成威胁。例如,公园、公共设施、公共资源等。公共利益"共享性"这一特点,将其与专享性的个人利益区别开来,同时这一特征又产生了一个悖论:公共利益缺乏明确的特定化的具体代表主体,是"大家的,又不是大家的",很容易发生"搭便车"现象,使与每个人都密切相关的公共利益成为最少人关切的对象从而导致对公共利益的关注不够,使其最容易受到侵犯,忽视、漠视甚至侵犯公共利益现象非常普遍,这迫切要求对公共利益采取特殊的保护机制。

第三节　公共利益独立的历史必然

公共利益研究的逻辑起点通常有两方面,即"什么是公共利益"和"是否存在公共利益",两者实质上是一个问题的两个方面。对公共利益是否客观、独立存在的追问和证实都有非常重要意义:它说明了公共利益是何以能够存在以及如何能够存在,公共利益与个人利益如何衡量以及如何化解二者之间的冲突。

---

① 齐明山、李彦娅:《公共行政价值、公共利益与公共责任》,载《学术界》2006 年第 6 期。

② 李叶叶:《公共利益研究综述》,载《湖南社会科学》2008 年第 2 期。

③ 潘志玉:《论民法上的公共利益》,载《政法论丛》2008 年第 3 期。

一、公共利益是一个重要的独立的利益单元

关于对公共利益是否具有独立性，历史上有过较大争论，这些观点总体上可分为两类：肯定论和否定论。否定论认为，不存在独立的公共利益，或者认为公共利益是政治浪漫主义，甚至认为公共利益是政治的迷思或归结为虚无的幻想。例如，公共选择理论的著名代表布坎南与塔洛克也认为，"就公共利益来说，我们认为根本就不存在公共利益这种东西……对公共利益的说法我是不赞成的，既然独立的个人有其自身利益，那么，公共利益之说在我看来就是无稽之谈了"。① 肯定论认为，公共利益不仅是存在的，而且是一种独立的利益形态，这也是大多数学者的观点。譬如，早在18世纪法国唯物主义者爱尔维修就把"个人利益"与"公共利益"作为其学说的两个重要范畴，认为个人利益不能违背大多数人的公共利益，主张要将个人利益与公共利益结合起来。②

笔者认为，公共利益是否客观存在以及能否独立存在，要从社会的客观情况去判定和衡量。一种利益的独立至少需要具备两个条件：其一，社会的发展客观上产生了某种新的利益需要；其二，这种新的利益形态逐渐强大，能够与传统利益形态相并列。在人类社会早期，社会利益关系比较简单，国家利益是最主要的利益形态。资本主义制度的确立极大解放了生产力，将个人利益独立出来。到了现代社会，社会公共性问题日益凸显，人们对公共生活的需求更加丰富多样，国家—社会—个人三元结构逐渐形成，社会已成为与个人、国家并列的又一独立主体，它所代表的利益就是公共利益。③ 总之，在国家与社会的良性互动中产生了独立的公共利益形态。如今，全球范围内的包括恐怖主义、温室效应、金融危机等公共利益问题日益复杂，④ 公共利益的独立也就日益迫切。可以说，在20世纪前，公共利益更多意义上是一种价值评判尺度抑或是一种制度建构工具，到20世纪后，公共利益则被视为一种独立

---

① ［美］詹姆斯·M.布坎南、戈登·塔洛克：《同意的计算》，陈光金译，中国社会科学出版社2000年版，第5页。

② 颜运秋：《论法律中的公共利益》，载《政法论丛》2004年第5期。

③ 冯宪芬：《社会公共利益的法律思考》，载《西安交通大学学报(社会科学版)》2009年第4期。

④ 胡朝阳、余庆东：《政治哲学视域下的公共利益概念研究》，载《苏州大学学报(哲学社会科学版)》2009年第1期。

的利益形态,[①]在具体的法律创设和政治运作中得到了肯定。

公共利益不仅是一种独立的利益形态,而且是一种重要的利益形态。首先,公共利益与公正、正义等价值观念紧密相连。公共利益最初是作为一种“公共善”而提出来的,具有价值合理性。亚里士多德曾提出,“政治学上的善就是‘正义’,正义以公共利益为依归”。[②] 其次,具有内在规范意义的公共利益是政府合法性基础,亦是衡量行政正当性的价值标尺。[③] 关于这一点,前文在梳理西方公共利益观时已反复述及,在今天,“维护和提倡公共利益,成为现代国家的积极任务,也是许多实际政治运作行为所追求的目标之一”。[④] 最后,公共利益是维系社会共同体的重要纽带。[⑤] 公共利益长期以来一直作为不言自明的价值存在,是人类公共生活的共同基础。即使在利益分化和多元化的现代社会,如何处理个人与社会、个人利益与他人利益之间的关系,仍需要在公共利益观的指导下确立行为准则。可以说,公共利益是一种价值观念和文化传统,是个体行为选择的标准尺度,是社会凝聚力产生的牢固基础。

就我国而言,改革开放极大地激发了社会创造财富的热情,单一的利益格局被打破,市场经济的发展进一步带来了公共领域的扩大、成熟,公共利益逐步成为国家利益、个人利益之外的独立利益单元。“现代市场经济中,以社会、国家和个人为利益主体的三元利益逐渐确立起来。人们可以清晰地洞见个人利益、国家利益、社会公共利益三者的分立。”[⑥]总之,在当今中国,公共利益是一个重要的、独立的利益单元。

二、公共利益与个人利益的对立统一

公共利益与个人利益的关系问题是社会普遍关注和学界长期研究的一个话题,这个问题处理不好既有可能把公共利益作为侵犯个人利益的“挡箭牌”,也有可能把

---

① [美]E. 博登海默:《法理学:法哲学及其方法》,邓正来译,中国政法大学出版社 1999 年版,第 297 页。
② [古希腊]亚里士多德:《政治学》,吴寿彭译,商务印书馆 1965 年版,第 148 页。
③ 温辉:《行政公诉的理论基石》,载《国家检察官学院学报》2009 年第 3 期。
④ 陈新民:《德国公法学基础理论》(上册),山东人民出版社 2001 年版,第 181 页。
⑤ 刘仁春:《多元利益背景下的公共利益:价值与事实的论辩》,载《前沿》2011 年第 22 期。
⑥ 吕忠梅、廖华:《论社会利益及其法律调控——对经济法基础的再认识》,载《郑州大学学报(哲学社会科学版)》2003 年第 1 期。

公共利益作为个人利益无限膨胀的“牺牲品”。古罗马著名法学家西赛罗提出“公益优先于私益”的名言，美国法学家庞德提出个人利益与公共利益相统一的观点，①我国台湾地区学者陈新民把德国学界的观点概括为对立论和并行论两种。② 就中国大陆而言，学界的看法可以归纳为以下 4 种：一是“平衡协调说”；③二是“普遍性和特殊性说”；④三是“公共利益优位说”；⑤四是“并行说”。⑥

如何认识公共利益与个人利益的关系，是树立科学公共利益观的核心问题。在现代文明社会，普遍认为当公共利益与个人利益发生冲突时具有优先价值，法律亦普遍将公共利益作为限制个人利益的合法条件。⑦ 如我国《宪法》第 13 条第 3 款规定：“国家为了公共利益的需要，可以依照法律规定对公民的私有财产实行征收或者征用并给予补偿。”换言之，国家可以为了公共利益而限制、克减甚至剥夺公民的个人利益。如此一来，问题就产生了：公共利益与个人利益之间仅仅是对立关系，抑或是还存在统一关系？公共利益是否绝对优位？当公共利益与个人利益相冲突时如何衡量？如果这些问题没有解决，我们就无法正确处理好公共利益与个人利益之间的关系，无法充分发挥法律对利益的调节功能。现实生活足以证明，不能全面、客观地认识公共利益与个人利益之间的关系，就难以树立科学公共利益观。

笔者认为，在本质上，个人利益与公共利益的关系可以视为个人与社会的关系，二者在根本上具有一致性。这不仅体现在二者的产生具有同源性方面，而且体现在二者的目的具有一致性、二者的过程具有可转化性等方面。首先，公共利益是个人利益让渡的结果，是为了人类共同的生活需要而存在。公共利益首先来自人类生存和社会发展的需要，源于个人利益的相互交换，这些需求既包括社会成员同质性的需求，也包括维护个人利益相互交往中依存关系的需求，还包括缓解和协调个人利

① [美]罗斯科·庞德：《法理学》(第 3 卷)，廖德宇译，法律出版社 2007 年版，第 18 ~ 19 页。
② 陈新民：《德国公法学基础理论》，山东人民出版社 2001 年版，第 198 ~ 203 页。
③ 法苑精粹委员会：《中国经济法学精粹》(2002 年卷)，机械工业出版社 2003 年版，第 72 页。
④ 公丕祥：《马克思法哲学思想述论》，河南人民出版社 1992 年版，第 283 ~ 284 页。
⑤ 叶必丰：《论公共利益与个人利益的辩证关系》，载《上海社会科学院学术季刊》1997 年第 1 期。
⑥ 陈贵民：《现代行政法的基本理念》，山东人民出版社 2004 年版，第 97 ~ 99 页。
⑦ 刘太刚：《公共利益法治论——基于需求溢出理论的分析》，载《法学家》2011 年第 6 期。

益间矛盾的需求。[①] 其次,公共利益不能绝对地脱离个人利益而孤立存在。对此,笔者赞同这样一种观点:不存在绝对地超越个人之上的“公共利益”,脱离个人利益的抽象的公共利益是不存在的。再次,从目的性角度来看,公共利益应当服务于个人利益,公共利益的实现也不应以剥夺个人利益为前提,二者具有目的上的一致性。最后,公共利益与个人利益之间存在可转换性。“当个人利益和个人权利受侵害现象具有经济秩序或社会正义的普遍性和典型意义时,才可能转化为社会利益。”[②]公共利益通过社会个体的享有(用)而转化为个人利益,个人利益则通过以下两种方式转化为公共利益:一是直接式。如通过拆迁,公民让渡个人利益(房屋)形成公共利益(如公共设施)。二是间接式。如通过税收缴纳,公民让渡个人利益(财产)形成公共利益。

从理论上来说,公共利益根源于个人利益并蕴含于个人利益之中,二者不应当发生冲突。然而,现实中,公共利益与个人利益也存在冲突,甚至是尖锐的矛盾。[③]公共利益与个人利益毕竟是两种不同的、独立的利益形态,二者在语义上、特征上、主体上、层次上、运作方式上等都极为不同,不能混同,这是其一。其二,从某种程度上讲,二者属于此消彼长的关系。公共利益通常源于个人利益,公共利益的增进通常要以限制、减损、牺牲乃至剥夺个人利益为条件或作为代价,因此二者往往处于矛盾或对立之中。这种关系若处理不当,公共利益有可能沦为取缔个人利益的借口,成为侵犯个人利益的“危险源”。当然,也存在个人为了自己利益的最大化侵犯公共利益的可能性,即个人利益有可能侵犯公共利益。其三,现代法律普遍把公共利益作为限制个人利益的理由之一。比如,法国《人权宣言》第17条规定:“财产是神圣不可侵犯的权利,除非当合法认定的公共需要显然必需时,且在公平而预先补偿的条件下,任何人的财产不得受到剥夺。”除前述我国《宪法》第13条第3款,原《物权法》第42条(《民法典》第243条)、《土地管理法》第2条第4款也有类似规定。我

① 薛冰:《个人偏好与公共利益的形成——兼论阿罗不可能定理》,载《西北大学学报(哲学社会科学版)》2003年第4期。

② 孙笑侠:《论法律与社会利益——对市场经济中公平问题的另一种思考》,载《中国法学》1995年第4期。

③ 曾祥华:《必要、困难与前提:也谈公共利益的界定》,载《江南大学学报(人文社会科学版)》2009年第1期。

国台湾地区学者陈新民把这些条款称为消极性条款。① 值得注意的是，正是由于公共利益是个人行使权利、追求利益时不能超越的外部界限，才导致现实生活中公共利益限制功能的滥用，而忽视公共利益的保障功能，加剧了公共利益与个人利益的对立。

归根结底，公共利益与个人利益的关系问题属于价值衡量问题。公共利益与个人利益是两种不同的独立利益单元，代表不同的价值取向，当二者发生冲突的时候，如何取舍？传统上，坚持公共利益本位，即公共利益具有至高无上的地位。我们认为，公共利益具有相对优位性，即公共利益的优位是相对的，而不是绝对的无条件的。对此，可以从以下方面理解：其一，从社会优先于个人这一现代文明社会基本原则出发，公共利益优先于个人利益。② 公共利益与个人利益相比，公共利益是更高层次的、长远的、根本性的重大利益，理应具有更重要的地位。从现实看，规定“公共利益优于个人利益”也是现代立法的普遍做法。具体到宪法文本方面，大致有两种确立公共利益价值优位的规范：一种是个人利益的实现不得侵害公共利益，这是社会个体的消极义务；另一种是为了公共利益的需要可以限制个人利益，这是社会个体的积极义务。③ 其二，公共利益的优位性是相对的。笔者认为，超验的、绝对化的公共利益是不存在的，不存在不以个人利益为出发点和依归的公共利益。我们对于公共利益优位的理解不能是绝对化、片面化，过分强调二者的对立，忽略二者的统一。其三，公共利益的优位性要结合具体情况（语境）作具体分析，而不是所有的公共利益在任何情况下都可以限制个人利益。“公共利益不应是始终绝对优先和主导的利益。机械地把公共利益绝对凌驾于个体利益或者其他利益之上，不仅是对其他合法利益的侵犯，而且是违背公共利益正当性精神的。”④换言之，“公共利益确实应该是可以判断的，这种判断在结合某一情景时应当有其内在的正当性、合理性，否则就会

---

① 陈新民：《宪法基本权利之基本理论》（上），台北，三民书局1992年版，第131页。

② 刘太刚：《公共利益法治论——基于需求溢出理论的分析》，载《法学家》2011年第6期。

③ 王新生：《执拗的个体权利与无言的公共利益——重庆“最牛钉子户”事件宪法学评析》，载《山东社会科学》2008年第4期。

④ 张武扬：《公共利益界定的实践性思考》，载《法学》2004年第10期。

导致权力的滥用”。① 一般而言,公共利益优位性的限制因素主要有以下3点:第一,公共利益必须是“真实的”“合理的”利益;第二,公共利益的优先性受到公民基本权利的限制;第三,公共利益的优先性受到正当的法定程序的限制。尤其是,当公共利益的实现必须要以牺牲个人利益为代价,要严格的法定程序予以规范。质言之,任何对个人利益的剥夺,都应当有充分的理由,依据法定程序,并给予公平、及时的补偿。

总之,公共利益源于个人利益并且高于个人利益,任何公共利益最终都应当并且能够还原为个体利益,但是并不能把公共利益视为个人利益的简单相加。“公共利益在形成过程中,过滤掉了个人利益中的任意性、偶然性和特殊性的因素,同时又综合、放大了其中的合理性、必然性和普遍性的成分,使某种普遍合理的利益得以生成和延续。”②因此,如何缓解公共利益与个人利益之间的紧张关系,构建和谐包容的利益关系是处于社会转型期的中国需要思考和解决的问题。

三、公共利益与其他利益之间的关系

通常而言,公共利益是国家利益的上位概念,国家利益属于公共利益的一部分。所以,对于公共利益与国家利益之间的关系本书不再赘述。需要探讨的是,公共利益与政府利益之间的关系问题。对此,学界有不同看法:第一种观点认为不存在政府利益;③第二种观点认为公共利益从属于政府利益,是政府利益的组成部分;④第三种观点认为公共利益与政府利益是相互独立的两种利益,二者不存在隶属关系。⑤笔者认为,从应然角度看,政府不应当有自己的利益诉求,公共利益与政府利益的关系问题是个伪命题。公共性是政府的根本属性,增进公共利益是政府的基本逻辑。在现代民主社会,政府通常扮演公共利益主要代表者和积极维护者的角色,更应当以增进和维护公共利益为目标,不能有自己的狭隘利益。然而,从实然角度来看,政

---

① 刘莘、陶攀:《公共利益的意义初探》,载《修宪之后的中国行政法——中国法学会行政法研究会2004年年会论文集》,中国政法大学出版社2005年版,第473页。

② 杨通进:《爱尔维修与霍尔巴赫论个人利益与社会利益》,载《中国青年政治学院学报》1998年第4期。

③ 任晓林、谢斌:《政府自利性的逻辑悖论》,载《国家行政学院学报》2003年第6期。

④ 余敏江、梁莹:《政府利益·公共利益·公共管理》,载《求索》2006年第1期。

⑤ 刘玉蓉:《析政府利益与公共利益的关系》,载《四川行政学院学报》2004年第4期。

府利益又是客观存在的。稍微观察社会现实，就不难发现，以形形色色的“地方利益”“部门利益”为代表的政府利益是客观且普遍存在的。因此，认为政府利益等同公共利益显然是与事实相违背的。事实上，政府利益不仅客观存在，而且还大量存在政府为了自身利益侵害公共利益的情况。政府利益的客观存在，是由政府失灵导致的，是“诺斯悖论”（政府悖论）的必然结果，①也是由公共利益的模糊性决定的。②政府“代表公共利益是它的法定义务，体现了它的‘道德人’或者‘政治人’的属性；代表自身利益则体现了它的‘经济人’属性”。③ 政府利益的客观存在否定了政府的公共属性，也违背了政府公共利益代表者的本质，也是公共利益虚化、泛化的根源所在。混淆公共利益与政府利益主要表现在两个方面：一是假借公共利益之名维护政府利益。二是忽视了那些真正需要保护的公共利益。即使在我国，社会主义人民当家作主的性质决定了政府利益与公共利益在绝大部分情况下是吻合的、一致的。因此，政府的实然作用是一把“双刃剑”，它既可能增进社会公共利益，也可能侵蚀损害公共利益。④ 所以，政府利益“应否存在”与“是否存在”是两个问题，政府产生的初衷及其公共属性决定了不应当存在政府利益，但是政府组织与其他组织一样都要经历不断发展和完善的过程，其间客观存在政府利益也是正常的。

集体利益是另一个与公共利益相关的重要范畴，并且是一个容易与公共利益相混淆的概念。有些学者认为，集体属于公共利益的下位概念；⑤有些学者则认为，公共利益与集体利益的区别主要在于利益主体方面，前者的利益主体是公民社会，是与政治国家相对称的社会自治体，后者的主体则是由许多人组成的某一个整体。⑥笔者认为，集体利益与集体经济形态有关，是我国计划经济体制下的特殊产物。一方面，公共利益与集体利益都不是某个社会个体的利益，而是多个人的利益，是“大家”共同的利益。从这个角度看，二者确有相通之处。在我国，公共利益也通常理解

① 卢现祥：《西方新制度经济学》，中国发展出版社 1996 年版，第 167 ~ 168 页。

② 张武扬：《公共利益界定的实践性思考》，载《法学》2004 年第 10 期。

③ 李世萍、赵宝胜：《公共利益如何界定的理论探微》，载《黑龙江省政法管理干部学院学报》2005 年第 4 期。

④ 刘伟忠：《论公共政策之公共利益实现的困境》，载《中国行政管理》2007 年第 8 期。

⑤ 汪筱文：《现代经济法视角下的公共利益》，载《广东法学》2008 年第 5 期。

⑥ 沈桥林：《公共利益的界定与识别》，载《行政与法》2006 年第 1 期。

为集体利益。另一方面,公共利益与集体利益的区别也是非常明显的,二者最根本的区别在于"集体利益"是一个封闭的概念,公共利益是一个开放的概念。集体利益中"集体"是一个具体的实体意义概念,可以理解为"团体",集体利益要向该团体内的所有成员开放且能够分割;而公共利益中的"公共"则是一个抽象意义上的概念,公共利益要向不特定的所有人开放且不能分割。换言之,公共利益的享有群体为"某圈子之内"的人,其所在的共同体具有非隔离性和非排他性,它"既不为封闭的某一区域所独占,也不为特定的某些人或某个人群所享有",①任何人在任何时候都可以随意进出。因此,严格而言,公共利益包括国家利益,但不包括集体利益。

另外,在中国特色社会主义语境下,应当始终坚持人民群众利益为本位的基本立场,即要正确认识公共利益与群众利益之间的关系。笔者认为,群众利益与公共利益有诸多相通之处,但是二者亦属于不同的范畴。在政治语境下,群众通常是与政府、干部等精英(组织)相对应的概念,概指非执政阶层的社会群体,体现的是领导与被领导、管理与被管理关系。可见,群众利益与公共利益一样,都体现为社会不特定多数人的利益,二者的利益主体都具有变迁性和群体性,二者的利益内容都具有相对性。从历史角度看,公共利益起源于群众利益,也通常表现为人民群众的利益,二者往往会重叠在一起。② 反之,群众利益应当以公共利益为依托,否则就可能异化为个人利益或部门利益的借口。然而,我们不能混淆公共利益与群众利益。"群众"是与"干部""政府"相对应的概念,"公共"是与"个体"相对应的概念;"群众利益"属于政治概念,"公共利益"属于法律概念。同时,群众利益既可以表现为个体利益,也可以表现为集体利益,还可以表现为公共利益。马克思主义充分肯定了人民群众在社会历史发展的重要作用,社会主义制度下尤其要处理好党员干部与人民群众关系,个人利益与群众利益之间的关系;而公共利益通常是与社会个体相对应,本质上是解决个人利益与他人利益之间的关系。换言之,在当下中国,既要处理好党群、政群、干群关系,树立科学的权力观、地位观,突出人民利益的主体地位,③也要处理好群众利益与公共利益的关系,不能把群众利益替代公共利益,要树立科学的利益观。

---

① 潘志玉:《论民法上的公共利益》,载《政法论丛》2008 年第 3 期。
② 参见臧乃康:《群众利益与公共利益的重叠与差别之辨析》,载《江苏社会科学》2013 年第 5 期。
③ 参见底志欣:《马克思主义利益观的当代价值》,载《前线》2016 年第 12 期。

四、科学公共利益观的基本内涵

治理公共利益领域乱象，首先需要摒弃传统利益观，做到既不渲染公共利益，也不蔑视公共利益，而是保持公共利益与个人利益之间适当的张力，这对于当下的中国尤为重要。“传统理论的弊端恰恰在于，过于放大了公共利益限制公民基本权利之功能，而忽视公共利益对公民基本权利保障的宗旨。如果说忽视公共利益对公民基本权利限制功能，会造成社会的无秩序的话，那么忽视公共利益对公民基本权利的保障宗旨，则会使公共利益成为侵犯公民基本权利的危险源。”①

科学公共利益观是一种和谐包容利益观，既不主张个人利益无限膨胀，更不主张公共利益无限扩大，而是倡导在公共利益有限优位的前提下各种利益和谐共生。科学公共利益观并非一种“零和博弈”利益观，而是一种包容公共利益观，倡导不同利益的多元共生；科学公共利益观既不漠视、忽略公共利益，也不虚化、泛化公共利益，而是主张公共利益与其他利益的保持适度张力。在全面推进依法治国的新时期，科学公共利益观具有了特殊的法治意蕴，亦需要法治的力量去培育。

新时期科学公共利益观是一种健康的世界观和价值观，其鼓励人们通过正当、合法途径追求利益、创造财富，更要求人们在公共意识、集体精神的主导下增进和维护公共利益。新时期科学公共利益观是一种和谐包容利益观，②其要求客观看待社会利益的多元化，理性对待各种利益之间的矛盾和冲突，在承认公共利益是一种独立的利益形态的同时充分肯定个人利益的合理诉求，要求各种利益都保持适当的克制，实现各方利益的平衡。

本章小结

在社会主义建设的新时期，树立科学公共利益观是弥合社会矛盾分歧的观念支撑，是全面建成小康社会的精神基石。树立科学公共利益观，需要坚持马克思主义

---

① 黄学贤：《公共利益界定的基本要素及应用》，载《法学》2004 年第 10 期。
② 参见黄昆仑：《树立和谐包容的科学利益观》，载《南京政治学院学报》2011 年第 5 期。

利益观的基本立场,充分挖掘中国传统利益观中的合理成分,批判吸收西方公共利益观中的有益部分。因此,科学公共利益观倡导不同利益的多元共生,主张公共利益与其他利益的保持适度张力。培育科学公共利益观,增强社会个体的公共意识和公共品格是基础,强化行政机关的决策程序和利益衡量是关键,完善司法机关的个案监督和公益诉讼是保障。科学公共利益观是一种和谐包容利益观,是一种健康的世界观和价值观,既不主张个人利益无限膨胀,更不主张公共利益无限扩大,而是倡导在公共利益有限优位的前提下各种利益和谐共生。树立科学公共利益观,需要社会个体有着强烈的社会责任感和公共品格,也需要行政机关在公共利益决策时遵守法定程序并进行价值判断,还需要司法机关在个案中发挥监督作用,从而保持公共利益与其他利益的适度张力。

第四章　科学公共利益观的培育路径及实现

前一章从“应然层面”回答了“什么是树立科学公共利益观”问题，本部分将从“实然层面”回答“如何培育科学公共利益观”问题，即从法治角度阐释如何通过公共利益的立法规制、行政确定和司法保障来推动科学公共利益观的形成。前已述及，国家机关是公共利益的当然的代表机构，但是，在现代社会，公民、企业、其他组织等社会个体是公共利益的直接享有者，其在增进、维护公共利益中当然也应当有权利发挥应有作用。因此，科学公共利益观的培育，既需要增强社会个体的公共意识，也需要实现行政善治，还需要从司法角度妥善处理公共利益与其他利益之间的关系。

第一节　公共意识：树立科学公共利益观之基础

新时期科学公共利益观的实现，首先要培育公共意识。公共意识是与公共精神、公民美德等概念紧密相连的，其核心要义在于，公民应主动关心公共议题，主动参与公共事务，主动服务公共集体。公共意识的培育有利于改善国家与社会之间的关系，实现二者的良性互动；有利于构建公民自治和促进行政善治，实现二者的相互融通；有利于正确认识和处理个人利益与公共利益之间的关系，实现二者的适当张力。

一、公共意识的时代内涵

通说认为，公共意识萌芽于古希腊城邦时代，“城邦是一个独立的城市国家，实行直接民主和轮番为治的政治原则，公民的最初含义就是属于城邦的人”。① 然而，早期社会的公共意识与带有深刻的身份烙印，是社会地位的象征。近代以来，随着公民意识的觉醒，社会个体参与公共事务的范围日益扩大，参与公共事务的方式日渐多样，公共意识具有了新的时代内涵。公共意识首先是一种权利意识，即对公共权力的认可和监督以及对公民私权的认同和享有；公共意识也是一种参与意识，即有积极参与公共事务的精神和融入公共生活的自觉；公共意识还是一种责任意识，即有积极参与社会治理的责任感、使命感和奉献精神；公共意识更是一种能力担当，即能够有效地、创新地解决公共问题。公共意识是现代国家与社会二元结构发展的必然结果，也是公民社会走向成熟的支撑和标志，是公民应当具备的公共美德和公共关怀。

在利益处理方面，公共意识要求不能简单地保护私人利益，更不是一味地保护公共利益，而是强调社会利益的最大公约数，能够实现个人身份与公共身份的合理转换。公共意识这一功能的实现，首先得益于公民对政治社会客观存在和自我公民身份的高度认同，其次得益于通过合法途径参与公共事务，合理表达自身利益诉求，最后得益于通过法律机制保护公共利益免受侵害。换言之，在公共意识语境下，公民自治系统完善，公民不仅可以参与公共议题的讨论，而且可以对公共政策进行批判；不仅可以独立表达自身利益诉求，更应当聚合社会整体的利益诉求，采取集体行动。

二、公共意识的培育增强

公共意识的培育和增强，需要提高社会自主程度，拓展维护公共利益空间，需要大力发展非营利社会组织，拓展公众参与社会事务范围；需要完善利益表达、协调和平衡机制，营造公平社会环境。② 在法治语境下，公共利益的现实纷争、理论分歧，归根结底都因公共利益法律规范失位，需要通过立法实现对公共利益的界定和规制。“由宪法理念所揭示的公益概念，为了不使其变成一个空泛条文起见，必须要籍立法

① 顾准：《顾准文集》，中国市场出版社 2007 年版，第 5 页。

② 参见臧乃康：《群众利益与公共利益的重叠与差别之辨析》，载《江苏社会科学》2013 年第 5 期。

的途径,使其得具体化。"①反观我国的公共利益立法就会发现,立法机关非但没有在公共利益内涵确认方面做出卓有成效的努力,反而使原本不确定的概念,变成了一个混杂的概念。在我国法律条款中,既有条款表述为公共利益,也有条款表述为社会公共利益、社会利益,另外还有诸如集体利益、国家利益、社会公共秩序、公共道德等内涵外延交叉、重合的语汇同时存在。上述词汇既有单独使用的情况,也有并列使用的情况,更有甚者既有把社会公共利益作为一个词语使用的情况,也有把社会利益、公共利益并列使用的情况。立法表述的不统一,反映出我国立法机关对于公共利益的认识是模糊的、混杂的,并没有形成一个相对固定的、共识性的观念,也可以说是立法机关至今尚未找到一个具有可操作性的公共利益确认标准或确认原则。在多数决原则下,法律是社会主流观念的文本表述,集中反映了特定时期内公众关于特定事物的认知程度和价值评判。另外,对公共利益其他方面的法律规范,例如,公共利益的具体范围和界定主体、公共利益的认定原则和判断标准、公共利益的判断程序和救济机制,也都非常欠缺。

社会个体作为公共利益的代表主体,其公共意识的彰显主要通过以下途径实现:首先是公共利益的决定权,即通过立法的方式产生公共利益法律制度,对公共利益事项作出法律判断,这是公共利益实现的前提和基础。其次是公共利益的判断权,即通过影响行政机关公共决策的方式,对公共利益的事项作出事实判断,这是公共利益实现的核心。实际上,公共利益的判断过程不应是由行政机关"独断"完成,而是一个应当由政府主持、民意表达、公众判断的过程。换言之,政府的公共决策应当以公众的意志为转移。最后是公共利益的请求权,即通过公益诉讼等解决纠纷机制,维护公共利益,这是公共利益实现的保障。在公共利益受到侵害时或者行政机关不顾公众的意见恣意作出行政行为后,社会个体可以向人民法院提起诉讼,请求司法机关裁定,并可以要求赔偿损失。② 在我国,关于社会个体能否代表公共利益争议的焦点在于,在构建我国公益诉讼制度中是否应赋予公民个人、企业组织等社会个体提起公益诉讼的权利。

---

① 陈新民:《德国公法学基础理论》(上册),山东人民出版社 2001 年版,第 195 页。

② 参见王景斌、张剑平:《论公共利益在我国的立法表达》,载《社会科学战线》2008 年第 3 期。

第二节　立法界定：树立科学公共利益观之前提

科学公共利益观的树立，关键在于培育社会个体的公共意识。公共意识在增进公共利益方面的作用主要体现在参与公众立法，即将公共利益法律化。“法律关系实质上也是一种利益关系，是一种权威化了的利益关系。”①正如利益法学派的代表人物赫克所言，“法律是社会中各种利益冲突的表现，是人们对各种冲突的利益进行评价后制定出来的，实际上是利益的安排和平衡”。② 立法的过程实际上是一个利益博弈和利益衡量的过程，立法的目的在于公平合理地分配社会资源、调节各种利益关系、形成良好社会秩序。因此，通过立法界定公共利益，是增进公共利益、树立科学公共利益观的基础。

一、公共利益的独立推动法律的发展

公共利益的独立推动了法律本位的演进。由于利益的复杂性和多元性，产生了不同的法律价值选择问题，即不同的法律制度的法益目标和立法本位不同。不同的法律制度，在其制定和实施过程中价值选择不同，侧重保护的利益不同。

在前资本主义社会，国家利益是最主要的利益形态，社会结构比较单一，即一元化的政治国家结构，法律以维护国家利益为本位，与此相对应，法律结构也是一元化——以公法为主体的法律体系。在自由资本主义社会时期，个人利益从国家利益中独立出来，市民社会成为与政治国家相并列的社会结构形态，法律以维护个人利益为本位，与此相对应，法律结构属于二元化——由公法与私法构成的法律体系，利益单位的划分采用的是“二分法”——“个人利益”和“国家利益”。垄断资本主义时期以来，公共利益从国家利益和个人利益中分化出来，社会结构成为“市民社会—团体社会—政治国家”的三元结构，法律以维护公共利益为本位，与此相对应，法律结构发展为三元化——由私法、社会法、公法构成的法律体系。

---

① 梁上上：《利益的层次结构与利益衡量的展开——兼评加藤一郎的利益衡量论》，载《法学研究》2002年第1期。

② 何勤华主编：《西方法律思想史》，复旦大学出版社2005年版，第255页。

因此,人类历史的发展经历了国家本位—个人本位—社会本位的3个阶段,法律制度的演进亦经历了国家利益本位到个人利益本位再到公共利益本位的发展历程,这充分彰显了公共利益的独立性。法律转向公共利益有着深刻社会背景,是利益多元和阶层分化的必然结果。[①] 现代社会,公共利益已不再仅是一种抽象的政治哲学或价值理念,而是与国家法律体系紧密结合在一起的实践范畴。在我国,宪法、环境保护法、反垄断法等法律法规中,把公共利益与个人利益、集体利益、国家利益等概念并列使用,亦是对公共利益独立性的法律承认。至于公共利益与法律本位演进之间的关系,将在第五章详细论证。

二、公共利益的法律保留

如何尊重、平衡、保障各种利益是构建法治社会良好秩序的关键。从我国现实看,由房屋拆迁、环境污染、劳资纠纷等利益矛盾引发的重大舆情事件无不是由于利益分割不当、公共利益保护不力所致。

法律是利益冲突的调节器,现代法律更是以公共利益为依归。早在古希腊罗马时期,公共利益就被视为法律的最高价值目标之一。如今,公共利益是现代法治社会的一项重要原则,[②]维护公共利益是衡量法律公平与否的重要价值尺度,"法律的目的是实现公共利益"已成为学界共识和基本公理。[③] 从实践中来看,公共利益是各国宪法和其他法律普遍保护的基本法益,甚至是优先地位的法益,都规定了"因公共利益需要可以限制个人利益""行政机关应当维护公共利益"。换言之,公共利益是合理限制个人利益的宪法性理由。

在我国社会转型时期,传统利益结构被打破,利益多元化趋势明显,利益冲突非常普遍也非常正常。解决利益冲突,保护公共利益,既可以用思想政治教育的方法,也可以用制定政策的方法,但更重要的还是需要用法律规制的方法。通过法治手段进行利益引导、调节,并进而保护公共利益,具有其他方法所无可比拟的优越性,这

---

① 参见倪斐:《公共利益法律化——基于思想流变的中西方考察》,载《江海学刊》2017年第2期。

② 参见梁上上:《公共利益与利益衡量》,载《政法论坛》2016年第6期。

③ 参见[德]温弗里德·布鲁格:《公共利益、法律的具体化与释法》,娄宇译,载《比较法研究》2012年第3期。

是由于法律与道德、宗教、政策等其他社会规范相比所具有的优势所决定的。那么，法律是如何实现对利益的调节的？首先，法律确认、承认合法的个人利益、国家利益、公共利益等利益的范围；其次，通过司法和行政活动实现法律承认的利益；最后，法律力求保障在划定范围内所承认的利益。可见，公共利益的立法界定是公共利益法律实现的前提和基础。实际上，早在新中国第一部宪法——1954 年《宪法》中就明确规定了保护公共利益原则，该法第 13 条规定："国家为了公共利益的需要，可以依照法律规定的条件，对城乡土地和其他生产资料实行征购、征用或者收归国有。"虽然，在 1975 年《宪法》和 1978 年《宪法》中删除了这一原则，但在 1982 年《宪法》中又重新确认了这一原则，一直至今。可以说，从宪法到部门法，公共利益原则已经获得了普遍确立。

从具体的法律规范分析，公共利益条款主要有以下情形：①一是立法目的性条款，即明确将保护公共利益作为立法宗旨。如《证券法》第 1 条规定，"为了规范证券发行和交易行为，保护投资者的合法权益，维护社会经济秩序和社会公共利益，促进社会主义市场经济的发展，制定本法"。二是义务性条款，即明确将保护公共利益作为相关主体应当履行的法定义务。例如，《商业银行法》第 8 条规定，"商业银行开展业务，应当遵守法律、行政法规的有关规定，不得损害国家利益、社会公共利益"。三是授权性条款，即明确将公共利益作为限制、克减甚至褫夺个人、集体财产（利益）的理由。例如，《民法典》第 243 条第 1 款规定，"为了公共利益的需要，依照法律规定的权限和程序可以征收集体所有的土地和组织、个人的房屋以及其他不动产"。四是法律责任条款，即将明确将危害公共利益作为承担法律责任的理由。例如，《公司法》第 262 条规定，"利用公司名义从事危害国家安全、社会公共利益的严重违法行为的，吊销营业执照"。五是法律保留条款，即将明确公共利益作为我国法律适用保留的原因。例如，《民用航空法》第 190 条规定，"依照本章规定适用外国法律或者国际惯例，不得违背中华人民共和国的社会公共利益"。

需要强调的是，虽然就整体而言，公共利益法律条款通常表现为对个人和集体

---

① 参见梁上上：《公共利益与利益衡量》，载《政法论坛》2016 年第 6 期。

利益的限制,对全民或整体利益的维护和偏袒,①为了公共利益可以限制或者牺牲个人利益,但是,这绝不意味着把个人利益作为实现公共利益的"垫脚石"。"公共利益绝不是吞噬公民财产的利维坦,更非'钉子户'现象泛滥成灾的缘由。"②因此,公共利益通常都是法律保留内容,即只有法律(狭义)才能对公共利益作出界定。

三、公共利益立法的路径选择

"公共利益"是世界各国法律中出现频率较高的一个术语,在我国各个法律部门中也都有出现。然而,通过对我国法律文本中公共利益条款的分析,不难发现,我国公共利益立法存在诸多不足。首先表现在公共利益概念表述不一,甚至存在使用混乱的情况,这表明我国公共利益立法严谨性、规范性不够。其次表现在缺乏对公共利益内容的描述,即对公共利益的类型、范围、形式等规定不明,这直接导致了公共利益条款在适用中发生偏差。最后表现在当公共利益限制或牺牲个人利益时应当采用的原则、适用的方法、遵循的程序、补偿的标准等,这导致了个人利益与公共利益的紧张关系。可以说,我国现行法律制度中公共利益立法的混沌结构,③是导致产生大量"钉子户"的主要原因之一。

培育科学公共利益观,离不开法律制度的完善。有学者从法律方法论角度,将公共利益法律化过程分为价值填充与类型化、个案权衡模式两个阶段。④ 综观法学界对公共利益的界定,则大致可以分为两种方式:一种是实质主义,即通过对公共利益实体内容的研究以确定公共利益的法律内涵、界定标准及适用准则;⑤另一种是程序主义,即通过立法程序、决策程序、司法程序等民主正当程序证成公共利益的合理

---

① 参见黄有丽:《"公共利益"的法律界定》,载《学术交流》2008 年第 4 期。

② 梁鸿飞:《"公共利益"的法理逻辑及本土化重探》,载《华中科技大学学报(社会科学版)》2017 年第 5 期。

③ 参见林来梵、陈丹:《城市房屋拆迁中的公共利益界定——中美"钉子户"案件的比较》,载《法学》2007 年第 8 期。

④ 参见余军:《"公共利益"的论证方法探析》,载《当代法学》2012 年第 4 期。

⑤ 参见胡鸿高:《论公共利益的法律界定——从要素解释的路径》,载《中国法学》2008 年第 4 期;黄学贤:《公共利益界定的基本要素及应用》,载《法学》2004 年第 10 期;等等。

制度安排。[①] 在社会主义法治日益完善的中国，是否有必要通过立法对公共利益进行界定已基本达成共识，争议焦点在于，通过何种程序保障公共利益立法的正当性，以及采取何种立法技术达致公共利益立法之目的。

就公共利益立法程序而言，社会公众利益诉求的充分表达和立法活动的广泛参与是公共利益立法科学化的前提。现代民主政治的真谛在于在利益多元格局下通过公共选择协调各方利益冲突，立法被视为当今社会最具权威的公共选择，通过商谈妥协、群体博弈构建法律秩序。而这一立法价值的实现，仰赖于合理的立法程序设计，即各利益主体都有机会有条件平等地参与到立法活动中来。"正是程序决定了法治与恣意的人治之间的基本区别。"[②]就公共利益立法而言，亦需要通过民主参与保障立法的科学性，其中尤其需要立法信息公开。在公共利益立法过程中，社会公众的广泛参与是最为重要的程序制度。社会公众作为公共利益的享有主体，没有人比其对公共利益的感受更为直观、深刻。相应地，在公共利益立法和决策中，也没有人比社会公众对公共利益的确认更有效、更合理。然而，孤立、松散的公民个人很难有机会、有能力充分表达公共利益诉求，也难以与公权力相抗衡。因此，在公共利益立法中，增强社会个体对话的能力与赋予其对话的机会同样重要，应当增强公民参与公共立法和决策能力，发挥各种非营利社会组织的利益代表作用，通过行使社会权力向立法机关提出公共利益主张，从而影响公共利益立法决策。具体到公共利益立法民主程序的完善方面，首先，需要做的是立法信息的公开，这一立法信息不仅包括立法草案，而且包括立法规划信息、立法起草说明、审议结果报告等，还包括审议会议记录、听证信息记录、论证会议记录等。其次，要允许社会公众对立法信息进行评论、发表建议以及提出批评，通过这些程序设计充分保障公众对公共利益立法的参与权。最后，尤为关键的是，要确立公共利益立法评论意见排他性适用制度。由于公共利益涉及面广、事关重大，公众的评论性观点应当成为立法考虑的重要因素，对于未能采纳的评论意见，应当给予合理解释。

就公共利益立法技术而言，一方面，应当通过立法将公共利益类型化。所谓公

① 参见房绍坤：《论征收中"公共利益"界定的程序机制》，载《法学家》2010 年第 6 期；杨寅：《公共利益的程序主义考量》，载《法学》2004 年第 10 期；等等。

② 季卫东：《法律程序的意义——对中国法制建设的另一种思考》，中国法制出版社 2004 年版，第 3 页。

共利益类型化,是指根据社会理性与立法经验把握公共利益在具体法律适用领域的要素,然后以之为标准进行描述性的分类,从而形成形象化的“公共利益”类型,使其内容逐渐趋于明确。[①] 对此,我国立法已有尝试,即《国有土地上房屋征收与补偿条例》第8条通过明确列举可以征收房屋的5种具体情形完成了对“公共利益”含义的具体界定,这种立法仍值得其他公共利益立法参考借鉴。另一方面,公共利益具有不同的层次,公共利益法律规范也应当具有层次性,涵盖国际条约等国际法规范,宪法、法律、法规等国内法规范。此外,应创新公共利益立法内容,具体而言应至少包括以下方面:规范并统一“公共利益”表述,界定公共利益范围及类型,明确公共利益的界定主体及界定权,明确公共利益的认定主体及认定权,规定公共利益的认定原则及认定标准,规定公共利益的认定方法及认定程序,确立公共利益的异议处理程序和司法救济机制等。

第三节　行政善治:树立科学公共利益观之关键

追求公共利益的最大合理化是善治的基本内涵。现代公共行政以公共事务为主要管理内容,以增进公共利益为价值追求。然而,个人权利和公共利益的最大威胁来自国家公权力,即存在“诺斯悖论”——“没有国家权力及其代理人的介入,财产权利就无法得到有效的界定、保护和实施,因此,国家权力就构成有效产权安排和经济发展的一个必要条件。由此来看,没有国家就没有产权。另外,国家权力介入产权安排和产权交易,又是对个人财产权利的限制和侵害,就会造成所有权的缺失,导致无效的产权安排和经济的衰落”。[②] 法治为克服“诺斯悖论”提供了一种可行的解决路径。本部分围绕以下两个问题展开:一是公共利益增进方式是如何变革融合的;二是行政决策中如何实现公共利益。

一、公共利益增进方式的交叉融合

从古至今,公共利益的增进和实现模式主要有3种,即市场机制、政府机制和非

① 参见余军:《“公共利益”的论证方法探析》,载《当代法学》2012年第4期。

② 卢现祥:《西方新制度经济学》,中国发展出版社1996年版,第167~168页。

营利性组织机制。长期以来,市场机制和政府机制存在此消彼长的交替关系,市场失灵和政府失败证明这两种机制并非完美无瑕。笔者认为,相对而言,在增进和实现公共利益方面,政府应当发挥更大、更重要的作用,这也是国家和政府产生之基础和存在之价值。然而,随着现代社会生活的日益复杂以及公共利益需求的日益增多,政府机制显得力不从心,而非营利性组织机制的出现则在很大程度上弥补了政府机制和市场机制的缺陷,其提供公共产品和公共服务方面中的作用日益扩展。但是,与市场机制和政府机制一样,也有着自身固有缺陷,也会发生失灵现象。① 可以说,这3种公共利益增进机制具有一定的合理性,各有优劣。近年来,随着政府改造运动以及公用企业私有化的推进,市场、非营利性组织、政府之间的边界日益模糊,三者之间的互动更加频繁,相互之间的合作也日益广泛,公共利益实现机制在各种模式间自由转换。因此,现代公共利益增进方式的3种模式正呈现边界模糊、交互采用、彼此依存的发展态势。

对社会主义国家来说,更加注重市场机制的作用。根据马克思主义建立起来的社会主义国家,对资本主义所体现出来的市场缺陷有深刻的认识,并在此基础上实行计划经济体制。社会主义国家充分认识政府在提供公共产品和公共服务,增进公共利益方面的重要作用,奉行“国家本位”“集体本位”。“国家被看作是代表全社会的唯一决策单位,国家将所有个人的利益统一起来,并致力于社会福利的最大化。”②然而,事实表明,政府在增进公共利益过程中也不是万能的,其也会存在“政府失灵”问题,如权力“寻租”、追逐政府利益、信息不对称等,因此,应当重视和发挥市场在公共利益增进过程中具有的重要的基础性作用。幸运的是,社会主义国家重新发现了市场在公共利益增进中的价值,将市场机制引入公共管理中来。

对于资本主义国家来说,更加注重政府机制的作用。资本主义国家兴起之初,强调“最弱意义上的国家”,奉行“最好的政府就是最廉价最无为而治的政府”,通过鼓励社会个人追逐个人利益,增进公共利益,达到公共利益与个人利益的和谐与平

---

① Salamon, L. M., *Rethinking Public Management: Third Party Government and the Changing Forms of Government Action*, Public Policy, Vol. 29(3), p. 255 – 275(1981).

② [美]詹姆斯·M. 布坎南、戈登·塔洛克:《同意的计算——立宪民主的逻辑基础》,陈光金译,中国社会科学出版社 2000 年版,第2页。

衡。然而,公共危机的频繁爆发,市场神话被打破,证明了市场机制并不必然增进公共利益,亟须强调和发挥政府在公共利益增进中的作用,需要用国家之手引导市场机制,如制定法律法规、保护环境、稳定经济、投资基础设施、保护弱势群体等。因此,资本主义国家在强调市场机制在公共利益基础作用的同时,越来越强调政府机制的积极作用。

对资本主义和社会主义国家来说,都日益注重非营利性组织机制的作用。在20世纪70年代之后,随着技术革命的来临,世界形势发生了重大变化,经济全球化趋势明显,政府面临"管理危机(效率)""财政危机(成本)""信任危机(政府与公众的关系)"的困扰,公共管理改革呼之欲出。"治道变革"的核心是,承认政府公共利益代表者和提供者的有限性,强调非营利性组织在维护和增进公共利益方面的重要作用。如今,无论是社会主义国家还是资本主义国家,其公共管理部门都面临内部和外部的变革压力,要求变革传统管理方式,在尊重市场机制增进公共利益基础作用的同时,发挥非政府组织的补充作用。可见,世界各国都在为重构公共利益增进机制付出努力,只不过社会主义国家和资本主义国家采取了不同路径:社会主义国家日益重新发现市场的调节作用,重视市场与社会自身的力量;资本主义国家日益重视政府的调节作用,增强政府在增进公共利益中的权威。二者殊途同归,都强调公共利益增进中权力的分散与多中心化,公共利益增进形式的多样化,以及不同增进形式之间的相互合作与补充。① 其实质都是让公共利益的直接增进方式和间接增进方式在新的环境下维持合理的张力,促进市场调控和政府调控的融合。同时,二者都承认存在国家与市场都无法有效增进公共利益的领域,需要第三只手——社会之手——非营利性组织之手,来有效地保证公共利益的增进,只有发挥市场、国家、社会组织的优势,互为补充,才能形成健全而完善的公共利益增进机制,以确保在不同环境中公共利益的实现。

二、公共利益行政善治的组织变革

虽然公共利益的增进方式有多种,但不可否认,政府机制仍然是其中最基础、最

① 参见龚翔荣:《公共管理视野中的公共利益实现方式》,载《行政发展》2003年第8~9期。

重要的方式，公共治理仍然是实现公共利益的核心途径。① 在行政法治的语境下，“公共利益的意义表现在它是行政法的核心概念，是行政法的适用、解释和权衡的普遍原则”。② 从应然角度看，“立法创制法律，司法和行政则以不同方式遵守法律。在法律限定的范围内，司法所实现的是争议中的法律，行政实现的则是公共利益”。③ 但从实然角度看，有限理性的政府也具有利益冲动，有时不再是公共利益代言人角色，会追求特殊集团甚至个人利益，此即政府的自利性。换言之，政府存在公共性与自利性的悖论，如何在授权和控权之间寻求平衡，需要将公共利益作为判断行政行为合法性、合理性、正当性的评判标准。

在善治话语体系中，公共利益最大合理化是善治的基本原则。正如前文所述，行政权力基于公共需求而产生，当然应当以增进公共利益为唯一目的。但是，行政权力自诞生之日起就成为凌驾社会之上的强大力量，并始终存在脱离和背离公共利益的倾向。尤其是在当代社会，行政权力日益强化、行政职能日益扩张、政府规模日益扩大，国家发展为“行政国家”，如何确保行政公权力服务于公共利益是公共治理的首要议题。④

深化改革解决社会矛盾的关键钥匙，而改革的本质是利益关系的重新调整，尤其是要解决行政机关追逐部门利益和地方利益的问题。在和谐社会，并不是没有利益冲突和利益纠纷，也存在利益分化和利益多元现象，但是，和谐社会良好的法律制度和解决机制不仅容纳了利益矛盾和冲突，而且有能力解决利益冲突和纠纷，最终实现利益均衡。因此，如何解决日趋复杂的利益关系，迫切需要加强党和政府的利益协调能力，这也是新时期加强党的执政能力建设的关键所在。换言之，利益差异的客观存在是制度创新的动力所在，公共利益观的现代转型是构建利益均衡机制的内在要求，也是我国构建和谐社会的必要条件。在培育科学公共利益观、增进公共利益方面，行政善治的实现首先要尊重和挖掘非营利性社会组织的作用。

---

① 参见张成福、李丹婷：《公共利益与公共治理》，载《中国人民大学学报》2012 年第 2 期。
② ［德］汉斯 · J. 沃尔夫、奥托 · 巴霍夫、罗尔夫 · 施托贝尔：《行政法》，高家伟译，商务印书馆 2007 年版，第 333 页。
③ ［德］拉德布鲁赫：《法学导论》，米健、朱林译，中国大百科全书出版社 1997 年版，第 130 页。
④ 参见张成福、李丹婷：《公共利益与公共治理》，载《中国人民大学学报》2012 年第 2 期。

现代社会的复杂性决定了事务解决方式的多样性，公共利益的增进过程是一个既竞争又合作的过程。事实证明，无论是单纯的政府机制还是单纯的市场机制，抑或是社会自治模式，都不能实现公共利益的完全有效供给，而是要实现多种供给机制的互相补充。在我国，树立科学公共利益观，重构公共利益增进机制，其核心也在于充分发挥政府、市场与非营利性组织的作用。尤其是在我国传统家国同构文化背景下，缺乏社会组织成长的环境和土壤，政府是公共利益的权威的、主要的甚至是唯一的供给者，改革开放后的社会非营利性组织"半官半民"色彩浓厚，难以真正发挥公共利益代言人的角色。

自 20 世纪 70 年代在世界范围内掀起的"社团革命"浪潮以来，环保组织、工会、消费者协会、行业公会等非营利性组织在公共利益增进中的作用日益受到学界和社会的重视。应当说，非营利性组织的勃兴是历史发展的必然，其在增进、实现、维护公共利益方面也有着天然倾向性和极大优势。第一，非营利性组织有独特的社会动员机制和利益生成机制，影响国家公共利益立法。第二，非营利性组织通过整合民间资源和利益分配机制，直接提供公共物品和公共服务，促进公共利益实现。第三，非营利性组织通过利益表达机制，影响政府公共决策，纠偏政府公共行为，增强行政决策行为的公共性。第四，当公共利益与其他利益发生冲突时，非营利性组织通过自身特有的沟通桥梁作用，缓解利益冲突，防范公共利益恶性事件发生。第五，当公共利益受到侵害时，非营利性组织可以通过公益诉讼制度直接提起诉讼，维护公共利益。第六，非营利性组织能够通过自我管理，培育成员的公共意识和公共精神，从根本上促进公共利益的实现。当然，我们强调社会组织在维护、增进和分配公共利益方面的作用，并非否认政府在公共利益增进方面的核心作用，只是主张应当建立多元化的公共利益供给体系。①

传统社会治理模式属于国家管控为主模式，政府是绝对的乃至唯一的治理主体；现代社会治理模式则引入了协商民主因素，属于多元治理体系，即在坚持政府核心作用的同时日益重视社会中间组织的重要作用，尤其是在教育医疗、环境保护、科学研究等公共事业领域。这一方面要求提高政府的调控治理能力，另一方面要求完

---

① 参见胡象明、董琦：《论公共利益及其本质属性》，载《公共管理学报》2006 年第 1 期。

善利益表达平台，发挥社会中间组织的主体作用。[①] 我国非营利性组织缺少独立性、自主性、中立性，公益性质异化明显，在增进公共利益方面的作用尚未完全发挥。[②] 因此，如何防止我国社会组织功能异化，重塑其公益性，是摆在我们面前的重大课题。

三、公共利益行政善治的程序规则

行政机关能否在公共决策中坚持正确的公共利益导向对于树立科学公共利益观有决定性意义，而健全的法制规则对于行政决策的方向有着引导性和规范性作用。因此，公共利益的行政实现需要完善的公共利益法律制度。公共利益法律制度体系内容庞杂，对于我国当下行政决策来说，亟待健全的程序方面是公共利益公开机制，即要尊重和遵守正当程序。

任何社会都存在利益冲突，关键是如何在解决利益冲突中实现利益均衡。从某种程度上讲，行政善治的核心要义就在于均衡各方利益，即通过利益的表达、整合、协调来实现社会利益的权威性分配。在这一过程中，公共利益的增进不能依靠公权力的单方界定，界定的程序至关重要，只有遵循民主科学的公共利益决定程序才能确保在真正实现公共利益的同时不侵害其他合法利益。

公共利益的实现不仅依赖公共行政者道德的觉醒以及自明性，同时也依赖有效的制度安排。[③] 对于如何公共利益的程序法制建设，不少专家学者都提出了自己的看法，如有的主张将公共利益程序原则限定为 4 项，即“个人权利优位原则、平等商谈原则、事先公平补偿原则、事后权利救济原则”；[④]有学者提出，加强公共利益程序建设应当从公共利益的形成、表达、协调、救济等 4 个环节切入。笔者认为，公共利益的形成程序，可以进一步细化为 3 个阶段：一是信息支持程序，如信息公开程序、公示程序，主要作用在于为形成个人判断、凝结社会共识提供资信支持。二是个人

---

① 参见胡凤飞：《国家治理现代化与多元利益均衡关系论析》，载《北方论丛》2017 年第 3 期。

② 参见刘忠定：《一种官民二重的结构模式——社会转型时期的“第三部门”分析》，载《南京师大学报（社会科学版）》2003 年第 3 期。

③ 参见张成福、李丹婷：《公共利益与公共治理》，载《中国人民大学学报》2012 年第 2 期。

④ 范进学：《定义公共利益的方法论及概念诠释》，载《法学论坛》2005 年第 1 期。

判断的表述程序，如言论自由、出版自由、舆论自由、新闻自由的保障程序。没有个人判断的表达，也就不会有社会共识的形成。三是个人判断凝结为社会共识的程序，包括集会程序、结社程序等。从法律角度看，公共利益决策的正当程序保障，关键是看是否依法确保行政相对人的知情权、听证权、陈述权、申辩权、参与决策权等权利的有效行使。

然而，我国公共利益决策中，与实现民意基础上的民主决策、科学决策目标仍有差距。观察我国立法活动，不难发现，已经形成了诸如立法调研、立法专家论证会、立法座谈会、立法听证会等多种民主立法形式，这对于整合利益诉求、弥合利益冲突、提高立法质量发挥着重要作用。但是，无论是《立法法》抑或是其他法律，对于公众参与民主立法都缺乏硬性的、具体的、可操作性的程序性保障规范，导致现实中立法程序往往是选择性的、随意的、可控的，立法参与机制的"表演化与形式化"所带来的象征意义大于实际意义。①

公共利益的公共性，不仅决定了其应当开放地、平等地被社会公众所享有，而且决定了公共利益的形成和实现过程应当遵循公开、公正的程序，并接受社会公众的评价和检验。如果说，公共利益实现的实体规则旨在解决公共利益的实质公正、结果公正问题，那么，公共利益实现的程序规则旨在解决公共利益的形式公正、程序公正问题。② 在我国目前的制度安排和法律实践中，过多地忽视了程序规则，即便有所谓的"听证程序"，其程式化的标准指引以及违反程序之法律后果非常缺乏。在我国公共利益决策中，迫切需要完善相关程序性规范，充分保障社会公众的知情权、表达权、参与权、决定权。其中，最需要加强的即是公共利益信息披露制度，完善调查论证程序。具体而言，在披露对象上，公共利益信息披露既要向权力机关、上级行政机关披露，更应当向社会公众、利益相关人披露。在披露内容上，应扩大公共利益信息披露的范围，所有与公共利益相关的信息，除涉及国家秘密的除外，都应当向社会披露。在披露方式上，应实行强制披露，避免公共利益披露流于形式。另外，在公共利

① 参见吴乐乐：《社会转型期多元利益立法协调的宪政逻辑研究》，载《郑州大学学报（哲学社会科学版）》2011 年第 1 期。

② 参见徐海燕：《公共利益与拆迁补偿：从重庆最牛"钉子户"案看〈物权法〉第 42 条的解释》，载《法学评论》2007 年第 4 期。

益信息披露之后，应开启公共利益认定调查论证程序和听证程序，允许并鼓励社会公众参与公共利益决策，这既是行政公开的目的，也是行政公开的必然后果。不能把公民的知情权、申辩权、听证权等民主性权利视为宣示性的没有任何约束力的权利。

四、公共利益行政善治的实体规则

对于我国当下行政决策来说，亟待健全的实体方面是坚持和完善公共利益认定原则，即要在公共利益决策中进行利益衡量。公共利益是一种价值衡量的结果，但是，“社会转型、利益分化、治理危机的叠加，使当今中国处于一个利益矛盾和冲突的多发期”。[①] 利益的复杂性、多样性和多变性以及公共利益的相对性，加剧了行政行为中利益衡量的难度。其中，既有眼前利益与长远利益、特定个体利益与不特定社会利益之间的衡量，也有物质或者精神利益与法律价值、可量化利益与不可量化利益之间的衡量。[②]

所谓公共利益认定原则，是指行政决策中判断是否属于公共利益的事项的基本准则。对此，学界有不同认识，提出了诸如正当性原则、合法性原则、比例原则、价值位阶原则、正当程序原则、权责统一原则等基本原则。笔者认为，行政决策中认定是否属于公共利益事项范围，应遵循的最主要原则是价值位阶原则和比例原则。

如果说，通过价值填充和立法类型化，公共利益只是获得了初步确定性，那么，通过个案（行政行为个案和司法判决个案）利益衡量，公共利益含义才得到了最终明确。[③] 因此，构建公共利益衡量方法至关重要。为此，首先需要对利益进行全面解构，即将各种利益层层分解；其次需要将各种利益衡量因素列举、比较权重；最后对各种利益进行排序，确立各种利益之间的平行关系、种属关系、关联关系、先后关系、衍生关系等，[④]进而找到利益冲突和取舍之法，尽量减少利益损害。

就衡量模式运用的具体方法而言，在德国法学界和实务界备受推崇的“比例原

---

① 景跃进：《演化中的利益协调机制：挑战与前景》，载《江苏行政学院学报》2011 年第 4 期。
② 参见王敬波：《政府信息公开中的公共利益衡量》，载《中国社会科学》2014 年第 9 期。
③ 参见余军：《“公共利益”的论证方法探析》，载《当代法学》2012 年第 4 期。
④ 参见王敬波：《政府信息公开中的公共利益衡量》，载《中国社会科学》2014 年第 9 期。

则"被认为是最具可操作性和客观性的论证框架。① 我国有学者把该原则细分为"适当性原则""必要性原则""均衡性原则"3个循序渐进的子原则,从而实现利益合理考量。② 有学者从需求溢出理论出发,把个人需求按照价值顺序分为人道需求、适度需求和奢侈需求3个层级,并进而提出了公共利益的认定的3项标准,即利益冲突标准、法律途径标准和价值比较标准。③

笔者认为,善治和法治语境下的公共利益决策,合法性原则是法治前提,正当性原则伦理基础,价值位阶原则和比例原则是核心,正当程序原则是根本保障。当实现公共利益时要判断是否一定要牺牲个人利益,是否有更佳替代方案,即判断政府要维护的公共利益是与其他利益之间的冲突是否已无可避免,是否存在更佳替代方案。在此基础上,要运用价值比较标准对发生冲突的利益单元进行价值比较或价值权衡。公共利益虽然具有优位性,但其在价值判断时仍不能超越个人基本生存权。尤为重要的是,当公共利益的实现需要个人利益利益等其他利益作出限制或牺牲时,应当把这种限制或牺牲限制在最小范围。"因公益需要而限制公民权利时,这种限制应当是'最小范围内的'。在存在多种限制手段时,尽可能采取最小代价的形式。"④

第四节　公益诉讼:树立科学公共利益观之保障

"无救济则无权利。"相对于公共利益的立法界定和行政程序确定而言,司法机关对公共利益问题的解决则属于终局性审查。这是防止行政机关滥用公共利益的需要,也是权力监督、权力制衡的需要。因此,当代世界各国,大都规定了司法机关有权对行政执法所涉及的公共利益进行审查。

---

① 参见蔡震荣:《行政法理论与基本人权之保障》,台北,五南图书出版股份有限公司1999年版,第134页。
② 参见余军:《"公共利益"的论证方法探析》,载《当代法学》2012年第4期。
③ 参见刘太刚:《公共利益法治论——基于需求溢出理论的分析》,载《法学家》2011年第6期。
④ 张文显主编:《法理学》,高等教育出版社1999年版,第223页。

一、公益诉讼的立法规定

权威而高效的利益解决机制是化解社会矛盾、平衡利益关系、维护社会良序的重要保障。从域外发达国家来看,20 世纪上半叶以来,公共利益与司法审判之间的关系日益密切。一方面,公共利益指导着司法实践,成为法官造法的主要原则;另一方面,司法活动决定公共利益,法官在具体案件审理过程中将公共利益内涵明晰化、外延确定化,甚至有了“司法决定公益”的说法。就我国而言,改革开放以来,利益矛盾凸显、利益纠纷增多,究其原因,既有利益格局调整的因素,也有利益冲突化解机制缺失的因素,尤其是权威性的司法解决机制不足带来的司法信任危机是社会失序的重要原因。

司法中的利益衡量方法最早出现在私法领域,但由于私人利益的优先选择更多的涉及个案公正问题,而公法领域的利益衡量则关乎不特定多数人利益,因而显得更重要。① 公益诉讼是利益衡量方法在司法审判中的具体运用,是对公共利益纠纷的个案监督,其旨在保护社会边缘或弱势群体的利益,而且也被视为一种促使政府政策变革的必要制度。② 详言之,法官在案件审理过程中,是以当事人的具体利益为起点,在公共利益的基础上对制度利益和群体利益进行综合衡量,从而得出妥当的结论。③

公共利益,这个曾经被视为代表社会公共福祉的褒义词,一时间成为损害个人利益、引发社会争端的代名词。与此同时,公共利益虚化现象严重,侵犯公共利益现象普遍发生,这迫切需要发挥公益诉讼的司法功能。

司法机关在处理公共利益纠纷方面的主要有两个方面:一是克服公权力的“恣意”,防止行政机关以公共利益为名滥用公权力侵犯个人利益;二是抑制个人私欲的膨胀,防止社会个体以维护个人利益为由侵犯公共利益。前者通常表现为行政诉讼,后者通常表现为公益诉讼。从我国实际来看,行政诉讼发展相对比较充分,公益

---

① 参见甘文:《行政与法律的一般原理》,中国法制出版社 2002 年版,第 135 页。

② Andrea Durbach, *Public Interest Litigation*, Alternative law Journal, Volume 38, 2013.

③ 参见梁上上:《利益的层次结构与利益衡量的展开——兼评加藤一郎的利益衡量论》,载《法学研究》2002 年第 1 期。

诉讼发展则比较滞后。实际上,司法机关通过公益诉讼不仅可以解决公共利益与其他利益之间的冲突,而且通过个案审查方式,进一步明确了公共利益的内涵外延,确立了公共利益的界定标准,弥补了公共利益立法的不足。因此,要发挥司法机关在维护和增进公共利益中的作用,就要增强司法机关的话语权,完善公益诉讼法律制度。

我国通过《民事诉讼法》《行政诉讼法》《环境保护法》等法律法规已基本建立了公益诉讼制度。2012 年修订的《民事诉讼法》在第 55 条规定:"对污染环境、侵害众多消费者合法权益等损害社会公共利益的行为,法律规定的机关和有关组织可以向人民法院提起诉讼。"这被认为是中国公益诉讼制度的标志性跨越。随后,《消费者权益保护法》《环境保护法》《行政诉讼法》等法律的修订以及最高人民法院《关于适用〈民事诉讼法〉的解释》、最高人民法院《关于全面深化人民法院改革的意见——人民法院第四个五年改革纲要》(2014—2018 年)、最高人民检察院《关于深化检察改革的意见(2013—2017 年工作规划)》等司法解释和最高人民法院、最高人民检察院工作文件的出台,我国公益诉讼制度逐步建立。尤其是 2018 年 3 月 2 日最高人民法院和最高人民检察院共同发布实施的《关于检察公益诉讼案件适用法律若干问题的解释》,明确了检察机关在公益诉讼中承担的任务和遵守的原则,在民事公益诉讼和行政公益诉讼的基础上增加了刑事附带民事公益诉讼这一新的案件类型,并且细化了检察公益诉讼案件的相关程序和裁判方式,这意味着中国特色公共利益司法保护机制逐步健全。

公共利益原则在我国司法实践中也得到广泛适用,涉及公共利益的案件数量众多,遍布传统的民商法领域、知识产权领域、不正当竞争与垄断领域、行政法领域等[①]。然而,在我国,公益诉讼主要是由作为法律监督者的检察机关提起,旨在治理生态环境、国有资产以及食品、药品安全等领域因违法现象而导致的公益流失问题。[②] 整体而言,无论是在公益诉讼的原告主体方面,还是公益诉讼审判程序方面,抑或是在公益诉讼支持制度方面,我国公益诉讼法制还存在问题,需要进一步完善,

① 参见梁上上:《公共利益与利益衡量》,载《政法论坛》2016 年第 6 期。

② 参见梁鸿飞:《"公共利益"的法理逻辑及本土化重探》,载《华中科技大学学报(社会科学版)》2017 年第 5 期。

需要司法实践的进一步检验,司法审判在培育科学公共利益观中的保障作用尚需进一步发挥。

二、公益诉讼的完善路径

肇始于古罗马时期的公益诉讼已经演化为现代复杂的系统的司法设计,是对传统司法理念和诉讼理论的突破和创新,在诉讼目的、诉讼主体、诉讼效力等方面都有别于传统诉讼制度。由于社会发展水平、文化传统和司法习惯等原因,我国公益诉讼制度在当前社会背景下,有必要反思我国公益诉讼制度在司法实践中面临的现实困难,提出进一步完善公益诉讼制度的对策建议,从而为树立科学发展观提供司法保障。笔者认为,在健全我国公益诉讼体系时,至少以下方面应当引起关注:

其一,应进一步拓展公益诉讼原告主体资格范围。我国法律关于公益诉讼原告资格的规定并不完全一致,并且忽视了社会个体在公益诉讼中的应有作用。2012 年《民事诉讼法》把公益诉讼原告主体限定为“法律规定的机关和有关组织”(第 55 条),《消费者权益保护法》把消费领域的公益诉讼主体资格赋予“中国消费者协会以及在省、自治区、直辖市设立的消费者协会”(第 47 条);《环境保护法》则把环保领域的公益诉讼主体资格赋予给符合的社会组织(第 58 条);而最高人民法院、最高人民检察院《关于检察公益诉讼案件适用法律若干问题的解释》等司法解释则更多地把公益诉讼原告资格授予检察机关。不难发现,无论是“法律规定的机关”,抑或是“有关组织”的概念,都过于宽泛、笼统、模糊,①尤其是忽视了公民、企业等社会个体在公益诉讼中的作用。诚然,检察机关以维护公共利益为目的,以公共利益代表主体为身份,以司法监督为方式,通过个案监督有利于对行政行为的恣意和擅断进行约束。但是,公民、企业等社会个体作为公共利益的直接享有者,其当然有权利也有义务维护公共利益,因而应当突破传统原告适格理论,扩大公益诉讼原告主体范围,赋予公民、企业等社会个体也享有公益诉讼起诉权。同时,为了克服公益诉讼的负效应,避免社会个体滥用公益诉讼诉权,可以赋予社会个体第二顺位的公益诉讼

① 参见李劲、吴永科:《检察机关支持社会组织提起环境民事公益诉讼的法律问题研究——基于最高人民法院司法解释的思考》,载《辽宁大学学报(哲学社会科学版)》2015 年第 3 期。

原告资格,只有当检察机关、社会组织等第一顺位的公益诉讼原告怠于行使权利时才可以提起公益诉讼。

其二,应进一步拓宽公益诉讼受案范围。我国目前司法审判对公共利益的监督功能尚未有效发挥与公益诉讼受案范围过窄不无关系,对国有资产流失、环境污染破坏、产品公害、食品药品安全等普遍发生的损害公共利益现象难以提起公益诉讼。需要注意的是,虽然《行政诉讼法》在第 25 条第 3 款规定了,"人民检察院在履行职责中发现生态环境和资源保护、食品药品安全、国有财产保护、国有土地使用权出让等领域负有监督管理职责的行政机关违法行使职权或者不作为,致使国家利益或者社会公共利益受到侵害的,应当向行政机关提出检察建议,督促其依法履行职责。行政机关不依法履行职责的,人民检察院依法向人民法院提起诉讼"。但是,该规定并非严格意义上的公益诉讼,而是检察机关基于法定的监督职责而提起的检察建议和行政诉讼,①并且该规定的效能在司法实践中也鲜见发挥。因此,应进一步拓宽公益诉讼受案范围,将大量的新型公共利益问题纳入其中,进一步扩张司法功能,通过司法活动对公共利益保护作出回应。

其三,应进一步扩展公益诉讼裁决效力。一般的诉讼裁判效力仅仅及于诉讼当事人,由于公益诉讼涉及社会公众的利益,公益诉讼的裁判效力则除及于直接参加诉讼当事人外,还及于权益受到损害但未参加诉讼其他不特定人。因此,应当适当扩展法院裁决的效力,并且在执行层面法院应发挥更大的主动性。

其四,应进一步强化公益诉讼责任衔接。我国现行的民事责任制度主要是赔偿损失、恢复原状、赔礼道歉等补救性责任,极少有惩罚性责任。但损害公共利益的违法行为往往涉及面大、影响时间长、危害范围广,一些公共利益案件损害数额难以精确计算,受害人数亦难以确定,②等价的损害赔偿数额难以有效打击违法行为。因此,应当由较为严格的法律责任进行预防和控制。对此,我们可以采用两罚乃至多罚制度、市场禁入制度,进行惩罚性赔偿,在归责原则上实行严格责任和无过错责任

① 参见杨会新:《去公共利益化与案件类型化——公共利益救济的另一条路径》,载《现代法学》2014 年第 4 期。

② 参见吕忠梅:《环境司法理性不能止于"天价"赔偿:泰州环境公益诉讼案评析》,载《中国法学》2016 年第 3 期。

原则，同时完善公共利益损害评估鉴定制度以及赔偿金使用管理制度。①

本章小结

一部公共利益立法史，既是一部中国特色社会主义法律体系完善史，也是一部中国特色社会主义发展史。公共利益的独立推动了法律本位的演进，公共利益通常是法律保留事项，科学公共利益观亦有了特殊的法治意蕴。公共利益的规范化、类型化、层次化和体系化是完善我国公共利益立法的应有之义。行政决策应以追求公共利益最大化为目标，应更加注重市场机制和非营利性组织机制的作用，严格遵循价值位阶原则、比例原则、正当程序原则等法治原则。我国公共利益司法保护机制虽已基本确立，但仍应进一步拓展公益诉讼原告主体资格范围，拓宽公益诉讼受案范围，扩展公益诉讼裁决效力，强化公益诉讼责任衔接。可以说，利益思想的变革推动了我国法治的进步。通过梳理我国公共利益立法的发展脉络，不难得出结论：公共利益立法内容的变化与中国社会的变迁相一致，是中国客观现实的制度反映，当今公共利益的独立化发展更是对当下环境治理、消费者权益保护、食品安全等社会公共性问题的集中反映。与此同时，学界对公共利益的认识也实现了从同质需求、价值追求到评判标准、制度设计的转变，即实现了从理性主义的抽象思辨到现实主义的社会实践的升华。法律制度根植于思想观念，民众内心认同为法律权威之源。

① 参见李劲、赵亚萍：《环境公共利益司法保护的现实考量与进路分析——以环境公益诉讼为切入点》，载《行政与法》2017 年第 2 期。

中篇　公共利益的立法表达

笔者按：从历史视角考察我国公共利益立法的发展演变，探讨其制度沿革的时代意蕴，有利于为公共利益立法完善提供参照借鉴。从域外立法实践看，公共利益的独立催生出社会法的产生，推动了法律本位的演进，即从以国家利益为本位到以个人利益为本位再到以公共利益为本位。就我国而言，公共利益越来越多地出现在立法条文中，以经济法、环境保护法、劳动法、社会保障法等为代表的社会法单行立法日益增多，公益诉讼立法亦开始出现，公共利益独立性逐步显现。对每部法律中的公共利益都进行分析，实属不能亦无必要。本篇首先对我国公共利益立法变迁与立法导向进行了总体研究，然后以问题为导向，结合“个人信息保护”“消费欺诈”“倾斜保护”“惩罚性赔偿”“慈善事业”“学前教育”等典型公共利益特殊制度以及社会比较关注的公共利益热点问题展开具体研究。

第五章　公共利益的立法变迁与立法导向(1949～2019年)

"人们奋斗所争取的一切,都同他们的利益有关。"[①]法律作为利益的"调节器",以分配、确认、保护利益为旨归。新中国成立70多年来,我国社会经济建设取得了举世瞩目的成就,从"一穷二白"发展为世界第二大经济体,中华民族实现了从站起来到富起来再到强起来的历史飞跃。[②] 与此同时,各种利益形态纷繁交织,社会主要矛盾亦悄然发生变化。尤其是在社会转型期,不同的利益观念激烈碰撞,既存在无限夸大个人利益侵犯他人合法权益以及公共利益的现象,也存在漠视个人利益甚至以"公共利益"为幌子非法剥夺个人利益的倾向。因此,在我国深化改革的攻坚期,迫切需要运用法律手段对多元化的利益关系进行梳理、对复杂化的利益格局进行调适、对多样化的利益形态进行确认,从而建立健全新的利益均衡机制。[③] 然而,我国法治建设立足中国传统文化和社会主义市场经济实践。党的十九届四中全会提出了坚持和完善中国特色社会主义制度推进国家治理体系和治理能力现代化的重大命题,法律制度是中国特色社会主义制度的集中体现,法治体系和法治能力的现代化是国家治理体系和治理能力现代化的应有之义。所以,在全面推进依法治国的关键期,回顾和梳理新中国成立以来法治建设的发展历程,总结和反思我国法治建设的成败得失,并在此基础上提出构建中国特色社会主义法治体系的对策建议,具有

① 《马克思恩格斯全集》(第1卷),人民出版社1956年版,第82页。

② 国家统计局:《沧桑巨变七十载　民族复兴铸辉煌——新中国成立70周年经济社会发展成就系列报告之一》,载国家统计局官网,http://www.stats.gov.cn/tjsj/zxfb/201907/t20190701_1673407.html,最后访问日期:2019年11月7日。

③ 参见冀洋:《法益保护原则:立法批判功能的证伪》,载《政治与法律》2019年第10期。

重要意义。基于此，本部分以公共利益立法为视角，以我国70年法治建设为主线，以公共利益与个人利益、政府利益、集体利益的关系为核心，探究我国立法的利益导向变迁及其背后的社会逻辑根源，希冀寻求我国法治建设的客观规律和未来方向，从而为我国实现法治体系和法治能力现代化提供智力支持。

第一节　公共利益统合一切及立法一元化

利益在立法条文中表述的变化是我国社会经济结构的变迁在制度上的必然回应和具体体现，也是我国法治变革的客观结果。从时间维度，我国公共利益立法大致经过了3个阶段：第一个阶段为公共利益一元化立法阶段（新中国成立后至改革开放），以1954年《宪法》为代表；第二阶段为公共利益泛化弱化立法阶段（改革开放至2012年），以2004《宪法》第4次修正案、2007年原《物权法》等法律法规为代表；第三阶段为公共利益独立化立法阶段（2012年至今），以新《民事诉讼法》《消费者权益保护法》《环境保护法》等法律法规为代表。

一、社会主义改造后的一元化立法

在马克思主义的指导下，中国新民主主义革命得以胜利，社会主义新中国得以建立。新中国成立后，即根据科学社会主义理论开始着手社会主义改造，至1956年，“社会主义三大改造”基本完成，实现了从生产资料私有制向社会主义公有制的转变，社会主义基本制度初步建立，社会主义计划经济体制基本确立。

与此相对应，法律保护的利益对象实现了从多种利益形态向公共利益一元化的转变。在1954年《宪法》中，确立的生产资料所有制包括国家所有制、合作社所有制、个体劳动者所有制和资本家所有制等四种形式（第5条），但各种所有制的法律地位并不相同（见表5－1）。

表5-1　1954年《宪法》中各种所有制的法律地位

所有制形态	法律地位	相关法条
国营经济	作为全民所有制形态,受到国家保证优先发展	第6条
合作社经济	作为劳动群众(部分)集体所有制形态,受到国家保护、鼓励、指导和帮助	第7条
个体农民	受到国家指导和帮助,但对富农经济采取限制和逐步消灭政策	第8条
资本家的私有财权	虽然受到法律保护,但国家对资本主义工商业采取利用、限制和改造的政策,且禁止资本家危害公共利益行为	第10条

同时,1954年《宪法》首次规定了"公共利益优先原则",即"国家为了公共利益的需要,可以依照法律规定的条件,对城乡土地和其他生产资料实行征购、征用或者收归国有"(第13条)以及"国家禁止任何人利用私有财产破坏公共利益"(第14条)。随着社会主义改造的完成,公有制之外的其他所有制形式都不复存在,法律保护的利益形态只剩下"公共的利益",即国家利益和集体利益。体现在1975年《宪法》中,即明确规定"社会主义的公共财产不可侵犯""禁止任何人利用任何手段,破坏社会主义经济和公共利益"(第8条),1978年《宪法》中也有类似表述。换言之,这一时期国家立法保护的利益形态只剩下国家利益和集体利益,个人利益没有存在空间,这也是公共利益极致化的典型表现。

二、公共利益极致化的观念根源

任何立法现象都根植于特定的社会背景之中,并受特定价值观的指导。新中国成立后相当长的一段时期内,公共利益之所以能够统合一切利益形态并体现在一元化立法之中,与这一时期的指导思想密不可分。

马克思主义利益观及其基本立场是我国公共利益的思想根源。马克思主义是中国革命和建设的指导思想,建立在唯物史观基础之上的马克思主义利益观深刻揭示了利益的本质属性。马克思洞察到资本主义制度的没落腐朽,认识到私有制是一切罪恶的根源,提出建立社会主义公有制的设想。个人利益具有膨胀性,其只有在集体中才能真正实现,"没有集体,这(个人利益——笔者注)是不可能实现的"。可以说,这之前的利益观虽然也注重利益,但其过分强调个人利益;马克思唯物主义利益观则更多地强调人民群众集体的利益,实现了个人利益与集体利益的统一。马克思主义认识到资本主义私有制下个人利益实现的局限性,指出未来社会应当是个人利益与集体利益、特殊利益与普遍利益相统一的公共利益社会,无产阶级的利益与全人类的根本利益最终是一致的。马克思主义利益观作为马克思主义理论学说的重要组成部分,被上升为全人类解放之高度和共产党人终极之使命。在马克思利益观指导下建立的社会主义法律制度倡导公共利益一元化立法也就成为时代必然。

新中国成立后公共利益的极致化亦是中国传统利益观的集中反映和客观结果。上文通过考察西方社会利益观的历史脉络及其法律场景,不难发现,虽然早自古希腊时期就产生了整体主义利益观并在古罗马时期得以法制化,但就整体而言,西方社会更强调个人利益,法律更注重对私人财产的保护。这成为西方社会公共利益观的滥觞。[①] 在古希腊城邦制这一历史图景下,古希腊选择了"城邦利益优先于个人利益"之基本取向。详言之,为了解决城邦利益与个人利益之间的分歧,古代希腊选择了城邦优先于个人、对个人生活必要干预的路径,个人利益是公共利益的组成部分,后者的实现尤其是政治利益的实现依赖于城邦的存在。亚里士多德更是把人与城邦的关系形象地比喻为手足与身体的关系。然而,这种城邦整体利益观的形成并非对个人利益的否认,相反,城邦利益为个人利益所服务。古罗马把古希腊公共利益观又往前推进了一步,将公共利益作为立法的重要目的之一,成为判断法律正当性和有效性的价值标准,实现了公共利益的法律化。即使在黑暗的中世纪,中世纪神学主义也继承了古希腊古罗马整体公共利益观,把公共利益视为国家产生的目的和基础以及人定法的出发点,坚持公共利益优位于个人利益之观点,"法律是为其所适用的共同体的共同利益服务的,并由在该共同体中起指导作用的力量加以维护""法的目的是公共幸福"。[②] 近代社会契约思想理论则将这种整体利益观发展升华,认为公共利益是为个人利益所服务。社会契约论在阐释政府权力来源时,把"合意"视为国家政府产生之基础,将公共利益视为公权力权威之源泉。质言之,保护个人利益应当是国家立法重要目的之所在,为了实现这一目的政府应当以追求公共利益

---

① 参见高志宏:《公共利益观的源流及其时代要义》,载《学海》2019 年第 5 期。

② 唐士其:《西方政治思想史》,北京大学出版社 2002 年版,第 133 页。

为基本依归。更难能可贵的是,社会契约论已经意识到公权力极有可能偏离公共利益的轨道,从而违背其追求公共利益之宗旨而侵害个人利益,并在此基础上提出了权力的制衡路径及制度设计,这些理论学说和制度设计直接指导了资产阶级革命和资本主义制度的确立。总之,这一时期,学界对公共利益之研究,已不限于抽象的价值判断,而是更多聚焦具体的制度设计及其实践运作。质言之,公共利益不再是一种理论假设,而是一种构建社会的实践理性,是一种配置国家公权力的基本原则,是一种协调利益冲突的重要机制。随后,以边沁为代表的功利主义学派,则把个人利益推向极端。边沁认为只有个人利益才是唯一现实的利益,政府的任务就在于保护个人利益。换言之,功利主义者认为,公共利益在本质上是不存在的。"公共利益是个虚构体,由那些被认为是构成其成员的个人组成。那么,共同体的利益是什么呢?是组成共同体的若干成员的利益的总和;不理解什么是个人利益,谈论共同体的利益便毫无意义。"①从某种程度上讲,功利主义公共利益观也具有进步意义,其运用实证分析的方法解决社会现实问题,但很显然,它忽视了公共利益与个人利益本质差别,过分强调了个人自由和个人利益。②

中国传统文化中始终强调公共利益。以儒家伦理文化为表征的中国传统文化自始至终强调"重义轻利",维护国君等统治集团的利益。早在先秦时期,中国就已形成了"先义后利""见利思义"的利益观。发生于中国传统利益思想争鸣时期的"义利之辩"表面上是义利之争,本质上则是国家整体利益与个人私欲(利益)之争,可以上升到社会伦理道德高度。对此,孔子主张"君子喻于义,小人喻于利",③孟子主张"舍生而取义"。④ 最终,"重义轻利""见利思义""义以为上"的道义论价值导向得以确立。详言之,在传统儒家思想看来,个体应当服从民族、国家、宗族、家庭等为代表的"整体",⑤个人利益应当服从于整体利益。在封建宗法时代,国君等统治集团的利益可以理解为国家利益。可见,从春秋战国时期的"崇公抑私"到秦汉时期

① [英]边沁:《道德与立法原理导论》,时殷弘译,商务印书馆2000年版,第58页。

② 参见王凌皞:《公共利益对个人权利的双维度限制——从公共利益的平等主义构想切入》,载《华东政法大学学报》2016年第3期。

③ 《论语》,张燕婴译注,中华书局2006年版,第47页。

④ 《孟子》,万丽华、蓝旭译注,中华书局2006年版,第252页。

⑤ 参见朱贻庭主编:《中国传统伦理思想史》,华东师范大学出版社2003年版,第50页。

的“天下为公”，中国传统文化中已经形成了不同于西方文明的整体主义特质，提出了人生存发展的利益价值导向以及社会发展价值目标的基本命题，而这一命题贯穿了中国传统利益观的变迁过程。到了两汉时期，董仲舒主张“正其谊不谋其利，明其道不计其功”，①即不能把个人利益视为人们做事的出发点。到了两宋时期，中国传统儒家思想的“利益观”更是走向极端，产生了“存天理，灭人欲”的禁欲主义思想。“天理存则人欲亡，人欲胜则天理灭。”②直到鸦片战争后，中西方思想文化发生激烈碰撞，中国传统利益观才受到反思性批判。

肇始于孔子时期的“群己之辩”，则是中国传统文化中关于自我与群体、自我与他人关系的探究、谈论和反思。③ 此处的“己”指的是社会个体，“群”指的是包括国家在内的社会群体。孔子主张，一方面，个人应当通过学习诗乐更好地融入群体之中，但不能结党营私。“君子矜而不争，群而不党。”④另一方面，君子应当能够促进自己与群体的和谐状态。“夫仁者，己欲立而立人，己欲达而达人。”⑤先秦儒学发展到程朱理学时期，“群体重于个人”的群己关系观已经占据了主导地位；到了汉代时期，群己关系已经通过制度构建确立下来，集中体现在“三纲六纪”“天下一家”等规范之中；到清朝末期，以传统皇权和礼教为中心的社会秩序逐渐崩塌，近代价值观发生了重大变革，古代正统的群己理论出现了反叛，个性得以张扬，个人利益得以强化。

总之，根植于中国社会实践中的中国传统利益观经过长期的历史积淀，已经具有了中国特质，即在“家国同构”的宗法体制下，强调民族利益、国家利益、家族利益等“公共利益”。无论是儒家的民本思想，还是墨家的“兼相爱”思想，以及近代革命家提出的“三民主义”“天下为公”等思想，都蕴含丰富的公共利益观念。⑥ 在个人利益与公共利益的关系上，在封建专制时期，国家被视为统治者的私有财产，个人利益长期被漠视，其生存和发展被压缩在极小的空间。当个人利益与公共利益发生冲突

① (东汉)班固撰：《汉书》卷五十六，中华书局1959年版，第78页。
② 《朱子语类》卷十三，中华书局1986年版，第464页。
③ 参见蒋孝军：《传统“群己之辨”的展开及其终结》，载《哲学动态》2011年第9期。
④ 《论语·卫灵公》(十三经注疏本)，中华书局1980年版，第2518页。
⑤ 《论语·雍也》(十三经注疏本)，中华书局1980年版，第2479页。
⑥ 参见倪斐：《公共利益法律化——基于思想流变的中西方考察》，载《江海学刊》2017年第2期。

时,公共利益具有至高无上性,个人利益应当作出妥协乃至牺牲,从而服务和服从于公共利益。

新中国成立后,中国传统一元利益观显示出与马克思公有制思想高度的融合性。由前述立法条文不难发现,在1954年《宪法》中认可的利益包括国家利益、集体利益、个人利益等多种形态,但随着社会主义改造的完成,公有制利益(表征为国家利益和集体利益)成为唯一利益形态,个人利益没有也不能有独立存在空间。应当说,这种利益观与当时较低的生产力发展水平和单一的社会结构相适应,对于提高社会道德水平亦有重要意义,但其抹杀了社会个体追求个人利益的本性,也不利于社会经济的发展。党的十一届三中全会开启了中国改革开放的序幕,市场经济体制逐步得以确立,社会经济效率大幅提高,社会利益结构发生根本变革,由此必然带来了利益观念变化以及法律制度的创新。

三、公共利益与“公共的利益”

这里有必要探究一下公共利益与国家利益、集体利益、群众利益等“公共的利益”之间的关系,而准确把握公共利益的内涵则是解决这一问题的关键所在。公共利益概念的界定不仅是一个理论问题,而且是一个关涉制度设计的现实问题。实际上,古今中外诸多思想家和学者都尝试着从不同角度给公共利益下定义,然而,遗憾的是,无论是语义分解界定法抑或是概念比较界定法,“公共利益”至今尚未有一个统一的权威概念。究其原因就在于,界定“公共”的范围比较困难。

笔者认为,人类对公共利益的理解经历了一个从简单到复杂的发展历程。公共利益是相权衡比较的利益,其内容与形式依附特定的社会环境,在不同时期人们对社会公共利益的理解也会有所不同,其表现形式非常广泛。从公共利益的层次来看,既有某区域的公共利益,也有一国范围的公共利益,还有全球性的公共利益,其本质特征在于不可分性和非排他性。公共利益是与每个人的长远发展密切相关的重大利益,关乎人的根本福祉,但“公共利益所具有的数量不能像私人利益那样被划分,不能由个人按照他们的偏爱多要一点或少要一点”,①此即公共利益的不可分

① 茅于轼:《中国人的道德前景》,暨南大学出版社1997年版,第64页。

性。易言之,公共利益是“大家的,又不是大家的”,其与每个人都密切相关但又很少人关切,从而导致公共利益容易被人忽视,这也是公共利益实现机制和保护机制特殊性的根由所在。

据此可以判断,国家利益是公共利益的一部分或者说是一种表现形态。传统上,我国是家国同构的社会形态,国家利益被认为等同于公共利益。但是在我国当代的法律法规中,公共利益与国家利益的同时并列使用的情况并不少见,二者不同时使用的情况亦存在。在理论上,有学者把学界关于公共利益与国家利益关系的观点归为以下 3 类:“同一说”,即国家利益等同于公共利益;“区别说”,即国家利益不同于公共利益;“折中说”,即国家利益与公共利益既有区别又有联系。① 笔者认为,目前学界认同“国家利益等同于公共利益”的人已经为数不多,绝大多数学者认为公共利益与国家利益是有区别的。通常意义上的国家利益是公共利益的下位概念,尤其是对我国来说,人民当家作主的社会主义国家中公有制占主体,国家所有的财产就是全民所有的财产,国家作为一个整体享有的利益是与全体社会成员的利益相关的,国家利益应属于公共利益的范畴。但是公共利益与国家利益在利益主体、利益性质、利益内容、利益范围等方面都有所不同。因此,不能简单地把国家利益等同公共利益。

集体利益作为社会主义公有制的特有产物,其与公共利益密切相关且不易区分。在我国,集体利益是集体经济形态的利益体现,公共利益也通常理解为集体利益。然而,二者的区别也是非常明显的。最根本的一点在于,集体利益仅仅对“集体”范围的人开放,可以视为集体组织内所有成员利益的简单相加,而公共利益则是对不特定多数人开放,不是简单的个人利益之和。群众利益是中国特色社会主义语境下的重要概念。群众利益与公共利益属于不同范畴,前者属于政治概念,二者属于法律概念。详言之,群众是与政府、干部相对应,而公共与个体相对应;群众利益的本质是处理个人与集体之间的关系,公共利益的本质是处理个人与个人之间的关系。因此,群众利益既有可能是个人利益,也有可能是集体利益,还有可能是不特定多数人的公共利益。

---

① 参见冯宪芬、朱昱:《经济法中社会公共利益界定的法哲学思考》,载《人文杂志》2009 年第 3 期。

可见,公共利益不等于“公共的利益”。新中国成立后尤其是社会主义改造完成至改革开放这一时期,以国家利益、集体利益为表征的“公共的利益”成为主要的利益形态,在这一背景下,社会利益关系比较简明,人们利益观念比较简单,以“公共的利益”统合一切利益形态,并采取一元化立法模式。但实际上,这是公共利益发展不充分、公共利益观不成熟的体现,其不仅压抑了社会个体对正当利益的合理诉求,阻碍了社会经济发展,而且妨害了科学公共利益观的形成,限制了公共利益的独立发展空间。

第二节　利益多元化及公共利益泛化立法

改革开放极大地激发了社会创造财富热情,传统利益一元化格局被打破,个人利益逐步成为与国家利益、集体利益相对应的利益单元。随着社会结构进入多元化利益格局,国家立法亦相应地进入多元化阶段。然而,在个人利益自我膨胀本能下,公共利益开始泛化、虚化和弱化,如何正确认识和处理个人利益与公共利益之间的关系成为重大理论命题和立法实践问题。

一、公共利益泛化弱化及其立法表现

1976 年以后社会主义法制建设开始恢复,立法亦开始承认和保护个人利益,这首先体现在 1979 年《刑法》之中。该法在第 17 条“正当防卫”和第 18 条“紧急避险”中规定,“为了使公共利益、本人或者他人的人身和其他权利”免受“正在进行的不法侵害”或“正在发生的危险”,可以采取正当防卫或紧急避险,这是立法对个人利益(人身权利和其他权利)的重大确认。需要注意的是,与 1997 年《刑法》相比,该条文仅使用了“公共利益”概念而没有使用“国家利益”概念。可见,当时是把国家利益作为公共利益的一部分来理解的。随着社会主义市场经济体制改革的逐步深入,个人财富迅速增加,如何保护个人利益以及如何处理个人利益与国家利益、公共利益及他人利益之间的关系成为立法者迫切需要考虑的问题。这一时期的立法发生了重大变化:

其一,保护个人利益。1982 年《宪法》虽然仍强调生产资料的社会主义公有制

是社会主义经济制度的基础(第6条),但开始承认城乡劳动者个体经济是社会主义公有制经济的补充(第11条)。与此相适应,在规定"社会主义的公共财产神圣不可侵犯"(第12条)的同时,也肯定了"公民的合法的收入、储蓄、房屋和其他合法财产的所有权"及私有财产继承权受国家保护(第13条)。在2004年《宪法修正案》中将其简化为"公民的合法的私有财产不受侵犯。国家依照法律规定保护公民的私有财产权和继承权"(第13条)。但《宪法》对公共财产与私有财产仍采取不同保护态度,前者是"神圣不可侵犯",后者是"不受侵犯"。2007年原《物权法》则向前走了重要一步,明确规定平等保护国家、集体和私人的物权,即第4条"国家、集体、私人的物权和其他权利人的物权受法律保护,任何单位和个人不得侵犯。"

其二,个人利益不得损害公共利益。早在1981年的原《经济合同法》中,就明确规定了任何个人不得利用合同损害社会公共利益(第4条),并在无效合同情形(第7条)中将"违反国家利益或社会公共利益的经济合同"作为合同无效的原因之一。1984年《专利法》将"妨害公共利益的发明创造"作为"不授予专利权"的情形之一(第5条)。1985年颁布的原《涉外经济合同法》《外国人入境出境管理法》《外资企业法》等涉外法律,都规定涉外经济合同或外国人(企业)不得损害中国的社会公共利益。1986年原《民法通则》则将其上升为"禁止权利滥用原则",明确规定"民事活动应当尊重社会公德,不得损害社会公共利益"(第7条),并将"不违反法律或者社会公共利益"作为民事法律行为应当具备的实质要件之一(第55条)。1992年《海商法》则首次明确规定了"不违反公共利益原则",即276条"依照本章规定适用外国法律或者国际惯例,不得违背中华人民共和国的社会公共利益"。1995年的《商业银行法》(第8条)、《教育法》(第8条)、《检察官法》(第10条)、《法官法》(第10条)也都有关于保护公共利益的规定。可以说,这一时期的立法,从民商法到经济法,再到行政法等法律部门,都明确规定了个人利益不得损害公共利益。

其三,为了公共利益可以限制个人利益。1982年《宪法》在1954年《宪法》的基础上规定"国家为了公共利益的需要,可以依照法律规定对土地实行征用"(第10条)。1988年《土地管理法》规定"国家为了公共利益的需要,可以依法对集体所有的土地实行征用"(第2条)。1994年《城市房地产管理法》首次提及了征收补偿问题,体现在第19条,即国家"在特殊情况下,根据社会公共利益的需要,可以依照法律程序提前收回,并根据土地使用者使用土地的实际年限和开发土地的实际情况给予相应的补偿"。2004年《宪法修正案》则进一步明确规定,国家为了公共利益的需要,"可以依照法律规定对土地实行征收或者征用并给予补偿"(第10条),"可以依照法律规定对公民的私有财产实行征收或者征用并给予补偿"(第13条)。同年修正的《土地管理法》也有类似规定(第2条)。2007年原《物权法》则详细规定了"征收及补偿规则"(第42条),该规定在坚持征收目的正当性——公共利益基础上,进一步明确了征收必须依照法定权限和程序,还明确了征收补偿的原则——依法足额,并且根据征收标的的不同明确了补偿的范围。

这一时期,公共利益越来越多地出现在法律条文中,公共利益的保护得到了增强,然则考察社会现实就会发现,存在公共利益泛化弱化等现象。所谓公共利益泛化,是指以公共利益为幌子追逐部门利益、地方利益等政府利益乃至官员个人利益,从而侵犯个人利益的情形,这在我国非法拆迁中表现得淋漓尽致。公共利益的泛化看似是对公共利益的扩大,实则对公共利益有害无益。所谓公共利益的弱化,是指以为了追求个人利益而损害公共利益,而国家有关部门保护公共利益不力之情形。虽然法律关于公共利益与个人利益之间的关系的规定相对比较清晰,但由于公共利益自身的模糊性以及个人利益所具有的扩张性,决定了实践中存在诸多尤其是精致的利己主义者为了个人利益而侵犯他人利益以及公共利益的现象。另外,亦存在对于国有资产流失、环境污染、资源浪费等公共利益保护问题"熟视无睹"之公共利益弱化情形。公共利益的泛化与弱化都不是真正地保护公共利益,也不是处理公共利益与个人利益之间关系的正确做法。

二、公共利益与个人利益关系的紧张与冲突

对于公共利于与个人利益之间的关系,阿奎那提出"社会的利益大于个人的利益,并且更为神圣"的观点;[①]熊彼特则认为,"不存在什么全体人民能够同意或通过理性论证的力量能够同意的被出色地决定的共同幸福那样的东西"。[②] 我国学界,

① 参见[意]阿奎那:《阿奎那政治著作选》,马清槐译,商务印书馆1982年版,第105页。
② [美]熊彼特:《资本主义、社会主义和民主主义》,绛枫译,商务印书馆1979年版,第314页。

形成了“平衡协调说”[①]“普遍性和特殊性说”[②]“公共利益优位说”[③]“并行说”[④]等多种观点。对此，在第三章已经详细论述。

笔者认为，公共利益在本质上是与个人利益一致的。公共利益是人们为了共同的长远的发展而“让渡”的个人利益，那种绝对的超验的脱离于个人利益的公共利益是不存在的，即不存在不以个人利益为出发点和依归的公共利益。公共利益与个人利益也是可以相互转化的，个人在享受公共资源、公共福利的同时实现了公共利益向个人利益的转化，也在征收、纳税时实现了个人利益向公共利益的转化。这是其一。其二，公共利益与个人利益有可能会发生冲突。我国各地上演的拆迁冲突，固然有地方政府武断决策、粗暴执法、补偿不到位的原因，也与“钉子户”个人利益无限膨胀有关。再者，公共利益与个人利益相比具有相对优位性，现代法律也普遍把公共利益作为限制个人利益的重要原因之一。除目的合法外，公共利益对个人利益的限制也应当受到正当程序的限制，并给予充分及时的补偿。质言之，任何对个人利益的剥夺都应当有正当的充分理由、严格的法定程序、公平的及时补偿。

在我国全面深化改革大背景下，打破利益固化的藩篱，妥善处理各方面的利益关系，必须发掘和把握马克思主义利益观的基本原理及其现实价值。[⑤] 而马克思主义利益观在当下的首要价值在于，其承认和充分肯定个人利益。“马克思主义的基本原则，就是要使群众认识自己的利益，并团结起来为自己的利益而斗争。”[⑥]同时，马克思主义利益观特别强调个人利益与公共利益的有机统一，特别强调共产党与人民群众根本利益的一致性。因此，应当将利益表达机制的完善作为深化社会改革的突破口，支持和保障人民群众以合法理性的方式表达利益诉求，从源头化解和消弭利益冲突。这里有必要探讨一下公共利益的增进方式问题。

---

① 法苑精粹编辑委员会编：《中国经济法学精粹》（2002 年卷），机械工业出版社 2002 年版，第 72 页。
② 公丕祥：《马克思法哲学思想述论》，河南人民出版社 1992 年版，第 283～284 页。
③ 叶必丰：《论公共利益与个人利益的辩证关系》，载《上海社会科学院学术季刊》1997 年第 1 期。
④ 陈贵民：《现代行政法的基本理念》，山东人民出版社 2004 年版，第 97～99 页。
⑤ 参见底志欣：《马克思主义利益观的当代价值》，载《前线》2016 年第 12 期。
⑥ 《毛泽东选集》（第 4 卷），人民出版社 1977 年版，第 126 页。

三、公共利益增进方式的演进

在公共利益的增进方式即实现路径方面存在两种截然不同的观点:一种是“自动公益说”,以亚当·斯密为代表;另一种是“公益优位说”,以卢梭为代表。自动公益说认为,在个人利益与公共利益的关系中,个人利益居于主动地位、优先地位,公共利益的增进是作为增进个体利益的副产品而产生的。① 即在市场机制作用下,个人利益会自动促进公共利益的实现。“自动公益说”和“公益优位说”都有一定道理,前者立足私人生活领域,可以称为“间接公益说”;后者关注于公共生活领域,可以称为“直接公益说”。但历史证明,市场具有诸多自身无法克服的缺陷,对个人利益的追逐并不能必然增进公共利益,甚至会危害公共利益,当今诸如环境污染、浪费资源、恶性竞争等众多公共问题无不是由于过度追求个人利益所导致的,人们日益增长的公共产品、公共服务需求的满足亦不能在追求个人利益中自动实现。

此时,如果把目光投向西方社会,可以发现,公共利益观正经历着从功利主义到多元发展的转变。20 世纪以来,环境污染、消费侵权、经济垄断等社会性公共问题不断涌现,传统的极端功利主义公共利益观受到猛烈抨击,社会本位公共利益观兴起。其主张政府主动介入经济结构调整、积极干预社会生活,并对无限膨胀的个人利益进行限制。然而,事实证明,政府在克服“市场失灵”时极易产生机构膨胀、权力滥用、侵犯私权等“政府失败”问题,②以罗尔斯、哈耶克、布坎南、熊彼特等为代表的新自由主义学派否认国家干预市场经济的正当性,批判以公共利益为借口限制或剥夺个人利益,主张个人利益优先,甚至否认公共利益的独立性。社群主义敏锐地观察到,个人主义的极端发展以及集体意识的严重缺失是当今社会问题的主要根源。进而,社群主义者认为,奉献精神和社群价值是社会发展的重要推动力,公共利益是人类最高价值追求,也是公民基本美德。

如果说,社群主义与新自由主义的论战更多地停留在公共利益理念方面,那么,新公共管理主义则把研究的重心放到了公共利益的供给机制改革方面。新公共管

① 参见赵成根:《民主与公共决策研究》,黑龙江人民出版社 2000 年版,第 76 页。
② 参见[德]哈特穆特·毛雷尔:《行政法学总论》,高家伟译,法律出版社 2000 年版,第 17 页。

理主义针对当时社会出现的“官僚病”,提出了改革公共利益供给模式的建议,即在传统政府供给模式中引入非营利性组织的积极作用,从而满足社会公众对公共物品和服务日益增长且多样化的需求。

第三节 公共利益独立性的立法表达

一、公共利益独立性的理论证成

历史上,对公共利益独立性肯定者有之,否定者亦有之,对此在第三章已经有所论述。社会法学派代表人物庞德是肯定论者的代表,其将利益划分为“个人利益”、“公共利益”(相当于国家利益)、“社会利益”(相当于本书的公共利益),提出了著名的社会利益学说。功利主义代表人物边沁则是否定论者的代表,其认为“个人利益是唯一现实的利益”“社会公共利益只是一种抽象,它不过是个人利益的总和”。①

笔者认为,对公共利益独立与否的判断,应当从社会现实出发。“公共利益这一概念是历史经验的载体,其核心意义既不是约定的,也不是任意的,而是植根于历史。”②公共利益是人类社会性的具体体现,并与需求对象紧密相关,是客观存在的。可以说,自从人类诞生以后公共利益就已经产生,自人类社会出现私有观念起便如影随形地存在。③ 但由于当时社会发展水平所限,早期社会的公共利益更多地抽象为安全、秩序等价值范畴。马克思曾指出,“这种共同的利益不是仅仅作为一种‘普遍的东西’存在于观念之中,而且首先是作为彼此分工的个人之间的相互依存关系存在于现实之中”。④ 随着人类社会的不断发展,利益形态日益多样,个人利益、集体利益、公共利益不断从国家利益中分化出来,成为一种独立的利益形态。

详言之,社会利益关系的发展与生产力的发展以及物质生活的丰富相随相伴。在人类社会早期,以国家利益为表征的公共利益统合一切利益形式,但随着社会的

---

① [英]边沁:《道德与立法原理导论》,时殷弘译,商务印书馆 2000 年版,第 58 页。
② 麻宝斌:《公共利益与政府职能》,载《公共管理学报》2004 年第 1 期。
③ 参见李春成:《公共利益的概念建构评析——行政伦理学的视角》,载《复旦学报(社会科学版)》2003 年第 1 期。
④ 《马克思恩格斯选集》(第 3 卷),人民出版社 1960 年版,第 37 页。

进步尤其是资本主义制度的确立,社会生产力得到了极大解放,个人利益从国家利益中独立出来。而到了现代社会,公共性问题日益突出,人们对公共物品(服务)需求日益旺盛,社会逐渐从国家、个人中分离出来成为一个独立主体,公共利益亦逐步成为一个独立的利益单元。① 并且,由于公共利益从概念产生之初就与“善”“公平”“正义”等密切相连,具有天然的价值正当性,“政治学上的善就是‘正义’,正义以公共利益为依归”。② 因此,公共利益不仅是一种独立的利益形态,而且是一种重要的利益形态,是维系社会共同体的重要纽带。③

就我国而言,随着改革开放政策的实施,社会个体创造财富的热情被激发,单一的国家利益(集体利益)格局被打破,个人利益在法律上被承认。而市场经济的逐步发展则带来了公共领域不断扩大,社会结构发生重大变迁,公共利益也逐渐独立。在当今中国,公共利益是一个重要的独立的利益单元。由是观之,我国对公共利益的认识逐步深入和多元,已经回归到公共利益本质。

二、应然以及实然层面的政府利益

行文至此,公共利益与政府利益之间的关系成为一个绕不开的话题。对于该问题,学界有不同看法:第一种观点认为,不存在政府利益;④第二种观点认为,公共利益从属于政府利益,是政府利益的组成部分;⑤第三种观点认为,公共利益与政府利益是相互独立的两种利益,二者不存在隶属关系。⑥ 笔者认为,对这一问题应当从应然和实然两个层面来理解。

从应然层面看,政府作为公共利益的“化身”其不应当有自身利益的诉求即不应当存在政府利益。换言之,公共利益是政府的本质和唯一目的,追逐自身利益将从

① 参见[美]E. 博登海默:《法理学:法律哲学与法律方法》,邓正来译,中国政法大学出版社1999年版,第297页。
② [古希腊]亚里士多德:《政治学》,吴寿彭译,商务印书馆1965年版,第148页。
③ 参见刘仁春:《多元利益背景下的公共利益:价值与事实的论辩》,载《前沿》2011年第22期。
④ 参见任晓林、谢斌:《政府自利性的逻辑悖论》,载《国家行政学院学报》2003年第6期。
⑤ 参见余敏江、梁莹:《政府利益·公共利益·公共管理》,载《求索》2006年第1期。
⑥ 参见刘玉蓉:《析政府利益与公共利益的关系》,载《四川行政学院学报》2004年第4期。

根本上否认政府的公共属性。[①] 这对于现代民主政府而言尤为如此。但是,从实然层面看,政府利益是普遍存在的,如"部门利益""地方利益"等。因此,认为政府利益等同于公共利益显然是与事实相违背的。"从实践角度看,任何约束求利行为的制度设计都是以承认利益的客观存在为前提的,否认政府自身利益的存在,也就否认了约束政府部门求利行为的制度设计的必要性。"[②]甚者,客观存在为了政府利益乃至官员个人利益而大肆损害公民个人利益和公共利益的现象,此即政府失灵导致"诺斯悖论"。[③] 这是由权力自我扩张的本能决定的,也是由公共利益的模糊性决定的。[④]

三、公共利益与法律本位的演进

任何立法都以保护特定的利益为主要目的。例如,以民法为代表的私法以个人利益为本位,以行政法为代表的公法以保护国家利益为本位。在前资本主义时期,社会结构相对简单即政治国家一元化,国家利益是最主要甚至是唯一的利益形态,与此相对应的法律体系也呈现以公法为主体的一元化形态;在自由资本主义时期,市民社会从政治国家中独立出来并与之相并列,个人利益亦从国家利益中分离并与之相并列,法律结构也当然从一元体系发展为公私法并重的二元体系。自垄断资本主义时始,社会组织成为与政治国家、市民社会之间的独立结构,法律制度所保护的法益增加了公共利益相关内容,这些法律制度内容日益丰富、体系日益严谨,形成了不同于公法、私法的第三法域——社会法,其中以经济法为代表,包括环境法、劳动法等法律部门。换言之,公共利益的独立催生出社会法的产生,推动了法律本位的演进,即从以国家利益为本位到以个人利益为本位再到以公共利益为本位。

就我国而言,自20世纪90年代起,法制建设明显提速,法律本位亦发生悄然变化。一方面,公共利益越来越多地出现在立法条文中。如果细分这些公共利益的立

---

① 参见张维平:《论行政发展视野中的公共利益》,载《甘肃行政学院学报》2007年第1期。
② 周志忍:《经济全球化挑战与政府观念》,载《中国行政管理》2001年第1期。
③ 参见卢现祥:《西方新制度经济学》,中国发展出版社1996年版,第167~168页。
④ 参见张武扬:《公共利益界定的实践性思考》,载《法学》2004年第10期。

法条款,可以将其分为以下类型:①其一,作为立法目的总则性条款,即明确将保护公共利益作为立法宗旨。其二,作为法律主体的特定义务条款,即明确将保护公共利益作为相关主体应当履行的法定义务。其三,作为授权特定主体一定权利条款,即明确将公共利益作为限制、克减甚至褫夺个人、集体财产(利益)的理由。其四,作为法律主体承担相应责任条款,即将明确将危害公共利益作为承担法律责任的理由。对此前文已经详述。另一方面,以经济法、环境保护法、劳动法、社会保障法等为代表的社会法单行立法日益增多,且陆续形成多个独立的法律部门,公共利益独立性开始显现(见表5－2)。这些法律部门以公共利益为本位,通过“倾斜保护”“惩罚性赔偿”“举证责任倒置”“长期诉讼时效”等特殊制度安排来达致增进和保护公共利益之目的。然而,仔细观察这一时期我国法治实践,不难发现,虽然社会法法域各部门法体系在形式上已经初步建立,但是尚未实现从“法制”向“法治”的转变,公共利益在执法司法实践中尚未完全得到彰显。

表5－2　我国社会法法域典型单行立法

立法时间	立法名称
1980年9月10日(1993年修正、1999年修正、2005年修正、2007年修正、2011年修正、2018年修正)	《个人所得税法》
1989年12月26日(2014年修订)	《环境保护法》
1993年2月22日(2000年修正、2009年修正、2018年修正)	《产品质量法》
1993年9月2日(2017年修订、2019年修正)	《反不正当竞争法》
1993年10月31日(2009年修正、2013年修正)	《消费者权益保护法》
1994年7月5日(2009年修正、2018年修正)	《劳动法》
2007年3月16日(2017年修正、2018年修正)	《企业所得税法》
2007年6月29日(2012年修正)	《劳动合同法》
2007年8月30日(2022年修正)	《反垄断法》
2008年10月28日	《企业国有资产法》

再一方面,从2012年起,关于公益诉讼的立法开始出现(见表5－3),公益诉讼

① 参见梁上上:《公共利益与利益衡量》,载《政法论坛》2016年第6期。

成为一种以保护公共利益为目的的现代特殊诉讼制度。与此同时,环境保护法庭的设立、消费者协会向消费者权益保护委员会的转变、国务院反垄断委员会办公室职责的调整、劳动者权益保护机制的完善等,公共利益的保护走向更多的实践操作层面。此时,公共利益独立的法治化才标志真正开始。

表5-3 我国公益诉讼相关立法

法律法规	相关条文	具体规范
2012年《民事诉讼法》	第55条	对污染环境、侵害众多消费者合法权益等损害社会公共利益的行为,法律规定的机关和有关组织可以向人民法院提起诉讼
2013年《消费者权益保护法》	第47条	对侵害众多消费者合法权益的行为,中国消费者协会以及在省、自治区、直辖市设立的消费者协会,可以向人民法院提起诉讼
2014年《环境保护法》	第58条	对污染环境、破坏生态,损害社会公共利益的行为,符合下列条件的社会组织可以向人民法院提起诉讼 ……
2017年《民事诉讼法》	第55条	人民检察院在履行职责中发现破坏生态环境和资源保护、食品药品安全领域侵害众多消费者合法权益等损害社会公共利益的行为,在没有前款规定的机关和组织或者前款规定的机关和组织不提起诉讼的情况下,可以向人民法院提起诉讼。前款规定的机关或者组织提起诉讼的,人民检察院可以支持起诉
2017年《行政诉讼法》	第25条	人民检察院在履行职责中发现生态环境和资源保护、食品药品安全、国有财产保护、国有土地使用权出让等领域负有监督管理职责的行政机关违法行使职权或者不作为,致使国家利益或者社会公共利益受到侵害的,应当向行政机关提出检察建议,督促其依法履行职责。行政机关不依法履行职责的,人民检察院依法向人民法院提起诉讼

实际上,当今国内外都呈现公共利益增进方式的交叉融合趋势。公共利益的3种增进模式,都具有一定的合理性,亦存在一定不足,①且日益呈现彼此融合补充的

① Salamon, L. M., *Rethinking Public Management: Third Party Government and the Changing Forms of Government Action*, Public Policy, Vol. 29(3), p. 255-275(1981).

现实需要。世界各国都在为重构公共利益增进机制付出努力,只不过社会主义国家和资本主义国家采取了不同路径:社会主义国家日益重新发现市场的调节作用,重视市场与社会自身的力量;资本主义国家日益重视政府的调节作用,增强政府在增进公共利益中的权威。二者殊途同归,都强调公共利益增进中权力的分散与多中心化,公共利益增进形式的多样化,以及不同增进形式之间的相互合作与补充。①

第四节　公共利益的立法导向与立法推进

随着我国 2004 年《宪法》第 4 次修正案、2007 年原《物权法》、2011 年《国有土地上房屋征收与补偿条例》等法律法规的出台,"公共利益"越来越多地出现在法律条文之中,成为限制个人利益进行征收或征用的合法理由。然而,目前学界关于公共利益的研究多偏重抽象的概念阐释或者法律意义上的文本诠释,②忽略公共利益问题的宏观研究。任何法律制度的分析都应当在特定语境下进行,树立科学公共利益观是化解公共利益与其他利益冲突的观念先导,是构建公共利益法律制度的思想基础。

一、确立公共利益立法导向

思想是行为的先导,而行为反过来影响观念的形成。利益是人类社会进步的动力源,因利益而引发的矛盾又是一切人类问题的总根源。因此,正确认识和对待利益问题是解决社会矛盾的总开关。③ 前已述及,公共利益与其他利益的一个重要区别在于其利益主体具有不确定性,进而导致公共利益经常会发生主体缺位的情况。

在我国社会转型期,正确认识个人与社会的关系,正确处理个人事务与公共事务之间的关系,对于防止公共利益的虚化、弱化和泛化意义重大。质言之,树立科学公共利益观是弥合社会利益分歧的观念支撑,是建设社会主义和谐社会的精神基石。新时期科学公共利益观的培育,要充分挖掘中国传统利益观中的合理成分,批

---

① 参见龚翔荣:《公共管理视野中的公共利益实现方式》,载《行政发展》2003 年第 8 期。

② 参见范文舟:《论公共利益的公法保护》,载《汕头大学学报(人文社会科学版)》2006 年第 5 期。

③ 参见闫志常:《弘扬社会主义核心价值观》,载《理论学习》2014 年第 7 期。

判吸收西方利益观中的有益部分，并用马克思唯物主义利益观进行指导。

早在古希腊罗马时期，就已经初步形成了关于公共利益的基本范畴和公理性认识，即公共利益是限制个人利益之正当基础，是制约公权力之合法理由，是判断法律自洽性之重要标准，这也形构了是我国当今公共利益观的基本趋向。因此，要在个人利益与公共利益之间找到平衡点，在最大限度保证不损害个人利益的前提下促进公共利益的实现。在全面推进依法治国的新时期，应当将保护公共利益作为立法重要导向之一。“利益就其本性来说是盲目的、无节制的、片面的，它具有无视法律的天生本能。”①由于个人利益的自我膨胀本能以及公共利益的模糊性决定了公共利益的泛化、弱化、虚化是客观存在的，法律与道德、宗教、政策等其他社会规范相比具有的优势决定了，这迫切需要通过法治的手段进行利益引导、调节，并进而保护公共利益。

然而，为了防止公共利益肆意侵犯个人利益，应当明确公共利益法律保留原则。公共利益经常固然表现为对全民或整体利益的维护和偏袒，②但这绝不意味着把个人利益作为实现公共利益的“垫脚石”。“公共利益绝不是吞噬公民财产的利维坦，更非‘钉子户’现象泛滥成灾的缘由。”③所以，当代法律通常都将公共利益视为保留内容，即只有国家立法机关制定的法律(狭义)才有权对公共利益作出规定。需要说明的是，公共利益法律保留原则不同于公共利益立法中的法律保留条款。法律保留条款主要是为了解决法律冲突问题，即外国法或国际法在中国的适用问题，而公共利益立法保留原则则是为了解决公共利益立法的法律效力问题，即只有较高效力层次的“法律”才能规定基于公共利益需要可以限制或剥夺个人利益。对此，我国《立法法》有集中体现。该法第 11 条明确规定，涉及“非国有财产的征收”只能由全国人大及其常委会制定法律。换言之，作为授权性条款的公共利益是全国人大及其常委会的立法保留项目，其他机关及法律规范无权对此作出规定，即使授权立法，应当以“必要”为原则并严格限制。究其原因就在于，公共利益的实现往往涉及对公民财产

---

① 《马克思恩格斯全集》(第 1 卷)，人民出版社 1956 年版，第 288 页。

② 参见黄有丽:《“公共利益”的法律界定》，载《学术交流》2008 年第 4 期。

③ 梁鸿飞:《“公共利益”的法理逻辑及本土化重探》，载《华中科技大学学报(社会科学版)》2017 年第 5 期。

的剥夺,需要严格限制、预防国家公权滥用。

二、规范公共利益立法表述

“公共利益”是世界各国法律中出现频率较高的一个术语,在我国各个法律部门中也都有出现。2019年11月1日,笔者通过北大法宝以“公共利益”为关键词,在法律法规“全文”进行“精确”匹配,共查询到法律(狭义)245部。也就是说,新中国成立后的70年,已出台的法律中共有245部出现了“公共利益”一词。当然,其中包括法律的历次修订案以及相关的全国人民代表大会常务委员会修改决定。

其中,“国家利益”与“公共利益”同时使用的有66部。例如,2015年《广告法》第9条规定:“广告不得有下列情形……(四)损害国家的尊严或者利益,泄露国家秘密;(五)妨碍社会安定,损害社会公共利益……”另外,有时使用“公共利益”称谓,有时使用“社会公共利益”称谓。又如,2016年制定的《网络安全法》第1条开宗明义:“为了保障网络安全,维护网络空间主权和国家安全、社会公共利益,保护公民、法人和其他组织的合法权益,促进经济社会信息化健康发展,制定本法。”也有时同时使用“公共利益”与“群众利益”的概念。再如,2018年制定的《人民陪审员法》第15条,将“涉及群体利益、公共利益的”第一审案件,由人民陪审员和法官组成合议庭进行。

梳理我国当前公共利益立法,明显存在以下问题:一是概念表述不统一,立法的严谨性和规范性有待进一步提高。二是缺乏对公共利益的明确界定,导致实践中出现重大偏差。三是公共利益内容体系有待进一步完善。作为一个完整的制度体系,公共利益应当包括适用对象和范围、确定主体和权限、认定原则和方法、监督程序和救济等内容规范。因此,我国公共利益立法,当务之急是规范统一立法表达,在此基础上创新公共利益立法模式和内容。

三、创新公共利益立法模式

未来,公共利益立法的研究重点应当是对权力制衡方案的框架设计和公权规范运作的路径设计。对此,可以从前文关于西方社群主义与新自由主义论战的描述中看出端倪。实际上,二者本质上并不冲突,只是对解决社会现实问题的着眼点和侧重点、方法和路径有所不同,因此,“社群主义和新自由主义是一对由当代西方发达国家的土壤所培育出来的同胞兄弟,它们是互补的”。[①] 换言之,公共利益的价值不仅应停留在限制个人利益层面,而且应当上升到制约国家公权、建构政府层面,还应当上升到凝聚社会、影响公共生活层面,成为政府决策的出发点和落脚点,成为增强民众公共意识的内心认同和外在约束。只是,公共利益对个人利益的限制需要经过严格程序,并按照公平标准进行及时和充分的补偿。笔者认为,进一步完善我国公共利益立法体系,尤其需要把握以下内容:

一是通过类型化立法方法和民主程序界定公共利益范围。对此,可以借鉴《国有土地上房屋征收与补偿条例》第 8 条之立法例,通过列举征收房屋的 5 种法定情形来间接界定“公共利益”之范围。就公共利益立法程序而言,应严格遵守民主公开参与程序。综观法学界倡导的公共利益界定方式,大致可以分为两种:一种是实质主义,即通过对公共利益实体内容的研究以确定公共利益的法律内涵、界定标准及适用准则。[②] 另一种是程序主义,即通过立法程序、决策程序、司法程序等民主正当程序证成公共利益的合理制度安排。[③] 在我国公共利益立法中,尤其需要通过公共利益立法的民主化促进公共利益立法的科学化。“正是程序决定了法治与恣意的人治之间的基本区别。”[④]就公共利益立法而言,亦要通过民主参与尤其是信息公开保障立法内容的科学性。没有信息公开,公民不了解政府决策、决定的事实根据、形成过程、基本目标、预期的成本和效益等情况,就很难对政府的相应决策、决定进行评价,提出自己的意见、建议。[⑤] 社会公众作为公共利益的享有者,其对公共利益的感受最为直观和敏感,理应参与公共利益立法和决策。因此,要着力健全公共利益立法民主程序。

二是要明确行政实现公共利益的比例原则。追求公共利益的最大合理化是善治的基本内涵,要进一步完善公共利益行政增进机制。正如前文所述,公共利益具

---

① 俞可平:《社群主义》,中国社会科学文献出版社 1998 年版,第 127 页。
② 参见胡鸿高:《公共利益的法律界定》,载《中国法学》2008 年第 4 期。
③ 参见房绍坤:《论征收中“公共利益”界定的程序机制》,载《法学家》2010 年第 6 期。
④ 季卫东:《法律程序的意义——对中国法制建设的另一种思考》,中国法制出版社 2004 年版,第 3 页。
⑤ 参见姜明安:《公众参与与行政法治》,载《中国法学》2004 年第 2 期。

有相对性,是权衡比较的利益,公共利益认定过程就是一个价值判断和利益衡量过程。因此,公共决策中就要对各方利益进行大小、远近、局部与整体、次要与重要等作出价值分析,进而作出价值排序,此即价值位阶原则。在这一原则,公共利益应当是那些代表多数人的根本性的、长远的、重大的利益。同时,人的生存权益具有至高无上的最高价值位阶,对公共利益的追求不应当剥夺人的生存权益。如果公共利益的实现必须以限制或牺牲个人利益为代价,那么,应当将这种限制或牺牲降至最小的范围,将对个人利益的损害减小到最低,禁止为了所谓的公共利益而过度侵犯个人利益,此即比例原则。① 比例原则实际上是正当性原则对于行政决策目的和手段的限制要求,②是解决公共利益与其他利益冲突时应当遵循的基本规范。③ 公共利益的公共性,不仅决定了其应当开放地、平等地被社会公众所享有,而且决定了公共利益的形成和实现过程应当遵循公开、公正的程序,并接受社会公众的评价和检验,即在政府公共事项决策中,应当保障社会公众的知情权、参与权、表达权和监督权,这也是确保行政决策中比例原则得以实现的客观要求。

三是进一步完善公益诉讼制度。我国公益诉讼制度虽然已经初步建立,但其在避免公共利益虚化、弱化和泛化方面的作用远未完全发挥,在原告主体制度、受案范围制度、效力适用制度、责任衔接制度等方面存在不足。④ 以原告主体资格为例,现有公益诉讼原告资格法律规定存在一定的矛盾冲突,且完全否定了社会个体的公益诉讼主体资格,显然不利于公共利益的保护。因此,在我国公共利益立法中,应当将公益诉讼制度的完善作为重要内容,发挥司法对保护和增进公共利益的重要作用。

本章小结

从时间维度,我国公共利益立法大致经过了3个阶段:第一阶段为公共利益一元化立法阶段(新中国成立后至改革开放),以1954年《宪法》为代表;第二阶段为公

① 参见李蕊:《论公共利益的界定》,载《山西财经大学学报》2005年第2期。
② 参见陈新民:《德国公法学基础理论》(上册),山东人民出版社2001年版,第368～371页。
③ 参见陈景辉:《比例原则的普遍化与基本权利的性质》,载《中国法学》2017年第5期。
④ 参见罗丽:《我国环境公益诉讼制度的建构问题与解决对策》,载《中国法学》2017年第3期。

共利益泛化弱化立法阶段(改革开放至2012年),以2004年《宪法》第4次修正案、2007年原《物权法》等法律法规为代表;第三阶段为公共利益独立化立法阶段(2012年至今),以修改后的《民事诉讼法》《消费者权益保护法》《环境保护法》等法律法规为代表。随着社会结构进入多元化利益格局,国家立法亦相应地进入多元化阶段,公共利益开始泛化、虚化和弱化。历史上,对公共利益独立性肯定者有之,否定者亦有之。对公共利益独立与否的判断,应当从社会现实出发。随着人类社会的不断发展,利益形态日益多样,个人利益、集体利益、公共利益不断从国家利益中分化出来,成为一种独立的利益形态。公共利益的独立催生出社会法的产生,推动了法律本位的演进,即从以国家利益为本位到以个人利益为本位再到以公共利益为本位。保护公共利益应当是我国未来立法的重要导向之一,为此要统一规范公共利益立法表述,创新公共利益立法模式。尤其是要通过类型化立法方法和民主程序界定公共利益范围,明确行政实现公共利益的比例原则,进一步完善公益诉讼制度。

第六章　个人信息保护法中的公共利益表达

——以个人信息保护的公共利益边界为视角

以公共利益限制个人信息权益是国内外立法的普遍做法，我国个人信息保护立法中的公共利益条款大致可以分为公共利益特殊保护条款和公共利益责任豁免条款两类。在个人信息保护法律关系中，存在不同的利益主体和利益诉求，而各利益单元之间存在一定冲突。根据利益位阶原则，公共利益处于相对优先位置，这奠定了公共利益限制个人信息权益的正当性基础。然而，公共利益模糊性悖论和个人信息权益保护实践困难决定了需要创新国家法治，从而实现个人信息保护中的利益平衡。从宏观角度，应当采用个人信息保护综合立法模式，在限制个人信息权益时坚持法律授权原则、目的正当原则、最小比例原则、安全保障原则，优化知情同意程序机制。从微观角度，应当从明确公共利益代表主体、界定公共利益的内涵外延、健全个人信息责任救济等方面构建公共利益限制个人信息权益的具体规则。

第一节　问题的提出

现代社会正逐渐从“身份互联”时代迈入“数据互联”时代，加强个人信息保护成为时代关注焦点和国内外立法重点。欧盟在 1995 年《计算机数据保护法》的基础上于 2016 年通过的《通用数据保护条例》（General Data Protection Regulations，GDPR）将个人数据（信息）权视为基本人权，也因此被称为“史上最严个人数据保护条例”。美国加利福尼亚州于 2018 年颁布的《2018 年加州消费者隐私法案》（California Consumer Privacy Act of 2018，CCPA）改变了美国长期以来的个人信息自律保护模式，被认为是“美国国内最严格隐私立法”。

就我国而言，近年来个人信息保护立法进程加快。2012 年通过的全国人民代表大会常务委员会《关于加强网络信息保护的决定》和 2013 年修订的《消费者权益保护法》，率先明确规定自然人的个人信息受法律保护；2016 年通过的《网络安全法》从网络安全角度对个人信息保护作出专门规定；2018 年通过的《电子商务法》对电子商务中的个人信息保护提出了明确要求；2020 年通过的《民法典》在肯定原《民法总则》第 111 条对个人信息保护的基础上将人格权独立成编，扩大了个人信息保护范围。另外，2015 年《刑法修正案(九)》、2017 年《信息安全技术　个人信息安全规范》、2019 年《儿童个人信息网络保护规定》等也分别从打击侵犯公民个人信息犯罪、严格个人信息保护标准、加强儿童个人信息保护角度对个人信息保护作出了规定。为进一步解决我国个人信息保护立法碎片化问题，第十三届全国人大常委会第三十次会议于 2021 年 8 月 20 日表决通过了《个人信息保护法》，并自 2021 年 11 月 1 日起施行，引发社会普遍关注和学界广泛热议。

然而，无论是理论层面抑或是实践层面，个人信息保护都面临诸多问题。在理论研究层面，不仅存在“个人信息”与“隐私”“数据”等术语之间的概念界定模糊①、个人信息权法律属性不清等微观问题，而且存在个人信息权利保护模式、实现路径等宏观问题。在立法实践层面，不仅存在个人信息保护篇章布局、条文表述等技术问题，而且存在目的导向、价值取舍等理念问题，如何构建具有中国特色的个人信息保护法律体系值得研究。实际上，大数据时代的个人信息保护已经突破了传统私法中的二元立法体系，我国个人信息保护立法面临两个方面问题：一方面，加强个人信息保护已成为全面推进依法治国的必然要求，尤其是随着大数据应用场景的不断拓展以及数字贸易规则的不断探索，公众对个人信息保护的呼声越发强烈，社会“个人信息安全焦虑”亟待纾解。另一方面，发展数字经济成为我国重要战略，大数据产业链条不断延展，新经济业态不断涌现，迫切需要通过数据运用促进产业转型、提升政务效能、助力公共服务。特别是在维护国家安全、保障公共健康、打击违法犯罪等方

① 参见彭诚信：《数据利用的根本矛盾何以消除——基于隐私、信息与数据的法理厘清》，载《探索与争鸣》2020 年第 2 期。

面,公共利益是限制个人信息权益的法定理由,如此一来,公权力机关有可能侵犯个人信息权益。换言之,个人信息保护不仅涉及个人利益、企业利益,而且涉及社会利益、国家利益,与公共安全、国家安全等密切相关。因此,如何在信息保护与数据共享之间实现平衡,如何在个人利益与公共利益之间保持适度张力,是需要理论界、实务界和立法界深思的问题。公共利益不仅为相关主体收集、利用和管理个人信息提供了“合法”依据,而且也为限制个人信息权益提供了明确边界。因此,探讨个人信息权益与公共利益之间的关系具有双重价值考量:公共利益为什么能够限缩个人信息权益以及在多大范围内限缩个人信息权益。

基于此,本章以突发公共卫生事件为视角对个人信息保护的公共利益边界进行研究,并从以下 3 个角度渐次展开:一是从法教义学出发,梳理我国个人信息立法中与公共利益相关条款,探讨其背后的学理依据;二是从实证主义出发,反思公共利益限制个人信息权益的悖论问题,探讨个人信息保护中的利益平衡;三是从制度创新角度,探讨公共利益在限制个人信息时应当坚持的基本原则及规则体系,从而对我国个人信息保护法治建设有所裨益。

第二节 公共利益限制个人信息权益的立法表达

法律分配和调节利益关系主要体现在法律条款的创设和法律规范的表达方面。个人信息保护首先涉及的是个人利益,这自不待言,但需要讨论的是,是否还涉及其他主体利益以及这些利益形态彼此之间是何种关系。

一、个人信息保护立法相关公共利益条款

从 2012 年全国人民代表大会常务委员会《关于加强网络信息保护的决定》到《消费者权益保护法》(2013 年修正)和 2015 年《刑法修正案(九)》,再到 2016 年《网络安全法》、2017 年《信息安全技术　个人信息安全规范》(国家标准)和 2018 年《电子商务法》,再到 2019 年《儿童个人信息网络保护规定》和 2020 年《民法典》,我国个人信息保护立法逐步完善。2021 年通过的《个人信息保护法》预示着我国个人信息保护即将迈入统一化体系化立法时代,具有里程碑意义。梳理和分析这些个人

信息保护立法中的公共利益条款,有助于探讨我国个人信息保护法的利益考量和制度设计。

随着我国经济的发展、改革的深入,利益主体多元化、利益形态多样化、利益关系复杂化趋势明显,“公共利益”越来越多地出现在法律条文中,甚至推动了法律本位的演进,即从以国家利益为本位到以个人利益为本位再到以公共利益为本位。通过梳理归纳公共利益立法条款,大致可以分为目的性总则条款、特定义务条款、法律责任条款、法律适用保留条款、特定授权条款等。① 其中,特定授权条款是最常见的条款,即明确将公共利益作为限制、克减甚至褫夺个人、集体财产(利益)的理由。例如,《宪法》第10条规定,“国家为了公共利益的需要,可以依照法律规定对土地实行征收或者征用并给予补偿”。《民法典》第243条也有类似规定。可以说,法律普遍将公共利益作为限制个人利益的合法条件。

就个人信息保护立法而言,亦存在诸多公共利益条款。这些条款或者将公共利益视为民事责任免责的事由之一,如《民法典》第1036条;或将公共利益视为法律特殊保护的对象,如《网络安全法》第31条、《个人信息保护法》第10条;或将公共利益视为处理个人信息的法定情形,如《个人信息保护法》第13条和2017年《信息安全技术　个人信息安全规范》第“5.4”条;或将公共利益视为个人信息跨境流动的禁止事项,如《个人信息保护法》第42条。具体如表6-1所示。

表6-1　我国个人信息立法公共利益相关条款

法律法规	相关条文	具体规范
2020年《民法典》	第1036条	处理个人信息,有下列情形之一的,行为人不承担民事责任:(一)在该自然人或者其监护人同意的范围内合理实施的行为;(二)合理处理该自然人自行公开的或者其他已经合法公开的信息,但是该自然人明确拒绝或者处理该信息侵害其重大利益的除外;(三)为维护公共利益或者该自然人合法权益,合理实施的其他行为

① 参见梁上上:《公共利益与利益衡量》,载《政法论坛》2016年第6期。

续表

法律法规	相关条文	具体规范
2016 年《网络安全法》	第 12 条	……任何个人和组织使用网络应当遵守宪法法律，遵守公共秩序，尊重社会公德，不得危害网络安全，不得利用网络从事危害国家安全、荣誉和利益，煽动颠覆国家政权、推翻社会主义制度，煽动分裂国家、破坏国家统一，宣扬恐怖主义、极端主义，宣扬民族仇恨、民族歧视，传播暴力、淫秽色情信息，编造、传播虚假信息扰乱经济秩序和社会秩序，以及侵害他人名誉、隐私、知识产权和其他合法权益等活动
	第 31 条	国家对公共通信和信息服务、能源、交通、水利、金融、公共服务、电子政务等重要行业和领域，以及其他一旦遭到破坏、丧失功能或者数据泄露，可能严重危害国家安全、国计民生、公共利益的关键信息基础设施，在网络安全等级保护制度的基础上，实行重点保护。关键信息基础设施的具体范围和安全保护办法由国务院制定。国家鼓励关键信息基础设施以外的网络运营者自愿参与关键信息基础设施保护体系
2021 年《个人信息保护法》	第 10 条	任何组织、个人不得非法收集、使用加工、传输他人个人信息，不得非法买卖、提供或者公开他人个人信息；不得从事危害国家安全、公共利益的个人信息处理活动
	第 13 条	符合下列情形之一的，个人信息处理者方可处理个人信息：（一）取得个人的同意；（二）为订立或者履行个人作为一方当事人的合同所必需，或者按照依法制定的劳动规章制度和依法签订的集体合同实施人力资源管理所必需；（三）为履行法定职责或者法定义务所必需；（四）为应对突发公共卫生事件，或者紧急情况下为保护自然人的生命健康和财产安全所必需；（五）为公共利益实施新闻报道、舆论监督等行为，在合理的范围内处理个人信息；（六）依照本法规定在合理的范围内处理个人自行公开或者其他已经合法公开的个人信息；（七）法律、行政法规规定的其他情形 依照本法规定，处理个人信息应当取得个人同意，但是有前款第二项至第七项规定情形的，不需取得个人同意
	第 42 条	境外的组织、个人从事损害中华人民共和国公民的个人信息权益，或者危害中华人民共和国国家安全、公共利益的个人信息处理活动的，国家网信部门可以将其列入限制或者禁止个人信息提供清单，予以公告，并采取限制或者禁止向其提供个人信息等措施

续表

法律法规	相关条文	具体规范
2017年《信息安全技术 个人信息安全规范》	第5.4条 征得授权同意的例外	以下情形中,个人信息控制者收集、使用个人信息无需征得个人信息主体的授权同意:a)与国家安全、国防安全直接相关的;b)与公共安全、公共卫生、重大公共利益直接相关的;c)与犯罪侦查、起诉、审判和判决执行等直接相关的;d)出于维护个人信息主体或其他个人的生命、财产等重大合法权益但又很难得到本人同意的;e)所收集的个人信息是个人信息主体自行向社会公众公开的;f)从合法公开披露的信息中收集个人信息的,如合法的新闻报道、政府信息公开等渠道;g)根据个人信息主体要求签订和履行合同所必需的;h)用于维护所提供的产品或服务的安全稳定运行所必需的,例如发现、处置产品或服务的故障;i)个人信息控制者为新闻单位且其在开展合法的新闻报道所必需的;j)个人信息控制者为学术研究机构,出于公共利益开展统计或学术研究所必要,且其对外提供学术研究或描述的结果时,对结果中所包含的个人信息进行去标识化处理的;k)法律法规规定的其他情形

二、公共利益限制个人信息权益的责任豁免

上述个人信息保护立法中的公共利益条款大致可以分为两类:一类是公共利益特殊保护条款,另一类是公共利益责任豁免条款。对前一类将在后文个人信息保护利益衡量中一并分析,此处仅探讨后一类情况。

所谓责任豁免,是指个人信息控制者根据法律规定可以无须征得信息主体的授权同意而处理其个人信息并不承担法律责任的情形。个人信息作为法律保护的重要客体之一,自然人是其权利主体,他人若要收集和处理个人信息须征得该自然人同意,否则即要承担相应法律责任。然而,世界各国立法都普遍存在责任豁免问题。欧盟在2016年GDPR列明了5种合理使用个人信息的情形,应该说,这5种情形或多或少都与“公共利益”相关。

就我国而言,《民法典》在第1036条规定了3种处理个人信息而可以不承担民事责任的情形,而其中第三种情形就包括为维护“公共利益”合理实施的其他行为。在大数据时代,由于知情同意机制的局限性,这种责任豁免具有更广泛的适

用意义。[①] 值得一提的是,《个人信息保护法》与欧盟 GDPR 的相关规定类似,规定了 6 种可以处理个人信息的合法性事由(第 13 条),其中有两种情形与“公共利益”直接相关,即第 4 项(“为应对突发公共卫生事件,或者紧急情况下为保护自然人的生命健康和财产安全所必需”)和第 5 项(“为公共利益实施新闻报道、舆论监督等行为,在合理的范围内处理个人信息”),有两种情形与“公共利益”间接相关,即第 3 项(“为履行法定职责或者法定义务所必需”)和第 7 项(“法律、行政法规规定的其他情形”)。

第三节 公共利益限制个人信息权益的内在逻辑

“法益论有两个思考方向:一是往理念、价值性方向思考,二是往事实性、因果性方向把握。”[②]个人信息保护法律关系中,存在不同的利益主体,代表不同的利益单元。而各种利益单元之间时而表现出一致性,时而处于“此消彼长”的冲突关系,公共利益限制个人信息权益具有一定的正当性基础。

一、个人信息保护的利益单元

个人信息具有多种价值属性,蕴含多种利益诉求。[③] 从利益相关者理论出发,“任何影响组织目标实现或者受组织目标实现影响的个人或群体”都是“利益相关者”。[④] 具体到个人信息保护而言,自然人、企业、社会公众、政府部门等个人信息的拥有者、受益者、收集者、处理者等或主动或被动参与到个人信息保护的主体都可以视为个人信息保护的利益相关者。

自然人是个人信息的首要主体,其关于个人信息的人格利益诉求是个人信息保护立法的基本出发点。虽然法人以及非法人组织依法可以享有商誉、名誉等一定的

① 参见谢琳:《大数据时代个人信息使用的合法利益豁免》,载《政法论坛》2019 年第 1 期。
② [德]克努特·阿梅隆:《德国刑法学中法益保护理论的现状》,日高义博、姚培培译,载《中德法学论坛》2017 年第 2 期。
③ 参见张新宝:《从隐私到个人信息:利益再衡量的理论与制度安排》,载《中国法学》2015 年第 3 期。
④ [美]爱德华·弗里曼等:《利益相关者理论:现状与展望》,盛亚等译,知识产权出版社 2013 年版,第 27 页。

人格权益,但在严格意义上,个人信息所蕴含的人格权益应当由自然人独享。① 争论在于,企业、社会组织、政府等通过对大量个人信息收集、加工后的数据是否享有权利以及享有什么权利?其涉及的问题主要有两个:其一,用户使用互联网平台产生的数据归个人还是企业所有?其二,企业可否收集网络留言、点赞等公开信息进而"数据识人"?数据信息的所有权应当归收集者所有,属于个人信息所衍生出的企业利益、国家利益、公共利益。"个人信息衍生出来的社会公共利益,主要是社会治理方面的利益,更不直接归属于个人而为国家或社会所享有。"②同时,个人信息与国家利益密切相关,国家也是个人信息保护中重要的利益单元。一方面,收集、处理和利用个人信息是现代国家进行行政管理、提供公共服务的普遍做法。例如,在应对突发公共卫生事件中,个人的生物识别信息、行踪轨迹信息、特定身份信息等为人群关联分析和疫情风险预测提供了重要参考依据,利用大数据统计个人出行记录、医疗信息等对分析疫情的性质、原因、范围、发生地以及采取相应防控措施都具有直接作用,收集和处理的公民个人信息具有个人权利自由与社会公共安全的复合法益属性。③ 另一方面,某些个人信息事关国家安全等重大利益,尤其是对于个人敏感信息以及特别脆弱群体的个人信息保护,已经超越个体层面而具有特殊的公共利益价值。仍以突发公共卫生事件中为例,个人信息保护中的儿童信息、跨境流动、生物信息等与国家安全、民族利益等密切相关,因此,现代国家往往从数据主权的高度对个人信息进行保护,限制本国国民个人信息传输流动,防止因个人信息泄露带来的国家安全隐患。例如,对于未成年个人信息进行特殊保护是国内外立法的普遍做法。欧盟 GDPR 明确规定儿童的个人数据需要特殊保护,我国香港特别行政区 2013 年《个人资料(隐私)保护条例》强化和细化了未成年人等弱势群体信息保护措施。我国 2016 年《网络安全法》第 13 条特别规定了未成年人信息保护问题,2019 年《儿童个人信息网络保护规定》则专门规定了未满 14 周岁未成年人个人信息安全问题。再如,互联网的本质决定了个人信息跨境流动成为现实,而数据跨境会涉及国家安全、网络主权、数据安全等重大利益,需要进行专门的安全评估和严格审查。

---

① 参见陈甦主编:《民法总则评注》(下册),法律出版社 2017 年版,第 787 页。
② 张新宝:《〈民法总则〉个人信息保护条文研究》,载《中外法学》2019 年第 1 期。
③ 参见张勇:《论大数据背景下涉疫情个人信息的法律保护》,载《河南社会科学》2020 年第 4 期。

个人信息保护也涉及社会不特定多数人的利益即公共利益，社会公众是个人信息保护中另一重要的利益主体。在应对突发公共卫生事件中，如果防控不力可能会导致更多社会公众的生命健康处于危险状态，社会公众对他人与突发公共卫生事件有关的个人信息享有一定的知情权。① 例如，国家收集相关疫情信息并向社会公布是满足社会公众知情权的需要，也是体现一个国家公共治理水平的体现。从这个角度看，知情权作为一种公民重要的程序性权利，本身就是一种公共利益。② 当然，个人的医疗健康信息也具有重大的科研价值，有利于一国医药事业的发展，这也是个人信息保护中的公共属性和社会价值。③ 所以，“个人信息不仅关涉个人利益，而且关涉他人和整个社会利益，个人信息具有公共性和社会性。”④个人信息尤其是病理信息、基因信息等个人医疗健康信息，具有重要医疗研究价值，对于国家维护公共健康意义重大；也具有重要国家治理价值，对于保护国家安全利益意义重大。

二、个人信息保护的利益冲突

个人利益与公共利益在根本上具有一致性，这不仅体现在二者的产生具有同源性方面，而且体现在二者的目的具有一致性、二者的过程具有可转化性等方面。首先，公共利益是个人利益让渡的结果；其次，公共利益不能绝对地脱离个人利益而孤立存在；再次，公共利益最终应当服务于个人利益；最后，公共利益与个人利益之间存在可转换性。然而，公共利益与个人利益毕竟是两种不同的独立的利益形态，二者时常处于此消彼长的关系，现代法律普遍把公共利益作为限制个人利益的理由之一。

具体到个人信息保护领域，一方面，公共利益会对个人信息权益造成一定限缩。传统社会，主要采取隐私权的方式对个人信息权益保护，即通过民法制度注重个人隐私所蕴含的人格尊严和人格自由价值，并采取绝对化的保护方式，从而保障个人信息权益免受他人侵犯。然而，到了信息社会，个人信息利益主体日益多样，利益关

① 参见王利明：《数据共享与个人信息保护》，载《现代法学》2019 年第 1 期。
② 参见王敬波：《政府信息公开中的公共利益衡量》，载《中国社会科学》2014 年第 9 期。
③ 参见刘士国、熊静文：《健康医疗大数据中隐私利益的群体维度》，载《法学论坛》2019 年第 3 期。
④ 高富平：《个人信息保护：从个人控制到社会控制》，载《法学研究》2018 年第 3 期。

系日益复杂,个人信息所蕴含的经济利益和社会价值日益凸显,对个人信息资源的利用成为不可逆的发展趋势。① 在这一时代背景下,个人信息、数据与隐私相分离,并采取与隐私迥然相异的保护进路。尤其是在大数据技术成为政府进行国家管理和社会治理的重要手段后,基于公共利益考量,国家不再仅仅承担个人信息保护者的角色,而同时成为个人信息的收集者和处理者,即采取个人信息保护和利用并重的政策取向。如此一来,必然会造成个人信息权益与公共利益的矛盾。实际上,世界各国都普遍规定,出于人口普查、打击犯罪等重大利益,可以对公民享有的个人信息权进行限缩。② 譬如,现代社会风险日益增加,社会公众恐慌情绪普遍存在,为此需要在公共空间大规模使用监控手段,这当然会对个人信息乃至隐私造成侵犯,但这"体现了风险治理从个人本位走向社会本位的转变趋势,并促进了个人信息保护从自主支配到有序共享的逻辑转换"。③

另一方面,个人信息权益与社会公众知情权的冲突。知情权作为宪法规定的一项基本权利,要求政府公开相关信息,即使涉及个人隐私但如果对公共利益造成重大影响也应当公开,这就必然导致个人信息权与社会公众知情权之间的冲突。例如,在应对突发公共卫生事件中,政府部门面临个人信息知情同意权与社会公众知情权保护、个人信息安全与公共健康之间的冲突问题。又如,与疫情有关的个人信息是国家疫情防控数据的来源,出于公共健康、社会稳定、国家安全等需要,政府及其卫生、疾控等部门以及医疗机构可以不经个人"知情同意"而收集这些个人信息。社会公众有权要求政府有关部门收集并发布与疫情有关的个人信息,包括确诊患者、疑似患者和密切接触者的相关信息,而个人不能以个人信息保护为由不予提供或不予配合。因此,为了疫情防控需要,公民个人必要时需要让渡自己的个人信息权益,作为公共信息而由政府部门收集、使用甚至向社会公众公开,这也是个人承担公共安全保障义务的要求和体现。所以,大数据时代的个人信息保护,不是以单向

---

① 参见田野:《大数据时代知情同意原则的困境与出路——以生物资料库的个人信息保护为例》,载《法制与社会发展》2018 年第 6 期。

② 参见方明:《个人信息多元保护模式探究》,载《学海》2018 年第 6 期。

③ 刘艳红:《公共空间运用大规模监控的法理逻辑及限度——基于个人信息有序共享之视角》,载《法学论坛》2020 年第 2 期。

地维护个人信息权益为唯一追求,而是要将相关主体的复杂利益纳入综合考量,从而在这些异质利益之间的博弈中达到平衡。

从我国相关立法来看,《民法典》首先通过隐私权、个人信息权益等方式保护个人信息,然后通过个人信息收集和处理以及数据权益等方式体现个人信息保护的例外。《个人信息保护法》承继了这一立法理念,在确立个人信息私益保护基本原则的同时,也规定了国家机关在“为维护国家安全、公共安全或增进社会公共利益”时,可以收集、处理或利用个人信息。这彰显出个人信息的多元价值及其立法诉求——有序共享——主张维护个人信息权益的同时发挥个人信息的社会公共价值。

三、公共利益限制个人信息权益的正当性

如果说,个人信息立法为公共利益限制个人信息权益提供了合法性基础,那么就需要进一步分析这一立法背后的价值考量,即公共利益限制个人信息权益的正当性基础。这涉及个人利益与公共利益乃至个人与社会之间的关系问题。个人信息保护中利益主体众多,利益冲突情境复杂,利益衡量因素多元。笔者认为,公共利益限缩个人信息权益的根基在于在利益位阶中,公共利益处于相对优先位置。

在现代文明社会,普遍认为当公共利益与个人利益发生冲突时具有优先价值。公共利益与个人利益是两种不同的独立利益单元,代表着不同的价值取向,当二者发生冲突的时候,如何取舍?传统上,坚持公共利益本位,即公共利益具有至高无上的地位。在法律适用中需要对自由、权利、公平、秩序等利益价值进行衡量,并在利益诉求发生冲突时以高位阶利益为优先,这已是法律共识。[①] 实际上,无论是欧盟GDPR抑或是美国CCPA,还是其他国家个人信息保护立法,都未将个人信息权益作为绝对的优先项,更毋宁说唯一选项了,而是将个人信息置于特定场景中考虑各方利益并进行综合平衡。相反,在应对突发公共卫生事件中,坚持公共利益优先,适当地突破个人信息保护屏障,是世界各国普遍做法。例如,我国《传染病防治法》《突发事件应对法》《突发公共卫生事件应急条例》等法律法规,都规定了行政机关有权

① 参见梁上上:《异质利益衡量的公度性难题及其求解——以法律适用为场域展开》,载《政法论坛》2014年第4期。

收集和使用个人信息，亦规定了公民配合行政应急权的义务，包括信息报告义务，从而便于行政机关及时、准确、充分地掌握突发事件相关情况。

归根结底，公共利益与个人利益的关系问题属于价值衡量问题。正如德国著名法哲学家拉伦茨曾言，法官于个案中进行的利益衡量不过是根据个案具体情况赋予不同法益不同的“重要性”。① 与个人利益相比，公共利益具有相对优位性，这是限制个人信息权益的理由。具体到个人信息保护而言，其不仅涉及个人的合法权益即个人利益，而且涉及国家安全、公众健康、经济发展等不特定多数人的合法权益即公共利益。根据公共利益相对优位的基本法理，不难得出为了公共利益可以适当限制个人信息权益的结论。② 从实际来看，行政机关限缩个人信息权益通常是为了应对突发事件等紧急情况，符合行政应急原则。公共行政以维护和增进公共利益为旨归，在突发公共卫生事件中，行政机关为了公共利益可以采取包括限制个人信息权益在内的行政应急措施，以及时控制和消除突发事件带来的危害。换言之，由于突发公共卫生事件的紧急性、公共性、危害性等特点，决定了国家公权力可以合理扩张，及时启动应急处置程序，采取应急处置措施；与此相对应，公民私权利应当限缩或者克减，并对行政机关采取的防控措施负有容忍和服从义务。

更何况，大数据时代，个人信息已经超越了传统社会隐私的范畴而具有双重属性，其公共产品特征日趋明显。笔者不赞同隐私具有公共属性和经济价值的观点，③ 但认为个人信息与公共利益密切相关，具有一定的财产价值。当今社会，个人信息权益的排他性被极大弱化，自然人等个体对其信息权益的支配性也大大降低；与此相对应，个人信息的公共性逐步增强，个人信息所蕴含的公共利益价值日益凸显。例如，在应对突发公共卫生事件中，生命健康权具有基本权利属性，具有价值衡量中的优先地位，尤其是公众的生命健康权属于更大的公平与正义。每个人都有公共卫生安全保障的法定义务和责任，为了不特定多数人的生命健康，个人隐私信息权利受到一定的限制，国家相关部门根据实际需要可以收集和处理公民个人信息，此时

① 参见[德]卡尔·拉伦茨：《法学方法论》，陈爱娥译，商务印书馆2003年版，第276页。

② 参见高富平：《个人信息使用的合法性基础——数据之上的利益分析》，载《比较法研究》2019年第2期。

③ Daniel J. Solove, *Understanding privacy*, Harvard University Press, 2008, p.235.

个人利益不可避免地要让渡给公共利益。

第四节 公共利益限制个人信息权益的悖论与困难

合理适度是科学立法的应有之义,个人信息立法时利益衡量必不可少。① "简单化的利益位阶排序,不能为冲突关系的解决提供最终答案","应当是在考量不同情境的基础上,对各异质利益的利益本质及其冲突关系解释与调和,以实现紧张关系的缓和乃至消解"。② 个人信息保护和安全保障不仅是技术问题,还是国家政策、法律法规、技术开发等相结合的系统工程。建立健全个人信息保护法律制度,尤其要考虑合理适度,既要避免法律缺失、信息被滥用,也要避免防护太过度,从而在个人利益与公共利益之间达到某种平衡。

一、个人信息保护的利益平衡

在风险社会背景下,兼顾个人信息保护与公共利益实现应成为法理共识。问题在于,如何判断在个人信息保护的框架下是否达到了利益平衡?笔者认为,应当坚持以下基本立场:公共利益具有相对优位性,即公共利益的优位是相对的,而不是绝对的无条件的。对此,可以从以下四个方面理解:

其一,从社会优先于个人这一现代文明社会基本原则出发,公共利益优先于个人利益。公共利益与个人利益相比,公共利益是更高层次的根本性重大利益,理应具有更重要的地位。从现实看,规定"公共利益优于个人利益"也是现代立法的普遍做法。具体到宪法文本方面,大致有两种确立公共利益价值优位的规范:一种是个人利益的实现不得侵害公共利益,这是社会个体的消极义务;另一种是为了公共利益的需要可以限制个人利益,这是社会个体的积极义务。③ 对此,在分析公共利益限

---

① 参见[德]汉斯·布洛克斯、沃尔夫·迪特里希·瓦尔克:《德国民法总论》,张艳译,中国人民大学出版社 2012 年版,第 426 页。

② 唐彬彬:《疫情防控中个人信息保护的边界——一种利益相关者理论的视角》,载《中国政法大学学报》2020 年第 4 期。

③ 参见王新生:《执拗的个体权利与无言的公共利益——重庆"最牛钉子户"事件宪法学评析》,载《山东社会科学》2008 年第 4 期。

制个人信息权益的正当性时已有涉及,此不再赘述。

其二,公共利益的优位性是相对的。笔者认为,超验的、绝对化的公共利益是不存在的,不存在不以个人利益为出发点和依归的公共利益。在利益冲突中,公共利益并不当然地具备优先性,也并非占有优势地位。我们对于公共利益优位的理解不能是绝对化、片面化,过分强调二者的对立,忽略二者的统一。在个人信息保护中,行政机关基于公共利益需要限制个人信息权益也并非绝对。例如,在应对突发公共卫生事件中,相关部门不得公开那些可识别的个人信息,不得侵犯公民的基本权利。

其三,公共利益的优位性要结合具体情况作具体分析,而不是所有的公共利益在任何情况下都可以限制个人利益。"公共利益不应是始终绝对优先和主导的利益。机械地把公共利益绝对凌驾于个体利益或者其他利益之上,不仅是对其他合法利益的侵犯,而且是违背公共利益正当性精神的。"①换言之,"公共利益确实应该是可以判断的,这种判断在结合某一情景时应当有其内在的正当性、合理性,否则就会导致权力的滥用"。② 这体现在个人信息保护方面,即是近年来学界提出的场景化问题,即在特定情境下对相关利益进行比较和权衡。

其四,公共利益的优先性应受到正当法定程序的限制。当公共利益的实现必须要以牺牲个人利益为代价时,要严格的法定程序予以规范。质言之,任何对个人利益的剥夺,都应当有充分理由,依据法定程序,并给予公平、及时的补偿。就个人信息保护而言,虽然不完全适用"知情—同意"规则,但亦应当遵守相关程序性规定。

二、公共利益模糊性悖论

前已述及,大数据时代的个人信息具有价值多元性,个人信息保护要兼顾自然人、企业、政府等多方利益,即既要保护自然人的个人信息自决权,又要兼顾政府所代表的公共利益,从而在个人信息的人格价值与公共管理价值之间、个人信息利用与保护之间实现平衡。问题难点在于,个人在整个信息处理过程中始终处于被动境地,传统私权救济手段难以抗衡企业和政府管理部门处理个人信息的强大动力,而

---

① 张武扬:《公共利益界定的实践性思考》,载《法学》2004 年第 10 期。

② 刘莘、陶攀:《公共利益的意义初探》,载《修宪之后的中国行政法——中国法学会行政法研究会 2004 年年会论文集》,中国政法大学出版社 2005 年版,第 473 页。

限制个人信息的合法理由——“公共利益”又时常因为模糊性而陷入悖论之中。

如果对公共利益的概念界定不清,必然会导致公共利益的虚化、泛化,从而成为侵害个人利益的“危险源”。实际上,在法治社会,清晰而合理地界定公共利益的内涵及外延,已不再仅是抽象的理论问题,而是一个关乎国家法律制度设计法治实践的重大现实问题。然而,公共利益作为一个“罗生门”式的概念,①一直存在争议,至今尚未形成一个公认的可操作性定义。② 如功利主义的代表人物边沁把公共利益界定为“最大多数人的最大的利益和幸福”。③ 美国社会法学派的创始人庞德把利益分为个人利益、公共利益(更接近于通常意义上的国家利益、政府利益——笔者注)、社会利益(更接近于本书的公共利益——笔者注)3 种形态,社会利益指涉及文明社会的社会生活并以社会生活的名义提出的要求、愿望、主张。④ 我国台湾地区学者王泽鉴先生把公共利益定义为“涉及的是不特定多数社会成员的利益”。⑤ 我国大陆学者更倾向从马克思主义唯物主义基本立场出发,从主客体关系角度界定公共利益。⑥ 可见,“在什么是公共利益的问题上,永远不能达成一个广泛的共识。公共利益犹如一个空盒,每个人都可以往其中注入自身的理解”。⑦

问题难点还在于,谁能代表公共利益?这涉及公共利益的代表机制和增进机制问题。“其实,公共利益的关键并不在于共同体的不确定性,而在于谁来主张公共利益。”⑧国家是公共利益的供给主体,从某种程度上讲,国家就是基于保护公共利益而产生的。亚里士多德就曾以公共利益的价值取向为标准把政体分为“正宗政体”和“变态政体”。⑨ 现代文明社会,国家更是以增进、实现和维护公共利益为己任,国家机关也常常被视为公共利益的代表,增进和维护公共利益是其存在的主要目的乃

① 参见陈新民:《德国公法学基础理论》(上册),山东人民出版社 2001 年版,第 181 页。
② 参见[英]迈克·费恩塔克:《规制中的公共利益》,戴昕译,中国人民大学出版社 2014 年版,第 1 页。
③ [英]边沁:《政府片论》,沈叔平等译,商务印书馆 1995 年版,第 92 页。
④ 参见[美]E. 博登海默:《法理学:法律哲学与法律方法》,邓正来译,中国政法大学出版社 1999 年版,第 106 页。
⑤ 王泽鉴:《民法总则》,台北,新学林出版股份有限公司 2014 年版,第 622 页。
⑥ 参见胡建淼、邢益精:《公共利益概念透析》,载《法学》2004 年第 10 期。
⑦ Deborah Stone, *Policy Paradox: The Art of Political Decision Making*, W. W. Norton Company, Inc, 2001, p. 23.
⑧ 胡鸿高:《论公共利益的法律界定——从要素解释的路径》,载《中国法学》2008 年第 4 期。
⑨ 参见[古希腊]亚里士多德:《政治学》,吴寿彭译,商务印书馆 1965 年版,第 132 页。

至唯一目的。就公共利益的实现方式而言,主要有两种:一是通过个人利益的增加和社会财富的积累间接增进公共利益;二是通过公共组织的公共职能直接增进公共利益。其中,第二种方式是现代社会公共利益实现的主要方式。在所有的公共组织中,国家机关最权威,力量也最强大,其在公共利益实现方面发挥至关重要的作用。当然,随着20世纪70年代以来世界范围内掀起的"社团革命"浪潮,社会组织在增进、实现、维护公共利益方面也有天然倾向性和极大优势,已经成为公共利益重要的代表主体之一。然而,无论是国家机关还是社会组织在增进公共利益时都存在"异化"倾向,即存在追求自身利益的动机。在公权力与私权利的关系中,公权力居于绝对主导地位,加上公权力的自我扩张性,公权力对私权利的限制、侵犯乃至剥夺普遍可见。现代社会,公共利益的范围有逐步扩大的趋势,公共利益的扩大必然导致公权力的扩大,易造成公共利益与个人利益之间、政府与公民之间的紧张关系。具体到个人信息保护方面,由于公共利益边界不明,同时缺乏对公权力控制、监督和制约的有效机制,因而公共利益的虚化、弱化和泛化现象严重,导致政府机关、社会组织乃至企业以公共利益为由肆意侵犯个人信息,存在信息收集主体多元化的突出问题。以应对突发公共事件为例,有权收集个人信息的主体就包括疾病预防控制机构、医疗卫生机构、交通管理部门、街道(乡镇)、居民(村民)委员会等。并且,这些部门或单位之间关系错综复杂,存在信息壁垒。这种分散式多元化信息收集模式,虽然有利于全面有效地进行疫情防控,但极大地增加了个人信息泄露的风险,造成了个人信息资源的极大浪费,甚至会给国家安全造成威胁。

大数据时代,个人被完全信息化,数据人格被深度塑造且无法被遗忘。① 建立在数据挖局和整合基础上的碎片化的个人信息,可以形成对个人财富、身份、偏好、性格的精准分析和预测,企业以此进行精准营销,政府和社会组织以此进行有效治理。② 在强大公权力支配以及"公共利益"合法理由支撑下,个人信息保护面临重大挑战,需要反思和重构传统个人信息保护法律制度。③

① 参见邵国松:《"被遗忘的权利":个人信息保护的新问题及对策》,载《南京社会科学》2013年第2期。
② 参见胡凌:《超越代码:从赛博空间到物理世界的控制/生产机制》,载《华东政法大学学报》2018年第1期。
③ 参见王秀哲:《大数据时代个人信息法律保护制度之重构》,载《法学论坛》2018年第6期。

三、个人信息权益保护困境

个人信息赋权保护已成学界共识,但现代信息技术的发展客观上增加了个人信息保护的难度。一方面,个人信息的范围不断扩大。“可识别性”是判断个人信息的标准,即能够直接或间接“识别”出特定自然人的信息属于个人信息。然而,随着信息技术的进步,能“识别”的个人信息范围不断拓展。另一方面,个人信息保护的手段日渐不足。“知情—同意”规则和“匿名化”规则是被视为保护个人信息的有效手段,然而,信息技术的发展使这两个规则陷入僵化。

一是对于公共利益限制个人信息权益的程序性规定不足。仍以公共卫生事件为例,我国《传染病防治法》第38条第3款至第4款规定:“传染病暴发、流行时,国务院卫生行政部门负责向社会公布传染病疫情信息,并可以授权省、自治区、直辖市人民政府卫生行政部门向社会公布本行政区域的传染病疫情信息。公布传染病疫情信息应当及时、准确。”但对于公布哪些信息、以什么方式公布、按什么途径公布以及公布的期限等程序性内容却均未作系统、明确规定,从而无法为疫情防控中的个人信息保护工作提供精确指引。

二是政府机关在隐私政策披露方面存在问题。隐私政策披露是个人信息保护领域对企业、政府、社会组织等个人信息收集主体尤其是网站、App运营者的基本要求。然而,从实践看,我国企业隐私政策披露自我规制机制仍处于初步建立阶段,[①]政府隐私政策披露机制更是阙如,存在政府个人信息收集正当性基础薄弱、使用约束机制欠缺等问题。[②]

三是个人信息的收集和利用缺乏有效约束。由于个人信息涉及多方利益,政府在收集和利用个人信息时既要满足公共治理的需要又要避免对过度侵占个人信息。

---

① 参见冯洋:《从隐私政策披露看网站个人信息保护——以访问量前500的中文网站为样本》,载《当代法学》2019年第6期。

② 参见袁康、刘汉广:《公共数据治理中的政府角色与行为边界》,载《江汉论坛》2020年第5期。

第五节　公共利益限制个人信息权益的法治路径

沿着逻辑拾级而上，应当对全面推进依法治国背景下如何平衡个人利益与公共利益作出法治回应，最大化地破除公共利益自身模糊性和个人信息权益保护局限。笔者认为，从宏观角度规范公共利益限制个人信息权益，至少要解决立法模式、基本原则和程序机制3个问题。

一、个人信息保护模式的立法模式

社会各界关于个人信息保护的必要性和紧迫性已无异议，但关于个人信息保护的立法模式则存在一定分歧，学界主要存在3种观点：一是私法保护为主说。该观点认为，个人信息具有人格权属性，应当通过侵权法等私法强化自然人对其个人信息的控制，可采用场景理论下的风险控制模式，建立差异化损害赔偿制度，①甚至采用赋权保护方式以弥补大数据时代自然人的弱势地位，从而实现权利保护、信息利用和公共利益之间的平衡。② 二是公法为主说。该观点认为，在大数据时代，个人信息保护面临系统性风险，自然人对个人信息控制弱化，私法保护模式下的个人信息自决权往往流于形式，应当从公共产品角度肯定个人信息流通中的公共价值，从公法保护角度进行风险控制，③并通过专门机构对个人信息的收集和处理进行监管来达到促进个人信息的共享与使用之目的，④即"个人信息控制权是需要通过个人信息保护法确立的一项新型公法权利"。⑤ 三是综合保护说。该观点认为，当今个人信息立法已经超出了传统公私法二分法律性质，应当采用综合立法模式，即融合公法、私法、社会法保护模式，既确认个人信息权利化又确保个人信息安全。⑥

大数据时代，个人信息保护关系中利益主体多元化、利益诉求多样化、利益冲突

① 参见刘德良：《个人信息的财产权保护》，载《法学研究》2007年第3期。
② 参见王成：《个人信息民法保护模式的选择》，载《中国社会科学》2019年第6期。
③ 参见丁晓东：《个人信息私法保护的困境与出路》，载《法学研究》2018年第6期。
④ 参见吴伟光：《大数据技术下个人数据信息私权保护论批判》，载《政治与法律》2016年第7期。
⑤ 周汉华：《个人信息保护的法律定位》，载《法商研究》2020年第3期。
⑥ 参见程关松：《个人信息保护的中国权利话语》，载《法学家》2019年第5期。

加剧化，无论是传统的公法保护模式抑或是私法保护模式，都不能满足个人信息保护的复杂形势。不可否认，个人信息对于自然人的人格尊严意义重大，个人信息所蕴含的人格属性和财产价值属于侵权责任法等传统民法的保护对象，民法在个人信息保护中具有重要的基础性地位。① 但个人信息对于经济发展、犯罪预防、社会管理、国家安全亦具有重要价值，网络、电信、金融、医疗、征信、电子商务等领域的个人信息保护亦不可忽视，而这些领域立法多属于公法或社会法领域；同时，大数据时代的信息主体与信息控制者（处理者）之间地位悬殊，存在严重的格差。尤为值得警惕的是，政府等公权力部门作为当今社会个人信息的积极控制者之一，极有可能以维护公共利益为由侵害个人信息权益。因此，通过行政法等公法防范政府等公权力机关利用个人信息进行社会治理所可能发生的风险。可见，个人信息保护的方式不是单一的，而是综合的。笔者赞同这样一种观点，"对隐私权益必须进行场景化的理解，个人信息流通具有公共性价值。法律保护个人信息的目的在于防范相关风险，促进个人信息在具体场景中的合理流通。"因此，宜"通过'消费者法化'，重新激发个人信息私法保护的活力；同时，采取公法框架进行风险规制，保护个人信息"。② 详言之，建立在主体平等、客体排他、意思自治基础之上的传统私法保护模式日益面临保护不足和保护过度的"两难"，应从风险控制视野将个人信息纳入消费者权益保护法框架下确定具体场景并对个人进行倾斜保护，从而实现从私法保护为主导公私法结合保护的变迁。

从法律体系维度看，现阶段任何单一路径都无法为个人信息提供完整的法律保护，个人信息保护法是一个涉及宪法、民法、刑法、行政法、经济法等多部门法的综合体系，故应当建立多个部门法相互衔接与配合的综合治理体系。从部门法维度看，个人信息保护立法日益显示出综合性。除传统的私法——民法（如《民法典》），以及传统的公法——刑法（如《刑法修正案（九）》）外，《网络安全法》《个人信息保护法》等法律法规的综合性突出，可以归为社会法法域。因此，笔者认为，即使在制定统一的个人信息保护法的背景，仍应当采取公私法协同推进的多元化法治路径，充

① 参见王成：《个人信息民法保护的模式选择》，载《中国社会科学》2019 年第 6 期。
② 丁晓东：《个人信息私法保护的困境与出路》，载《法学研究》2018 年第 6 期。

分发挥部门法功能，建立综合治理模式，并实现个人信息保护法制体系内部的统一和协调。

二、国家机关收集处理个人信息的基本原则

基本原则在个人信息保护中具有极为重要的作用。经济合作与发展组织(OECD)在1980年制定的《关于隐私保护与个人数据国际流动的指针的建议书》中提出了个人信息处理“八原则”，欧盟在1995年通过的《关于保护个人数据处理所涉及的个人保护以及保障该信息自由流动的指令》中确定了个人数据处理合法性的一般规则。全国人民代表大会常务委员会2012年通过实施的《关于加强网络信息保护的决定》明确了网络信息保护四大原则，这些原则也规定在了《消费者权益保护法》和《网络安全法》中，《个人信息保护法》规定了个人信息处理七大基本原则。这些基本原则体现着个人信息保护的价值导向和法律理念。国家机关基于公共利益理由限制个人信息权益时亦应当遵循一定的基本原则，这些基本原则既是上述个人信息保护的基本原则的延伸和体现，又有着自身的独特性，应主要包括法律授权原则、目的正当原则、最小比例原则、安全保障原则等。法律授权原则决定了干预个人信息的依据，体现出国家公权力行使的合法性；目的正当原则决定了干预个人信息的范围，体现出国家公权力行使的合理性；最小比例原则决定了干预个人信息的强度，体现出国家公权力行使的必要性；安全保障原则决定了干预个人信息的方式，体现出国家公权力行使的均衡性。这些法律原则应当贯穿于公共利益限制个人信息权益的全过程、各环节。

一是法律授权原则。所谓法律授权原则，是指以公共利益限制个人信息权益应当有法律的明确授权，即基于公共利益目的限制个人信息权益必须有法律的明确授权，不得违反禁止性条款。[①] 通常而言，个人信息的商业利用需要信息主体的明确授权，而个人信息的公法限制则需要法律的明确规定。即便是为了公共利益，国家机关在处理个人信息时也应依法履行职责，要依照法律规定的权限和程序并注意方式、方法以及范围，尽量减少对个人产生的不利影响。需要强调的是，此处的“法律”

---

① 参见张新宝：《个人信息收集：告知同意原则适用的限制》，载《比较法研究》2019年第6期。

应指狭义的法律,属于法律保留原则的应有之义。我国《立法法》规定,"有关犯罪和刑罚、对公民政治权利的剥夺和限制人身自由的强制措施和处罚、司法制度等事项"必须由全国人大或其常委会制定法律,鉴于个人信息在当今社会具有宪法位阶基本权利的极端重要性,以及限制个人信息权益涉及国家公权力行使,因而必须遵守法律保留原则。因此,应当通过立法明确有权收集和处理个人信息权益的主体、范围及限度。

二是目的正当原则。所谓目的正当原则,是指包括信息的收集和处理必须与公共利益具有相关性,符合公共利益目的特定性。在大数据时代,基于个人信息所形成的数据资源在行政管理和社会治理等方面的作用日益重要,但这并未意味着政府机关收集个人信息不受任何约束,相反,应当受到目的正当原则的严格限制。这一目的约束原则要求信息收集者只能出于公共利益这一特定、明确、合法目的才能收集个人信息,不得收集利用与公共利益无关的个人信息,且其公共利益目的必须在信息收集时已经确定,后续处理时不能与事先确定的公共目的不兼容。① 目的正当原则,涉及对个人信息限制的范围、方式和强度等问题。例如,在应对突发公共卫生事件时,大数据为政府联防联控以及企业复工复产提供了有力支持,但国家相关部门收集个人信息,必须是为了"预防、监测、预警、处置、救援"等特殊公共利益的需要,不得基于供未来不特定目地使用而收集和处理个人信息。

三是最小比例原则。所谓最小比例原则,也称范围最小原则或必要性原则,是指以公共利益为由限制个人信息权益应当保持适度性、必要性,具有手段的适宜性且侵害的最小性,只要能够实现公共利益目的即可,不能过度地收集和处理个人信息,从而使个人权益受到的限制和干预尽量处于最低水平。最小比例原则与欧盟GDPR 规定的"最少够用原则"类似,决定了行政机关可以在多大范围内以及多大强度下收集和处理个人信息,即按照最小收集地域范围、最小收集对象范围、最小收集内容范围等收集和处理个人信息。"如果仅仅法律措施是必要的(最低程度的限制标准),那么即使是一种不重要的公共利益就可能合法地造成对一项重要权利的侵

① Frederik Zuiderveen Borgesius, Jonathan Gray & Mireille Van Eechoud, *Open Data, Privacy, and Fair Information Principles: Towardsa Balancing Framework*, 30 Berkeley Tech. L. J. 2073, p. 2109 (2015).

害。"[①]换言之，最小比例原则要求，基于公共利益目的必须限制个人信息权益时，应以损害最小、程度最轻、次数最少的方式进行，尽量缩小采集个人信息的主体范围和内容范围，尽量降低信息泄露风险。例如，在应对突发公共卫生事件时，一方面，行政机关可以基于防控目的，分析、加工个人健康数据，而无须公民同意；另一方面，应尽量采取"去标识化"或"匿名化"等损害最小的处理方式，保证手段与目的之间的适度相称。换言之，收集的个人信息的对象、类型和内容必须与突发事件应对有直接关联，应当将收集信息的对象限定为确诊者、疑似者、密切接触者等重点人群，收集信息的范围限定于与防控存在关联性的个人基本信息，如姓名、住址、身份证号码、联系方式等基本信息，体温、症状等健康信息，位置行踪、旅居史、接触史、乘坐交通工具记录、活动区域场所等出行信息，而不得收集职业、婚姻家庭、民族种族、宗教信仰、生物识别、财产财务等与防控没有直接关联信息。

四是安全保障原则。尊重和保护个人信息，不仅关乎技术和商业伦理，更是衡量一个社会文明程度高低的标志之一。近年来，随着个人信息的收集、获取、存储和处理成本降低，以及数据的经济价值和社会价值日益凸显，个人信息的应用领域迅速扩展，与之相伴的安全隐患和隐私挑战不容忽视。《民法典》第 111 条规定，"任何组织或者个人需要获取他人个人信息的，应当依法取得并确保信息安全"。该法律规范确立了个人信息保护的一项基本的法定义务——安全保障义务。所谓"安全保障义务"，是指开启或维持特定危险之人须根据情况采取必要的、具有期待可能性的风险防范措施以保护他人免受损害。[②] 实际上，在以公共利益限制个人信息权益时所应遵循的"安全"保障义务非常广泛，不限于信息安全，而应当包括人身安全、生活保障、医疗救治等基本权利。当然，"安全"是个相对概念，需要结合个案进行情景化判断。安全保障原则要求政府部门在收集和使用个人信息时应当遵守相应的法律义务，包括信息保密义务、采取技术保护措施义务、防止信息泄露义务、采取补救措施义务等。政府机构基于管理需要收集的个人信息，有相当部分属于"敏感信息"，一旦泄露会对个人安全和国家安全造成严重后果。因此，相关部门应对个人信息安

---

① 范进学：《论宪法比例原则》，载《比较法研究》2018 年第 5 期。

② 参见冯珏：《安全保障义务与不作为侵权》，载《法学研究》2009 年第 4 期。

全开展影响评估，提升数据安全能力，采取严格的技术、物力、组织、管理、制度等一切必要合理的防护措施确保个人信息安全。例如，在应对突发公共卫生事件时，行政机关对于决定公开的个人信息应当在公开之前进行“脱敏”和“去识别化”等匿名化处理，不能公布姓名、身份证号、电话、门牌号等能锁定识别具体身份的数据。在公开之后应该对信息进行严密审核，建立连续完整的检查监督机制，最大限度降低个人信息被非法使用、篡改和传播的风险。同时，这类信息数据有一定的生命周期，待防控结束后，应由有关机构予以封存或匿名化处理或予以销毁。也正因如此，《民法典》第 1039 条规定了国家机关、承担行政职能的法定机构及其工作人员的保密义务，即对于履行职责过程中知悉的自然人的隐私和个人信息应当予以保密，不得泄露或者向他人非法提供。

三、知情同意程序机制的优化

尊重自然人的个人信息自决权被认为是个人信息保护制度的基础，①这即体现在法律中的知情同意机制。知情同意机制普遍适用于全球范围内的个人信息保护立法，②无论是欧盟的 GDPR，抑或是美国的 CCPA，还是 OECD 的《关于隐私保护和个人数据跨境流通的指南》，都将知情同意作为个人信息权束中的基础性权利。我国《网络安全法》第 41 条、《民法典》第 1035 条对其也都有明确规定。知情同意机制集中体现了前信息时代以个人控制权为核心的个人信息保护制度建构，是收集个人信息行为正当性与合法性的首要基础。在传统个人信息保护制度下，个人控制权的实现是个人信息权益制度的核心，强调个人信息范围的有限且可控，个人信息的取得和处理必须征得个人的同意。然而，该原则在当今信息时代日益显示出适用无力之局面。③ 这不仅表现在个人信息范围扩大，知情同意机制难以适用或者事实无效，“告知—同意”流于形式；④而且体现在个人对其信息的控制力减弱，“被遗忘权”应

---

① Mark Burdon, *Digital Data Collection and Information Privacy Law*, Cambridge University Press, 2020, p. 104 – 113.

② 参见张新宝：《个人信息收集：告知同意原则适用的限制》，载《比较法研究》2019 年第 6 期。

③ 参见王秀哲：《大数据时代个人信息法律保护制度之重构》，载《法学论坛》2018 年第 6 期。

④ 参见高富平：《个人信息使用的合法性基础——数据上利益分析视角》，载《比较法研究》2019 年第 2 期。

运而生;[①]还体现在目的限定原则模糊,基于公共利益收集和利用个人信息情形逐渐增多。换言之,类似刑事司法领域的侦查活动,政府基于维护公共利益的需要在利用个人信息时可以不遵守知情同意原则。

究其根源就在于,知情同意机制缺乏效益,严重阻滞个人信息的收集与利用。“个人信息的动态性和场景性决定了在不同情形下对个人信息的使用并非一成不变”,[②]对知情同意机制不能作简单化、机械化、概括化理解。个人信息不仅涉及个人利益、企业利益,而且涉及国家利益、社会利益等公共利益,譬如,通过网络方式收集和使用个人信息,可能会影响网络安全、国家安全、国家主权等。因此,将公共利益作为信息主体知情同意原则的例外也是国内法立法的普遍做法,如欧盟 GDPR 第6条、第9条,美国联邦法规(Code of Federal Regulations)第164部分“安全与隐私”项下第512条。从我国立法来看,自从《网络安全法》第41条第1款首次明确了收集处理个人信息需要“被收集者同意”后,“知情同意”就成为收集处理个人信息的合法性基础。《民法典》第1035条第1款第1项在沿用知情同意机制的同时,亦留下了“法律、行政法规另有规定的除外”的例外规定。《突发事件应对法》《传染病防治法》《突发公共卫生事件应急条例》等法律法规均赋予行政机关在未取得公民同意情形下可以收集个人相关信息的权力,这可以被视为《民法典》第1035条第1项所规定的“但书”范围,我国《传染病防治法》第33条、第38条以及《个人信息保护规定》第9条等也有相关规定。通过这些规定,不难发现,世界各国普遍将公共利益视为对知情同意原则的限制。例如,在应对突发公共事件时,实时掌握有效信息是防控工作顺利开展的重要保障,是作出正确防控决策和采取精准预防措施的重要基础,然而,由于防控涉及地域广、人员多、情形复杂,无论是逐一告知信息主体抑或是征得个人的明示同意,都会增加控制成本甚至贻误防控时机,从而危及公共卫生安全。但是,“随着政府权力持续地剧烈增长,只有借助于程序公正,权力才有可能获

① 参见邵国松:《“被遗忘的权利”:个人信息保护的新问题及对策》,载《南京社会科学》2013年第2期。
② 齐爱民、张哲:《识别与再识别:个人信息的概念界定与立法选择》,载《重庆大学学报(社会科学版)》2018年第2期。

得容忍”。[①] 知情同意原则的例外并不意味着获取和处理个人信息具有程序“豁免”权，相反，恰恰基于对政府公权力滥用的高度警惕应当制定政府机构干预个人信息法更审慎和明确的法律制度，优化对个人信息合理使用、存储、共享、公开和删除机制，从而保障个人信息安全。换言之，这种未经同意收集个人信息的权力应当受到严格制约除通过立法穷尽列举“例外”情形外，亦应当遵循最低限度的正当程序要求，严格个人信息保护标准，从而保障个人信息安全。

首先，要履行公开义务，向社会公众说明收集和处理个人信息的公共利益理由及范围。“无须个人同意”并不意味着社会公众和信息主体不享有知情权，政府机关有义务将收集和利用个人系信息的法律依据和正当目的，以简单、易懂、明确的语言向社会公开，并向收集对象说明收集主体、信息类别、使用目的、救济权利等，接受社会和信息主体的监督。其次，要保障信息主体相关权利，包括查询权、异议权、请求更正或补正权、安全权等。行政机关收集和处理个人信息行为属于行政行为，根据公众参与基本原则，信息主体除享有陈述权、申辩权等一般程序性权利外，还享有了解其个人信息被收集和利用情况的知悉权，当发现其个人信息存在错误或者过时时，有权请求修改、补充或完善，[②]从而确保“信息品质”。着眼未来，鉴于个人信息具有生命周期，公共利益事项结束后仍可能会有大量的个人信息保留在网络等公共空间，从而给信息主体人格权益造成侵害，建议通过立法明确赋予自然人被遗忘权。[③] 再次，在公开或者共享信息时应当“去识别化”处理。个人信息具有基本权利属性，确需向社会公开或者共享个人信息的，应当采取“去标识化”“匿名化”等“去识别化”技术手段，有效切断信息与信息主体之间的连接，避免引起公众恐慌或者因为舆论而给信息主体造成次生灾害。在实践中，我国对个人信息的模糊化、“匿名化”、脱敏处理已经较常见，但仍需进一步细化“去识别化”的判断标准，从而在个人信息保护与公众知情权之间保持平衡。最后，对于个人敏感信息的收集和处理，仍应当严格遵守知情同意原则。敏感信息往往与个人隐私密切相关，只能基于特定的

① [英]威廉·韦德、克里斯托弗·福赛：《行政法》，骆梅英等译，中国人民大学出版社2018年版，第339页。
② 参见郭瑜：《个人数据保护法研究》，北京大学出版社2012年版，第173～177页。
③ 参见袁梦倩：《“被遗忘权”之争：大数据时代的数字化记忆与隐私边界》，载《学海》2015年第4期。

目的和充分必要的前提下方可收集和处理，同时应当征得个人单独同意或者书面同意。建议进一步对个人信息进行分级分类，通过类型化、场景化对个人信息采取不同的保护措施。尤其是针对个人敏感信息，应当符合更高更严格的保护要求，非必要不能收集和处理个人信息，履行事先告知、单独（书面）同意、风险评估、行政许可等特殊保护程序。

例如，在应对突发公共卫生事件中，由于病毒的超强传播性以及后果致命性，政府可以通过“健康码”“行程码”等形式掌握个人的行踪轨迹并对其行为自由作出一定限制，但这种基于公共利益而对个人信息权益的克减是应当建立在一定的规则约束基础之上的。除目的正当性外，还应当确保过程的公平性，即行政机关在为了公共利益而克减个人信息权益时，应当对其进行解释并对算法进行审计，从而保证行政管理和公共服务的公平性。同时，还必须确保匿名性和时间有效性，即在公布个人信息时应当对相关信息进行“去可识别性”，保护个人信息安全，如果确需关对个人信息权益进行克减，也必须是紧急状态下的“不得已而为之”，待紧急状态缓解或结束，行政机关与个人信息的收集就不具有强制性，而转为个人的自愿选择行为，应根据存储期限最小原则对个人信息应当删除或匿名化。

第六节　公共利益限制个人信息权益的规则构建

无论是从学理分析抑或是从法律规范来看，公共利益限缩个人信息权益都具有正当性。然而，目的的正当性并不意味着手段的任意性。相反，应当通过限定主体、确定原则、厘清范围、责任救济等法治举措确保公共利益限缩个人信息权益的正当性。[①] 健全的个人信息保护法律体系不仅包括行为法，而且应当包括组织法。从具体规则构建角度，至少应从以下三个方面予以立法回应。

一、明确公共利益代表主体规则

保护个人信息安全，需要全社会共同努力。个人信息保护涉及多方主体的多重

---

① 参见刘国：《个人信息保护的公法框架研究——以突发公共卫生事件为例》，载《甘肃社会科学》2020年第4期。

利益诉求，需要政府、企业、社会组织、个人等协同发力。对政府来说，不仅要建立健全个人信息保护执法机制，加强对个人信息权益的监督检查，更要构建个人信息权益保护的主体规则，确定公共利益的代表主体即执法机构。

当前，我国个人信息保护工作分散在中央网信办、工信部、公安部、交通运输部、市场监管总局等中央政府部门以及国家卫健委、中央人民银行等专业监管机关，网络、工信、金融、教育、医疗卫生、不动产登记等领域也都涉及个人信息权益保护管理职责。以应对突发公共卫生事件为例，我国《传染病防治法》第12条以及2007年《突发事件应对法》第38条规定了有权收集个人信息的主体范围，包括疾控机构、医疗机构，以及县级以上各级政府及其专业部门。然而，在实践中，流动人员要同时面对流出地和流入地社区、街道、居委会、村委会、公安、交通、所在单位等多部门、多层级关于身体状况、家庭住址、通勤信息等个人信息的重复采集，明显超出了法律授权范围，且造成了行政资源和社会资源的极大浪费，也加大了个人信息泄露的风险。因此，在我国个人信息保护领域，是否有必要设立一个专门独立的机构值得思考。

从域外立法实践看，各国纷纷设立统一的个人信息保护机构。欧盟GDPR将"有效的专业规制机构"作为满足"充分性认定"的基本条件，要求各成员设立专门的个人数据监管机构以加强对个人信息的收集、利用、流通等环节的监控管理。根据这一要求，德国设立了个人数据保护联邦委员会，这是一个专司个人数据保护监督、解决个人数据保护纠纷、提出个人数据保护建议的独立机构。英国设立了专门的信息委员会，以保障英国《数据保护法》的实施执行，对违法的个人或企业进行追责。日本为了加强个人信息保护的行政监管，于2017年成立了个人信息委员会，从而确立了个人信息保护集中监管体制。

从我国实践来看，诸多地方都在探索成立大数据管理机构。《个人信息保护法》提出了"网信部门统筹协调+有关部门各自监管"的模式，以区别于以欧盟为代表的跨行业统一监管模式和以美国为代表的行业主管监管模式。具体而言，《个人信息保护法》明确国家网信部门负责个人信息保护工作的统筹协调，国务院有关部门在各自职责范围内负责个人信息保护和监督管理工作。应当说，该模式是平衡域外两种主要模式利弊以及考虑我国行政管理传统模式的结果，对于构建我国个人信息多方共享共治模式意义重大。然而,不可忽视的是,《个人信息保护法》并未突破网络安全权在监管体制方面的设计,并未从根本上改变个人信息保护领域分散执法的局面。

厘清政府的权责边界,事关个人信息保护和数据产业发展,事关国家治理体系和治理能力现代化,以公共利益之名收集和处理个人信息只能由有法律授权的机构按照法定程序而为之。建立统一、专业、独立的个人信息保护机构,既是实现个人信息保护一体化的需要,更是明确问责机制的需要。因此,可以说,"统一"是设置个人信息保护机构的前提要素,这是其一。其二,"专业"是设置个人信息保护机构的基础要素。随着数据挖掘、人脸识别、算法等现代技术的迅猛发展,个人信息应用场景日趋复杂,个人信息保护工作面临技术、政策、法律等多重因素考量,这就迫切要求个人信息保护机构具有极强的专业性,否则难以承担起个人信息保护的重任。其三,"独立"是设置个人信息保护机构的关键要素。个人信息保护应当超越个人利益、企业利益和公共利益,站在全局高度平衡各方利益,独立行使个人信息保护职权,排除其他组织的干预,防止被利益团体"捕获"。①

具体而言,一方面,需要明确行政机关在个人信息保护中的职权与权限。个人信息保护机构享有的职权主要包括:首先是接受投诉权,即当公民认为其个人信息权益受到侵犯时可以向个人信息保护机构投诉,有权要求其进行查处并给予行政保护,必要时应当支持并指导个人因此而提起的民事诉讼,发现涉嫌犯罪的,应当将相关情况通报至公安机关进行刑事追责。② 其次是调查处理权,即针对侵犯个人信息权益的行为,个人信息保护机构有权采取现场检查、询问当事人、查封扣押相关设备、查阅复制相关资料等措施,并对相关违法企业、行政机关和个人予以行政处罚或启动行政追责。再次是行政监督权,即有权监督行政机关、企业、社会组织等个人信息保护工作,评估个人信息保护措施的合法性与合理性,推广个人信息增强技术,提供个人信息政策咨询、指导和建议。最后是规则制定权,即在国家相关立法的授权下,就个人信息保护出台相关标准、指南、意见、规定等,特别是就个人信息处理中的

---

① 参见邓辉:《我国个人信息保护行政监管的立法选择》,载《交大法学》2020 年第 2 期。

② 参见李晓楠:《"数据抗疫"中个人信息利用的法律因应》,载《财经法学》2020 年第 4 期。

"公共利益"作出细化说明，遏制行政机关的扩张解释。另一方面，行政机关需要提高基于复杂场景下个人信息的判定能力、对方利益衡量能力以及个人信息保护能力，特别是在行政公开、行政处罚、行政确认等行政行为中通过技术手段对个人信息进行匿名化处理。此外，加强对国家机关的监管，优化外部执法威慑机制，遏制公权力机关过度收集个人信息、滥用个人信息甚至泄露个人信息；加大责任处罚力度，赋予自然人以个人信息救济权，即当自然人认为行政机关基于公共利益侵犯个人信息权益时有权提起行政复议和行政诉讼；加强社会监督，必要时引入第三方专业机构，推动社会多方参与个人信息治理生态的形成。

二、界定公共利益的内涵外延

全面推进依法治国的时代背景下，无论是国家公权力还是公民私权利，都应当有明确边界。体现在个人信息保护方面，重要的一点即是确立公共利益的范围，即在什么情形下能够限制个人利益。随着互联网、大数据、人工智能等技术手段在国家治理中的加速运用，政府在行政管理和提供公共服务中收集存储了大量的个人信息进而形成了公共数据资源。这些公共数据具有公共属性，属于公共产品，只能用于公共利益目的。此时，迫切需要通过立法明确界定公共利益的内涵范围。

公共利益概念与特定社会的文化传统、伦理道德、意识形态、政治架构、公共行政、法律实践密不可分，对于这一概念的不同理解，通常意味着不同的价值取向、行动准则和社会实践。可以从以下角度把握公共利益内涵：其一，公共利益的表现形式非常广泛，但具有相对性。公共利益既可以体现为抽象的利益形态，如国家安全、社会安全、公共秩序等，承载更多的是价值功能；也可以表现为具体的物化的利益形态，如环境卫生、公共资源、基础设施等，承载更多的是物质功能。但公共利益不是绝对的，是特定时空的产物，①具有相对性。因此，应当在特定时空条件下对各种利益进行比较权衡作出判断。其二，公共利益是关乎人类长远的根本的整体利益，具有不可分性。公共利益绝不是个人利益的简单相加，"不是整体内个人利益在数学

① 参见钱弘道、吴亮：《论行政征收的公共利益判断》，载《法律科学（西北政法学院学报）》2007 年第 6 期。

上的总和”,[①]而是“特定圈子”范围内人们所共同认可、对各方有价值的利益。[②] 其三,公共利益的享有主体具有普遍性、不确定性和非排他性。公共利益的享有主体具有普遍性和不特定性的特点,而不是由某个人专门享有的,其他人也可以享有。[③]在一定程度上可以说,共享性是公共利益的基本属性。[④]

因此,应当从广泛意义上界定公共利益。具体而言,可以借鉴我国信息安全标准化技术委员会 2017 年发布的国家标准——《个人信息安全规范(GB/T 35273—2017)》,其第 5 条第 4 款规定,将国家安全、国防安全、公共安全、公共卫生视为公共利益。质言之,从广泛意义上讲,公共安全、公众健康、国家安全、国家利益等都属于公共利益范畴,打击犯罪、刑事侦查、行政执法、反对恐怖主义等也都是保护公共利益的体现。政府部门基于上述理由收集和处理个人信息具有的正当性自不待言。此外,个人信息保护中的网络安全、儿童信息、跨境流动等亦与公共利益密切相关,政府部门有权采取相关措施。

网络安全方面,信息时代的网络安全不仅涉及个人利益、企业利益,而且涉及国家利益、公共利益,尤其是侵犯计算机数据和信息系统安全的网络空间犯罪,会对不特定社会个体的信息安全带来严重危害,亦会对国家安全造成威胁。因此,网络安全属于公共利益范畴,政府部门可以基于公共利益需要限制个人信息权益。

儿童信息方面,鉴于儿童群体关系民族和国家的未来,如何加强儿童个人信息保护成为世界性议题。随着社会的发展,未成年网民数量逐年增加,未成年人互联网普及率逐渐提高,未成年人所面临的因个人信息和隐私泄露所造成的网络风险、信息安全、财产安全、人身安全等威胁日益加大,而儿童风险防范意识不足和风险能力较弱不足更是凸显了加大儿童信息保护力度的必要性。所以,世界各国普遍将儿童信息视为涉及公共利益的重大事项而予以专门立法,采取更严格的保护方式。譬如,美国作为世界上最早关注儿童个人信息保护的国家之一,早在 1998 年就制定了

① 城仲模:《行政法之一般法律原则》,台北,三民书局 1997 年版,第 156 ~ 157 页。

② 参见齐明山、李彦娅:《公共行政价值、公共利益与公共责任——政府公共权力运作的三维构架》,载《学术界》2006 年第 6 期。

③ 参见李叶叶:《公共利益研究综述》,载《湖南社会科学》2008 年第 2 期。

④ 参见潘志玉:《论民法上的公共利益》,载《政法论丛》2008 年第 3 期。

《儿童在线隐私保护法》(COPPA),此后又陆续颁布了《COPPA 实施细则》《六步合规计划》《遵守 COPPA:常见问题解答》等。在欧盟 GDPR 中,在适用范围、同意机制、赋权内容、企业义务等方面对儿童个人数据保护作出了强调性规定。

我国于 2019 年制定了《儿童个人信息网络保护规定》,开启了我国儿童个人信息网络保护的新阶段。该规定作为我国首部规定儿童个人信息网络保护的专门立法,明确了儿童定义,严格适用范围,确立了保护原则以及采取的特殊保护措施,涵盖所有有关活动及主体,覆盖了儿童个人信息全生命周期。因此,儿童是特殊群体,儿童信息保护涉及公共利益,需要秉持特殊保护理念以及采取监护人明示同意规则、被遗忘权规则等。着眼未来,需要在身份识别、可携带权、父母"同意疲劳"、儿童用户画像等方面加强研究和立法,进一步构建具有中国特色的儿童个人信息保护的制度体系和长效机制,切实提升我国儿童个人信息的保护水平。

个人信息的跨境流动方面,如果是单个的个人信息通过网络或者计算机信息系统向境外传输,可能仅涉及个人利益;但如果传输的是传染病疾病信息、人体基因信息等敏感信息或者批量的个人信息,很显然涉及国家安全、公共安全以等公共利益,需要制定个人信息境内存储、安全评估、跨境转移等特定规则。在经济全球数字化背景下,数据的跨境流动日益频繁,但因数据跨境流动而产生的个人信息出境安全风险日趋严峻。同时,由于法律制度差异、境外维权取证困难、风险能力评估不足等导致个人信息权益保障面临障碍,世界各国纷纷出台数据跨境流动或本地化存储的政策法律。瑞典在 1973 年通过了个人信息出境立法,欧盟在 1995 年《个人信息保护指令》和 2016 年 GDPR 中都要求成员国审查个人信息出境,并设置了充足保护认定、公司规则、标准条款、特别告知同意等数据跨境转移特定内容。

为了防范境外组织和个人通过个人信息跨境流动损害我国个人信息权益以及国家利益,应当尽快通过《个人信息保护法》《数据安全法》《个人信息出境安全评估办法》,建立健全分类管理规则、合同约束规则、限制跨境数据流动规则、安全评估或专业认证规则、严格遵守告知同意规则、司法(执法)协助批准规则等,为我国个人信息跨境提供规则,以防范个人信息出境造成的个人信息泄露或滥用以及国家安全风险。

三、健全个人信息责任救济规则

个人信息保护除刑法、民法、经济法、行政法等实体法机制，亦需要民事诉讼法、行政诉讼法、刑事诉讼法等程序法机制。然而，我国当前个人信息保护救济机制呈现“重追责轻管理”“刑先民（行）后”“重刑轻民（行）”的特点，存在个人信息权益保护面临实体法保护不足的问题、政府部门监督制约机制阙如的执法困难以及民事诉讼作用发挥有限的问题。①

个人信息司法保护的问题，一方面表现为个人信息侵权行为具有的行为分散、成本低、维权难导致司法实践中侵犯主体认定难、取证举证难、侵权责任认定难等司法救助机制不完善问题；另一方面表现为政府机构滥用“公共利益”而侵犯个人信息权益但缺乏监督和救济问题。对于国家机关等承担行政职能的法定机构来说，其收集和处理个人信息不同于自然人、企业、社会组织等其他社会主体，是基于法定职责和公共利益需要，并且行为具有强制性，一旦滥用这种公权力，给信息主体造成的威胁或危害更大，因而需要更强、更完善的监督制度和责任制度。“在利用与保护个人数据激励失衡的大背景下”，国家“一项重要的立法任务就是构建有效的外部执法威慑，促使信息控制者积极履行法律责任，并对违法处理个人信息的行为予以制裁”。② 面对大数据时代个人信息安全面临的严峻挑战以及我国个人信息保护面临的问题，笔者提出以下建议：

一是完善国家部门法律责任。个人信息保护职责部门在履行职责过程中恶意获取个人信息或者保护个人信息不力的，应当承担相应法律责任，建议今后可以在《个人信息保护法》中增加相关条款，即履行个人信息保护职责的部门及其工作人员在履行职责过程中非法收集、保存、删除、篡改或者对外提供个人信息的，对直接负责的主管人员和其他直接责任人员依法给予处分，由此对公民和企业造成损失或者其他严重后果的，依照国家法律规定依法赔偿，构成犯罪的依法追究刑事责任。

---

① 参见张炜达、呼啸：《大数据时代下个人信息行政公益诉讼制度之建构》，载《西北大学学报（哲学社会科学版）》2020 年第 4 期。

② 周汉华：《探索激励相容的个人数据治理之道——中国个人信息保护法的立法方向》，载《法学研究》2018 年第 2 期。

二是健全行政诉讼制度。行政机关基于公共利益收集和处理个人信息的行为属于行政管理和公共服务范畴,应当受到《行政许可法》《行政处罚法》《治安管理处罚法》《统计法》《社会保障法》《居民身份证法》《政府信息公开条例》《人口普查条例》等法律法规的约束,亦应当受到《行政复议法》《行政诉讼法》等法律法规的约束。即行政相对人因为行政机关的违法行为而被侵害个人信息权益,可以提起行政复议或行政诉讼,行政机关内部可以通过行政处分程序给予追究法律责任。

三是引入行政公益诉讼制度。近年来,我国公益诉讼立法逐步完善,公益诉讼制度逐步确立,公益诉讼实践日益丰富。自从《消费者权益保护法》《环境保护法》《民事诉讼法》确认消费者权益保护和环境资源保护领域的民事公益诉讼后,2017年《行政诉讼法》创造性地确立了行政公益诉讼,并列举了生态资源和环境保护、食品药品安全、国有财产保护、国有土地使用权出让4类行政公益诉讼范围。然而,无论是2017年《民事诉讼法》第55条所列举的民事公益诉讼类型抑或是《行政诉讼法》第25条所列举的行政公益诉讼类型,都没有穷尽公益诉讼类型;相反,都用兜底条款形式表明其他侵犯公共利益行为纳入公益诉讼的可能性。实际上,对于安全生产、妇女儿童权益、个人信息保护等社会关注度高、人民反映强烈、关涉公共利益的问题,都可以纳入行政公益诉讼范围。为此,需要进一步深化司法体制改革,拓展行政公益诉讼受案范围,将行政公益诉讼制度引入个人信息保护领域。建议在《个人信息保护法》中引入行政公益诉讼制度,即针对侵犯公民个人信息的行政机关的违法失职行为(公害行为),赋予检察机关提出检察建议权敦促其履行相关法定职责,否则有权向人民法院提起行政公益诉讼。《个人信息保护法》确立了个人信息保护领域的公益诉讼(第7条),应通过司法解释或典型案例等方式进一步细化个人信息公益诉讼的起诉主体,扩大受案范围,优化公益诉讼赔偿制度。

四是加大行政赔偿责任。建议加大对个人信息侵权行政赔偿责任,通过修改《国家赔偿法》将行政机关侵犯公民个人信息权益行为纳入赔偿范围,并采用客观过错归责原则,即行政相对人只需证明行政机关在个人信息保护方面应尽而未尽自己的合理义务的客观事实,从而减轻行政相对人的负担,保障其个人信息权益遭受侵害后行政救济的落实。

本章小结

大数据时代,个人信息所蕴含的权益内涵早已超出个人名誉权、隐私权范畴,而兼具财产权属性;权益主体呈现多元化趋势,从自然人拓展至个人信息的收集者、使用者及管理者;个人信息权益的内容也日益复合化,从自然人个体的人格权、财产权逐步扩展至国家安全、社会秩序等公共利益。在个人信息保护领域,个人利益、企业利益、国家利益、公共利益之间不仅呈现单向、唯一的需求,时而处于交叉、冲突和紧张状态。政府公权力机关在进行行政管理或者提供公共服务特别是应对突发公共卫生事件时,收集和处理个人信息具有价值正当性和制度合法性,这是法益位阶比较中公共利益优先的必然要求。然而,无论是基于保护个人信息权益的需要,还是基于现代社会行政控权的需要,法定主体在收集和处理个人信息时,应当秉持克制谦抑和审慎精神,遵循严格基本原则和具体规则。随着《民法典》《个人信息保护法》《数据安全法》等法律法规的出台,个人信息保护领域中协调公共利益与个人利益的法律框架已逐步建立健全。下一步,应着眼于执法和司法在法律实践中,寻求个人信息保护中公私利益的平衡,实现个人信息利益最大化,[①]提升国家治理体系与治理能力现代化。

---

① Reidenberg, Joel R., *Resolving Conflicting International Data Privacy Rules in Cyberspace*, Stanford Law Review, Vol. 52: 5, p. 1347 (2000).

第七章　侵权责任法中的公共利益表达

——以惩罚性赔偿的二元体系与规范再造为视角

本质上，传统民事责任属于补偿性责任，以受害人的损失额为标准追究加害人法律责任，这符合“不得因他人违法行为而获利”的基本逻辑。然而，这一逻辑是建构在侵害法益单一性的基础之上的，即在传统民法看来，侵权行为是侵犯特定民事主体合法权益的行为。然而，随着社会的发展，诸多侵权行为所侵害的法益具有复合性，即在侵犯特定主体合法权益的同时也侵犯了不特定主体的合法权益——公共利益。在这一背景下，迫切需要突破传统民法补偿性责任窠臼，惩罚性赔偿责任应运而生，以保护社会公共利益。从我国立法来看，从 1993 年《消费者权益保护法》（已修改）第 49 条，到 2009 年原《侵权责任法》第 47 条和《食品安全法》第 148 条第 2 款，再到 2013 年《消费者权益保护法》第 55 条，我国惩罚性赔偿立法体系已经初步建立，且赔偿范围逐步扩大、赔偿责任逐步加重，在维护市场经济秩序中的作用日益凸显。与此同时，随着消费者维权意识的增强，因消费欺诈而主张惩罚性赔偿的司法案件数量日渐增多且类型日益多样。由此，社会上产生了对惩罚性赔偿制度立法价值的不同认识，司法实践中也出现了惩罚性赔偿制度法律适用上的诸多争议乃至非议。惩罚性赔偿制度实施的难点或者说争议的焦点主要有以下方面：一是“消费”范围的界定以及“消费者”身份的确定，这涉及是否适用消费者权益保护法问题；二是“欺诈”行为的认定，这是承担惩罚性赔偿责任之前提；三是举证责任的分配，这关系到当事人诉讼能力的强弱和诉讼结果的走向；四是消费者所受损失基数的确定，这决定了惩罚性赔偿数额的多少以及惩罚是否合理公平。从有效实现正向激励和反向惩罚功能角度看,我国惩罚性赔偿制度仍存在不足,譬如,赔偿数额仍有提高空间、最低赔偿金额较低、适用范围较窄、认定标准较苛刻等。[①] 惩罚性赔偿制度的产生及其适用有复杂的现实背景,界定消费者的内涵外延,认定欺诈的构成要件,确定案件的举证责任,判定数额的赔偿基础,都需要打破法律形式主义的桎梏,根据惩罚性赔偿制度的基本法理、构成要件及具体规范综合衡量。通过梳理学界关于惩罚性赔偿制度的种种学说,不难发现,当前的学术研究简单地套用民法理论分析和解决消费欺诈问题,忽略或者说忽视了惩罚性赔偿的经济法意蕴,混淆了惩罚性赔偿制度的两种规范体系。基于此,本章以惩罚性赔偿的二元体系与规范再造为视角,研究侵权责任法中的公共利益表达问题。具体而言,本章从法教义学出发,通过梳理我国惩罚性赔偿制度的立法规范,提出该制度在性质上的形式分野;通过总结惩罚性赔偿制度的价值演进规律,探讨该制度在经济法视阈下的独立性;通过归纳《消费者权益保护法》中惩罚性赔偿责任构成要件的理论分歧焦点,论证司法实践中惩罚性赔偿的认定标准;最终结合我国《消费者权益保护法实施条例》的制定,提出《消费者权益保护法》欺诈行为的规范再造建议。

第一节　惩罚性赔偿的二元立法体系

英美法系中的"惩罚性赔偿",也称"报复性赔偿"或"示范性赔偿",是指法院作出的赔偿数额大于受害人实际损害金额的法律制度。[②] 换言之,所谓惩罚性赔偿,是指为了惩罚行为人严重的违法行为以及预防类似不法行为再次发生而给予受害人比所受损失数额更大的赔偿的法律制度。惩罚性赔偿最初仅适用于英美法系的合同纠纷、侵权纠纷等民事案件中,后被引入大陆法系,[③]适用范围也从传统民法扩展至证券法、公平交易法、专利法、消费者权益保护法等领域。

---

① 肖斌:《论〈消费者权益保护法〉惩罚性赔偿制度的发展——以功能实现为视角》,载《理论月刊》2015年第8期。

② 王利明:《惩罚性赔偿研究》,载《中国社会科学》2000年第4期。

③ 张新宝、李倩:《惩罚性赔偿的立法选择》,载《清华法学》2009年第4期。

一、我国惩罚性赔偿立法梳理

1993 年《消费者权益保护法》开创了我国惩罚性赔偿之先河，即在第 49 条明确规定了经营者欺诈消费者承担“双倍赔偿”责任。2009 年原《侵权责任法》在第 47 条确立了缺陷产品的惩罚性赔偿责任，但并未对惩罚性赔偿标准作出规定。2009 年发布、2015 年修订、2018 年修正、2021 年修正的《食品安全法》在第 148 条第 2 款规定了生产销售不符合安全标准食品的惩罚性赔偿标准，即“支付价款十倍”或“损失三倍”赔偿，且最低限额为 1000 元。《消费者权益保护法》在第 55 条第 1 款将欺诈消费者的惩罚性赔偿数额提升到 3 倍且将最低赔偿额限定为 500 元，第 2 款规定了缺陷产品的惩罚性赔偿责任即“所受损失二倍以下”。可以说，惩罚性赔偿制度已经从消费者权益保护领域拓展到产品质量领域再拓展到侵权责任领域，体现在我国《消费者权益保护法》、《食品安全法》和原《侵权责任法》之中，范围逐步扩大，内容逐步完善，体系逐步建立。[①] 具体如表 7－1 所示。

表 7－1　我国惩罚性赔偿立法一览

法律条款	具体规范
原《侵权责任法》第 47 条	明知产品存在缺陷仍然生产、销售，造成他人死亡或者健康严重损害的，被侵权人有权请求相应的惩罚性赔偿
《消费者权益保护法》第 55 条第 1 款	经营者提供商品或者服务有欺诈行为的，应当按照消费者的要求增加赔偿其受到的损失，增加赔偿的金额为消费者购买商品的价款或者接受服务的费用的 3 倍；增加赔偿的金额不足 500 元的，为 500 元。法律另有规定的，依照其规定
《消费者权益保护法》第 55 条第 2 款	经营者明知商品或者服务存在缺陷，仍然向消费者提供，造成消费者或者其他受害人死亡或者健康严重损害的，受害人有权要求经营者依照本法第 49 九条、第 51 条等法律规定赔偿损失，并有权要求所受损失 2 倍以下的惩罚性赔偿

① 孔东菊：《论惩罚性赔偿在我国立法中的确立和完善——从〈消费者权益保护法〉到〈侵权责任法〉》，载《法学杂志》2010 年第 8 期。

续表

法律条款	具体规范
《食品安全法》(2021年修正)第148条第2款	生产不符合食品安全标准的食品或者经营明知是不符合食品安全标准的食品,消费者除要求赔偿损失外,还可以向生产者或者经营者要求支付价款10倍或者损失3倍的赔偿金;增加赔偿的金额不足1000元的,为1000元。但是,食品的标签、说明书存在不影响食品安全且不会对消费者造成误导的瑕疵的除外
最高人民法院《关于审理食品药品纠纷案件适用法律若干问题的规定》(2021年修正)第3条	因食品、药品质量问题发生纠纷,购买者向生产者、销售者主张权利,生产者、销售者以购买者明知食品、药品存在质量问题而仍然购买为由进行抗辩的,人民法院不予支持

欺诈行为与惩罚性赔偿制度密切相关,欺诈行为的认定通常涉及惩罚性赔偿责任的确立。最高人民法院《关于审理食品药品纠纷案件适用法律若干问题的规定》(法释〔2013〕28号,以下简称《食品药品案件规定》)第3条规定,消费者即使明知食品、药品存在质量问题仍然购买的,法院也应支持其主张的惩罚性赔偿。这一规定肯定了"知假买假"行为,因而成为欺诈行为"两要件理论"最直接、最主要的论据,但能否据此认为消费欺诈的构成不需要消费者陷入错误认识的主观状态要件,还待进一步探讨。《最高人民法院办公厅对十二届全国人大五次会议第5990号建议的答复意见》(法办函〔2017〕181号,以下简称《答复意见》)中明确,《食品药品案件规定》产生于重大食药安全事件频繁曝出、群众对食药安全问题反映强烈的大背景之下,是基于特殊背景下的政策考量,不宜将食药纠纷的特殊政策推广适用到所有的消费者权益保护领域。换言之,《食品药品案件规定》对"知假买假"的肯定具有特定的适用范围——食品药品质量问题纠纷,并不能当然地拓展至其他领域的消费纠纷。《答复意见》虽然对《食品药品案件规定》作出了解释说明,但并未终结惩罚性赔偿构成要件的探讨,反而再次激发了社会各界关于"知假买假"能否适用惩罚性赔偿的热议。

从公私法分野理论框架看,我国惩罚性赔偿制度虽已初步形成了一定的规范群,但其功能价值与适用范围尚未得到完整、充分、自洽的合理解释,进而造成适用困难。因而,需要进一步梳理惩罚性赔偿制度的内容体系和逻辑关系,并在此基础上分析惩罚性赔偿责任的法律属性与构成要件。

二、惩罚性赔偿责任构成要件的理论争议

关于惩罚性赔偿责任的构成要件,有学者提出了"四要件说"。一是主体要件,即责任主体须是与消费者相对应的经营者;二是主观要件,即经营者有"欺诈的故意";三是客观要件,即经营者作出了"欺诈行为",且导致消费者遭受损失;四是因果关系要件,即消费者的损失与经营者的欺诈行为之间存在因果关系。① 有学者则认为,惩罚性赔偿的构成要件有两个。② 一是主观方面,经营者有"欺诈"的故意,即经营者明知提供的商品或服务在数量、质量、价格、品牌、功效等方面存在虚假情况仍向消费者作出不实陈述的主观心理状态,但如果产品存在瑕疵且经营者有证据证明事先向消费者进行了披露而消费者仍购买产品(接受服务)的除外;同时,对经营者欺诈故意适用过错推定原则。二是客观方面,经营者实施了欺诈行为,即经营者在向消费者提供商品或服务时有虚假陈述、夸大宣传或隐瞒真实信息的行为。至于消费者是否因经营者的欺诈行为而陷入错误认识——上当受骗以及造成损害后果则在所不问,即只要可能使消费者产生错误认识即可。③

在《食品药品案件规定》出台和《答复意见》作出后,学界关于惩罚性赔偿构成要件的研究进一步深入。有学者认为,食品安全法只是在客观行为方面强调生产不符合标准的食品或经营明知是不符合安全标准的食品应作出惩罚性赔偿,未要求消费者因此陷入错误认识,也未使用与"欺诈"有关的概念。④ 换言之,食药领域的惩罚性赔偿后果不以欺诈认定为前提,不能因结果的一致性而将食药特殊政策与消费欺诈混为一谈,二者存在逻辑证成上的区别。《食品药品案件规定》是为了保护人民群众生命健康的重大法益,就食药内在质量问题进行的特别的行政调整。⑤ 因此,

---

① 参见谢有的、李佳:《惩罚性赔偿制度相关研究》,载《人民论坛》2011 年第 17 期。

② 参见肖斌:《〈消费者权益保护法〉中"欺诈行为"的认定》,载《河北法学》2015 年第 10 期。

③ 参见崔广平:《欺诈概念辨析》,载《河北法学》2003 年第 2 期。

④ 参见韩世远:《消费者合同三题:知假买假、惩罚性赔偿与合同终了》,载《法律适用》2015 年第 10 期。

⑤ 参见杨达、王昕:《消费欺诈认定的认识统一与标准重整——兼谈职业打假及"假打"的应对》,载《科学·经济·社会》2018 年第 2 期。

《食品药品案件规定》第3条允许食品药品领域"知假买假"适用《消费者权益保护法》惩罚性赔偿规则只是一个特殊的规定，不应当将其适用范围扩大到一切商品和服务。① 有些学者则认为，消费者"知假买假"并不能改变经营者"欺诈"的本质，"知假买假者"是合法消费者，只要经营者提供商品或者服务时有欺诈行为，其就应当承担惩罚性赔偿责任，而不必考虑消费者的主观状态。②

如果我们把目光投向域外法，就可以发现，域外大多适用较严格的惩罚性赔偿认定标准。美国统一州法委员会1996年通过的《惩罚性赔偿示范法案》规定的惩罚性赔偿要件有：(1)须被告依法应负损害赔偿责任；(2)原告须提出明确且有说服力的证据；(3)须有科处惩罚性赔偿责任之必要。③ 就主观要件而言，美国惩罚性赔偿责任下的侵权人过错形态包括故意和重大过失，且往往表现为"恶意""蓄意""肆虐"等。④ 传统上，大陆法系将不正当竞争行为、欺诈消费者行为视为特别侵权行为，并主张从合同无效、损害赔偿等民事责任，责令停止违法行为、行政罚款等行政责任，罚金、监禁等刑事责任出发系统地设定法律责任规则。譬如，法国《消费法典》中的"欺诈行为"包括作为的商业欺诈行为和疏忽的商业欺诈行为两类，前者包括混淆风险、欺诈陈述、不指明行为实施者3种情形；后者涉及违反实质信息提供义务情形。⑤

在2016年11月16日公布的《消费者权益保护法实施条例(送审稿)》中(第2条)，对消费者权益保护法的适用范围作出了补充规定，即将"以牟利为目的"的消费活动排除在外，这被认为是立法对"知假买假"尤其是"职业打假"的基本态度和社会引导。笔者认为，这一立法表达具有缺陷，其不仅加大了司法实践对消费欺诈认定的难度，而且有悖于消费者权益保护法的价值取向。对我国惩罚性赔偿责任构成要件的讨论要回归到我国现有立法框架内，应基于法律规范的客观分析得出惩罚

---

① 参见李仁玉、陈超：《知假买假惩罚性赔偿法律适用探析——对〈最高人民法院关于审理食品药品纠纷案件适用法律若干问题的规定〉第3条的解读》，载《法学杂志》2015年第1期。

② 参见李剑：《论知假买假的逻辑基础、价值理念与制度建构》，载《当代法学》2016年第6期。

③ 参见董春华：《美国产品责任法中的惩罚性赔偿》，载《比较法研究》2008年第6期。

④ Doe v. Isaacs, 265 Va. 531, 579 S. E. 2d 174(2003). 转引自税兵：《惩罚性赔偿的规范构造——以最高人民法院第23号指导性案例为中心》，载《法学》2015年第4期。

⑤ 参见苏号朋、凌学东：《法国消费欺诈行为的法律规制及借鉴》，载《法学杂志》2013年第4期。

性赔偿责任体系的内在逻辑。

三、惩罚性赔偿责任性质的形式分野：违约惩罚性赔偿与侵权惩罚性赔偿

从法教义学研究路径出发，可以发现我国关于惩罚性赔偿的立法规定大致可以分为两类。一类是违约惩罚性赔偿，主要体现在《消费者权益保护法》第 55 条第 1 款中；另一类是侵权惩罚性赔偿，主要体现在原《侵权责任法》第 47 条、《消费者权益保护法》第 55 条第 2 款、《食品安全法》第 148 条第 2 款中。这两类不同立法规定所确立的惩罚性赔偿请求权不同，在保护目的、适用条件、法律后果上也并不相同，①引发惩罚性赔偿合同之诉和惩罚性赔偿侵权之诉两类诉讼。

在构成要件上，违约惩罚性赔偿以"欺诈行为"为要件，而不考虑消费者是否因此而遭受损失；侵权惩罚性赔偿以生产者"明知"产品存在缺陷且造成严重损害为要件，但在食品领域具有特殊性，即仅以经营者生产不符合安全标准的食品或销售明知是不符合安全标准的食品为要件。可见，"欺诈行为"的认定与违约惩罚性赔偿密不可分，但与侵权惩罚性赔偿关系不大；损害后果与违约惩罚性赔偿并不相关，但与侵权惩罚性赔偿紧密相连。行文至此，不难发现，消费者依据《消费者权益保护法》第 55 条第 1 款主张追究经营者惩罚性赔偿责任的，必须证明经营者作出了"欺诈行为"。但"欺诈行为"本身也须具备相应构成要件，且存在不同理论学说。其中，通说为"四要件说"，即认为欺诈行为要符合 4 个要件：在客观方面，行为人有欺诈事实；在主观方面，行为人有欺诈故意；在结果方面，相对人因此陷入错误认识；在因果关系方面，相对人因错误认识作出不真实意思表示。② 从立法来看，《消费者权益保护法》第 55 条第 2 款、《食品安全法》第 148 条第 2 款以及原《侵权责任法》第 47 条与《消费者权益保护法》第 55 条第 1 款的表述有所不同，这些条文均未使用"欺诈"这一术语，而一致使用了"明知……仍然"的语言表达结构，并未考虑相对方（消费

---

① 吴逸越：《"知假买假"的二元请求权基础及价值分野》，载《财经法学》2018 年第 4 期。

② 持此观点者，参见梁慧星：《〈消费者权益保护法〉第 49 条的解释与适用》，载《人民法院报》2001 年 3 月 29 日，第 3 版；王利明：《民法》，中国人民大学出版社 2000 年版，第 106 页；苏号朋：《民法总论》，法律出版社 2006 年版，第 282～284 页；张俊浩：《民法学原理》（修订第 3 版）（上），中国政法大学出版社 2000 年版，第 287～289 页；马一德：《虚假宣传构成欺诈之认定》，载《法律科学（西北政法大学学报）》2014 年第 6 期；等等。

者)的主观状态,立法者似乎有意将二者予以区分。

在诉讼类别和举证责任上,违约惩罚性赔偿属于合同之诉,实行严格责任原则,即只要欺诈行为成立,经营者就应当承担惩罚性赔偿责任,消费者无须对经营者的行为是否构成欺诈举证。换言之,在没有造成死亡或健康重大损害而仅仅存在违约情况时,消费者提起违约惩罚性赔偿诉讼无须举证。侵权惩罚性赔偿属于侵权之诉,实行过错责任原则,即由消费者对于经营者提供产品时是否明知其缺陷进行举证。可见,对消费者来说,侵权惩罚性赔偿诉讼的证明标准较高,举证义务较重。①

在对"知假买假"的态度上,违约惩罚性赔偿中的"假"主要是指经营者欺诈行为,规制目的在于保护消费者意思表示自由;侵权惩罚性赔偿中的"假"主要是指存在产品缺陷或者食品不符合安全标准,规制目的在于保护消费者身体健康权益。②对于一般产品的"知假买假"是否应当得到法律支持,学术界和司法界观点不一,赞同者有之,③反对者亦有之。④ 但在食品药品领域,法律明确"知假买假"是可以得到支持的,即可以获得侵权惩罚性赔偿。究其原因在于,生产销售有质量问题的食品药品违反了法定的保证食品安全义务,威胁到了广大消费者的身体健康权益,民事可罚事由已经构成。此时,无论消费者是否"知假买假",均不会改变生产者或者经营者违反法定义务的事实,因此不得以购买者明知食品药品存在质量问题而仍然购买为由进行抗辩,即无论消费者怀着何种目的与动机、是否存在意思表示瑕疵,只要发生了食品不符合安全标准的事实或者食品(药品)发生质量问题,其惩罚性赔偿主

---

① 马强:《消费者权益保护法惩罚性赔偿条款适用中引发问题之探讨——以修订后的我国〈消费者权益保护法〉实施一年来之判决为中心》,载《政治与法律》2016 年第 3 期。

② 吴逸越:《"知假买假"的二元请求权基础及价值分野》,载《财经法学》2018 年第 4 期。

③ 持此观点者,参见李剑:《论知假买假的逻辑基础、价值理念与制度建构》,载《当代法学》2016 年第 6 期;李友根:《对消法第 49 条的修改建议》,载《中国审判》2013 年第 6 期;孙玉荣:《民法上的欺诈与〈消费者权益保护法〉第 49 条之适用》,载《法律适用》2005 年第 4 期等。

④ 持此观点者,参见肖峰:《〈消费者权益保护法〉中"欺诈"的解释方法改进》,载《法律科学(西北政法大学学报)》2020 年第 2 期;郭明瑞:《"知假买假"受消费者权益保护法保护吗?——兼论消费者权益保护法的适用范围》,载《当代法学》2015 年第 6 期;李仁玉、陈超:《知假买假惩罚性赔偿法律适用探析——对〈最高人民法院关于审理食品药品纠纷案件适用法律若干问题的规定〉第 3 条的解读》,载《法学杂志》2015 年第 1 期;徐志军、张传伟:《欺诈的界分》,载《政法论坛》2006 年第 4 期;等等。

张即可成立。[①]

在法律后果上，违约惩罚性赔偿的责任数额是以购买商品的价款或者接受服务的费用为基数“退一赔三”，小额损害惩罚性赔偿有最低限额（500元）；侵权惩罚性赔偿的责任数额主要以受害人所受损失为依据，即赔偿倍数为损失“二倍”以下。[②]当然，食品领域的惩罚性赔偿具有特殊性，以“支付价款十倍”或者“损失三倍”且最低限额为1000元为标准。笔者认为，食品领域之所以采取较高的赔偿规则，主要是由食品安全的重大关切性所决定的，并没有改变侵权惩罚性赔偿制度的本质。

可见，惩罚性赔偿制度在我国立法中完成了分野，形成了违约惩罚性赔偿与侵权惩罚性赔偿两种具体类型，二者的构成要件不同，权利主张路径不同，对待“知假买假”的态度亦不同。将两者混淆起来是惩罚性赔偿制度在适用中面临问题的主要原因之一，究其根源，还在于当前的学术研究用传统的民法理论解释该制度，而忽视了惩罚性赔偿责任的独立性。

第二节　惩罚性赔偿责任独立性的逻辑证成

惩罚性赔偿责任认定标准的宽严程度以及赔偿金数额的多少，与国家的经济发展水平、法治建设状况、历史文化背景等密切相关。例如，在英美法系国家，法官或陪审团在确定惩罚性赔偿金数额时，不但要考虑不法行为严重性等因素，而且要考虑社会公众效果、原告可能获得的意外利益甚至被告财富的多少等因素。[③] 在我国，惩罚性赔偿制度的适用要从该制度的价值演进出发，探寻该制度的发展规律及法理逻辑。

一、惩罚性赔偿责任制度的价值演进

有学者把惩罚性赔偿责任制度视为传统民法中的一种例外制度，即将由传统公

① 税兵：《惩罚性赔偿的规范构造——以最高人民法院第23号指导性案例为中心》，载《法学》2015年第4期。

② 杨立新：《我国消费者保护惩罚性赔偿的新发展》，载《法学家》2014年第2期。

③ 阳庚德：《普通法国家惩罚性赔偿制度研究——以英、美、澳、加四国为对象》，载《环球法律评论》2013年第4期。

法实现的以惩罚和威慑为目的的制度运用到私法机制中。① 笔者认为,这种观点值得赞同。源于美国的惩罚性赔偿责任制度,最初只是英美法系的产物,后来被借鉴到大陆法系。② 虽然有学者认为民事责任兼具制裁和补偿之功能,③但通说认为,民事责任以恢复被侵害的民事权利为目的,因而不具有惩罚性。④

固然,惩罚性赔偿责任制度可能存在负面激励作用,甚至阻碍正义社会秩序的实现,例如,"恶意打假""职业打假""知假买假"等行为的出现。但从法律规范构造角度看,惩罚性赔偿责任制度生成于突破传统民法责任补偿原则的现实需求,契合于现代风险社会"普遍侵权"与"分散损害"的运行机理。⑤ 换言之,惩罚性赔偿责任制度的功能已经突破了传统民法中损害弥补之局限性,而致力威慑潜在违法经营者,塑造良好市场秩序。

详言之,惩罚性赔偿责任制度的功能主要体现在以下方面:一是"惩罚"——惩罚经营者欺诈消费者的行为,即通过增加违法成本的方式,使违法经营者得到应有惩罚。二是"激励"——激励消费者的维权行为,即通过增加赔偿金额的方式,鼓励社会同违法经营行为作斗争。惩罚性赔偿责任制度的一个重要目的,就在于奖励(鼓励)消费者揭发经营者的违法行为,⑥即通过惩罚性赔偿责任遏制经营者加害行为的再次发生。⑦ 三是"威慑"——威慑其他潜在的违法经营行为,即通过巨额赔偿方式,吓阻其他经营者欺诈消费者。法律的功能不仅在于定分止争,还在于预防潜在违法行为,威慑预防功能是惩罚性赔偿责任的重要制度功能。在损害赔偿是对不履行法律义务所实施的救济手段的情况下,赔偿责任的作用并不是为了强制人们服从法律,而是为了强制违法者支付相当于违法机会成本的代价。如果这种代价低于他从不法行为所取得的价值,那么只有他违法才能使效率最大化,而法律制度在实

---

① 迟颖:《商品房销售虚假宣传之惩罚性赔偿责任》,载《法学》2015 年第 10 期。

② 杨立新:《〈消费者权益保护法〉规定惩罚性赔偿责任的成功与不足及完善措施》,载《清华法学》2010 年第 3 期。

③ 王家福主编:《中国民法学 · 民法债权》,法律出版社 1991 年版,第 421 页;王利明主编:《民法 · 侵权行为法》,中国人民大学出版社 1993 年版,第 55 页。

④ 佟柔主编:《中国民法》,法律出版社 1990 年版,第 44 页。

⑤ 江帆、朱战威:《惩罚性赔偿:规范演进、社会机理与未来趋势》,载《学术论坛》2019 年第 3 期。

⑥ 李友根:《惩罚性赔偿制度的中国模式研究》,载《法制与社会发展》2015 年第 6 期。

⑦ 王利明:《美国惩罚性赔偿制度研究》,载《比较法研究》2003 年第 5 期。

际上也鼓励他这么做;如果相反,效率就要求他不要违法。”

惩罚性赔偿责任制度的根本功能在于弥补政府职能的不足。打击违法经营行为、保护消费者合法权益、维护良好竞争秩序,是政府的重要职能。就保护消费者权益而言,即使在治道变革的现代社会,政府仍承担主要责任。然而,由于政府的“有限理性”,迫切需要发挥消费者、媒体、社会组织等其他力量的共同作用,从而形成“多元共治”局面,惩罚性赔偿责任制度就是鼓励消费者发挥监督经营者作用的体现。

总之,惩罚性赔偿责任制度的价值追求在于,通过惩罚性赔偿增加经营者违法成本,激励消费者积极维权,从而弥补传统民事救济补偿损失之制度缺陷。① 当然,惩罚性赔偿责任制度功能的彰显,仰赖适用范围的适度扩大、举证责任的合理分配、赔偿金额的科学考量、欺诈行为的依法认定等综合因素。②

二、惩罚性赔偿责任的独立性

需要进一步思考的是,在性质上惩罚性赔偿责任是一种缔约过失责任、违约责任、侵权责任,抑或是一种独立的法律责任?《民法典》第500条规定了与欺诈相关的缔约过失责任,③第148条规定合同欺诈可撤销,④第179条第2款规定“法律规定惩罚性赔偿的,依照其规定”。有学者认为,惩罚性赔偿的计算基准是购买商品的价款或接受服务的费用,这也是欺诈行为造成的损失,因此,惩罚性赔偿责任是违约责任。⑤ 有学者认为,从消费者权益保护法整体考量,惩罚性赔偿突破了传统民法规范体系,其目的在于惩罚不法经营者和保护消费者,属于民法例外规定,消费者作为被

---

① [美]肯尼斯·S.亚伯拉罕、阿尔伯特·C.泰特选编:《侵权法重述——纲要》,许传玺等译,法律出版社2006年版,第270页。

② 陈年冰:《重视惩罚性赔偿制度的激励功能——以〈消费者权益保护法〉中的惩罚性赔偿制度为例》,载《西北大学学报(哲学社会科学版)》2013年第2期。

③ 《民法典》第500条规定:“当事人在订立合同过程中有下列情形之一,造成对方损失的,应当承担赔偿责任:(一)假借订立合同,恶意进行磋商;(二)故意隐瞒与订立合同有关的重要事实或者提供虚假情况;(三)有其他违背诚信原则的行为。”

④ 《民法典》第148条规定:“一方以欺诈手段,使对方在违背真实意思的情况下实施的民事法律行为,受欺诈方有权请求人民法院或者仲裁机构予以撤销。”

⑤ 杨立新:《修订后的〈消费者权益保护法〉经营者民事责任之解读》,载《法律适用》2013年第12期。

欺诈一方可以请求撤销合同并获得损害赔偿,因此,惩罚性赔偿责任在性质上属于缔约过失责任。①

笔者认为,惩罚性赔偿责任是一种独立的法律责任。一方面,消费者可以就经营者的欺诈行为主张缔约过失责任或者违约责任。缔约过失责任是合同一方当事人违反先合同义务所应承担的法定责任——损害赔偿责任,与合同是否成立、是否有效没有必然联系。② 当消费欺诈行为发生后,消费者可以在不请求撤销合同的情况下请求经营者承担缔约过失责任,③也可以经营者未履行告知义务为由请求其承担违约责任。"合同订立时经营者未履行必要的告知内容不能纳入合同约定内容,合同履行过程中经营者的限制行为被认为是一种瑕疵履行,应当承担违约责任。"④此时,可能会产生缔约过失责任与违约责任的竞合。⑤ 另一方面,认定经营者是否承担惩罚性赔偿责任的关键在于是否构成欺诈行为,而不在于合同是否成立生效。换言之,只要能够认定欺诈行为成立,消费者惩罚性赔偿请求就应当得到支持。至于《消费者权益保护法》第 55 条第 1 款将"消费者购买商品的价款或者接受服务的费用"作为惩罚性赔偿的计算标准,则更多是立法技术问题,便于法院裁判和执行。因此,无论将惩罚性赔偿责任视为缔约过失责任抑或是违约责任都会导致法律责任体系的冲突,应当将其视为一种独立的法律责任。在具体实践中,应由消费者自由选择请求撤销合同并承担惩罚性赔偿责任,或者直接请求惩罚性赔偿,而不能把合同解除作为惩罚性赔偿适用的基础。⑥

实际上,惩罚性赔偿责任制度是公私法分野的产物,是为了弥补传统私法(民法)补偿性赔偿原则之不足而利用传统公法(行政法)进行惩罚之手段,赋予新的社会法域(经济法)以责任。虽然,通过行政执法乃至刑事处罚等公法手段也可以打击

---

① 朱广新:《惩罚性赔偿制度的演进与适用》,载《中国社会科学》2014 年第 3 期。
② 冉克平:《缔约过失责任性质新论——以德国学说与判例的变迁为视角》,载《河北法学》2010 年第 2 期。
③ 胡振玲:《受欺诈合同未被撤销时缔约过失责任之适用》,载《人民法院报》2008 年 10 月 5 日,第 6 版。
④ 杨立新:《修订后的〈消费者权益保护法〉经营者民事责任之解读》,载《法律适用》2013 年第 12 期。
⑤ 潘俊:《消费者合同中经营者告知义务的法律构造》,载《中南大学学报(社会科学版)》2018 年第 1 期。
⑥ 许德风:《论瑕疵责任与缔约过失责任的竞合》,载《法学》2006 年第 1 期。

消费欺诈行为,并且通常而言公法手段效率更高,例如,市场监督管理部门依据反不正当竞争法、产品质量法、广告法等对经营者虚假宣传进行查处。但在我国当前的市场环境下,仅依靠公法手段远远不够,亟待充分发挥消费者的监督作用。然而,遗憾的是,这种法域的时代变革并未真正被立法和司法实践所接受。这集中表现在,我国消费者权益保护法在设计惩罚性赔偿责任制度时仍然秉持了传统私法理念,确立了两种惩罚性赔偿方式,①并依据传统民法理论解释和处理消费欺诈问题。

三、消费者权益保护法中惩罚性赔偿责任的特殊意蕴

有学者认为,消费者权益保护法是调整消费者与经营者之间权利义务关系的法律规范,属于私法范畴,但其惩罚性赔偿责任制度突破了传统私法中"填平式"或"补偿性"的调整方法,借鉴了公法中的"报应性"和"刑事性"的责任形式,是我国现行民商事法律责任体系的异类。② 对此,笔者并不认同。消费者与经营者之间的法律关系已经超越了传统的平等民事法律关系,而形成了向消费者适度倾斜保护的经济法律关系。

与经营者相比,消费者弱势地位明显,其中最大弱势在于信息弱势。"消费者作为市场经济中的弱势群体,其'弱势'主要体现为与经营者在交易信息上的不对称地位。"③在商品和服务的信息获取、占有方面,消费者明显处于弱势地位,这进而导致消费者交易决策能力较弱,导致经营者与消费者之间容易形成支配与被支配关系。经营者往往会利用自身信息优势地位,例如,隐瞒产品信息、夸大产品性能、告知虚假信息等,诱使消费者陷入错误认识并作出错误意思表示。信息不对称会产生"柠檬市场",引发道德风险、逆向选择和"劣币驱逐良币"等后果。解决该问题的最好办法是加重信息优势方的信息披露义务即消费领域中经营者的告知义务。因此,需要突破传统民事权利平等保护模式,采取倾斜立法,重新调整交易信息的不对称。具体而言,一方面,赋予消费者知情权,加重经营者告知义务;另一方面,规定惩罚性

① 朱广新:《惩罚性赔偿制度的演进与适用》,载《中国社会科学》2014 年第 3 期。

② 肖斌:《〈消费者权益保护法〉中"欺诈行为"的认定》,载《河北法学》2015 年第 10 期。

③ 陆青:《论消费者保护法上的告知义务——兼评最高人民法院第 17 号指导性案例》,载《清华法学》2014 年第 4 期。

赔偿责任,加大经营者违法成本。

《消费者权益保护法》兼具公私法属性,属于社会法法域。固然,消费的基础在于合同,消费关系也可以认定为合同关系,消费欺诈也可以适用民法相关规定解决。但消费欺诈不同于传统的违约行为,而属于扰乱经济秩序的违法行为;消费者权利已不属于传统私权范畴,而属于社会性权利。换言之,消费者在维护自身合法权益的同时在客观上也维护了公共利益。从主体角度看,《消费者权益保护法》不同于合同法所调整的是"一对一"民事关系,而是调整"一对多"交易关系,并基于消费者弱势地位而规定了双方不同的权利义务以及法律责任,从而实现对消费者的特殊保护以及对交易秩序的整体维护。因此,《消费者权益保护法》已经不属于传统的私法,而作为经济法的一部分,属于社会法法域。也正因如此,《民法典》专门在民事责任(第179条第2款)中明确规定,"法律规定惩罚性赔偿的,依照其规定"。

经济法作为社会法,其区别于传统民法等私法以及行政法等公法的关键点在于,其保护的法益目标具有复合性。《消费者权益保护法》作为经济法的重要组成部分,其规范的对象是"经济公害行为"。[①] 消费欺诈行为具有双重属性,即经济违法性和行政违法性。一方面,其违反了《消费者权益保护法》(第55条),侵害了消费者合法权益,应当承担惩罚性赔偿责任;另一方面其违反了原《欺诈消费者行为处罚办法》(第3条、第4条、第5条、第6条),危害了公平竞争市场秩序,应当承担行政处罚责任。质言之,经营者欺诈行为不仅侵害了消费者个体(合同相对人)的利益,而且侵害了消费者全体(潜在消费者)的利益,还破坏了良好社会经济秩序,所以应通过惩罚性赔偿这明显有别于传统民事责任的方式,在保护消费者个人利益的同时保护社会公共利益。"经济法视野的特色在于其着眼于经济活动对市场交易以及宏观经济的影响。"[②]在经济法视野下,惩罚性赔偿所关注的不再仅仅是受害人——消费者的个人利益,而是不特定多数人——社会公众的公共利益。换言之,赔偿消费

① 刘水林:《经济法是什么——经济法的法哲学反思》,载《政治与法律》2014年第8期。
② 李友根:《论经济法视野中的经营者——基于不正当竞争案判例的整理与研究》,载《南京大学学报(哲学·人文科学·社会科学版)》2007年第3期。

者所遭受的损失虽然是惩罚性赔偿的直接诱因，但并非该制度的内在逻辑，[①]该制度的根本目的在于维护自由公平的竞争秩序。在经济法语境下，保护消费者合法权益，维护市场经济秩序，是《消费者权益保护法》第55条的价值取向。[②] 基于对消费者这一弱势群体倾斜保护之宗旨，《消费者权益保护法》引入了惩罚性赔偿责任制度。惩罚性赔偿责任不同于民法填平性的损失补偿责任，而属于“报复性赔偿”，从而实现补偿消费者、制裁经营者、遏制类似欺诈行为的目的。[③]

我国作为大陆法系国家，公私法分立理论影响深远。民法应当坚持损失补偿原则，而不应当通过欺诈行为理论的扩张而全面接受惩罚性赔偿制度。[④] 经济法范畴中的消费欺诈有别于传统民法等私法法域中的欺诈行为，应当由经济法承担这一惩罚性赔偿责任之重。在司法实践中，对经济法义务履行的保障过度依赖民事责任追究机制，从而导致我国惩罚性赔偿责任条款在适用时面临诸多争议。[⑤] 司法裁判争议的症结在于，许多法官将消费者权益保护法作为民法的特别法，习惯于用传统的民法思维和民法逻辑认识和处理具有经济法特征的消费欺诈问题，而忽视了经济法的特殊理念和特有规则。可以说，消费欺诈行为认定中之所以出现学理认识与司法适用的诸多偏差，根源就在于用传统民法思维解决经济法问题。

因此，经济法与民法、行政法有不同的理念导向、价值功能和规范构造，《消费者权益保护法》中的“欺诈”与民法中的“欺诈”虽在术语上相同，但立法导向不同，对消费欺诈的认定亦应结合保护消费者合法权益与维护市场经济秩序这一特殊语境，进而作出重新解释。

第三节 惩罚性赔偿责任的认定标准

法律是利益博弈的结果。对任何权利的保护都不是无限的，对责任的承担也不

---

① Volker Behr, *Punitive Damages in American and German Law-Tendencies Towards Approximation of Appar-ently Irreconcilable Concepts*, Chikent Law Review, Vol. 78, p. 105 – 111 (2003).

② 李昌麒、许明月编著：《消费者保护法》，法律出版社1997年版，第41页。

③ 王利明：《美国惩罚性赔偿制度研究》，载《比较法研究》2003年第5期。

④ 尹志强：《我国民事法律中是否需要导入惩罚性赔偿制度》，载《法学杂志》2006年第3期。

⑤ 肖峰、陈科林：《我国食品安全惩罚性赔偿立法的反思与完善——以经济法义务民事化归责的制度困境为视角》，载《法律科学(西北政法大学学报)》2018年第2期。

是没有边界的,法律对消费者的倾斜保护也应当是适度的、合理的。如果惩罚性赔偿责任的适用标准过于宽松,容易增加经营者负担,势必影响经济活力,可能会导致惩罚性赔偿责任的不当泛化;反之,则有可能阻碍这一制度立法目的的实现。对消费者来说,市场经济活动存在一定的风险,防范适当风险也是应当的。沿着这一逻辑进路,就要在惩罚性赔偿二元体系下,具体分析其请求权基础、认定标准、举证责任、阻却事由等问题。

一、惩罚性赔偿责任的请求权

一直以来,学界将惩罚性赔偿案件争议的焦点和解决的重心放在"是否属于消费者"问题上。实际上,消费者法律身份的确定仅仅是适用惩罚性赔偿责任制度的前提,而非决定消费欺诈案件走向的关键性因素。明确惩罚性赔偿诉讼的请求权基础,是解决消费欺诈案件的逻辑起点。

与传统民事案件不同,消费者提起消费欺诈案件享有两个请求权。一个是撤销合同请求权,即依据《民法典》第 148 条之规定,请求人民法院裁决撤销该合同;另一个是惩罚性赔偿请求权,即依据《消费者权益保护法》第 55 条第 1 款等惩罚性条款之规定,请求人民法院裁决经营者承担惩罚性赔偿责任。这两个独立的请求权都是由经营者欺诈行为所引起的,基于诉讼经济和诉讼便利考虑而统一规定于《消费者权益保护法》之中。

在规范性质层面,惩罚性赔偿责任与填补性赔偿责任平行存在,各自赋予当事人独立的请求权;在规范适用层面,通过辨识"三倍""十倍""明知""损失"等裁判要素,实现惩罚性赔偿责任制度效用最大化。① 但在规范竞合层面,存在是选择单独行使其中一个请求权,抑或是一并行使两个请求权的问题。换言之,消费欺诈案件存在合同成立与惩罚性赔偿之间的关系问题。对此,有学者认为,合同成立乃惩罚性赔偿之前提,消费者请求双倍赔偿,必须在合同责任存在的情形下提出。合同不存在,也就谈不上合同责任的适用;惩罚性赔偿也就成了无本之木、无源之水。因此,

---

① 税兵:《惩罚性赔偿的规范构造——以最高人民法院第 23 号指导性案例为中心》,载《法学》2015 年第 4 期。

合同若被宣告无效或者被撤销，当事人反而失去了双倍赔偿的请求依据。① 有学者则认为，惩罚性赔偿责任并非以合同成立为基础，“惩罚性赔偿，其发生根据在于法律的直接规定，又由于它是一种额外的负担，因而与合同的某种命运没有必然的联系。具体地说，这种赔偿是惩罚欺诈行为的，并不直接与因欺诈缔结的合同发生直接联系”。②

笔者认为，惩罚性赔偿责任制度是一种独立的法律制度，在合同被撤销或者合同无效的情况下并不妨碍消费者主张惩罚性赔偿责任。事实上，最高人民法院第 17 号指导性案例也肯定了这一点。③ 消费欺诈与民事欺诈的请求权不同，后者需要以实际损失为前提，前者则不然。消费欺诈案件，既有合同法中的合同效力问题，由此产生了合同撤销权；也有消费者权益保护法中的赔偿问题，由此产生了惩罚性赔偿请求权。二者并行不悖，最终由消费者选择决定，法院不应主动裁决，必要时可以由法院作出释明，由原告（消费者）作出选择。④

二、证明标准的法源阐释

所谓证明标准，是指在诉讼过程中，法官对于争议的事实根据当事人双方提供证据的证明力情况作出肯定性或否定性评价的最低要求。换言之，证明标准就是负有举证责任的一方当事人对于自己的诉讼主张应当达到的证明程度和水平。

最高人民法院《关于民事诉讼证据的若干规定》（法释〔2001〕33 号，已修改，以下简称 2001 年《证据规定》）第 73 条第 1 款首次确认了我国民事诉讼“高度盖然性”的证明标准。最高人民法院《关于适用〈中华人民共和国民事诉讼法〉的解释》（法释〔2015〕5 号，已修改，以下简称《民诉法解释》）第 108 条明确了当事实处于真伪不明的状态时，适用“高度盖然性”的证明标准，第 109 条进一步明确规定了第108 条的例外规定，将欺诈的证明标准由“高度盖然性”提高到“排除合理怀疑”的高标准。

① 王利明：《惩罚性赔偿研究》，载《中国社会科学》2000 年第 4 期。
② 韩世远：《合同法总论》，法律出版社 2011 年版，第 843 页。
③ 陆青：《论消费者保护法上的告知义务——兼评最高人民法院第 17 号指导性案例》，载《清华法学》2014 年第 4 期。
④ 马强：《消费者权益保护法惩罚性赔偿条款适用中引发问题之探讨——以修订后的我国〈消费者权益保护法〉实施一年来之判决为中心》，载《政治与法律》2016 年第 3 期。

至此,我国建立了民事诉讼多层次证明标准体系。最高人民法院《关于民事诉讼证据的若干规定》(法释〔2019〕19 号,以下简称 2019 年《证据规定》)在第 85 条、第 86 条改变了 2001 年《证据规定》的相关表述,进一步确认了欺诈行为“排除合理怀疑”之证明标准。

在举证责任及归责原则方面,最高人民法院《关于贯彻执行〈中华人民共和国民法通则〉若干问题的意见(试行)》(已失效,以下简称《民通意见》)第 68 条具体规定了欺诈行为的构成要件。2015 年 1 月 5 日,国家工商行政管理总局在原《欺诈消费者行为处罚办法》(国家工商行政管理局令第 50 号)的基础上公布了《侵害消费者权益行为处罚办法》(国家工商行政管理总局令第 73 号,已修改,以下简称《处罚办法》),其中第 5 条、第 6 条、第 16 条规定了欺诈行为的具体形式,并对欺诈行为进行了分类,且分别适用不同的归责原则,即对《处罚办法》第 5 条第 1 项至第 6 项规定的欺诈行为采用过错推定原则,对《处罚办法》第 5 条第 7 项至第 10 项、第 6 条和第 13 条规定的欺诈行为采用无过错原则。可见,《民通意见》第 68 条对“欺诈行为”进行了抽象概括,《处罚办法》第 5 条和第 6 条对“欺诈行为”进行了类型列举。我国关于惩罚性赔偿证明标准的相关立法如表 7-2 所示。

表 7-2 我国惩罚性赔偿证明标准立法体系

法律条款	具体规范
《民通意见》第 68 条	一方当事人故意告知对方虚假情况,或者故意隐瞒真实情况,诱使对方当事人作出错误意思表示的,可以认定为欺诈行为
《民诉法解释》第 108 条	对负有举证证明责任的当事人提供的证据,人民法院经审查并结合相关事实,确信待证事实的存在具有高度可能性的,应当认定该事实存在。对一方当事人为反驳负有举证证明责任的当事人所主张事实而提供的证据,人民法院经审查并结合相关事实,认为待证事实真伪不明的,应当认定该事实不存在。法律对于待证事实所应达到的证明标准另有规定的,从其规定
《民诉法解释》第 109 条	当事人对欺诈、胁迫、恶意串通事实的证明,以及对口头遗嘱或者赠与事实的证明,人民法院确信该待证事实存在的可能性能够排除合理怀疑的,应当认定该事实存在

续表

法律条款	具体规范
《处罚办法》 第 16 条	经营者有本办法第五条第(一)项至第(六)项规定行为之一且不能证明自己并非欺骗、误导消费者而实施此种行为的,属于欺诈行为。经营者有本办法第五条第(七)项至第(十)项、第六条和第十三条规定行为之一的,属于欺诈行为
2001 年《证据规定》 第 73 条第 1 款	双方当事人对同一事实分别举出相反的证据,但都没有足够的依据否定对方证据的,人民法院应当结合案件情况,判断一方提供证据的证明力是否明显大于另一方提供证据的证明力,并对证明力较大的证据予以确认
2019 年《证据规定》 第 85 条	人民法院应当以证据能够证明的案件事实为根据依法作出裁判。审判人员应当依照法定程序,全面、客观地审核证据,依据法律的规定,遵循法官职业道德,运用逻辑推理和日常生活经验,对证据有无证明力和证明力大小独立进行判断,并公开判断的理由和结果
2019 年《证据规定》 第 86 条第 1 款	当事人对于欺诈、胁迫、恶意串通事实的证明,以及对于口头遗嘱或赠与事实的证明,人民法院确信该待证事实存在的可能性能够排除合理怀疑的,应当认定该事实存在

从域外法角度看,英美法系在处理刑事案件与民事案件的过程中,对于欺诈采用不同的证明标准。刑事诉讼中,适用“排除合理怀疑”标准,即证明被告涉嫌欺诈构成犯罪必须达到“排除合理怀疑”程度;民事诉讼中,适用“优势盖然性”标准。① 在我国,《民通意见》作为一般司法解释曾适用于消费者权益保护法领域。但笔者认为,其一,发布于 1988 年的《民通意见》本是为了指导解决认定民事行为的法律效力问题,属于司法解释。虽然消费欺诈行为也往往涉及合同效力问题,《民通意见》也经常适用于消费司法实践中,但消费者关系已不仅是平等的民事合同关系,合同效力与惩罚性赔偿责任之间没有必然联系,因此有必要重构消费欺诈赔偿独立的诉讼规则体系。其二,《民诉法解释》将欺诈证明标准由“高度盖然性”标准提高至“排除合理怀疑”标准,可能主要基于以下考虑:降低滥诉可能性、确保交易安全、减少因欺诈而导致合同被撤销或者被认定为无效之情形,以及避免诉讼不当给当事人带来不利影响。然而,这一规定无疑加重了消费者的举证责任,极有可能导致消费欺诈惩

① 吴杰:《英美法系民事诉讼证明标准理论基础研究》,载《法律科学(西北政法大学学报)》2003 年第 4 期。

罚性赔偿责任制度的价值目标落空。其三,《处罚办法》作为部门规章,主要是为了解决指导行政执法问题,用于指导经营违法的行政处罚,不宜作为消费者欺诈案件中的直接援引正式法源。①

三、欺诈认定现行标准之再检讨

前已述及,民事领域中的双方当事人地位平等、交易能力对等、举证能力相当,且解决纠纷的主要目的在于弥补损失,所以基于效率出发,对民事欺诈行为的认定采用"排除合理怀疑"标准是合适的。但消费领域中的双方当事人地位极不平等,法律基于公平角度对消费者倾斜保护,惩罚性赔偿责任的主要目的也不再是填平损失,而是对经营者违法行为进行惩罚,所以其证明标准应不同于民事领域的"排除合理怀疑"标准。

建立多层次证明标准法律体系是一种进步,其考虑了争议案件的复杂多样性;统一适用"排除合理怀疑"这一较高证明标准虽然有利于维护交易安全、预防滥用诉权,但却忽视了消费者权益保护法的经济法属性,忽视了消费者的弱势地位,忽视了惩罚性赔偿责任制度的宗旨目标。根据《民诉法解释》第109条之规定,消费者对经营者欺诈事实的证明需达到"排除合理怀疑"标准,即将消费欺诈的证明标准从"高度盖然性"标准提高到"排除合理怀疑"标准,有助于维护民商事交易安全,但忽略了消费者弱势地位。②

消费领域的欺诈行为不同于民事领域的欺诈行为。在普通的民事合同或者商事交易中,双方主体不仅法律地位平等,而且所拥有的知识经验、所具有的交易能力以及对标的物的熟悉程度一般并无重大差别,一方的欺诈行为也很容易被对方所识破,即使发生了欺诈行为,对于被欺诈一方来说,证明责任也非难以承担。然而,在消费领域,消费者在生理、心理、知识、经验、信息、财力、人力等方面都处于弱势地位,经营者极易利用信息不对称优势实施隐蔽性欺诈行为,而消费者不易觉察。如果消费欺诈与民事欺诈同样严格采用"排除合理怀疑"标准,则无疑会增加消费者的

---

① 韩世远:《消费者合同三题:知假买假、惩罚性赔偿与合同终了》,载《法律适用》2015年第10期。

② 霍海红:《提高民事诉讼证明标准的理论反思》,载《中国法学》2016年第2期。

诉讼成本，加大消费者维权败诉的风险，①当然也就无法彰显消费欺诈惩罚性赔偿责任的应有作用价值。因此，消费者权益保护法领域中的惩罚性赔偿案件不同于民事诉讼中的惩罚性赔偿案件，二者不应适用同样的证明标准。“事实的准确性是审判最重要的目标，但绝非唯一目标，这一观点是被普遍接受的。事实的准确性有一个成本，这个成本有时候可能过高了。一个过于关注事实准确性的法律制度，可能恰恰会侵蚀这一法律试图促进的社会环境。”②尤其是在知识经济时代，产品的技术性、专业性程度更高，消费者难以证明经营者实施了欺诈行为。因此，如果坚守“排除合理怀疑”证明标准，那么，该证明标准就易转变为经营者推卸惩罚性赔偿责任的借口。从社会发展趋势及法治建设进程角度看，惩罚性赔偿责任制度的适用范围应日益广泛，消费欺诈的证明标准应日益降低，消费者的证明责任应日益减轻，乃至适用过错客观化判断标准，即只要存在欺诈行为就应推定经营者存在主观过错，或者扩大举证责任倒置适用范围，减轻消费者诉讼成本。③ 所以，消费者惩罚性赔偿案件中对于欺诈行为的认定不宜适用“排除合理怀疑”证明标准，而仍应适用“高度盖然性”标准。

此外，破解惩罚性赔偿责任案件中欺诈证明标准困境，还涉及过错客观化问题。对于欺诈的判断标准，有学者认为，“依据欺诈是否可能使一个理性的普通人在施以平常注意力的情况下，是否可能产生误解来判断的”④。在现代民法的发展过程中，过错客观化是一个重要趋势，即“用客观标准判断主观故意”。⑤ 所谓过错客观化，即对民事主体主观过错（故意和过失）的认定由主观标准逐步转向客观标准。“客观过错说是以人的行为为判断标准”，依据“欺诈是否可能使一个理性的普通人在施以平常注意力的情况下产生误解来判断的”。⑥ 其理由有二：一是客观标准有利于

---

① 参见刘学在、王静：《民事诉讼中“排除合理怀疑”证明标准评析》，载《法治研究》2016 年第 4 期。

② ［美］艾伦：《艾伦教授论证据法》，张宝生等译，中国人民大学出版社 2014 年版，第 290 页。

③ 参见刘俊海、徐海燕：《论消费者权益保护理念的升华与制度创新——以我国〈消费者权益保护法〉修改为中心》，载《法学杂志》2013 年第 5 期。

④ 崔广平：《欺诈概念辨析》，载《河北法学》2003 年第 2 期。

⑤ 杨立新：《消费欺诈行为及侵权责任承担》，载《清华法学》2016 年第 4 期。

⑥ 崔广平：《欺诈概念辨析》，载《河北法学》2003 年第 2 期。

保护消费者合法权益;二是客观标准有利于实现司法裁判的规范化。[①] 在消费领域中,证明经营者欺诈故意确实比较困难,如果采取客观行为标准,则不至于出现将受害人(消费者)拒之于救济大门之外的情形。换言之,对经营者主观心理状态——过错的认定,应当通过客观行为来判断。对此,梁慧星先生指出,“过错在法律上总是表现为若干事实要件的综合”。“认定过错不是再现行为人实施时的心理活动,而是对一些关键性事实的综合评断。”[②]实际上,《处罚办法》第5条、第6条及诸多地方出台的消费者权益保护法实施细则中列举的欺诈表现形式,都是经营者欺诈过错的客观表现形式。

四、举证责任之分配规则

接下来需要讨论的是,惩罚性赔偿责任追究中的举证责任分配问题。举证责任的分配是当事人诉权的重要内容之一,并通常由法律明确规定。民事诉讼中,遵循“谁主张,谁举证”的基本原则,而举证责任倒置则是指基于法律规定将通常情形下本应由提出主张的一方当事人(一般是原告)就某种事由不负担举证责任,而由他方当事人(一般是被告)就某种事实存在或不存在承担举证责任,如果该方当事人不能就此举证证明,则推定对方的事实主张成立的一种举证责任分配制度。[③] 举证责任倒置,基于实质正义考量,目的在于解决诉讼当事人地位不平等问题。在消费领域,普遍存在消费者“举证难、鉴定贵”的诉讼“瓶颈”,举证责任倒置有利于平衡消费者的弱势地位,有利于促进经营者加强经营管理,有利于维护良好市场秩序。

从民法角度来看,欺诈的意思表示的一切成立要件都应由主张欺诈的当事人来证明,此点毫无疑义。[④] 但是从经济法角度来看,消费者的信息弱势地位以及较弱的诉讼能力决定了,应当适用举证倒置分配规则即由经营者就没有实施欺诈行为而举证。对此,梁慧星先生认为:“依据消法对消费者特殊保护的立法目的及参考发达国

① 参见马一德:《虚假宣传构成欺诈之认定》,载《法律科学(西北政法大学学报)》2014年第6期。

② 梁慧星:《论产品制造者、销售者的严格责任》,载《法学研究》1990年第5期。

③ 参见林春艳:《新消法后首例汽车销售欺诈“退一赔三”案述评》,载《法律适用(司法案例)》2018年第6期。

④ 参见史尚宽:《民法总论》,中国政法大学出版社2000年版,第426页。

家法院的经验,应当采用举证责任转换的法技术。即不要求消费者举证证明经营者具有'故意',而是要求经营者就自己不具有'故意'举证。"①王利明先生也持类似观点,认为"一旦消费者证明经营者将假货当作真货出售,便可以初步认定经营者具有故意出售假货、欺骗消费者的故意,然后,应由经营者对其故意的不存在负举证责任,若无相反证据,则认为欺诈要件满足"。② 因此,在欺诈证明责任分配方面,应由经营者承担自己没有实施欺诈行为的证明责任,消费者仅提供表见证明,③即对经营者欺诈行为的认定适用举证责任倒置分配规则。如果要求消费者证明经营者存在"诱使对方当事人作出错误意思表示的故意",几乎不可能,也不公平。

前文述及,在惩罚性赔偿二元体系下,举证责任规则亦应当有所区别。违约惩罚性赔偿实行严格责任原则,消费者无须对经营者的行为是否构成欺诈举证;侵权惩罚性赔偿实行过错责任原则,由消费者对于经营者提供产品时是否明知其缺陷进行举证。

五、欺诈行为与告知义务

问题还在于,是否所有经营者违反告知义务的情形都构成欺诈?消费欺诈是否以侵犯消费者的知情权为前提?欺诈的本质在于两个方面:一是侵犯了消费者的知情权(《消费者权益保护法》第 8 条)和自主选择权(《消费者权益保护法》第 9 条)。二是扰乱了经济秩序。之所以存在经营者欺诈消费者的可能,最根本原因在于,消费者与经营者之间客观存在且日益固化的信息不对称。要改变这一现状,法律提供了两条路径:一是赋予消费者知情权和反悔权;二是课以经营者告知义务。这两条路径相辅相成,是一枚硬币的两面。

《消费者权益保护法》赋予消费者以知情权,要求经营者全面、真实、客观地告知消费者关于产品(服务)的相关信息,但并非所有的经营者未履行告知义务的情形都构成欺诈行为。前已述及,欺诈行为有着自身的构成要件,需要依法认定。在经营

---

① 梁慧星:《消费者权益保护法第 49 条的解释与适用》,载《人民法院报》2001 年 3 月 29 日,第 3 版。
② 王利明:《也谈王海现象与惩罚性赔偿的运用》,载《判解研究》2000 年第 1 辑。
③ 参见杜亚敏:《论欺诈行为实施者"双倍赔偿"理论之重构——对〈消费者权益保护法〉第四十九条规定的思考》,载《广西社会科学》2006 年第 7 期。

者不具有故意或者重大过失的情况下，如果经营者没有履行告知义务，导致消费者损失，则其有可能需要承担侵权责任或违约责任。譬如，虚假广告虽然侵犯了消费者的知情权，但不足以适用惩罚性赔偿责任，消费者可以通过其他途径寻求救济，如依据《消费者权益保护法》第45条要求经营者承担相应法律责任。再如，在机票超售纠纷中，法律并无明令禁止机票超售且国际行业惯例中普遍存在机票超售现象，出现超售结果主要是由于航空公司对航班机票预订信息掌握不充分不及时，航空公司在主观上并没有虚假宣传或者故意隐瞒真实情况的故意，此时不宜认定为欺诈行为，而应按照违约责任处理。

这里涉及经营者告知义务即信息披露义务的履行范围和履行方式问题。我国目前关于经营者告知义务及其法律责任的规定比较分散，这在某种程度上导致了经营者告知义务与消费者知情权之间的结构性偏差。但整体而言，经营者告知义务比一般合同告知义务要严格，经营者违反告知义务时既有可能承担惩罚性赔偿责任，也有可能承担违约责任。有学者针对传统民法在认定消费欺诈中的困境，借鉴欺诈扩张理论，主张经营者过失违反信息提供义务也构成消费欺诈。① 笔者认为，经营者告知义务的履行范围应当以是否影响消费者作出意思表示为判断要件，即该产品信息是否属于足以影响消费者购买产品或服务的关键信息因素。换言之，经营者告知义务的范围并非穷尽所有的产品（服务）相关信息，而是限于影响交易基础的关键信息。那么，在实践中，哪些信息属于关键信息？一是法律规定必须披露的信息；二是产品性能、产地、材料、价格等重要信息；三是关于产品使用安全及注意事项的相关信息；四是消费者主动询问的信息。对于那些非关键信息，不宜主张惩罚性赔偿，而可以轻微瑕疵为由要求经营者承担修理、更换、重作、退货、减少价款等违约责任。如果经营者违背常识夸大宣传，普通消费者凭生活经验就能识别，不宜认定为消费欺诈。至于告知义务的履行方式，既可以是书面的（如产品说明书），也可以是口头的。当二者不一致时，应当以口头披露的为准。

因此，要把经营者故意、重大过失、过失等主观状态与相关产品服务信息的重要

① 参见胡吕银：《论诈欺的扩张——兼论消费者保护法上“欺诈行为”的主观要素》，载《苏州大学学报》2002年第4期。

性结合起来判断。其一,所有故意行为都应当认定为欺诈;其二,对于一些关键信息、重要信息有重大过失不予履行披露义务、告知义务的,应认定为欺诈;其三,对于一般信息,仅存在过失情形的通常不能认定为欺诈。如果经营者所隐瞒的信息、虚构的信息或者夸大的信息对消费者的自主选择权和公平交易权产生重大影响,那么可以认定为欺诈。"仅作虚假陈述或者故意隐瞒真相而未使消费者陷入错误,构成行政法上的欺诈,新《消费者权益保护法》第五十六条对此有特别规定。"①因此,经营者隐瞒真实信息的范围应当限定在法定主动提供的信息范围内,经营者构成不作为消费欺诈仅限于隐瞒法律规定必须主动告知的产品信息。

需要说明的是,其一,消费者知情权与经营者告知义务在规制模式、规范层次、内容范围、实现机制等方面并非一一对应。② 其二,经营者与消费者信息不对称不是恒定的,而是处于动态调整之中,经营者承担的告知义务也不是绝对的、没有限度的,而应当限定于法定信息、对消费者有重大利害关系的信息以及消费者询问的信息。其三,要考虑不同交易环境、不同交易模式下经营者告知义务的差异化。在传统线下交易模式下,消费者与经营者面对面交流沟通,经营者的信息容易被掌握,但在网络、电视、电话等新型交易模式下,消费者对经营者的真实性、确定性以及商品的质量都难以判断。③ 因此,在电子商务模式下,对消费者告知义务的要求较高。其四,经营者告知义务属于法定义务,应当由经营者主动向消费者履行,不因消费者没有行使请求权而得以免除。④

第四节　惩罚性赔偿制度的规范再造

可以说,认定经营者的"欺诈行为",不仅是一个司法实践问题,也是一个法律制

---

① 谢晓尧:《欺诈:一种竞争法的理论诠释——兼论〈消费者权益保护法〉第49条的适用与完善》,载《现代法学》2003年第2期。

② 参见潘俊:《消费者合同中经营者告知义务的法律构造》,载《中南大学学报(社会科学版)》2018年第1期。

③ See G. Borges & B. Irenbusch, *Fairness Crowded out by Law: An Experimental Study on Withdrawal Rights*, Journal of Institutional and Theoretical Economics, Vol. 163, p. 84 – 101 (2007).

④ 参见万方:《我国〈消费者权益保护法〉经营者告知义务之法律适用》,载《政治与法律》2017年第5期。

度构建问题。[①] 理论上和实践中对于消费欺诈认定的歧异需要通过法律制度创新来弥合，这对于完善我国惩罚性赔偿责任二元体系尤为重要。

一、统一惩罚性赔偿立法

惩罚性赔偿对于弥补消费者弱势地位、填补因经营者欺诈行为造成的社会性损害、抑制经营者机会主义行为与道德风险、维护市场公平竞争秩序具有重要意义。[②] 但上述惩罚性赔偿责任功能的实现，仰赖法律制度的完善，包括"消费者"概念内涵的拓展与《消费者权益保护法》适用范围的扩大、经营者告知义务的明晰、欺诈行为举证责任的倒置等。

着眼未来，我国惩罚性赔偿责任制度的适用广度应适当扩大，适用力度应适度增强，建议通过立法整合，以《消费者权益保护法》作为惩罚性赔偿责任基准法，以《食品安全法》以及汽车、商品房买卖等特殊领域消费立法为补充，构建统一完整协调的惩罚性赔偿责任制度体系。[③] 仅就食品领域的惩罚性赔偿责任制度而言，目前的规定过于原则性，尚未规定专门案由类型。应通过完善食品安全法增加"食品安全责任纠纷"新案由，扩大解释"生活消费"概念，进一步明确"消费者"的范围，将损害后果排除在惩罚性赔偿责任构成要件之外。[④]

在"欺诈行为"概念方面，虽然统一法律规范用语对于法治建设至关重要，但受立法技术所限，法律术语差异化现象非常普遍，要在法律体系中完全统一规范法律术语并不现实也无必要。因此，对"欺诈行为"结合不同的法律部门语境和个案进行细化解释才是正确之道。在我国惩罚性赔偿责任二元体系下，应当对违约惩罚性赔偿责任中的"欺诈行为"进行统一化立法。

---

① 肖斌：《〈消费者权益保护法〉中"欺诈行为"的认定》，载《河北法学》2015 年第 10 期。

② 阳建勋：《我国金融机构惩罚性赔偿责任落空的反思与制度完善》，载《法律科学（西北政法大学学报）》2019 年第 5 期。

③ 刘大洪、段宏磊：《消费者保护领域惩罚性赔偿的制度嬗变与未来改进》，载《法律科学（西北政法大学学报）》2016 年第 4 期。

④ 曹俊金、阮赞林：《〈食品安全法〉中惩罚性赔偿条款适用的实证分析》，载《天津法学》2015 年第 2 期。

二、欺诈行为界定立法设计

《处罚办法》虽然对消费欺诈行为作出了界定和列举,但其属于部门规章,法律效力层次较低,且主要是针对行政执法而言的。同时,该办法对欺诈行为的列举将欺诈方式、欺诈内容、产品质量以及商标专用权等杂糅在一起,缺乏体系性、逻辑性和严谨性。① 要科学制定消费领域的反欺诈行为规范,可以将《民通意见》和《处罚办法》中关于欺诈行为的立法例结合起来,即通过"抽象指引 + 类型列举化"方式,对消费欺诈行为作出细化规定。建议在《消费者权益保护法实施条例》中对"消费欺诈条款"作出如下设计。

首先,对"欺诈行为"作出抽象概括,即从性质上定义消费欺诈行为,明确其法律构成要件。笔者认为,在当前法治建设和市场环境下,应适当逐步放松消费欺诈行为的构成要件,即限于主观——经营者有欺诈的故意或重大过失与客观——经营者实施了欺诈行为两个方面,具体是指经营者在提供商品或者服务过程中对消费者存在虚假陈述、隐瞒事实或歪曲事实的行为。其次,尽量详细明确列举欺诈行为,特别应增加网络消费中出现的信用欺诈等欺诈行为。国家发展计划委员会办公会于2001 年通过的原《禁止价格欺诈行为的规定》以及国家发展和改革委员会于 2015 年发布的《关于〈禁止价格欺诈行为的规定〉有关条款解释的通知》(发改价监〔2015〕1382 号)明确列举了"价格欺诈行为",其虽然属于部门规章及规范性文件,但在消费欺诈行为类型化立法方面提供了有益借鉴。最后,通过"兜底条款"对"其他欺诈行为"作出规定。当然,任何立法都无法也没有必要穷尽所有消费欺诈行为,需要法官结合具体案情,根据立法规定以及举证责任分配规则、裁判规则来综合认定。

需要强调的是,要注意欺诈行为的民事赔偿责任与其他责任的有效衔接问题。科学的打假体系,应当是"政府打假为主、消费者打假为辅、职业打假不复存在"的格局。因此,应当从国家治理体系现代化和社会诚信体系构建的高度来处理消费欺诈行为。在消费者追究经营者惩罚性赔偿责任后,执法机关应主动积极跟进,追究违

① 参见苏号朋、凌学东:《法国消费欺诈行为的法律规制及借鉴》,载《法学杂志》2013 年第 4 期。

法经营者的行政责任乃至刑事责任。

本章小结

我国惩罚性赔偿法律体系已基本建立,形成了违约惩罚性赔偿和侵权惩罚性赔偿二元体系,二者在请求权基础、保护目的、适用条件、法律后果方面都有较大区别。惩罚性赔偿责任制度已经突破了传统民法中损害弥补之局限,具有惩罚、激励、威慑功能,是经济法视阈下的独立责任。消费者提起消费欺诈案件既享有撤销合同请求权,也享有惩罚性赔偿请求权,二者并行不悖,最终由消费者选择决定。将消费欺诈的证明标准从"高度盖然性"标准提高到"排除合理怀疑"标准,增加了消费者的举证负担和诉讼成本。并非所有经营者未履行告知义务的情形都构成欺诈行为,经营者告知义务的履行范围应限于足以影响消费者购买产品或服务的关键信息因素。要统一惩罚性赔偿立法,通过"抽象指引+类型列举+兜底条款"方式界定欺诈行为,并注意欺诈行为的民事赔偿责任与其他责任的有效衔接。

第八章　消费者权益保护法中的公共利益表达

——以国家保护消费者权益的法律责任为视角

对消费者进行倾斜性保护符合实质公平正义。消费者的弱势地位是市场经济发展的必然结果，消费者权益自我保护的障碍以及消费者保护组织的问题，都迫切呼唤更强大的力量——国家担负起更大的责任。国家作为最大的公共组织，其拥有的财力、物力、人力以及可以调动的社会资源是任何个人以及其他组织无法比拟的，其可以用“有形之手”克服市场缺陷，保护消费者合法权益。质言之，不特定消费者的合法权益无疑属于公共利益，消费者权益保护法中的公共利益表达值得研究；增进公共利益是国家的重要职能和责任，保护消费者合法权益“当然”是国家义务。

第一节　问题的提出

2013 年 10 月 25 日通过、2014 年 3 月 15 日开始实施的《消费者权益保护法》涉及个人信息保护、“三包”服务、网络购物、惩罚性赔偿、公益诉讼等内容，对消费者普遍关注的问题都作出了有力回应和明确规定，进一步强化了经营者的义务、扩大了消费者的权利，体现出对消费者倾斜保护的立法理念。因此，我们有理由相信《消费者权益保护法》能给消费者带来更多福音。

然而，欣喜之余，我们不禁要问，消费者权益的保护是不是仅靠一部《消费者权益保护法》？我国消费者权益保护不力主要是因为立法不完善还是其他原因？由此笔者联想到连续多年在中央电视台“3 · 15 晚会”上被曝光的“霸道的苹果”。记者调查显示，美国苹果公司对中国内地的消费者采取与美国、英国、韩国、澳大利亚，甚至中国香港特别行政区等的消费者不同的售后服务政策，其在中国内地的售后维修服务存在很多霸王条款，涉嫌歧视中国内地消费者。面对中国内地消费者的质疑和不满，苹果公司的态度非常蛮横和霸道——“我们不会改变，因为我们是苹果”。

其实，早在2001年，国家质检总局、国家工商总局、信息产业部就联合发布了《移动电话机商品修理更换退货责任规定》，其中明确规定，移动电话机商品实行“谁销售，谁负责”的“三包”原则，换货后的“三包”有效期自换货之日起重新计算。显然，苹果公司保修期大大“缩水”的单方规定违反了中国相关法律的明文规定。然而，国内消费者的维权之路异常坎坷不平，具体表现在“沟通渠道不畅”“找不到售后部门”，甚至“找不到其在华机构全称”“欲诉无门”。即使在中央电视台连续的跟踪报道后，苹果公司也仅仅是草草道歉了事，至今未对其中国售后维修服务政策作出根本性改变，令消费者既无奈又无助。

再联想到“王海现象”、一再爆发的食品安全事故、不断被曝光的产品质量问题，我们不难发现，消费者权益保护是一项复杂的系统工程，仅靠静态的法律规范是不够的，仅靠一部《消费者权益保护法》更是远远不够的。面对“霸道的苹果”，消费者甚至消费者保护协会等组织都显得无能为力，需要国家的力量。因此，面对消费侵权，国家可以有所作为并且应当有所作为。相对而言，学界对于消费者权益保护国家是否可以有所作为倾注了较多笔墨，而对于如何作为则关注不够。从广义上讲，不特定消费者合法权益——公共利益的保护问题属于国家保护消费者权益实现机制的一部分。

基于此，本章以国家保护消费者权益的正当基础、责任逻辑与实现路径为视角，研究消费者权益保护法中的公共利益表达。具体而言，从国家与公民的关系角度入手，结合《消费者权益保护法》相关条文，探讨国家保护消费者权益是否能以及何以能问题，目的在于寻求消费者权益国家保护的逻辑基础及实现路径，从而为构建我国消费者权益保护的公权力机制提供智力支持。

第二节　国家保护消费者权益的理论基础

国家为什么要保护消费者权益，涉及国家对公民履行何种义务、承担何种责任问题。意即，公民与国家之间是什么关系？国家的目的或者说国家的正当性在哪里？

一、国家保护消费者权益的思想渊源

公民与国家的关系一直是政治学研究的核心问题。该问题的本质在于探讨国家的目的和价值，国家的目的和价值通过国家义务和责任体现出来，而国家的义务和责任则是由国家的正当性即国家的产生根源决定的。无论是近代社会契约学说，还是古典功利主义理论，都对国家产生根源问题进行了大胆假设和严密论证，这些思想对后世产生了深远影响，也是我们认识国家保护消费者权益的理论源泉。

在古代和中世纪，自然主义和君权神授论是国家正当性的理论基础。即国家（从严格意义上讲是某个政权）的正当性是自然而然形成的，或者说是建立在某些超验的权威基础之上的，如天意、上帝的意志、神圣法、自然法等。近代以来，受宗教改革、文艺复兴和启蒙运动的影响，人类理性、权利意识开始觉醒，"人"的观念逐渐深入人心。人们开始用人的眼光而非神的眼光看待国家，把国家解释为人造物而非神造物。17 世纪以后，社会契约论开始兴起，成为国家起源、政府目的的重要理论。其核心思想是：人们基于保护自我的目的在自然法的引导下订立契约，建立国家，把一部分个人权利、个人意志让渡给国家，从而形成公共权力、公共意志。

霍布斯作为自由主义的鼻祖，是第一个对社会契约进行全面论证的思想家，他系统地阐明了自然法和自然权利，明确地把个人权利看作国家权力的基础。他认为，在公民社会之前，人类处于原始状态即战争状态，在原始状态下，人类是"孤独、贫困、卑污、残忍而短寿的"。① 为了实现自我保全，摆脱自然状态，具有自然理性的人类制定了自然法——一系列自然权利的集合，进而人们通过订立契约，将部分权利让渡、授予给某个人或某个集体——主权者，当所有人都这样做时，国家便产生了。② 在霍布斯看来，自然权利是自然法的核心，是政治国家建立的前提，也是国家权力的正当性来源。与霍布斯想象的原始社会丛林法则不同，洛克认为，在自然状

① ［英］霍布斯：《利维坦》，黎思复、黎廷弼译，商务印书馆 1985 年版，第 95 页。
② ［英］霍布斯：《利维坦》，黎思复、黎廷弼译，商务印书馆 1985 年版，第 96 页。

态下的人类是按照理性生活的,只是出于占有和保护财产的目的,人类才订立契约,进入公民社会和政治状态。进而,他提出了"天赋人权"的概念,在自然状态下即国家产生之前个人就享有生命权、自由权和财产权,这些与生俱来的权利先于社会而存在,并成为国家存在的目的。"为了规定和保护财产而制定法律的权利……以及使用共同体的力量来执行这些法律和保卫国家不受外来侵害的权利;而这一切都只是为了公众福利。"①相比之下,卢梭走得更远,他不仅把社会契约论作为其政治思想的核心,而且对社会契约论进行了反思和修正。他认为,社会契约的目的在于"人们要寻找出一种组成共同体的形式,使这一共同体能以全部共同的力量来维护和保障每个组成共同体的成员的人身和财富,并使人们仍然像从前一样自由",②并且人民有权解除契约。但是,卢梭反对理性主义和利己主义,认为情感是社会的基础,国家也是道德感化机构。整体而言,霍布斯、洛克、卢梭等思想家都从个人角度解释国家产生和存在的目的,都将国家权威建立在人民意志基础之上,都将保护个人权利视为国家存在的正当性来源。以自然权利为核心的社会契约学说奠定了近代个人与国家关系的理论基础,成为构建国家合法性的理论渊源,在思想上和现实中都取得了巨大胜利,对人类文明进程产生了巨大影响。其作为资产阶级革命最有力的思想武器,直接导致了西方近代政治制度的确立和资本主义国家的建立。随着资产阶级革命的胜利,社会契约学说得以制度化、法律化,并体现在美国《独立宣言》《联邦宪法》、法国《人权宣言》和《法国宪法》、英国《权利法案》等法律文件中。反过来,这些法律性文件又成为公民权利最有效的保障,以及国家行为最基础的规范。

然而,随着资产阶级革命的胜利以及资本主义制度的巩固,思想家开始逐渐放弃斗争和革命意味浓厚的自然权利理论,日益强调个人利益,并从功利主义角度出发,探讨国家和公民之间的关系。其中,以边沁和密尔为代表。

边沁从经验主义出发,把权利看作法律的产物,把个人利益视为人类活动的动因,把公民服从的习惯当作国家的源泉。"国家的目的就是最大程度地促进公共利益,实现社会'最大多数人的最大幸福'。"③在边沁看来,国家的产生是基于人们对

---

① [英]洛克:《政府论》(下),叶启芳、瞿菊农译,商务印书馆1964年版,第132页。

② [法]卢梭:《社会契约论》,何兆武译,商务印书馆2003年版,第19页。

③ [英]边沁:《道德与立法原理导论》,时殷弘译,商务印书馆2000年版,第58页。

个人利益的考量,也就是说,人们在充分衡量国家存在的利弊后,才选择了国家这种组织形式。因而,国家存在的正当性就在于其是否保护了个人利益——安全、财产、平等、自由等,是否增进了社会功利——公共利益。密尔继承并发展了边沁的功利主义思想,奠定了自由主义思想体系基础。密尔从现实主义出发,首先肯定了个人自由、个人利益的价值,并且丰富了个人自由的内涵,即从启蒙思想家主张的个人自由以及边沁和亚当·斯密主张的经济自由扩展到社会自由。他认为,国家和政府并非自然生成的结果,也并非抽象思辨的结果,而是人类智慧选择、实践创造的结果。同时,密尔提出了社会控制的概念,即个人完全自由仅限于有关本人而不涉及他人的利益时,当其行为危害他人的利益时,他就需要对社会负责,应该接受来自社会或者法律的制裁。[①] 可见,密尔修正了启蒙时期的绝对、抽象的权利观念,将个人自由与社会福祉联系起来,试图在个人与社会之间寻求平衡。基于此,国家的存在也不再是一种"必要的恶",国家权力不能再充当消极的工具,而应当发挥积极的职能,主动保护和增进个人利益。

如果说,以霍布斯、洛克、卢梭等为代表的社会契约论者构筑了国家的生成以及义务;那么,以边沁、密尔等为代表的古典功利主义者,则从法律权利等角度证成了国家义务的存在。

回顾西方近代政治思想史,可以发现,思想家关注的重心和研究的重点发生了变化,从国家产生的合法性转向国家权力运作的合理性,从政治权力的正当性转向政治权力的证成性。然而,无一例外,他们都将国家和政府视为一种手段,一种维护个人利益、促进公共利益的手段,这是评价政治权力合法性的根基,也是评价政府好坏的准则。因此,可以说,国家作为一种人类共同体——政治实体,是人类在无政府状态下要求建立秩序的客观选择,即要建立一种有效的、权威的政治秩序和社会秩序。国家与公民的这一逻辑关系正是国家保护消费者合法权益的根基之所在。

二、国家保护消费者权益的价值基础

启蒙思想家关于个人与国家关系的阐述,奠定了个人与国家关系的理论基石。

① 参见王彩波主编:《西方政治思想史》,中国社会科学出版社 2004 年版,第 442 页。

此后,虽然人们对公民权利内容、国家义务范围有不同的理解,但时至今日,国家的正当性在于保护公民权利这一看法已达成共识。个人权利是国家权力的基础,国家是为了更好地满足个人的需要而出现的,国家产生的目的以及存在的价值就在于保护公民的基本权利和自由。公民个人权利决定了国家责任和义务,也决定了国家追求目标的正当性、使用手段的合法性以及国家权力行使的边界。然而,企业经营权与消费者权益都是社会个体所享有的权利,法律为什么要对消费者的合法权益进行特殊的专门保护?这还要从公民权利的发展演进说起。

考察公民基本权利的发展历程,不难看出,人们关于公民权利的认识是逐步深入的,个人自由的范围是不断拓展的。从最初对生命安全、财产安全的追求,发展到经济自由,再发展到社会自由、政治自由、精神自由。相应地,权利也从最初的生命权、人身权、财产权、自由权等基本人权发展到选举权、被选举权、结社权、罢工权等政治性核心权利,再发展到劳动权、环境权、消费者权利、追求幸福权等社会性派生权利。公民基本权利体系最初是为了防范国家公权的侵犯,国家对公民基本权利的保护是消极保护。换言之,只要国家公权不横加干涉和侵犯,公民的基本权利就实现了。17~19世纪,资本主义生产方式全面取代了封建的生产方式,市场经济统合世界经济。"契约自由""权利至上""个人本位"成为时代的代名词,市民社会从政治国家中分离出来。自由资本主义得到了充分发展,个人主义得到了极大张扬,国家对市民社会的经济活动奉行不干预政策,只是充当消极的"守夜人"角色。

自19世纪末始,资本主义社会进入垄断资本主义阶段,伴随工业化和市场化进程,各种新的社会矛盾不断出现和加剧,资本主义各个阶级和阶层之间的利益冲突进一步激化,社会危机、经济危机、生态危机不断爆发,消费侵权、环境恶化、贫富差距等"现代性"社会问题日益严重。自由资本主义时期市民社会权威不断强化,而政治国家权威相对弱化的情况已不能适应社会的发展,建立在古典自由主义思想基础之上的有限国家理念开始发生转变,人们对国家义务有了新认识。为了维持自由资本主义原有的自律性,同时也为了维护社会的稳定,人们强烈呼吁国家权力干预社会经济生活,迫切希望政府介入社会保障和公共福利中来。相应地,国家职能发生了重大变化,从奉行消极经济不干预政策转变为倡导积极的社会管制职能,即越来越强调国家和政府在保障公民权利方面的积极责任。

以消费者权利为代表的社会性权利与生命权、自由权、财产权等传统权利不同。一方面,社会性权利不仅与某个社会个体相关,而且关系全社会的公共利益,表现出经济学中的“搭便车”现象。例如,虚假广告,它不仅侵犯了某个消费者的实际权利,而且对所有潜在消费者都产生了误导,危害了整个社会的竞争秩序。另一方面,传统权利的实现更多地需要国家的消极义务,而社会性权利的实现则仰赖国家的积极义务。例如,通过惩罚性赔偿、行政处罚等加大经营者的违法成本,从而保护消费者的合法权益。此外,个人社会权利的实现和维护,会客观地维护和增进社会公共利益,反之亦然。因此,要鼓励和促进社会性权利的实现。具体到消费者权益而言,经营者违法行为侵害消费者个体合法权益问题属于本元问题,对消费者个体进行行政救济或司法救济,是最基本的国家功能;而侵害潜在的不特定消费者的合法权益以及竞争秩序即公共利益问题属于次元问题,恢复和矫正遭到破坏的社会关系,则是消费者权益保护的延伸功能。因而,国家对消费者进行倾斜性保护,符合社会性权利国家特别保障的特征,符合实质公平正义。

“正义”是一个复合概念,包括诸如自由、平等、机会、安全等因素;又是一个发展的概念,不同的时代有不同的正义观念。在自由资本主义时期,正义观念中的自由因素占据主要地位,而公平、安全则退居次之。“契约自由”是这一时期的核心思想,“每个人都是平等自由的,每个人都是富有理性的,自有意识,自知利害,自会判断,可以通过自由契约、自由竞争、优胜劣汰、各得其所”。[①]“契约自由”本质上是一种功利主义,这种功利主义的正义观导致自由的滥用,导致经济领域中的垄断,导致每个人都成了潜在的受害者。这种“形式正义”的正义观的修正也就成了必需。作为最系统、最权威的社会正义理论的创造者,美国哲学家罗尔斯提出了著名的正义原则。“第一个原则:每个人对其他人所拥有的最广泛的基本自由体系相容的类似自由体系都应有一种平等的权利。第二个原则:社会和经济的不平等应这样安排,使它们被合理地期待适合于每一个人的利益;并且依系于地位和职务向所有人开放。”[②]即正义的第一个原则被称为平等原则,第二个原则被称为差别原则。罗尔斯

① 邱本:《自由竞争与秩序调控》,中国政法大学出版社2001年版,第136页。

② [美]罗尔斯:《正义论》,何怀宏等译,中国社会科学出版社2001年版,第60页。

的正义论是"形式正义"向"实质正义"的转变,是对传统的功利主义价值观念的反思和修正,如从主体抽象平等发展到主体具体平等、从绝对所有权发展到相对所有权、从契约自由发展到契约正义、从过错责任发展到严格责任等,并推动了法律制度的变革和社会法的萌生。那么,为什么说对消费者进行倾斜保护符合实质正义?因为,与经营者相比,消费者处于明显的弱势地位,存在诸多自我保护障碍。

第三节　国家保护消费者权益的现实依据

法律是不同利益主体博弈的结果。消费者问题凸显了消费者和经营者之间的权利冲突、价值冲突和利益博弈,即消费者的生命权、健康权、财产权、知情权等权利与经营者的经营权、财产权、商誉权等权利之间的冲突。从民法角度来看,消费者与经营者是平等的民事主体。但是,这种平等仅是形式平等而非实质平等,相对经营者而言,消费者处于明显不利地位,属于弱势群体。从现实来看,消费者权益的实现,仅靠个人的力量是非常有限的,存在诸多个人保护障碍,消费者在信息能力、经济能力、诉讼能力、心理承受力等方面都处于弱势地位。

一、消费者的信息弱势

消费者与经营者信息不对称,消费者处于信息弱势地位。经济学中的信息不对称或者说信息偏在,主要是指市场交易主体一方比另一方拥有更多的信息。社会分工的客观性和市场规律的必然性决定了信息不对称是一种普遍的经济现象。然而,信息不对称会产生"柠檬市场",导致"逆向选择"和"劣币驱逐良币"的结果。即当交易双方存在信息不对称时,占有信息优势的一方可能会实施欺诈行为,处于信息劣势的一方为了避免利益受损,往往会给出该产品或服务的市场均价——而非同类市场中高品质产品的价格,最终会出现"逆淘汰"机制,即质量高的产品被质量差的产品淘汰。

在消费领域,消费者与经营者之间信息严重不对称,卖方即经营者往往比买方即消费者拥有更多的信息,形成了一种卖方占有信息优势,而买方则处于信息劣势的不均衡状态。[①] 作为产品和服务的设计者、生产者和提供者，经营者对产品和服务的质量和性能最为了解，通常比消费者拥有更多的产品和服务的知识和信息，包括产品的质量、原料构成、制作方法、工艺流程、性能用途、生产成本等，经营者为了自身利益总是宣传甚至夸大对自己有利的信息，隐瞒甚至篡改对自己不利的信息。由于科学技术的日新月异和社会分工的日益发达，新产品层出不穷，商品流通环节逐步增多，普通消费者难以真正把握日益专业化、技术化的产品信息，甚至难以获取自己真正需要的产品和服务，更别说了解产品背后隐藏的质量和性能了。尤其是随着信息技术的迅速发展和广泛应用，网络、电视、电话等新型消费方式的出现，经营者采取的欺诈手段越来越隐蔽，其所提供的文字、图片、画面、实物等产品和服务信息可能是不完整的、夸大的，甚至是不真实的，极易误导消费者。"在信息不对称的情形下，所谓的意思自治或者契约自由成为侵害信息弱势一方利益的工具。"[②]质言之，"信息不对称造成了市场交易双方的利益失衡，影响社会的公平、公正的原则以及市场配置资源的效率"。[③]

消费者信息弱势地位必然会造成不利后果：或者减少消费机会，或者误导消费决策，或者增加消费成本，或者侵害消费者权益，最终会减少消费福利，破坏竞争秩序，阻碍经济发展。为了克服这种市场失灵现象，防止经营者利用信息优势谋取不当利益，避免市场"逆向选择"，解决消费者信息偏在问题，必须发挥国家作用。因为国家在人力、物力、技术、财力等方面有很大优势，既可以通过行政强制手段要求经营者公开更多的产品信息，强化经营者信息披露义务；也可以自己组织力量检查、抽查、化验，加强产品信息披露。

二、消费者的经济弱势

与经营者相比，消费者经济能力有限，处于经济弱势地位。通常而言，消费者势单力薄，无法与实力雄厚的经营者相抗衡。尤其是对于那些处于支配地位甚至垄断地位的电信、银行、交通、医疗、教育等企业而言更是如此，这些行业利益巨大，在市

---

① 参见刘大洪、廖建求、刘建新：《消费信息不对称的法律规制》，载《中国工商管理研究》2004 年第3 期。
② 胡田野：《最新欧盟消费者权益指令的解读与借鉴》，载《河北法学》2012 年第 12 期。
③ 吴云霄、龙子午：《食品安全监管中的信息不对称及其治理》，载《武汉工业学院学报》2011 年第 3 期。

场交易中的优势地位明显。现实中，他们往往会通过“霸王条款”，维持、控制垄断市场，虚抬产品或服务价格、降低产品质量和服务标准，以攫取高额利润；而处于弱势地位的消费者迫于供求关系不得不接受这种不平等的交易。对于其他企业来说，他们也许会利用提高价格以包含损失赔偿费用等方式转嫁损失，而作为个体的消费者却没有这种负担转嫁的机会和能力。① 总之，与经营者相比，消费者的经济实力显得非常单薄，处于不利地位，需要其他力量如国家的特别扶持。

三、消费者的诉讼弱势

与经营者相比，消费者诉讼能力有限，处于诉讼弱势地位。诉讼是一种费时、费力、费心、费钱的专业化活动。消费者维权可能要付出巨大的经济成本、精力成本、时间成本和心理成本。② 以诉讼制度的核心之一——举证为例，“打官司就是打证据”，证据对案件的定性和判决具有决定性作用。然而，消费者与经营者信息不对称的事实决定了消费者举证难的必然结果，在“谁主张，谁举证”的规则下，消费者“举证难”会导致其维权成本极高。

四、消费者的心理弱势

与经营者相比，消费者作为自然人处于心理弱势地位。消费者作为自然人，其与作为组织的经营者最大的区别在于，其是活生生的肉体，其生命、健康、心理容易受到伤害。消费者的这一特质决定了其在消费交易和消费维权过程中，处于一种心理弱势地位，甚至会导致身心痛苦。这也是消费者权益受到侵害的症结之一。

有学者把上述消费者与经营者在知识、信息、资金、资本、判断力等方面的差异称为消费者与企业之间的格差，这种格差不是一种简单的差别而是一种特质的差异，其决定了经营者与消费者是一对非对称群体。同时，经营者与消费者之间的格差是客观存在的，消费者始终处于劣势和从属地位。这种格差也造成了消费者权益个人保护的障碍。当前，我国消费者自我保护意识已经觉醒，维权能力也有很大提

---

① 参见高重迎：《消费者权益维护问题解决途径探析》，载《法学杂志》2013 年第 3 期。

② 参见陈年冰：《重视惩罚性赔偿制度的激励功能——以〈消费者权益保护法〉中的惩罚性赔偿制度为例》，载《西北大学学报（哲学社会科学版）》2013 年第 2 期。

高，但就整体而言，在与经营者的利益博弈中，消费者仍处于弱势地位，“索赔难、投诉难、诉讼难、申诉难”等消费问题仍未得到根本解决。那么，如何扭转这一局面？需要对消费者给予特别支持。这时，消费者保护组织和国家公权力的作用就显现出来了。

五、消费者保护组织存在缺陷

消费者保护协会的目的和宗旨在于实现消费者力量联合，增强消费群体的话语权，从而更好地维护消费者的合法权益，实现消费领域的实质正义。因此，消费者协会作为一种社会自治团体，是弥补消费者权益保护领域“市场失灵”和“政府失效”的应有力量，应以公益性、民间性、自治性为其本质特征。《消费者权益保护法》从社会管理创新的角度，对消费者协会的作用进行了强化规定（第 37 条），包括向消费者提供消费信息和咨询服务，引导合理消费，提高消费者维权能力，参与消费立法，提起消费公益诉讼等。

由前文的分析，可以得知，保护公民权利是国家的基本义务和责任，消费者权利属于公民的基本权利，对其进行国家保护是正当的、必需的，对其进行倾斜保护符合正义论要求。在消费者权益保护方面，国家实现机制体现出特有的属性。消费者权益保护法具有与传统民商事法律不同的立法特点，其以社会为立法本位，以惩罚性赔偿为调整手段，以消费者权益为主要立法内容。传统的诉讼制度已不能完全满足消费者维权的实际需要，应创新消费维权的司法解决机制，建立健全公益诉讼、集团诉讼、小额诉讼等特殊程序规则。

第四节　国家保护消费者权益的实现机制

维护和增进个人利益是国家产生和存在的正当性基础，国家与公民的这一逻辑关系决定了保护消费者权益是国家的基本义务和责任，而保护不特定消费者的个人利益本身就是增进公共利益的体现。消费者权利属于社会性权利，其不仅与某个社会个体相关，而且关系全社会的公共利益。与经营者相比，消费者在信息能力、经济能力、诉讼能力、心理承受力等方面处于弱势地位，面临诸多自我保护障碍。同时，消费者保护协会缺乏独立性、中立性、权威性，未能完全发挥消费者权益保护职能。因此，国家对消费者进行倾斜性保护符合实质公平正义。我国消费者权益保护立法已经相当完善，当务之急在于加强执法，严惩消费侵权行为，创新消费者权益司法保护机制。

一、倾斜立法

消费者问题是随着经济发展而产生的一种社会问题，消费者权益保护亦经历了一个逐步发展完善的历史过程，实现了从自发保护到自觉保护、从个体保护到组织保护、从分散保护到集中保护的转变。与调控其他社会关系一样，国家保护消费者权益的方式也是三类：立法规制、执法规制和司法规制。不同的是，在消费者权益保护方面，国家实现机制体现出特有的属性，即倾斜立法、援助行政和公益诉讼。对消费者权益进行专门立法保护是 20 世纪以后的事情，消费者权益保护法体现出与传统民商事法律不同的立法特点——倾斜立法，即倾斜保护消费者这一弱势群体的合法权益，这集中表现在立法理念、调整方式和立法内容等方面。

任何法律都是各方利益博弈的结果，消费者权益保护法也不例外。然而，任何法律都有自己的立法理念和立法本位。“本位思想”是一个法律部门的基本出发点、基本功能、基本理念，也是一个法律部门区别于另一个法律部门的重要标志。如私法奉行个人本位，以民法为代表；公法奉行国家本位，以行政法为代表。在资本主义早期，亚当·斯密的自由经济思想被奉为圭臬，国家对经济实行消极不干预政策，消费者与经营者的权利义务关系由传统民法调整，倡导法律地位形式平等之精神，遵循消费契约自由之原则，按照违约责任理论处理之方式。到了资本主义中后期，经济垄断、非法用工、不正当竞争、环境污染等“现代性问题”日益突出，消费侵权日益严重，传统的民法理论和法律制度已无法解释和应对这一新的社会现象，迫切需要寻求新的理论和制度进行突破。“从私法观察角度出发所看到的经济关系，不过是两个私人之间以相互平等为前提的关系。这种观点忽视了第三者，即在任何经济关系中都是最大的利害关系人：公众。”①根据自由放任主义理论，“一只看不见的手能

① ［德］拉德布鲁赫：《法学导论》，米健、朱林译，中国大百科全书出版社 1997 年版，第 77 页。

成功地引导着自私追求自己利益的个人来促进社会公共利益”。① 但实践却证明，追求自己利益的人们大多并不能自发地促进社会公共利益；相反，还产生诸多侵犯社会公共利益的行为。因为，与其他利益相比，公共利益主体常常缺位或错位，公共利益更具有脆弱性、更易被侵犯。民法囿于自身的调整对象、调整机制和法益目标，无法调整具有社会性的经济关系并维护公共利益。因此，需要新的法律来满足相应的法律调整需求，对经济生活加以干预，这时，经济法应运而生。在经济法部门看来，市场主体在社会经济活动中，不仅要对交易相对人负责(私人责任)，而且还应当对当事人以外的不特定利益相关人即共同体及其成员负有责任(社会责任)。也就是说，既包括对当代人的责任，也包括对后代人的责任。因此，私人责任往往同时也是社会责任，如经营者的产品质量义务，既是对消费者个人的义务，也是对社会的义务。经济法奉行社会本位，即经济法在经济关系的调整中立足社会整体，以维护公共利益为出发点和落脚点，具有社会公共性。就国家而言，它须代表全局利益、长远利益，依法行使权力(利)，对社会负责；就企业和个人而言，强调自身局部利益的同时，也应注重对社会的责任，不得为了片面追逐自身利益而置社会利益于不顾。社会性，“指的是一种普遍性而非特殊性，一种全局性而非局部性，一种大众性而非个人性。同时社会性也与公共性、公益性和干预性相联系”。社会性也即社会公共性，社会公共性就其范围而言，包含有社会性内涵，带有普遍性、全面性、大众性，而非特殊性、局部性、个人性；就属性而言，包含有公益性内涵，追求利益分配的公平性；就实现程度而言，既有外在强制性、公共决策性，又有私人自治性。② 消费者权益保护法作为经济法部门中的一个重要子部门，并不局限于规范具体当事人的交易关系，而主要着眼于构造自由、公平的市场竞争环境，以法律手段为市场机制的发挥创造条件。消费者权益保护领域的国家规制，已不是传统的行政管理，而是以社会公共管理者的身份着眼于维护经济发展所需的消费秩序和竞争条件的公共管理。因而，国家对消费者关系的调整必须建立在尊重市场机制的基础上，以公共利益的维护为

---

① [英]亚当·斯密：《国民财富的性质和原因的研究》(下卷)，郭大力、王亚南译，商务印书馆 1974 年版，第 27 页。

② 王保树、邱本：《经济法与社会公共性论纲》，载《法律科学(西北政法大学学报)》2000 年第 3 期。

其出发点和归宿；[1]应当建立在充分尊重私人利益的基础之上，"只有在实现普遍利益或公益所必须的时候，才能允许对个人施以强制。此乃自由传统的一项基本原则"。[2]

对于消费者关系，国家采取了特殊的调整机制，即不仅运用传统的民事、行政、刑事的调整手段，而且还采用了一些新兴的调整手段，如褒奖性调整手段、惩罚性调整手段、专业暨社会性调整手段。[3] 其中，惩罚性赔偿制度最具特色。惩罚性赔偿制度的目的在于加大经营者的违法成本、降低消费者的维权成本和提高消费者的维权收益，进而鼓励社会同消费欺诈行为作斗争。关于惩罚性赔偿制度的功能，美国学者戴维·欧文将其归纳为（制裁侵害人的）惩罚功能、（对违法行为的）遏制功能、（鼓舞私人协助执法的）导向功能和（填补受害人损失的）受害人赔偿功能；[4]我国学者王利明先生把惩罚性赔偿制度的功能分为赔偿功能、制裁功能以及遏制功能，[5]这也代表了学界的主要观点。消费者权益保护法领域中的民事责任与传统民法中的民事责任不完全等同。传统民法中的民事责任以补偿性为特征，属于损害赔偿，即损失多少补偿多少，体现出等价有偿的价值观念；以消费者权益保护法为代表的经济法中的民事责任则以惩罚性为特征，属于社会性赔偿，体现出惩罚教育和社会安抚的价值观念，如《消费者权益保护法》中的3倍赔偿、《食品安全法》中的10倍赔偿等。

由于消费者与经营者相比处于先天性的弱势地位，为了实现消费者与经营者之间的实质平等，必须对消费者进行倾斜性立法保护。所以，消费者权益保护法虽然兼顾了消费者的利益和经营者的利益，但侧重保护消费者的合法权益。这种国家对消费者权益立法规制的倾斜保护特点体现在立法内容方面，即着重规定消费者权益。权利和义务是相对的，是法律规范的主要内容。然而，消费者权益保护立法则

---

① 参见卢代富、陈治：《经济法基础范畴刍议——基于社会法研究进路的思考》，载《云南大学学报（法学版）》2003年第4期。

② ［英］哈耶克：《法律、立法与自由》（第3卷），邓正来等译，中国大百科全书出版社2000年版，第2页。

③ 参见史际春、邓峰：《经济法总论》，法律出版社1998年版，第64～65页。

④ See David G. Owen, *Punitive Damages in Products Liability Litigation*, Michigan Law Review, Vol. 74, p. 1257－1287（1976）.

⑤ 参见王利明：《惩罚性赔偿研究》，载《中国社会科学》2000年第4期。

打破了这种平衡，赋予消费者更多权利且施加给经营者更多义务。比如，在我国《消费者权益保护法》中仅规定了经营者的义务和消费者的权利，并没有规定经营者的权利和消费者的义务。这并不意味着经营者不享有权利、消费者不承担义务，也并不意味着经营者的权利不受法律保护、消费者违法不需要承担法律责任。这仅仅意味着，法律除了通过传统民商事法律规制消费行为外，还对消费者权益给予了倾斜性的保护。这在欧盟最新消费者权益保护立法中体现得更为明显，2011 年 10 月 25 日，欧盟消费者权利指令（2011/83/EU）颁布出台，该指令对于欧盟日益增长的跨国远程合同和无店铺销售合同进行了规定，进一步强化了经营者的信息披露义务，即经营者应当以包括纸张、U 盘、光盘、DVD、储存卡、硬盘以及电子邮件等在内的耐用性媒介保存并提供给消费者产品或服务相关信息；该指令进一步扩展了消费者的合同撤销权，即将合同撤销期限延长至 14 天；等等。这些规定明显体现出欧盟消费者权益保护法中的信息透明、利益均衡和私权救济的立法精神。① 可以说，如今，消费者权益保护立法的状况如何，已成为衡量一个国家社会文明发展的程度和法治建设完善程度的一个重要标志。②

二、侧重援助行政

消费者问题的解决、消费者权益的保护，离不开国家立法机关的消费者权益保护立法规制，更离不开行政机关的行政规制，主要包括规制行政和援助行政两个维度。③ 其中，尤以援助行政最具特色。

规制行政，即通过行政权力主动管制处于强势地位的企业，规范经营者行为。一方面，进行事前规制，如通过行政许可、行政认证、产品检验检疫等方式，审查特殊行业的开业条件和经营事项，以及对产品、服务的质量、数量进行监督检查，从而防止消费者权益受到侵害。另一方面，进行事后规制，如通过对违法商业广告的查处，对瑕疵或缺陷产品的没收销毁，对侵害消费者行为的行政制裁等，防止受害消费者范围的扩大。

---

① 参见胡田野：《最新欧盟消费者权益指令的解读与借鉴》，载《河北法学》2012 年第 12 期。

② 参见李昌麒、许明月编著：《消费者保护法》，法律出版社 1997 年版，第 24 页。

③ 参见高重迎：《消费者权益维护问题解决途径探析》，载《法学杂志》2013 年第 3 期。

援助行政,即通过教育、宣传、调解、支持诉讼等方式对处于弱势地位的消费者给予帮助和援助。一方面,向消费者提供产品信息,教育和引导消费者理性消费,提示消费者保护自己的合法权益,提高消费者的素质,解决消费者信息偏差问题,抑制经营者滥用信息优势。另一方面,接受消费者投诉,对所投诉的产品、服务和经营者进行调查,并从消费者的角度进行调解,同时为消费者提供进一步解决问题的方法、途径和建议。尤其是对侵害消费者权益的违法行为,在对企业进行罚款、没收、停业整顿等行政处罚后,还应当向公安机关、检察机关、人民法院提出进一步处罚的行政建议。

规制行政和援助行政相辅相成,共同构成了行政机关对消费者权益的保护内容。在消费者与经营者格差日益扩大的今天,行政执法在惩处经营者违法行为,保护消费者合法权益,维护市场竞争秩序等方面的作用愈显重要,因而援助行政日益成为国家保护消费者权益行政规制的重点。对此,我国《消费者权益保护法》也作出了回应,增加了消费争议解决途径(第39条)。

三、创新诉讼机制

我国《消费者权益保护法》为消费者列明了5种消费维权途径:与经营者(销售者、生产者)自由协商、请求消费者权益保护组织调解、向有关国家行政部门进行投诉、根据与经营者达成的仲裁协议向仲裁机构提请仲裁、向人民法院提起诉讼。

诉讼权作为公民的基本人权已经被越来越多国家的宪法所承认和肯定。① 司法审判被称作维护社会正义的最后一道防线,具有权威性、终局性。因而,司法诉讼途径,即通过法院诉讼程序和裁判规范来解决消费者争议,理应成为消费者维权的重要渠道和最后保障。然而,单个消费者无论是在诉讼知识方面,还是在诉讼能力方面都具有先天的弱势性。在传统的诉讼理论和诉讼制度下,诉讼是一项费时费力、费神、费心的工作,因诉讼所支出的律师费、交通费、文书资料费、误工费、调查费、诉讼费等经济成本可能远远大于消费者因消费侵权所实际遭受的经济损失,更别说因诉讼所造成的时间成本、机会成本、心理成本了。事实上,消费侵权大量存在,而真

① 参见莫纪宏、张毓华:《诉权是现代法治社会第一制度性权利》,载《法学杂志》2002年第4期。

正通过民事诉讼予以解决的则屈指可数。因而,传统的诉讼制度已不能完全满足消费者维权的实际需要,应创新消费维权的司法解决机制。综观国内外理论和实践,这些创新机制无非是围绕“减少费用支出”和“增加赔偿数额”两个方面来进行。以美国为例,一方面,通过非司法程序和简单司法程序减少解决消费争议适用普通司法程序而支出的高额费用,如有条件地免除消费者的律师费用、尽量减少消费者在诉讼中的开支;另一方面,以法律形式规定消费者的最低补偿,并对故意损害消费者利益的债权人和销售者判处较高的罚金,以提高经营者消费侵权的成本。① 这些消费者权益保护司法创新机制,主要体现在公益诉讼、集团诉讼、小额诉讼等特殊程序规则之中。

所谓公益诉讼,是指为了公共利益而提起的诉讼,或者是客观上能够体现或实现公共利益的诉讼。② 公益诉讼在诉讼主体、诉讼费用、赔偿数额、举证责任等方面都对传统民事诉讼有很大突破,被认为是扩大消费者参与社会治理的创新路径,是弥补行政执法不足和传统诉讼制度缺陷的有效措施,是保障消费者合法权益的重要通道。所谓集团诉讼,是指一个或数个代表人,为了集团成员全体的共同的利益,代表全体集团成员提起的诉讼。法院对集团所作的判决,不仅对直接参加诉讼的集团具有约束力,而且对那些没有参加诉讼的主体,甚至对那些没有预料到损害发生的相关主体,也具有适用效力。③ 可见,集团诉讼是针对现实生活中受害消费者人数众多的情况所设计的一种特殊的诉讼模式,对经营者威慑力极大。所谓小额诉讼,即通过在法院设立专门的小额消费纠纷法庭,对那些争议标的较小、争议不大的案件,适用简易程序,以快速、彻底解决消费纠纷,减少消费者讼累。这些简易诉讼程序具有独任审判、形式简单(如立案表格)、送达方便(如电话送达)、一审终审、费用低廉(大多减免)、短期审结(如一个月)等特点。小额诉讼是主要针对传统诉讼程序烦琐、诉讼时间成本高昂的缺陷而设计的特殊诉讼制度,在维护消费者权益、提高诉讼效益、彰显诉讼价值等方面具有重要意义。

---

① 参见张为华:《美国消费者保护法》,中国法制出版社 2000 年版,第 194 页。

② 参见黄金荣:《走在法律的边缘——公益诉讼的理念、困境与前景》,载《法制与社会发展》2011 年第 4 期。

③ 参见范愉:《集团诉讼问题研究——一个比较法社会学的分析》,载《法制与社会发展》2006 年第 1 期。

第五节　我国消费者权益国家保护的现实困难

1993年《消费者权益保护法》实施以来，对于增强我国消费者权利意识、保护消费者合法权益，维护市场经济秩序，发挥了重要的积极作用。然而，时至今日，人们的消费观念、消费能力、消费结构、消费方式、消费习惯都发生了重大变化，该法已显得越来越不适应。正如有学者指出的那样，自《消费者权益保护法》出台至今，学界与实务界不断指出《消费者权益保护法》存在的不足，如适用范围过窄、对消费者的缔约权利保护不够、惩罚性赔偿制度无法真正发挥惩罚与威慑的功能、消费者协会的功能过于弱化等。[①] 正是在这一背景下，2013年10月25日，《消费者权益保护法》出台，该法对"网络欺诈""消费者个人信息泄露""消费维权举证难"等社会普遍关注的问题都有所回应。

一、2013年《消费者权益保护法》亮点

2013年《消费者权益保护法》加大了对消费者权益保护的力度，体现出以人为本的立法理念，有诸多值得肯定之处。其一，针对投诉较多的网购问题，《消费者权益保护法》进一步细化了消费者的知情权（第27条）、选择权（第28条）、损失赔偿请求权（第47条），加大了网络交易平台商的责任，尤其是规定了消费者的单方解除合同权（第28条），即七日无理由退货，符合国际立法关于冷静期（犹豫期、反悔期）的惯例，切实保障网络消费者的合法权益。其二，针对严重困扰消费者的个人信息泄露问题，《消费者权益保护法》进一步细化了消费者的姓名权、隐私权、肖像权（第14条），明确规定了经营者在收集、使用消费者个人信息时应当遵循的原则、目的、方式、范围和条件，明确规定经营者不得擅自泄露消费者个人信息。其三，针对有效促使经营者保证商品质量措施的"三包"问题，《消费者权益保护法》在尊重当事人意思自治的基础上，增加了"七日内退货"的规定（第24条），扩大了消费者退换货的条件。其四，针对缺陷商品消费者"举证难"问题，《消费者权益保护法》实行举证

---

① 参见刘俊海：《修订〈消费者权益保护法〉消费者友好型社会的构建》，载《中国法律》2010年第5期。

责任倒置,即由经营者负举证责任(第23条),在某种程度上缓解了消费者举证难问题,也有利于倒逼经营者提高产品质量。其五,针对经营者责任问题,《消费者权益保护法》将“处以违法所得一倍以上五倍以下的罚款”改为“处以违法所得一倍以上十倍以下的罚款”,将罚款的上限从1万元提高至50万元,加大了对经营者侵害消费者合法权益行为的处罚力度。其六,针对消费侵权赔偿问题,《消费者权益保护法》增加了精神损害赔偿规定,将消费欺诈行为的“双倍赔偿”变更为“三倍赔偿”,不足500元的按500元处理,加大了对消费欺诈行为的惩罚力度,增加了违法成本。另外,《消费者权益保护法》对于消费者范围、消费者权利、经营者义务、消费第三人、缺陷商品召回、免除责任的格式条款效力等问题作出了规定。

当然,消费者权益保护的法律体系不仅限于《消费者权益保护法》。消费者权益保护法律,除《消费者权益保护法》外,还有《民法典》《广告法》《产品质量法》《价格法》等。我国已颁布了《商标法》《药品管理法》《环境保护法》《广告法》《产品质量法》《消费者权益保护法》等一系列保护消费者权益的法律法规。

二、我国消费者权益保护困难

上述这些消费者权益保护方面的法律法规对于改善我国市场环境,提升人民群众的消费信心具有重要作用。然而,我国消费者权益保护的状况并不乐观,经营者误导宣传、价格欺诈、缺斤少两、以次充好、制假掺假等损害消费者合法权益的现象并不少见。消费欺诈、不合理的收费、不公平的格式条款以及维权的困难都表明经营者尚未给予消费者充分的尊重,①群体性消费事件、食品安全事故等恶性案件时有发生。

例如,针对虚假广告问题,2013年《消费者权益保护法》强化了广告经营者和广告发布者的法律责任,规定对那些关系消费者生命健康安全的商品或服务并造成了消费者损害的虚假广告,广告的经营者以及发布者应当与提供该商品(服务)的经营者承担连带责任。

又如,在消费者个人信息保护方面,2012年12月28日,第十一届全国人大常委

① 参见苏号朋:《〈消费者权益保护法〉修改中若干重大问题研究》,载《西部法学评论》2013年第2期。

会第三十次会议通过了《关于加强网络信息保护的决定》,2013 年《消费者权益保护法》对此有了更加明确、严格的规定,但是在现实生活中,经营者非法收集、使用、泄露甚至倒卖消费者个人信息的现象非常普遍,未经消费者同意向其发送商业电子信息的情况也并不少见。个人信息安全受到威胁,垃圾邮件、垃圾短信等充斥着消费领域,困扰着消费者。

再如,在消费信息方面,信息阻滞现象严重。真实全面的产品和服务信息是消费者作出正确选择的前提条件,但各行政部门之间信息沟通不充分,信息传导机制薄弱滞后,使消费领域的机会主义和道德风险大大增加。

三、我国消费者权益保护困难的根源

针对我国消费者权益保护面临的如此困难,我们可以从消费者、经营者等多层面探求根源。从消费者角度看,主要有维权意识不强、法律知识欠缺、维权主动性不够等原因;从经营者角度看,主要有逐利天性、社会责任缺失、企业自律不够等原因。笔者认为,我国消费者权益保护困难的主要根源在于执法不充分,未能发挥其应有的作用。

就立法而言,我国消费者权益保护立法还存在一定不足。例如,在调整范围方面,2013 年《消费者权益保护法》尚未把图书期刊、音像制品等文化产品、精神产品纳入其中;在瑕疵商品的举证责任方面,2013 年《消费者权益保护法》仅把举证责任倒置规定限定在机动车、家电、计算机等耐用商品或装饰装修服务范围之内,且把时间限定为售后 6 个月;在惩罚性赔偿方面,无论是原《侵权责任法》第 47 条相应的惩罚性赔偿之规定,还是 2009 年《食品安全法》(已修改)第 96 条第 2 款的 10 倍赔偿之规定,抑或是 2013 年《消费者权益保护法》第 55 条的 3 倍和 500 元最低限额赔偿之规定,都未对“欺诈”“明知”“食品安全”等核心概念作出界定,并且以商品价款或服务费用作为计算基数难以起到威慑和惩罚消费欺诈行为的作用;在产品召回方面,2013 年《消费者权益保护法》第 33 条对缺陷产品规定了停止生产销售和警示召回制度,但是对“缺陷”的内涵和外延并没有作出具体界定,对因为召回而产生的费用(如运输费用、代用品等)的承担问题亦没有作出规定。

就执法而言,2013 年《消费者权益保护法》第四章专门规定了“国家对消费者合法权益的保护”，对行政部门的监管职责作出了规定，包括商品抽查检验权、行政处罚权、消费者申诉处理权等，这对于消费者合法权益的保护是非常有必要的。然而，也可以说，我国消费者权益保护已基本解决了有法可依问题，执法不严是目前面临的主要问题。

就司法而言，《消费者权益保护法》确立了消费领域的公益诉讼，进一步完善了民事诉讼法中的公益诉讼制度，是我国立法的一大进步。但仍存在以下不足：第一，将消费公益诉讼主体仅限于省级以上消费者协会，同时也未对集团诉讼、小额诉讼作出规定。第二，在举证责任方面，瑕疵产品的举证责任倒置仅限于汽车、耐用消费品、装饰装修等特定商品服务，范围偏窄，且时间偏短。第三，在我国民事诉讼中，针对消费者的行政机关援助制度阙如，无论是在单个消费者诉讼中还是在消费者集体诉讼中，都较难得到行政机关的援助。第四，民事诉讼后的进一步行政查处缺位。现实生活中，国家机关往往把消费纠纷视为涉及个人权利的普通民事纠纷，而非涉及社会权利的特殊经济纠纷，因而其在调处消费纠纷时很少有后续的行政制裁，弱化了对消费违法犯罪行为的打击力度。

第六节　我国消费者权益国家保护的路径选择

投资、消费、出口被称为拉动国民经济增长的“三驾马车”。因此，发挥消费这驾“马车”的威力和作用，使之与投资和出口形成互动，进而最大限度地激发我国经济可持续发展的内在动力，具有重要意义。消费经济的增长、消费比重的提升，在于提振消费信心和完善消费者权益保护，建立消费型社会。切实保护消费者的合法权益，从消费者角度讲，主要是增强消费者权利意识、自我保护意识、文明消费意识，提高消费维权能力等；从经营者角度讲，主要是强化经营者自律，倡导企业社会责任等；从国家角度讲，要健全立法、严格执法、强化司法，这也是本书讨论的重点所在。

一、进一步强化消费者权益保护立法规制

就我国目前而言，仍属于经营者占主动权的“卖方市场”，消费者在市场经济中仍处于被动地位、弱势地位，需要特别的倾斜性保护。但是，与世界各国保护消费者

权益的规律——都经历了以经营者为主逐渐演变为以消费者为主，以效率为主兼顾公平到以公平为主兼顾效率的过程——相吻合，①我国消费者权益保护立法也不是一蹴而就的。随着经济的发展和社会的进步，我国应进一步强化消费者权益保护的立法规制。

第一，扩大消费者权益保护范围，加强服务领域的消费者权益保护立法。近年来，我国人民的生活水平有了极大提高，消费方式也有了很大改变，消费领域逐步拓展，医疗美容、金融保险、交通旅游、汽车产品、商品房等消费在整个消费市场中所占的比重越来越大，因此而产生的消费纠纷也呈明显上升趋势。尤其是电信、电力、铁路、航空、公交、生活用水等垄断领域，亟须纳入消费者权益保护领域，用特殊的法律进行规制。

第二，进一步完善惩罚性赔偿制度。前已述及，惩罚性赔偿的目的不仅在于简单地对消费者个体的损失予以填补，而且具有激励功能和遏制功能，即“吓阻经营者选择侵犯他人权益的行为模式，从而促使社会资源配置趋近最优化的选择”。② 我国虽然早在1993年《消费者权益保护法》中就首次确立了欺诈消费者的“双倍赔偿”规则，在2009年颁布实施的《食品安全法》中规定了“十倍赔偿”规则，但是，我国消费领域内的欺诈行为尚未得到遏制，惩罚性赔偿的激励功能未能充分发挥。究其原因，主要有赔偿数额较低、过错（欺诈）难以认定、举证成本较高等因素。随着我国市场经济的逐步成熟，要进一步扩大惩罚性赔偿制度的实践效果，应进一步完善惩罚性赔偿制度，应从最主要的两个方面——赔偿数额和过错认定入手。应当说，在目前的经济发展水平下，普通消费领域“三倍赔偿”、特别（食品）消费领域“十倍赔偿”是比较适宜的。但与消费者维权所付出的巨大的心理成本、时间成本、经济成本、精神成本等相比，目前的惩罚性赔偿数额还是显得较低，远远小于经营者的违法收益，这在某种程度上助长了消费侵权行为。诚然，随着市场经济的逐步完善，应增加惩罚性赔偿的额度，采取“下有保底、上不封顶”的立法态度。同时，对于过错——欺诈的界定应当具体、宽松，不应苛求经营者的主观故意，不应苛求消费者的主观状

① 参见陈红霞：《论〈消费者权益保护法〉的修订》，载《消费导刊》2009年第20期。
② 陈年冰：《重视惩罚性赔偿制度的激励功能——以〈消费者权益保护法〉中的惩罚性赔偿制度为例》，载《西北大学学报（哲学社会科学版）》2013年第2期。

态,更不应苛求消费者的缔约行为与经营者的欺诈行为之间有因果关系。① 应当采取客观标准说,即只要实施了欺诈行为,就应当认定“欺诈”已经成立,而不考虑经营者的主观心理状态,更不考虑消费者是否基于经营者的欺诈行为而作出了错误判断和意思表示,从而降低举证成本。也就是说,对于“知假买假”甚至是“职业打假”行为都应当予以认可和支持。通过提高消费者维权的主动性和积极性,增加经营者的违法成本,实现风险成本向利益制约机制的转变,进而实现法律的外部强制性规制向经营者内部自律规制的转变。

第三,进一步完善消费救济制度。消费救济制度应遵循节省救济成本之原则,通过行政救济和司法救济两方面来完善。就行政救济而言,应建立健全消费者援助制度:一是替代性纠纷解决机制(Alternative Dispute Resolution,ADR),即赋予援助行政组织裁判外纠纷解决机关调解权、斡旋权,以区别于传统的命令权、规制权。二是民事制裁金制度(Civil Penalty),即欺诈消费者的经营者除承担民事损害赔偿外,还要承担行政罚款责任。三是民事诉讼援助制度,如美国的“法庭之友”(Amicus Curiae),即在消费诉讼中,行政机关可以作为第三者向法院提供与案件相关的证据、信息、意见等,以改善消费者的弱势地位。② 另外,根据我国国情建立健全消费者争议仲裁制度、先行赔付机制,赋予市场监督管理部门消费纠纷行政裁决权,赋予消费者向法院申请支付令和执行令等权利,减少诉讼环节和诉讼成本。在司法救济方面,应完善公益诉讼、集团诉讼、小额诉讼制度。

二、进一步强化消费者权益保护行政规制

徒法不足以自行。我国消费者权益保护立法虽然还存在一定不足,但已经比较健全,消费者权益保护不力的主要问题在于执法。消费者权益保护考量着我国公共监管机制,笔者建议,进一步强化消费者权益保护行政规制,应从以下三个方面入手。

其一,加强消费普法宣传,加大经营者对其产品和服务的信息披露力度,充分保

① 参见徐海燕:《论我国〈消费者权益保护法〉修改中的惩罚性赔偿制度的完善》,载《西部法学评论》2013 年第 2 期。

② 参见高重迎:《消费者权益维护问题解决途径探析》,载《法学杂志》2013 年第 3 期。

障消费者的知情权。从基本权利角度来看,消费者的权利涉及公民的生命健康、财产安全、信息保障等。经营者的经营状况、产品的优缺点、服务的相关信息等是消费者进行消费选择的基础。保障消费者最大限度的知情权,对于增强消费者的选择能力和自我保护能力具有重要意义。在现实中,消费信息传导机制不健全是我国消费者权益保护不力的重要根源之一。

虽然经济学假定的"完全信息"状态不可能在现实生活中存在,但是可以通过法律规制对消费信息不对称进行克服。其主要有两种方式:一种是保障消费者的知情权,由经营者或政府向消费者进行信息披露;另一种是通过制度创新来实现。① 知情权是"公民、法人和其他组织对国家机关要求公开某些信息的权利和不受妨碍地获得国家机关公开的信息的自由"。② 消费者的知情权,也称"知悉权"是指"消费者依法享有的了解与其购买、使用的商品和接受的服务有关的真实情况的权利"。③ 知情权的实现仰赖信息公开。"知情权与信息公开恰如一枚硬币的两面,信息公开即为实现公民知情权的制度路径。"④知情权本身就包括两个层面:公法意义上的知情权,即公民所享有的从国家公权力机关获取、知悉相关国家管理相关信息的权利;私法意义上的知情权,即消费者所享有的从经营者获取、知悉相关产品和服务相关信息的权利。公法意义上的知情权义务主体主要是国家相关机关,包括市场监督管理部门、卫生部门、质量技术监督部门、食品药品监督管理部门,其提供的内容主要包括产品和服务质量信息、风险评估信息、检测和预警信息、产品教育宣传信息,国家相关部门应当主动发布或者依申请公开产品相关信息。⑤ 同时,政府是企业信息、产品信息、服务信息等消费信息的主要信息源,所掌握的消费信息从整体上来看是最权威、详尽的,在个体上也仅次于经营者。从国家治理来看,推进消费信息公开不仅是保障消费者知情权的重要途径,也是推动公众参与社会治理的重要途径。因此,国家在保障消费者知情权方面负有主要义务,应担当起基础性消费宣传责任,应使

① 参见应飞虎:《从信息视角看经济法基本功能》,载《现代法学》2001 年第 6 期。

② 刘杰:《知情权与信息公开法》,清华大学出版社 2005 年版,第 51 页。

③ 李昌麒:《经济法学》,法律出版社 2008 年版,第 331 页。

④ 纪建文:《知情权:从制度到社会控制》,法律出版社 2012 年版,第 162 页。

⑤ 参见曾祥华、蔡永民:《食品安全中的人权初探》,载《科学·经济·社会》2009 年第 1 期。

其掌握的消费信息最大限度地流向消费者。

一方面，要建立健全消费信息收集、沟通和交流机制。为了解决现实中各行政部门之间由于监管分工不合理、信息沟通不充分而导致的互相推诿现象，应梳理消费信息传导途径，最终建立规范的消费信息传导机制。比如，由卫生行政部门收集与食品安全相关的信息，包括国家食品安全整体状况、食品安全标准、食品安全事故及其处理信息、食品安全评估和风险警示信息等。另一方面，要建立健全消费信息发布、共享和公开机制。国家相关监督管理部门应及时、准确、全面、客观地公布相关产品信息，建立不同类别的商品和服务信息统一公布制度。虽然，市场监督管理、食品药品监督管理、农业行政管理等部门在各自的职责范围内可以收集产品和服务的相关信息，但笔者认为，由市场监督管理部门统一公布普通消费信息比较适宜，即应将消费信息汇总到专门市场监督管理部门，由市场监督管理部门进行筛选，将那些有用的、准确的消费信息，通过发布平台告知消费者。此外，要重视媒体作用，广开信息披露渠道，构筑多元化的信息发布平台和查询平台。信息技术的迅速发展，为政府信息公开提供了坚实的物质基础。应整合现有的政府信息网络平台，避免信息重复发布，减少信息冲突，增强信息发布的及时性、确定性、权威性和准确性。笔者建议，可以按产品和服务类别建立一个统一的信息发布平台和查询平台，尤其是应把电视媒体、报纸期刊、固定宣传点、短信电话等传统方式和手段，与网络、微博、微信等现代信息交流平台结合起来，形成一个权威性的综合消费信息库和多元化的信息交流平台，以满足消费者不同层次不同类别的信息需求。

其二，要进一步建立健全消费监管体制，实行联合执法、协同执法，强化监管部门间的协调与合作。多层次、多环节、多部门监管是我国行政监管的普遍模式，正如前文所述，我国消费者权益保护困难的根本原因是各个部门没有发挥应有的作用和功能。为此，笔者建议，一方面，要建立健全监管部门协调合作机制，形成互补式的监管网络。市场监督管理、工信、商务、卫生、税务等国家监管部门各有各的优势。市场监督管理部门在企业基本情况和经营动态方面有明显的信息优势；卫生行政部门在产品的卫生监管方面有明显的经验优势，检验检疫部门在产品的质量检验方面有明显的技术优势。因此，要防范本位主义，发挥比较优势，加强沟通、统筹组织、消除分歧，分享监管信息。另一方面，要建立健全各部门间的协商磋商机制，提高监管效率，尽量减少监管的阻力和空隙。消费监管各部门除加强消费信息交流、互相提供技术支持外，还应当建立联动机制，加强跨部门、跨地区合作，从而更好地保护消费者权益。

其三，要严格执法，主动查处，接受投诉后持续跟进，严厉查处消费侵权行为，加大消费监管力度。完善立法只是使保护消费者权益有法可依，切实保护消费者权益需加强执法力度，做到有法必依、执法必严、违法必究。为此，一方面，要提高消费违法行为的风险成本，加重违法心理压力。例如，可以通过高额的行政处罚、巨大的民事赔偿、较重的刑事处罚以及“黑名单”制度等，加大违法成本，甚至是让违法企业走向破产。再如，可以通过扩大虚假广告发布者、中介组织、执法人员等相关主体连带责任的范围，增强执业风险成本，严厉打击消费侵权行为。另一方面，要对消费损害采取补救措施。虽然法律规定经营者应当向消费者提供经营地址、联系方式、风险警示、售后服务情况等真实、必要的信息。但在现实生活中，不提供这些信息的现象大量存在，导致消费者维权无门。在这种情况下，消费者可以向国家市场监督管理机关等部门投诉，由相关部门对商品的销售者或者销售平台进行查处。尤其是当产品存在缺陷时，国家应采取及时的紧急补救措施，包括通过各种方式和途径及时告知消费者，销毁相关产品，或者敦促经营者召回相关产品，并及时补偿消费者。此外，建立消费者立法、执法和司法沟通机制，解决消费者权益科学立法、及时执法和准确司法问题。对那些市场欺诈、制假贩假等违法行为，要发挥检察机关的作用。检察机关不仅要介入重大消费侵权事故，严厉打击消费领域违法犯罪行为，而且要发挥监督职能，立案查处那些涉嫌渎职失职等保护消费者权益不力的行政机关。因此，笔者建议，在接到消费者的投诉后，首先，要对投诉事件进行初步调查、调解，支持消费者诉讼，保护消费者个体的合法权益；其次，要对经营者行为进一步调查，如果经营者违反了相关法律，需要进行行政处罚，则要坚决进行查处，采取包括罚款、没收违法所得、停业整顿、吊销执照等处罚措施；最后，对于涉嫌犯罪的，应及时向公安机关、检察机关移送相关材料，从而保护消费者整体的合法权益。当然，国家消费监管职能的有效发挥，离不开强有力的社会监督、新闻监督；国家监管部门也要善于利用舆论威慑力量和公民参与机制，通过媒体曝光、有奖举报等制度净化消费市场。

三、进一步强化消费者权益保护司法规制

即使事前防范措施充分、国家监督管理机关正常履行职责，也不能完全杜绝消费侵权行为。此时，健全的消费维权保障机制就显得非常有必要。然而，消费者的弱势地位决定了传统诉讼制度的程序烦琐、成本高昂、技术专业等特点，不利于消费者维权的顺畅实现。因此，有必要创新传统司法程序，降低维权成本。笔者认为，我国要进一步强化消费者权益保护司法规制，亟须建立健全公益诉讼、集团诉讼、小额诉讼等诉讼制度及其相关配套措施。

在学者的呼吁下，我国 2012 年修改的《民事诉讼法》确立了公益诉讼制度，该法第 55 条规定："对污染环境、侵害众多消费者合法权益等损害社会公共利益的行为，法律规定的机关和有关组织可以向人民法院提起诉讼。"该条被认为是我国诉讼立法的一大进步，也为消费公益诉讼提供了法律依据。然而，2012 年《民事诉讼法》并未对公益诉讼的具体方案作出设计。2013 年《消费者权益保护法》进一步规定了消费公益诉讼。该法第 47 条规定："对侵害众多消费者合法权益的行为，中国消费者协会以及在省、自治区、直辖市设立的消费者协会，可以向人民法院提起诉讼。"很显然，2013 年《消费者权益保护法》也未对公益诉讼的具体制度构建作出详细规定。公益诉讼是一项复杂的系统制度，涉及诉讼主体、对象、范围、诉讼前置程序等内容，其中最核心的就是诉讼主体问题。笔者认为，公益诉讼既要充分保护消费者个人合法权益，也要保护公共利益，更要防止浪费司法资源，防止滥诉。同时，确定公益诉讼主体时应当考虑该主体代表的权威性、广泛性以及司法资源的高效性等因素。我国应借鉴国际通行做法，扩大公益诉讼原告主体，赋予检察机关（主要的第一顺位）、社会组织（第一顺位）和公民、企业（第二顺位）公益诉讼起诉权。另外，可以采用前置审查起诉模式，[①]即消费者个人要先履行相应的举报或控告义务，只有在其他国家机关不予救济时才提起公益诉讼。

现实生活中，因虚假广告、产品缺陷、假冒伪劣产品等造成恶性消费事故的例子并不少见，由此造成受侵害消费者人数众多，涉及面广。对此，可以借鉴集团诉讼模

---

① 参见蔡巍：《美国个人提起公益诉讼的程序和制度保障》，载《当代法学》2007 年第 4 期。

式,即由一个或几个代表人,代表所有受害者(集团)提起诉讼,法院对于案件的判决不仅适用于那些直接参加诉讼的代表人,而且适用于没有参加诉讼甚至尚未意识到损害发生的相关人员,从而节约司法资源,减少讼累。

我国2021年《民事诉讼法》已经有简易程序的规定,但是该简易程序对于那些争议标的较小的案件而言仍然烦琐,成本仍然高昂。为此,可以在基层法院专门设立小额消费纠纷法庭,适用比简易程序更简易的程序,实现"及早立案、及时审理、及时裁判",节省诉讼成本。①

最后需要说明的是,上述诉讼制度的创新离不开举证责任倒置、诉讼时效延长、赔偿标准提高等消费者维权保障机制的创新。只有把消费者权益与公共利益结合起来,才能更好地保障消费者合法权益,促进市场经济良性健康发展。

本章小结

保护公民权利是国家的基本责任和义务,消费者的弱势地位决定了需要对其进行专门的倾斜保护。从立法规制来看,消费者权益保护法以社会为立法本位,以惩罚性赔偿为调整手段,以消费者权利为主要立法内容。我国消费者权益保护立法已经非常完善,但消费者权益保护仍面临困难,究其原因就在于执法不充分,国家尚未担负起相应的职责。对此,应加大消费信息披露力度,充分保障消费者的知情权;加强消费监管联合执法、协同执法,强化监管部门间的协调与合作;加大消费监管力度,接受投诉后持续跟进。同时,要创新消费者权益保护司法机制,建立健全公益诉讼、集团诉讼、小额诉讼等特殊程序规则。

① 齐树洁主编:《民事程序法》,厦门大学出版社2002年版,第196页。

第九章　慈善法中的公共利益表达

——以我国慈善组织公信力的法律重塑为视角

在当今社会，社会组织担负增进公共利益的重要职能，社会组织立法中当然应当以公共利益为法益目标。在所有社会组织中，慈善组织是最具有代表性的一类，维护公共利益是慈善组织公信力的源泉。习近平总书记强调，要“全面提高依法防控、依法治理能力”，“依法规范捐赠、受赠行为，确保受赠财物全部及时用于疫情防控”。[①] 在社会主义现代化建设的新时期，我国慈善事业发展面临新格局，承载弘扬中华民族传统美德、践行社会主义核心价值观的历史重任。公信力的高低是决定慈善事业能否健康可持续发展的关键因素，提升慈善组织公信力是国家治理能力建设的应然要求。那么，影响我国慈善组织公信力的根源在哪里？对此，学界尤其是法学界进行了深入研究，提出了诸多建设性的意见。全面推进依法治国，需要对我国慈善立法进行系统梳理，反思法治建设中影响慈善组织公信力的深层次原因。因此，本章以我国慈善组织公信力的法律重塑为视角探讨公共利益在社会组织法中的表达问题。

第一节　慈善组织的公信力及其源泉

公信力是慈善组织生存之基，公益性是慈善组织公信力之源。无论是国外还是

---

① 《习近平主持召开中央全面依法治国委员会第三次会议强调　全面提高依法防控依法治理能力　为疫情防控提供有力法治保障》，载《人民日报》2020 年 2 月 6 日，第 1 版。

国内,公信力都是衡量慈善组织影响力最重要的指标,公信力的强弱直接决定了该慈善组织筹款能力的大小。

一、公信力不足是我国慈善事业面临困境的根源

应当肯定,改革开放40多年来,我国慈善事业发展蓬勃,慈善意识明显增强,慈善力量不断壮大,慈善活动踊跃积极,在应急救灾、扶贫济困、医疗救助、扶老助残、改善民生、教育科研、国际援助等公益事业中发挥了重要作用。但不可忽视的是,我国慈善氛围仍不浓厚、慈善捐赠潜力激发不够,慈善事业发展不够健康。

"一方有难,八方支援。"中国从不缺乏慈善的基因和文化。新冠疫情暴发后,社会各界慷慨解囊、守望相助,捐款捐物、奉献爱心。然而,在这些捐赠款物的接收、分配和使用中,慈善组织工作的效率低下、不规范、不透明甚至不合法问题再次暴露出来,受到社会公众的强烈批评。

慈善组织的公信力危机是一个全球话题。慈善事业既是一种自愿性的社会共享机制,也是一种国家治理体系中的风险化解机制。公信力的缺失,会降低慈善组织获取资源的能力,增加慈善活动成本,甚至会恶化社会风气。对我国来说,大力发展慈善事业,是推进国家治理能力现代化的重要议题。① 慈善法治体系是我国国家治理体系的重要组成部分,提升慈善组织公信力是国家治理能力建设的应然要求。当前我国慈善事业发展日益面临"草根性慈善组织"合法性缺失、"官方性慈善组织"定位不明确、慈善组织内部治理不规范、慈善组织运营缺乏有效监督、慈善组织公信力不高等问题。面对我国慈善事业发展的问题,我们要寻求背后的深层次根源。

二、公信力源自慈善组织公益性

公信力本质上是一种社会认同。慈善组织的社会信用和社会影响源于社会公众对慈善组织的认识和评价。慈善组织公信力的生成受慈善文化、社会期望、信息传递等多种因素影响,信任一旦受损要在多次正向回馈后方能慢慢恢复重建。研究

---

① 参见许琳、王扬笛:《从慈善需要到慈善行为》,载《西北大学学报(哲学社会科学版)》2020年第1期。

表明,公共意识、慈善知识、普遍信任、媒体认知、捐赠事件等因素共同影响社会公众对慈善组织公信力的评价。个人效能感越强,慈善组织公信力评价越高;普遍信任程度越高,慈善组织公信力评价越高;媒体认知越高,慈善组织公信力评价越高。①

从慈善文化发展历史轨迹看,社会认同在现代慈善中发挥的作用越来越大。认同度的高低是慈善组织获取慈善资源能力高低、提供公益服务积极性强弱的决定性因素。官办慈善的合法性基础和认同机理在于,自上而下的国家公权力运作逻辑。也即,传统官办慈善的认同更多的是自上而下的权力认同,而非社会的自觉认同。随着社会转型的推进及网络媒体的发展,自下而上的社会评价性认同逐渐彰显,并迸发巨大的行动效力,成为公办慈善问题爆发的根本因素。② 因此,社会认同是现代慈善文化的重要表征,是大众慈善行为的内在原因,而以慈善动机、慈善观念、慈善行为为表征的慈善文化则是影响慈善事业的根本动因。③

社会认同根植于慈善组织的公益性。慈善组织以公共责任、公共利益为价值目标,以公众认同、公众参与为运行基础,以“取之于民、用之于民”为运作逻辑。有学者在考察英美法的基础上提出,慈善具有的公益品质,是慈善法的灵魂。④ 例如,英国慈善法首先确立了公益原则,也即解决了慈善的价值问题。⑤ 因此,要提升慈善组织的公信力,应当从强化慈善组织的公益性入手。

三、慈善组织的法律定位

我国慈善专门立法肇始于 1993 年的《红十字会法》(已修改)。“1998 年洪灾”的发生,将我国公益事业立法提上日程,1999 年出台的《公益事业捐赠法》,成为我国公益事业捐赠基本法。国务院连续出台了《关于促进红十字事业发展的意见》

---

① 参见石国亮:《慈善组织公信力的影响因素分析》,载《中国行政管理》2014 年第 5 期。

② 参见秦振兴:《认同分化与文化阻滞——社会认同视角下官办慈善危机的发生机制》,载《理论月刊》2019 年第 9 期。

③ 参见周忠华、黄芳:《慈善文化的多层性与核心价值观的引领》,载《中州学刊》2017 年第 10 期。

④ 参见杨道波:《慈善法中的公益——基于英美法的考察》,载《温州大学学报(社会科学版)》2016 年第 1 期。

⑤ 参见吕鑫:《法律中的慈善》,载《清华法学》2016 年第 6 期。

(国发〔2012〕25 号)、《关于促进慈善事业健康发展的指导意见》(国发〔2014〕61 号)、《关于推进社会公益事业建设领域政府信息公开的意见》(国办发〔2018〕10 号)等规范性文件。与此同时,我国慈善事业立法进程明显提速,2016 年出台了《慈善法》,并成为我国慈善事业基本法。另外,《突发事件应对法》《企业所得税法》《基金会管理条例》《自然灾害救助条例》等法律法规中,也有诸多关于灾难援助和慈善组织管理的内容。可以说,我国慈善法律体系已经建立,慈善法律制度比较完善,慈善事业已纳入法治轨道。

从功能角度看,我国慈善法律体系包括三个层次。第一层次是以《公益事业捐赠法》《慈善法》《红十字会法》等为代表的一系列针对慈善事业发展的专门法律法规,构成了我国慈善法律部门的核心层。第二层次是以《突发事件应对法》《基金会管理条例》《自然灾害救助条例》《社会团体登记管理条例》《社会救助暂行办法》等为代表的一系列针对灾难援助和慈善组织管理的法律法规,构成了我国慈善法律部门的主体层。第三层次是以《基本医疗卫生与健康促进法》《企业所得税法》《防震减灾法》《审计法》等为代表的相关法律法规,构成了我国慈善法律部门的保障层。具体如表 9 - 1 所示。

表 9 - 1　我国慈善法律体系一览

层次	法律法规	主要内容(示例)
核心层	《红十字会法》(1993 年制定,2009 年修正、2017 年修订)	是我国红十字会管理基本法,规定了红十字会的基本总则、组织、职责、标志与名称、财产与监管、法律责任等
	《公益事业捐赠法》(1999 年制定)	是我国公益事业捐赠基本法,规定了我国公益捐赠事业的基本总则、捐赠和受赠、捐赠财产的使用和管理、优惠措施、法律责任等
	《慈善法》(2016 年制定)	是我国慈善事业基本法,规定了慈善基本总则、慈善组织、慈善募捐、慈善捐赠、慈善信托、慈善财产、慈善服务、信息公开、促进措施、监督管理、法律责任等

续表

层次	法律法规	主要内容(示例)
主体层	《突发事件应对法》《基金会管理条例》《自然灾害救助条例》《社会团体登记管理条例》《社会救助暂行办法》等	如《突发事件应对法》第 34 条规定,“国家鼓励公民、法人和其他组织为人民政府应对突发事件工作提供物资、资金、技术支持和捐赠” 再如,《基金会管理条例》第 2 条规定,“本条例所称基金会,是指利用自然人、法人或者其他组织捐赠的财产,以从事公益事业为目的,按照本条例的规定成立的非营利性法人”
保障层	《基本医疗卫生与健康促进法》《公共文化服务保障法》《教育法》《体育法》《科学技术进步法》等	主要是关于鼓励社会捐赠的法律制度 如《基本医疗卫生与健康促进法》第 12 条规定,“国家鼓励和支持公民、法人和其他组织通过依法举办机构和捐赠、资助等方式,参与医疗卫生与健康事业,满足公民多样化、差异化、个性化健康需求。公民、法人和其他组织捐赠财产用于医疗卫生与健康事业的,依法享受税收优惠”
	《企业所得税法》及实施条例,《个人所得税法》及实施条例,《归侨侨眷权益保护法》,《志愿服务条例》等	主要是关于支持慈善事业发展的法律制度 如《企业所得税法》第 9 条规定,“企业发生的公益性捐赠支出,在年度利润总额 12% 以内的部分,准予在计算应纳税所得额时扣除;超过年度利润总额 12% 的部分,准予结转以后三年内在计算应纳税所得额时扣除”
	《民办非企业单位登记管理暂行条例》《民办教育促进法实施条例》《事业单位登记管理暂行条例》等	主要是关于捐赠财物使用管理的法律制度 如《民办非企业单位登记管理暂行条例》第 21 条第 3 款规定,“民办非企业单位接受捐赠、资助,必须符合章程规定的宗旨和业务范围,必须根据与捐赠人、资助人约定的期限、方式和合法用途使用。民办非企业单位应当向业务主管单位报告接受、使用捐赠、资助的有关情况,并应当将有关情况以适当方式向社会公布”
	《防震减灾法》《村民委员会组织法》《汶川地震灾后恢复重建条例》等	主要是关于信息公开的法律制度 如《防震减灾法》第 77 条第 1 款规定,“禁止侵占、截留、挪用地震应急救援、地震灾后过渡性安置和恢复重建的资金、物资”
	《审计法》等	主要是关于审计监督的法律制度 如《审计法》第 23 条规定,“审计机关对政府部门管理的和其他单位受政府委托管理的社会保障基金、社会捐赠资金以及其他有关基金、资金的财务收支,进行审计监督”

慈善组织是慈善事业的重要主体,也是发展我国现代慈善事业的核心力量。那么,我国法律关于慈善组织的定位是否明晰、得当?通过分析《公益事业捐赠法》《慈善法》《红十字会法》等法律法规对于"公益事业""慈善组织""慈善活动""慈善捐赠"等概念的界定,可以发现,我国慈善法对于慈善组织的定位是明确的、清晰的,即慈善组织是公益性组织(如表9-2所示)。详言之,慈善组织应当以追求公共利益为旨归,其公益性主要体现在公共性、非营利性、公平性等方面。

表9-2　我国慈善组织法律定位

相关概念	法律法规	法律定位
公益事业	《公益事业捐赠法》	第3条规定,"本法所称公益事业是指非营利的下列事项:(一)救助灾害、救济贫困、扶助残疾人等困难的社会群体和个人的活动;(二)教育、科学、文化、卫生、体育事业;(三)环境保护、社会公共设施建设;(四)促进社会发展和进步的其他社会公共和福利事业"
	《慈善法》	第8条规定,"本法所称慈善组织,是指依法成立、符合本法规定,以面向社会开展慈善活动为宗旨的非营利性组织。慈善组织可以采取基金会、社会团体、社会服务机构等组织形式"
慈善组织	《公益事业捐赠法》	第10条规定,"公益性社会团体和公益性非营利的事业单位可以依照本法接受捐赠。本法所称公益性社会团体是指依法成立的,以发展公益事业为宗旨的基金会、慈善组织等社会团体。本法所称公益性非营利的事业单位是指依法成立的,从事公益事业的不以营利为目的的教育机构、科学研究机构、医疗卫生机构、社会公共文化机构、社会公共体育机构和社会福利机构等"
	《红十字会法》	第2条规定,"中国红十字会是中华人民共和国统一的红十字组织,是从事人道主义工作的社会救助团体"
	《基金会管理条例》	第2条规定,"本条例所称基金会,是指利用自然人、法人或者其他组织捐赠的财产,以从事公益事业为目的,按照本条例的规定成立的非营利性法人"

续表

相关概念	法律法规	法律定位
慈善活动	《慈善法》	第3条规定,“本法所称慈善活动,是指自然人、法人和非法人组织以捐赠财产或者提供服务等方式,自愿开展的下列公益活动:(一)扶贫、济困;(二)扶老、救孤、恤病、助残、优抚;(三)救助自然灾害、事故灾难和公共卫生事件等突发事件造成的损害;(四)促进教育、科学、文化、卫生、体育等事业的发展;(五)防治污染和其他公害,保护和改善生态环境;(六)符合本法规定的其他公益活动”
慈善捐赠	《慈善法》	第34条规定,“本法所称慈善捐赠,是指自然人、法人和其他组织基于慈善目的,自愿、无偿赠与财产的活动”

然而,从实然层面看,我国慈善组织的公益性仍然不强,公信力仍待提高。从组织治理结构理论出发,组织结构体现出社会认同的历史沉淀和基本内核,制度环境与慈善组织互动影响,而组织治理制度不仅是技术性的产物,更是社会文化规则的理性化产物。

第二节 慈善组织的官民二重性及其历史溯源

反思我国慈善管理体制机制,推进慈善事业改革,提升慈善组织公信力,已迫在眉睫。

一、官民二重性是影响慈善组织公益性的“瓶颈”因素

所谓慈善组织的官民二重性,即慈善组织具有“半官半民”的双重属性,是指慈善组织受“行政机制”和“自律机制”的双重支配,同时依赖“体制内”和“体制外”的两种资源并通过“官方”与“民间”的双重渠道获取资源。①

我国慈善组织的官民二重性体现在以下方面:从慈善组织的准入来看,大部分国家对非营利组织(包括慈善组织)的设立采取注册制(登记制),而非审批制,在有

① 高志宏:《经济法视野下的经济自治团体——以经济自治团体功能的异化与重构为视角》,载《甘肃政法学院学报》2009年第4期。

的国家甚至连登记都不需要,只要是符合法定条件的组织即可被推定为合法组织。但在我国,无论是《社会团体登记管理条例》,还是《民办非企业单位登记管理暂行条例》,均采取严格的审批制,大型的公募慈善组织基本由国家垄断经营,严格控制民间慈善组织的设立。从慈善组织的外部监管体制来看,我国慈善组织实行的是双重管理制度。民政部门对社会组织进行登记管理,业务主管单位对其进行业务管理。目前,我国的慈善组织与政府表面上是契约关系,实际上是行政隶属关系。

慈善组织的官民二重性,从短期来看,也许会促进慈善组织的发展,双重管理体制对于建立、扶持慈善组织,促进慈善组织的发展具有重要作用。但是,从长远来看,官民二重性有悖于慈善组织的民间本性,易导致慈善偏离本真状态,①会阻碍慈善事业的健康发展。原因在于,官民二重性会导致慈善组织的独立性降低,导致对慈善组织监管不力,导致慈善组织效率低下,导致慈善组织公益性降低。换言之,官民二重性使公益组织在向社会募款时,呈现社会组织面貌。因此,进行中国慈善组织创新,推动中国慈善事业升级,根本上在于破除行政权力主导,完成慈善组织社会化。

二、慈善组织的功能异化

进一步剖析我国慈善立法内容,可以看出,其已经涵盖了鼓励社会捐赠、支持慈善事业发展、捐赠财物使用管理、信息公开、慈善组织内部管理、监管监督、法律责任等多方面,体系不可谓不全面、内容不可谓不完善。但通过考察我国慈善事业现状,不难发现,我国慈善组织公信力不高、公益性不强仍是无法回避的事实。

例如,在捐赠财物的使用方面,存在不合规现象。慈善捐赠财物属于特殊公共产品,通常具有用途特定、时间紧急、人道救援等特点,需要慈善组织运作高效、使用公平、配送及时,这也是我国慈善法的重要内容(如表9-3所示)。

① 参见王银春:《慈善异化及其扬弃》,载《马克思主义与现实》2015年第6期。

表9-3 我国慈善法关于捐赠财物使用管理规定

法律法规	相关条款
《慈善法》	第60条规定,“慈善组织应当积极开展慈善活动,充分、高效运用慈善财产,并遵循管理费用最必要原则,厉行节约,减少不必要的开支……”
《公益事业捐赠法》	设专章即第三章,专门规定捐赠财产的使用和管理。如第16条规定,“受赠人接受捐赠后,应当向捐赠人出具合法、有效的收据,将受赠财产登记造册,妥善保管”
《红十字会法》	第25条规定,“任何组织和个人不得私分、挪用、截留或者侵占红十字会的财产”
《自然灾害救助条例》	第24条规定,“自然灾害救助款物专款(物)专用,无偿使用。定向捐赠的款物,应当按照捐赠人的意愿使用。政府部门接受的捐赠人无指定意向的款物,由县级以上人民政府应急管理部门统筹安排用于自然灾害救助;社会组织接受的捐赠人无指定意向的款物,由社会组织按照有关规定用于自然灾害救助”
《基金会管理条例》	设专章即第四章,专门规定财产的管理和使用。如第27条规定,“基金会的财产及其他收入受法律保护,任何单位和个人不得私分、侵占、挪用。基金会应当根据章程规定的宗旨和公益活动的业务范围使用其财产;捐赠协议明确了具体使用方式的捐赠,根据捐赠协议的约定使用。接受捐赠的物资无法用于符合其宗旨的用途时,基金会可以依法拍卖或者变卖,所得收入用于捐赠目的”

又如,在信息公开方面,我国慈善立法普遍规定,公益慈善捐赠款物的接受、分配、使用、管理等情况要做到信息公开透明,公开方式可以多式多样,但内容要真实、准确、全面(如表9-4所示)。然而,慈善信息公开具有复杂的行为动机,面临积极推动和消极阻力的现实困难。① 普遍存在的信息梗阻已经成为影响我国当前慈善事业的“瓶颈”因素,慈善信息公开普遍存在不及时、不全面、不准确情形。究其原因就在于,改善动力缺乏、监督评估失效、考量成本较大。②

① 李健:《慈善组织信息公开何以可能?——基于PP-DADI模型的综合分析》,载《吉林大学社会科学学报》2018年第2期。
② 阎永哲、唐果:《基于大数据的慈善组织信息公开框架构建研究》,载《中国矿业大学学报(社会科学版)》2017年第5期。

表 9-4　我国慈善法关于慈善信息公开规定

法律法规	相关条款
《慈善法》	设专章即第八章，专门规定信息公开，包括政府信息公开和慈善组织信息公开。如第 71 条规定，“慈善组织、慈善信托的受托人应当依法履行信息公开义务。信息公开应当真实、完整、及时”
《公益事业捐赠法》	第 21 条规定，“捐赠人有权向受赠人查询捐赠财产的使用、管理情况，并提出意见和建议。对于捐赠人的查询，受赠人应当如实答复”
《红十字会法》	第 23 条规定，“红十字会应当建立健全信息公开制度，规范信息发布，在统一的信息平台及时向社会公布捐赠款物的收入和使用情况，接受社会监督”
《社会团体登记管理条例》	第 26 条第 3 款规定，“……社会团体应当向业务主管单位报告接受、使用捐赠、资助的有关情况，并应当将有关情况以适当方式向社会公布”

再如，在监督管理方面，存在监管不力的情况。我国《慈善法》《红十字会法》《公益事业捐赠法》都规定了慈善组织接受监督的义务（如表 9-5 所示），主要分为政府监督和社会监督两大类，我国目前在取消“双重负责”之后正在转为集中监管模式，建立独立的慈善监管委员会的呼声很高。①

表 9-5　我国慈善法关于慈善监管监督规定

法律法规	相关条款
《慈善法》	设专章即第十章，专门规定监督管理问题。如第 92 条规定，“县级以上人民政府民政部门应当依法履行职责，对慈善活动进行监督检查，对慈善行业组织进行指导”；第 96 条规定，“慈善行业组织应当建立健全行业规范，加强行业自律”
《公益事业捐赠法》	第 20 条规定，“受赠人每年度应当向政府有关部门报告受赠财产的使用、管理情况，接受监督。必要时，政府有关部门可以对其财务进行审计。海关对减免关税的捐赠物品依法实施监督和管理。县级以上人民政府侨务部门可以参与对华侨向境内捐赠财产使用与管理的监督”

① 李政辉：《慈善组织监管机构的国际比较与启示》，载《北京行政学院学报》2016 年第 1 期。

续表

法律法规	相关条款
《红十字会法》	第 24 条规定，“红十字会财产的收入和使用情况依法接受人民政府审计等部门的监督。红十字会接受社会捐赠及其使用情况，依法接受人民政府民政部门的监督”
《社会团体登记管理条例》	第 27 条第 1 款规定，“社会团体必须执行国家规定的财务管理制度，接受财政部门的监督；资产来源属于国家拨款或者社会捐赠、资助的，还应当接受审计机关的监督”

三、慈善组织官民二重性的历史溯源

任何国家的慈善事业都根植于其特定的传统社会文化之中，并承担着发挥传统价值之重任。[①] 在中国历史上，国家—社会关系模式一直是强国家—弱社会形态。在中国传统权力体系中，不存在社会独立于国家之外，并形成不受国家干预的自主权利的观念和理论。[②] 在改革开放后的社会变迁中，慈善组织等非政府组织获得了一定的生存空间，在国家公权力的扶持下，非政府组织渐次产生。但是，这些法律上所谓的“自治组织”绝大多数是半官僚机构，而非真正意义上的民间社团组织。

所以，我国非政府组织的生成是基于一种自上而下与自下而上相结合的双重动力相互作用的结果。其所享有的“自治权”主要是针对非官方力量而起作用，而不是相对于国家权力而言的，并未产生真正法治意义上的社会自治权利。这些非政府组织在转型时期政府与社会的张力和互动中，形成了一种具有本土化色彩的官民二重的结构模式。[③]

慈善组织的双重管理在某种程度上与我国的政治文化和民众心理相吻合，符合中国国情和慈善环境。我国的慈善事业由计划经济时代发展而来，通过借鉴国有企业的模式来建立慈善组织，并对其实行双重管理。不可否认，在计划经济背景下，依

① 参见丁惠平、王嘉渊：《中国传统民间慈善组织及其运行机制——一个历史社会学的视角》，载《福建论坛（人文社会科学版）》2019 年第 12 期。

② 参见陶鹤山：《市民群体与制度创新——对中国现代化主体的研究》，南京大学出版社 2001 年版，第 194 页。

③ 参见刘忠定：《一种官民二重的结构模式——社会转型时期的“第三部门”分析》，载《南京师大学报（社会科学版）》2003 年第 3 期。

靠国家力量自上而下推动慈善组织建立,对于我国慈善事业的发展起了重要作用。即使在市场经济体制下,由于中国独特的地缘文化和政治文化,慈善组织的双重管理也可能在某种程度上有利于慈善活动的开展。行政部门由于其行政资源优势,对于当地民众的具体信息和心理活动非常熟悉,这便于慈善项目的顺利如期展开,从而达到慈善目的。但官民二重性会导致慈善组织失去独立性,从而背离社会公益目标。

第三节 慈善组织的现代转型及其民间性回归

慈善组织的官民二重性决定了其缺乏信息公开的动力和压力,也弱化了政府监督和社会监督的效果,降低了慈善项目运作效率。因此,深化我国慈善管理体制改革,祛除慈善组织的"行政色彩",①是提升我国慈善组织公信力的根本之道,发展民间慈善并迈向现代慈善是我国慈善法制定的目标之一。②

一、慈善组织的现代转型

从历史角度看,我国慈善事业的发展扎根于中国传统社会和文化土壤之中,经历了宗族慈善、政府慈善、宗教慈善、社会慈善或并存或交替的历史阶段。2008 年"汶川地震"开启了"全民慈善"格局,标志中国慈善从传统慈善向现代慈善的重大转变。

当前,我国慈善事业仍处于从传统慈善向现代慈善的转型时期。③ 现代慈善,具有捐赠观念现代化、慈善主体多样化、慈善组织治理科学化、慈善运作管理规范化、慈善监督法治化等特点。目前,我国慈善主体日益多元,并与社会救助系统呈现融合趋势。在我国当前的社会慈善救助体系中,既存在政府福利救助模式,也存在传统的自助互助模式,还存在专业慈善组织模式,多种模式分立共存、多元文化冲突共

---

① 孙发锋:《我国慈善组织行政化的根源、危害及对策》,载《理论月刊》2013 年第 12 期。
② 蒋悟真、魏舒卉:《迈向现代慈善:我国〈慈善法〉文本的规范分析》,载《政法论丛》2017 年第 2 期。
③ 徐道稳:《中国慈善立法若干问题研究——基于对地方慈善立法的分析》,载《南开学报(哲学社会科学版)》2016 年第 2 期。

生,但整体呈现从泛道德化向法治化、精英化向大众化、运动化向常态化、行政化向社会化的转变趋势。① 换言之,中国慈善事业发展具有非典型意义,它抑制甚至破坏了慈善事业可持续发展动力生成机制的形成,②在转型过程中也存在转型不彻底、地区发展不平衡等问题。③ 捐赠收入的可持续供给,是慈善事业可持续发展的基本条件。因此,捐赠收入供给的内在动力机制建设,是慈善事业可持续发展的核心,而捐赠收入供给的内在动力的培育需要慈善组织公信力的提升。

公信力是现代慈善组织的生命。确立现代慈善观念、依法推进慈善治理、培育监管并重,被认为是发展我国慈善事业的 3 个关键环节。其中,如何处理慈善组织与政府部门及企业组织之间的关系,并寻求他们之间合适的合作模式,即形成良好的政社、企社嵌入合作关系,是关键中的关键。④ 实际上,转型的根本在于处理政府与慈善组织的关系问题。慈善组织公信力危机的根源在于慈善组织自身定位的不当以及治理责任的缺失。⑤ 详言之,我国慈善组织公信力不足的主要原因在于,双重管理体制、信息不公开不透明、财务管理制度不健全、理事会制度不完善,以及商业化运作的风险。因此,提高我国慈善组织公信力,应当从推进“去行政化”改革入手,推动慈善组织运行机制更加自主化、制度化、规范化。

需要强调的是,“中国式慈善”不应是一个含有模式优劣评判的概念,中国慈善的现代转型应破除“官民对立”的思维定式。自改革开放以来,包括慈善组织在内的我国社会组织与政府处于特殊的依赖关系中。⑥ 有学者从合道德性和合法性两种路径对政府开展慈善事业的正当性进行了论证,得出政府行为不能成为慈善行为,政府慈善不合道德性、不具合法性,其正当性也存疑。⑦ 然而,在中国,慈善事业被视为

---

① 参见刘威:《冲突与和解——中国慈善事业转型的历史文化逻辑》,载《学术论坛》2014 年第 2 期。

② 参见张奇林、管雨蒙:《中国慈善事业的非典型发展与可持续发展》,载《江汉论坛》2015 年第 10 期。

③ 参见王猛:《论中国慈善组织的近代转型》,载《南华大学学报(社会科学版)》2015 年第 6 期。

④ 参见徐家良、王昱晨:《中国慈善面向何处:双重嵌入合作与多维发展趋势》,载《华南师范大学学报(社会科学版)》2019 年第 6 期。

⑤ 参见石国亮、廖鸿:《慈善组织公信力的危机与重建》,载《马克思主义与现实》2015 年第 6 期。

⑥ 参见毕素华:《中国语境下社会组织与政府关系再探讨:以慈善机构为例》,载《山东社会科学》2017 年第 1 期。

⑦ 参见吕鑫:《政府开展慈善的正当性反思——以〈慈善法〉第三十条为切入点》,载《浙江社会科学》2016 年第 12 期。

“国家事业”,具有“中国模式”的特殊性质。社会主义体制有自身独特优势,官办慈善固然存在问题,民办慈善亦非终极选择。问题在于,在中国传统文化环境下,要充分发挥国家在场的经验优势,慈善组织要在秉持自主性与行政权威依附性之间保持适当张力,超越“国家与社会”二元观念,突破行政体制与市场体制的藩篱,在多元慈善主体的有序参与乃至良性竞争中,不断创新慈善实践形式,实现多种慈善模式的互补共生。①

二、慈善组织民间性回归

民间性是慈善组织保持公益性的基础。何为慈善组织的民间性?慈善组织的民间性意味着:在法律地位上,慈善组织应是独立的社会团体法人,而不是国家机构的组成部分;在人员编制上,慈善组织的工作人员应属于社团自治人员,而不属于国家公务员系列;在活动经费上,慈善组织应主要由其自行筹集经费,而不是依靠国家财政拨款;在管理机制上,慈善组织实行的是社团自治,区别于权力组织的政府统治和商业组织的私人自治。慈善组织实行的社团自治既限制个人的意思自治和契约自由,防止私权滥用,又限制政府的垄断性和纵向性治理,遏制国家干预,是一种由社会成员共同参与治理的调整机制,是自治与他治兼容,体现了“小政府、大社会”的社会发展趋势。② 慈善组织虽然既从事自律管理行为又从事政府授权管理行为,但在慈善活动中应努力摆脱市场的“经济人”角色和政府的“功利者”角色,努力克服市场机制中的“市场失灵”和国家调节中的“政府失灵”,从而肩负起“社会人”的新角色。

慈善组织作为非政府组织(Non. Governmental Organization,NGO)的一种,其生长可以有两种力量作为支撑:一种是行政的力量,即自上而下的力量,其所产生的慈善组织是一种从官到民的行政组织;另一种是社会的力量,即自下而上的力量,其所产生的慈善组织是一种从民到民的民间组织。我国目前合法的慈善组织大都是按照第一种力量产生的,扎根于并依附于国家权力机关,有着非常强大的资源动员能

---

① 参见刘威:《超越官与民:慈善事业转型与组织生态重构》,载《中州学刊》2015 年第 9 期。

② 参见王全兴、管斌:《经济法与社会法关系初探》,载《现代法学》2003 年第 2 期。

力,并吸纳了社会大多数的慈善资源,包括红十字会、各种慈善会、公募基金会。应当以公益为逻辑,以合作共赢为原则。如果慈善组织不是对捐赠人负责,而是对其上级行政机关负责,其就不会关注捐赠人的利益诉求,也不会关注自己的社会公众形象,其公信力也就无从谈起。所以,慈善组织应当是民间的、去权力化的。

真正的慈善组织都竭力表明自己的非官方身份以及独立的财政地位,隶属于甚至依附于任何官方组织都会成为该慈善组织的污点,影响其公信力。公信力是慈善组织的生命,公开透明的运作机制是慈善组织的公信力之源,而打破我国慈善组织的官僚体制则是建立慈善组织公开透明运作机制的基础。

改革我国慈善体制已成为社会各方的共同期待,成为发展我国慈善事业绕不过去的环节。我国慈善体制的改革,不是简单地淡化慈善组织的官办性质,而是一项重新定位官方慈善组织、大力发展民间慈善组织、加强慈善组织内部治理、增强慈善组织外部监管的系统工程。尤其在我国社会转型期,慈善组织具有典型的官民二重性,如何破解这种官民二重性,回归其民间本性,增强其公信力,乃是我国慈善体制改革的核心所在。

第四节 慈善组织公益性的法律重塑

法律制度对于慈善事业的发展至关重要。虽然,前文已经述及,制约我国慈善组织公信力提升的“瓶颈”因素不是立法的不健全,而是慈善组织的官民二重性。但是,慈善组织要突破这种官民二重性的桎梏,最终仍需要法治力量。即通过完善慈善法治建设,来解决慈善管理中的体制机制问题,规范慈善组织的管理运作行为,让慈善组织回归公共利益本质。因此,我国慈善组织公益性的重塑最终仍需要依靠法治力量,即通过立法完善推动慈善体制改革,通过慈善法律落实,强化慈善组织信息公开、创新管理、监管监督和责任落实。

一、以完善立法推动慈善体制改革

增强慈善组织的公信力,需要从多个角度着力。其中,有两个角度至关重要:一是破除慈善组织的行政管理体制,增强其民间性;二是建立慈善组织公开透明的内部运作机制,加强监管。第一个角度决定着第二个角度的走向和成功与否,也就是说,如何处理慈善组织与国家机关、社会公众之间的关系是破解我国慈善组织公信力难题的关键。

上述两个层面改革目标的实现,都离不开法治保障。要进一步通过完善慈善立法,推动我国慈善体制机制改革。一方面,明确慈善组织的公益本质,理顺慈善组织和政府的关系,是我国慈善立法的关键所在。① 通过梳理我国慈善法中大量的关于政府促进慈善事业发展的措施,不难发现,这些措施管理色彩浓厚。着眼未来,应当将培育慈善组织自身能力作为慈善立法的目标选择,最终构建社会、政府、个体共同治理的慈善发展模式。② 另一方面,要着力加强慈善组织立法,包括进一步完善我国慈善登记注册制度,优化慈善组织准入机制,强化慈善组织监督管理机制和约束机制,建立慈善组织发展激励机制和主体成长机制。③

改革传统慈善管理体制,从行政主导转向社会自治发展,需要大力培育和发展民间慈善机构,打破"垄断慈善",降低慈善组织进入壁垒,形成以民间基金会为主、高度竞争的慈善机制。现代社会的新技术、新工具、新媒体日新月异,为慈善事业的发展提供了新机遇。因此,要通过完善慈善立法,加强政府对慈善组织的培育和引导,积极培育网络慈善等新慈善形态,优化慈善组织登记制度,下放慈善组织登记权限,鼓励社会兴办慈善组织,支持初创期慈善组织能力建设。

二、强化慈善信息公开

慈善组织的公益性本质属性决定了:其一,慈善组织的组织信息、财务信息、管理信息、活动信息等都属于公共信息,应当公开;其二,其信息公开的对象不仅包括捐赠人,而且包括所有的社会公众;其三,捐赠人、政府、媒体、社会公众享有信息公开请求权和监督权。④

信息公开是重塑慈善组织公益性的前提。信息对于慈善组织公信力的生成、恢

---

① 参见周秋光、曾桂林:《中国慈善立法:历史、现状及建议》,载《南京社会科学》2014 年第 12 期。
② 参见胡敏洁:《〈慈善法〉中的政府促进措施:支持抑或管理?》,载《江淮论坛》2016 年第 4 期。
③ 参见高小枚:《论健全慈善监督体制与提升慈善公信力》,载《贵州社会科学》2017 年第 9 期。
④ 参见李卫华:《慈善组织的公共责任与信息公开》,载《理论探讨》2017 年第 6 期。

复、提升具有至关重要的作用。信息公开、运作透明是提升慈善组织公信力的基础和保证,而信息化建设又是实现慈善公开透明的方式和手段。捐赠行为、慈善信息、组织信任三者之间具有正相关关系。及时的、准确的、全面的慈善信息的获取对于个人和企业的捐赠行为以及慈善组织的信任度具有积极影响。另外,在获取慈善信息的媒介方面,新兴媒体的影响要远远大于传统媒体。①

要通过完善慈善立法,进一步强化慈善组织的信息公开责任,切实保障捐赠人、社会公众的知情权和监督权。在公开内容方面,不仅要公开慈善项目实施、募捐开展、捐赠接受、捐赠款物使用等情况,而且要公开慈善组织本身的信息资料,包括组织章程、机构代码、负责人信息、财务会计报告、年度工作报告、审计报告等,对于依法不予公开的信息,亦应当依法接受监督检查。在公开要求方面,要做到及时、真实、准确、全面、完整等,不得有虚假记载、重大遗漏错误以及误导性陈述。就公开时限而言,应当以“及时”为标准,并结合慈善项目运作情况、募捐周期、活动周期分别确定。在公开方式方面,应充分利用现代媒体,诸如网站、微博、微信等方式,发布相关信息,并公开联系方式便于社会各界监督。

三、推动慈善组织创新

信息公开透明仅仅是慈善组织公信力建设的基础手段,更深层次的举措在于提升慈善组织的运作能力,强化慈善组织的外部惩处机制,通过提高慈善组织的规范性来增强其公信力。② 慈善组织享有的权利属于社会自治权,这种社会自治权的性质应该是权利而非权力,享有主体应该是组成自治体的全体成员而不是自治机关,并应该同时受到社团成员权利的限制和国家机关权力的规制。

创新管理是重塑慈善组织公益性的保障。国内外慈善事业发展史表明,健全的内控管理制度对于促进慈善运作管理规范透明、防范慈善组织合规风险、保持慈善组织公益本质,具有重要意义,这也是近年来我国慈善法治建设的重点。责权相适

---

① 参见徐延辉、李志滨:《个人捐赠何以可为:慈善信息与组织信任的作用机制研究》,载《社会保障研究》2020 年第 1 期。

② 参见张祖平:《慈善组织公信力的生成、受损和重建机制研究》,载《上海财经大学学报》2015 年第 4 期。

应是现代社会组织治理结构的基本原则,即“谁决策,谁负责”。具体就慈善组织而言,无论是英美法系的独立理事还是大陆法系的理事长代表制,慈善组织的理事会都对慈善组织的重大决策、项目管理和资金运作等承担实质责任,负有向捐赠人和监管机构如实报告等义务,如果发生失职或者滥用职权的情形,理事要承担相应责任,甚至其个人的资产也会被用于赔偿。换言之,健全的内部治理结构、完善的决策执行机制、较高的组织执行能力、健全的内控监督程序,对于慈善组织的良性发展至关重要。

要通过完善慈善立法,强化我国慈善组织创新管理。针对我国慈善组织运作和管理中存在的不合规、不透明问题,要通过完善立法督促我国慈善组织自我革新、自我管理,应创新管理模式,提高运行效率,降低运行成本,最终建立起中国特色的慈善组织“透明、高效、规范”的运行机制和管理体制。详言之,要促进慈善组织管理创新,规范慈善捐赠的组织发动、财物接收、统计入账、方案制定、分配使用以及反馈公示等各环节工作。例如,接收救灾捐赠财务是否做到“账款相符”“账物相符”“账目清楚”？使用救灾捐赠款物是否做到“专款专用”“专物专用”“集中使用”？是否做到“分配方案统一制定”“组织实施分头行动”？对于定向捐赠款物,是否做到充分尊重捐赠者意愿？对于非定向捐赠款物,是否做到了物尽其用、合理分配？

四、强化慈善运作监督

慈善组织的“双重管理”乃至“多重管理”貌似有利于慈善组织的监督和管理,实则极易造成管理“漏洞”和监督缺位。实际上,全世界的慈善组织都存在偏差和异化现象,加强公益慈善监管是发达国家的新趋势。各国在实践中,都结合本国慈善事业发展现状,形成了专业监管机制、多维监管合力机制、网上网下融合监管机制等不同模式。① 从监管主体角度看,世界各国对慈善组织的监管模式并不相同,英国采用慈善委员会集中监管模式,美国采用联邦税务局集中监管模式。

强化监督是重塑慈善组织公益性的抓手。慈善监督体制健全与否与慈善公信

① 参见赵文聘、陈保中:《国外公益慈善监管发展趋势及对我国的启示》,载《上海行政学院学报》2019年第6期。

力的高低息息相关。从监督主体看，慈善活动的监督包括政府监督、专业监督、社会监督、行业自律等。从监督内容看，慈善活动的监督包括募捐活动监督、财产使用监督、慈善项目监督、税收优惠监督等。要突破我国慈善事业发展问题，提升慈善组织的公信力，必须健全慈善募捐监督机制、慈善运行监督机制和慈善组织评估监督机制。就健全慈善募捐监督机制而言，可以从完善募捐人准入制度、捐赠人监督制度、受益人监督制度着手；就健全慈善运行监督机制而言，可以从完善慈善信息公开制度、慈善业务年审制度、公众监督制度着手；就健全慈善组织评估监督机制而言，可以从完善慈善行业准入制度、等级评估制度、行业淘汰制度着手。①

从法治建设角度看，应当结合我国国情，逐步构建包括专业监管（如审计）、社会监管（如公众监督）、行业监管（如协会监管）、平台监管（如网络监管）、自律监督（如内部监督）等在内的多维慈善监管体系。尤其是要充分利用网络、自媒体等信息工具，形成线上线下监管、官方民间监管、动态静态监管协调的立体式监管模式。慈善组织就捐赠款物的接收、分配、使用情况要及时向捐赠人和社会公布，应自觉接受捐赠人、媒体、社会公众的监督。

五、强化慈善责任落实

新时期，慈善事业已经上升为我国国家战略，对于培育和践行社会主义核心价值观意义重大。② 如今，慈善事业已经成为我国社会保障、应急救灾体系的重要组成部分。然而，我国目前的捐赠环境、慈善发展水平与经济社会发展水平仍不适应。慈善组织自律性匮乏、慈善信息透明度不高、慈善捐赠监管乏力等问题是制约我国慈善事业发展的主要原因。但归根结底，是慈善法落实不到位。

对慈善活动中的违法违规行为严格追责，是我国慈善法的普遍规定，《慈善法》《公益事业捐赠法》《红十字会法》等专门立法中更是设专章规定了法律责任问题，尤其是对私分、截留、挪用、侵占公益捐赠财物的行为，更是明确规定应依法严惩。

责任落实是重塑慈善组织公益性的关键。“徒法不足以自行”。要全面推进慈

① 参见高小枚：《论健全慈善监督体制与提升慈善公信力》，载《贵州社会科学》2017 年第 9 期。
② 参见吴宏洛：《中国特色慈善事业的历史演进与发展路径》，载《东南学术》2016 年第 1 期。

善法治建设，进一步健全落实慈善责任追究制度。对于违规募捐、违规使用捐赠款物、不履行信息公开义务等违法违规行为要及时严厉查处，对有关部门及工作人员不作为、玩忽职守、徇私舞弊、滥用职权等行为，应依法追究责任。

本章小结

公信力是慈善组织生存之基，公益性是慈善组织公信力之源。影响慈善组织公信力的因素既包括法治因素，也包括文化因素等。我国慈善法律体系已经形成，内容较全面完善，关于慈善组织的法律定位也较明确，而法律实施不到位以及官民二重性是制约我国慈善组织公信力提升的主要原因。官民二重性有悖于慈善组织的民间本性，导致慈善组织的独立性、公益性、运作效率降低，导致对慈善组织监管不力，进而阻碍慈善事业的健康发展。要以理顺政府和慈善组织的关系为核心，进一步加强慈善法治建设，推动我国慈善的现代转型。在慈善法治建设中，信息公开是前提，创新管理是保障，强化监督是抓手，责任落实是关键。

第十章　学前教育法中的公共利益表达

——以学前教育的公益回归与立法保障为视角

学前教育因关系亿万儿童的健康成长、千万家庭的重大利益和国家民族的发展未来,而备受社会各界关注。党的十八大以来,我国学前教育政策法规提档提速,学前教育事业取得了长足进步。[①] 然而,学前教育仍是我国教育体系中薄弱的一环,"入园难""入园贵"仍是引发社会焦虑的痛点。加快推进学前教育立法,是破除制约学前教育事业发展体制机制障碍、促进学前教育快速健康发展的法治保障。在学前教育法立法中,选择何种价值导向是处理学前教育事业发展中国家与市场、政府与企业、公办与民办等之间关系的关键所在,也是解决当前学前教育种种问题的根本所在。本章以学前教育的公益回归与立法保障为视角,探讨学前教育法中的公共利益表达问题,从而为健全完善我国学前教育立法提供智力支持。

第一节　我国学前教育公益性弱化倾向

长期以来,我国都把学前教育作为社会公共福利事业的一部分,只是在不同的政策文件中的表述有所差异,具体如表 10－1 所示。

---

① 截至 2020 年,全国共有各级各类民办学校 18.67 万所,占全国比重 34.76%;各类在校学生 5564.45 万人,占全国比重 23.01%。具体参见教育部发展规划司:《2020 年全国教育事业发展统计公报》,载教育部官网,http://www.moe.gov.cn/jyb_sjzl/sjzl_fztjgb/202108/t20210827_555004.html。最后访问日期:2021 年 11 月 1 日。

表 10－1　我国学前教育定位政策

时间	文件	规定
1987 年	国务院办公厅转发国家教育委员会等部门《关于明确幼儿教育事业领导管理职责分工请示的通知》	幼儿教育是我国学校教育的预备阶段，是教育事业的一个重要组成部分，是一项社会公共福利事业
1996 年	原《幼儿园工作规程》	任何组织和个人举办幼儿园不得以营利为目的
1997 年	教育部关于《全国幼儿教育事业“九五”发展目标实施意见》(已失效)	幼儿教育既是教育事业，又具有福利性和公益性的特点
2003 年	教育部等《关于幼儿教育改革与发展的指导意见》(已失效)	国务院、教育部门会同财政部门和价格主管部门，按照不以营利为目的的原则，制定幼儿园(班)收费管理办法
2010 年	《国家中长期教育改革和发展规划纲要(2010—2020 年)》	要坚持教育的公益性和普惠性
2010 年	国务院《关于当前发展学前教育的若干意见》	学前教育是重要的社会公益事业，必须坚持学前教育的公益性和普惠性
2018 年	中共中央、国务院《关于学前教育深化改革规范发展的若干意见》	学前教育是重要的社会公益事业

1992 年，我国开启了国有企业、事业单位体制改革浪潮，许多幼儿园从原有国有企业、事业单位中剥离出来，成为民办幼儿园，学前教育的福利性有所减退。但学前教育不能以营利为目的、应当坚持公益性的指导思想并未改变。然而近年来，我国学前教育公益性弱化倾向明显，主要表现在以下方面。

一是学前教育资源严重不足，发展不充分问题十分突出。学前教育资源尤其是高质量的普惠性学前教育资源非常短缺，公立幼儿园“学位难求”窘况仍客观存在。可以说，我国学前教育陷入“有没有”和“好不好”的双重境地。通过普及面、受惠量、教育质量 3 个维度，以及学前 3 年毛入园率、学前教育经费占比、生均学前经费和师生比 4 个具体指标来看,我国学前教育公益普惠整体水平仍较低,[①]学前教育的结构性矛盾仍未根本解决,这一问题在脱贫攻坚克难地区尤为突出。[②]

二是学前教育资源分配不公,发展不平衡问题十分突出。学前教育入园机会的公平与否,在某种程度上代表整个教育的公平与否,也意味着社会的公平与否。我国学前教育不公平现象普遍存在,学前教育市场供需失范、失衡。学前教育过度民营化、市场化、逐利化,偏离了其社会公共事业的宗旨。市场失灵规律导致学前教育市场发挥作用的失范。

三是学前教育管理机制不完善,发展不规范问题明显。近年来,幼儿安全事故多发,高收费甚至"天价民办幼儿园"并不少见,幼儿园小学化倾向严重,缺乏科学的学前教育理念,学前教育管理机制滞后广遭社会诟病。

学前教育虽然是我国新时期教育事业中发展最快的一部分,但也是当前教育系统较大的一块短板,普惠性教育资源严重不足、现有资源分配不公、民办幼儿园过度逐利、教育管理机制滞后等结构性问题突出,有悖于学前教育的公益性。换言之,正是由于对学前教育性质缺乏正确的认识,忽视了学前教育的公益属性,进而导致对学前教育的管理体制、办园机制、投入机制、教师身份、责任机制等深层次和关键性问题认识不到位。也可以说,我国学前教育问题的发生,既与长期以来的"重义务教育,轻学前教育"的观念有关,也与"教育产业化"思潮有关,但归根结底是学前教育公益性的弱化所导致的。

如今,我国义务教育已基本普及,学前教育作为社会主义公共事业的重要组成部分,更加受到国家重视和民众关心,其公益性应更加凸显。从某种程度上讲,学前教育只有回归"公益性",才能实现公平普惠性的学前教育目标。因此,应当通过学前教育立法,突破我国学前教育发展的"瓶颈",重塑学前教育公益性普惠性基本理念和发展导向。

---

① 参见杨卫安:《我国学前教育公益普惠指数建构与测评》,载《教育研究》2017 年第 10 期。

② 参见秦涛、吴义和:《民办幼儿园政府依法监管的困境与出路》,载《湖南师范大学教育科学学报》2019 年第 1 期。

第二节 学前教育的公益属性及其基本要义

一、公益性是学前教育的根本属性

关于学前教育的属性,学界看法并不一致。有学者认为,学前教育不具有公益性,属于私人产品,应按市场行为进行经营管理;①有学者则认为,学前教育具有公益性,属于公共产品,应当由国家和政府提供;②还有学者认为,学前教育具有准公益性,属于准公共产品,③政府和市场都可以发挥供给作用。

笔者认为,学前教育的根本属性是由其基本功能、在国家教育系统中的地位、法律认定等因素共同构成和决定的,④公益性是学前教育的根本属性。顾名思义,所谓学前教育的公益性,即学前教育具有公共利益属性,是指学前教育事关不特定社会多数人的重大利益和根本福祉。公共利益是与社会公众生存与发展密切相关的,能为不特定多数人认可和享有的价值体,⑤是一种整体性、长远性、根本性的利益形态。从经济学角度看,公共物品和公共服务是公共利益的物质表现形式,具有受益的非竞争性、消费的非排他性和效用的不可分割性等特征。

学前教育的公共物品属性决定了公益性是其基本属性。一方面,学前教育是国民教育的起点,亦是终身教育的开端,在整个教育体系中处于基础地位,事关不特定多数人的根本利益;另一方面,从生理心理角度讲,学龄前儿童的认知能力较弱,属于社会弱势群体,学前教育直接关系儿童的身心健康发展,关系国民素质的整体提升。因此,如果说教育具有公益性,那么学前教育应当是公益性最强的社会公共事业。

---

① See David M. Blau, *The Child Care Problem: An Economic Analysis*, New York: Russel Sage Foundation, 2001, p. 23.

② 参见刘占兰:《学前教育必须保持教育性和公益性》,载《教育研究》2009 年第 5 期。

③ 参见庞丽娟:《加快推进〈学前教育法〉立法进程》,载《教育研究》2011 年第 8 期。

④ 参见霍力岩、沙莉、郑艳:《世界部分国家学前教育基本属性的比较研究》,载《比较教育研究》2011 年第 6 期。

⑤ 参见王太高:《公共利益范畴研究》,载《南京社会科学》2005 年第 7 期。

二、公益性是国际学前教育发展的重要趋势

一个国家对学前教育定位不同,代表着该国对学前教育功能的期许不同;一国对学前教育如何定位,反映出该国对学前教育的重视程度乃至社会文明进步程度,反映出该国学前教育乃至整个教育的发展水平。

西方国家学前教育的发展经历了一个由忽视到重视的不断深化的过程。从整体来看,它们最初把学前教育纳入社会慈善事业范畴,后来把学前教育视为社会福利事业的一部分,最后才把学前教育纳入教育事业体系。如今,世界各国已普遍认识到学前教育的极端重要性,把学前教育视为具有公益性的社会公共事业。只不过,由于各国经济发展水平、政治制度、文化传统、教育发达程度等不同,采取的学前教育发展道路也不完全相同。例如,在法国,其 1881 年《费里法案》、1958 年《宪法》、2000 年《教育法典》都确立了学前教育的公共事业地位,形成了学前教育完全免费的公益模式。[①] 再如,在韩国,其通过 1949 年《教育法》、1982 年《幼儿教育振兴法》、2004 年《幼儿教育法》逐步确立了学前教育政策倾斜和财政扶持机制,[②]形成了学前教育部分免费的公益模式。因此,可以说,把公益性作为学前教育的根本属性已成为世界学前教育发展的重要趋势。

公益性之所以成为学前教育发展的国际共识,究其原因就在于,学前教育具有极强的正外部性,外溢性效应明显。换言之,学前教育具有独特的社会功能和巨大的经济效益。调研表明,学前教育财政投入的社会回报率最高。这里的社会回报,不仅包括学业成就、就业率、经济收入等经济回报,而且包括人力资源、降低犯罪率等社会长远利益回报。

三、公平与质量是学前教育公益性的基本要义

从学前教育本身来讲,公益性的基本要义有二:一是质量;二是公平。中共中央、国务院2019 年2 月印发的《中国教育现代化 2035》把"实现基本公共教育服务均

---

① 参见沙莉、庞丽娟:《明确学前教育性质,切实保障学前教育地位——法国免费学前教育法律研究及其对我国的启示》,载《学前教育研究》2010 年第 9 期。

② 参见中国驻韩国大使馆教育处:《韩国学前教育调研报告》,载《基础教育参考》2017 年第 7 期。

等化,努力让全体人民享有更公平的教育”作为推进教育现代化十大战略任务之一,把“普及有质量的学前教育”作为2035年中国教育发展的八个目标之一。《中国教育现代化2035》和《加快推进教育现代化实施方案(2018—2022年)》作为中国教育现代化的顶层设计和行动方案彰显了学前教育公益性的基本要义。规模、结构、质量和效益是评价教育现代化的4个维度,现代化的学前教育应当是“充分、公平而有质量”的学前教育。详言之,保持适度规模而又较高质量是学前教育现代化的基础和前提,能惠及大众而又确保公平则是学前教育现代化的深层次要求。

充分而高质量的学前教育的重要性自不必说,学前教育的公平则需进一步讨论。首先,学前教育的公平是整个教育公平和社会公平的起点。教育公平是社会公平的重要内容和体现,关系人的全面发展和代际公平;学前教育的奠基性作用决定了学前教育公平是教育公平的开端。其次,从国际趋势来看,公平已成为学前教育改革发展的基本理念和首要目标。由于学前教育关系幼儿的健康成长和国民的终身发展,所以各国普遍都把实现学前教育公平作为教育发展的重要追求目标,通过国家财政支出、弱势群体补偿、处境不利幼儿群体援助等政策,确保学前教育机会均等。最后,公平是社会主义核心价值追求之一。党的十九大明确提出了“努力让每个孩子都能享有公平而有质量的教育”要求。在当前时代背景下,人民群众的优质公平学前教育需求对我国公共教育服务体系建设提出了更高、更强烈的社会期待。

差异性原则和补偿性原则是学前教育公平性的应有之义。① 公平有形式公平和实质公平两个层面,差异性原则和补偿性原则是实质公平的要求和体现。从域外实践来看,学前教育的公平性主要是通过在国家层面的政府主导来实现的。目前,许多国家在“排富原则”指导下,针对特定幼儿群体设立专项财政投入,从而推进学前教育公平。② 就我国而言,从这两个原则出发,国家有义务和责任保证每个适龄儿童都可以接受高质量的学前教育,包括农村地区、偏远地区、民族地区、革命老区等经济欠发达地区的儿童,也包括留守儿童、流浪儿童、农民工随迁子女、残障儿童等特

① 参见周桂勋、赵颖、明翠翠:《学前教育事业发展的公平之维——罗尔斯正义论的视角》,载《陕西学前师范学院学报》2018年第2期。

② 参见冯晓霞、蔡迎旗、严冷:《世界幼教事业发展趋势:国家财政支持幼儿教育》,载《学前教育研究》2007年第5期。

殊弱势儿童。

第三节　学前教育公益性与普惠性、资本逐利性之间的关系

学前教育立法中要正确处理好国家与市场、政府与企业、公权力与私权利等关系。事实上,正是由于学前教育定位的模糊导致了社会各界对国家学前教育政策产生一定争议乃至误读,这也是我国学前教育立法必须解决的问题。

一、公益性与普惠性的一致性

学前教育的“普惠性”至少包括两层含义:一是学前教育要惠及普通大众,即“惠及人人”;二是提供学前教育需要政府主导,即政府应当在制度供给、财政投入、师资培养等方面发挥主要作用。

普惠性是公益性的外在表现和内在延伸,二者具有高度的一致性。优质均衡发展是学前教育公益普惠价值追求的体现,公益性作为学前教育的根本属性决定了应不断扩大普惠学前教育资源。也正是基于普惠性与公益性的高度一致性,我国在诸多政策中常常将二者共同作为学前教育发展的目标。2018 年 11 月 7 日印发的中共中央、国务院《关于学前教育深化改革规范发展的若干意见》(以下简称《若干意见》)提出到 2020 年全国学前三年毛入园率达到 85%、普惠性幼儿园覆盖率达到 80% 的目标。但是,长期以来,政府投入学前教育的财政资金多用在“示范园”“特色园”等幼儿园的建设中,从而导致学前教育的普惠性不足。因此,应创新幼儿园的办园体制,改变传统“唯公”标准,而以“普惠性质量”作为扶持的依据。

至此,有一个问题无法回避,即能否把学前教育作为义务教育的一部分?对此,有人认为,我国的学前教育是学制中的一个阶段,是基础教育的有机组成部分。① 有学者则持有不同看法,认为不宜将学前教育纳入义务教育体系。② 从我国教育政策演变进程来看,我国学制体系始终把学前教育作为其中的一个阶段,或者是作为基

① 参见刘占兰:《学前教育必须保持教育性和公益性》,载《教育研究》2009 年第 5 期。

② 参见陈立武:《学前教育是否应该纳入义务教育体系之辩——基于国际教育视野的我国学前教育走向分析》,载《江苏第二师范学院学报(教育科学版)》2017 年第 9 期。

础教育的一个组成部分。这从1951年颁布的政务院《关于改革学制的决定》(已失效)以及1995年颁布的《教育法》中都可得到佐证。从域外国家教育实践来看,前已述及,西方国家大多参照乃至以等同义务教育的方式发展学前教育。

然而,义务教育具有免费性、普及性、强制性等典型特征,而强制性不适合年龄较小的幼儿。考虑到幼儿身心发展的特点,国际上比较常见的做法是将学前一年教育纳入义务教育,或者提供3年、1年免费教育。因此,笔者认为,能否将学前教育纳入义务教育体系尚可讨论,但实施免费的学前教育应是我国学前教育的发展趋势。在我国当前环境下,应积极探索并逐步实施3年学前教育免费机制。实施免费学前教育既是社会主义制度优越性的体现,也是由学前教育的公益性属性所决定的。考虑我国经济社会发展现状,可以逐步实施3年免费学前教育制度,优先保障农村地区、民族地区、革命老区、边远地区等实施免费学前教育,鼓励有条件的地区先行先试免费学前教育,最终在全国范围内推广。

二、学前教育公办与民办的互补性

公益性决定了学前教育主要由国家供给。从给付行政角度看,我国区域发展不平衡、城乡差距较大、学前教育资源短缺等问题仍然突出,学前教育产品的供给关乎机会公平和分配正义,需要通过政府给付的介入来克服学前教育市场失灵。① 从权利义务角度来看,学前教育权是宪法和法律规定的受教育权的一部分,而这一权利的实现,需要国家承担特定的重要的积极给付义务。国家积极性给付义务包括物质给付义务、服务给付义务和制度给付义务,学前教育立法属于制度给付义务范畴。从"基本权利—国家义务"分析框架出发,也不难得出保障公平的学前受教育权是国家的基本义务这一基本结论。② 传统上,学前教育一直被视为父母教育权和社会教育权范畴,而未将其上升到国家教育权高度,这一观念也导致长期以来我国学前教育主要由社会力量举办。伴随早期教育的重要性被逐步认识,社会对学前教育的需求大大增加,迫切需要国家加大学前教育供给的规模和质量。总之,政府等国家组

---

① 参见冯子轩:《给付行政视角下的学前教育改革法律规制研究》,载《东方法学》2019年第1期。

② 参见聂帅钧:《我国学前儿童受教育权法律保障机制的完善——基于国家义务的视角》,载《河北法学》2018年第8期。

织是学前教育这一(准)公共产品的主要供给者,国家治理现代化要求,教育立法要从权力思维方式转向权利思维方式,把儿童在学前阶段的受教育权作为重要的制度安排。

从投资主体性质来看,学前教育机构可以分为公办和民办两类。公办类学前教育机构担负国家履行学前教育供给义务之重任,应当提供公益性普惠性学前教育服务,为实现儿童受教育权积极主动作为。民办类学前教育机构是国家学前教育事业的有益补充,根据《民办教育促进法》之规定,举办者可以选择非营利性或营利性两种性质。二者区别在于,前者可以获得国家和各级政府的财政补贴并享有各项优惠政策,但不得取得办学收益;而后者可以取得办学收益,办学结余亦可按照公司法等法律规定处理,但不享有国家相关优惠政策。

20 世纪 90 年代,我国拉开了国有企业、事业单位改革改制的序幕,幼儿园也改变了公办幼儿园"一统天下"的局面。长期以来,我国把幼儿园分为"公办""民办"两类,倾斜保护公办幼儿园。近些年,随着大量社会资本进入教育领域,民办幼儿园迅速生长,在部分地区已占据主要地位,成为我国学前教育发展的主力军。① 需要说明的是,我们所主张的"学前政府主导"并不意味着走"国有化"老路,排斥民办幼儿园,而是从公益性出发,强调政府的出资、管理、监督之责任。

当前,人民群众对学前教育的需求日益多样,社会力量兴办学前教育,可以缓解国家财政投入不足、学前教育供给单一等难题,增强学前教育办学活力。作为公办幼儿园,其应坚持公益性导向,充分发挥"保基本、兜底线、引领方向、平抑收费"的主渠道作用;而作为民办幼儿园,其应回归教育的本质,遏制过度逐利行为。

三、学前教育公益性与资本逐利性的平衡

我国学前教育资本化自 2015 年左右启动以来,发展迅猛。为了遏制民办幼儿园过度逐利现象,《若干意见》作出了限制乃至禁止民办幼儿园资本运作的规定。该政策一经出台便引起了社会的高度热议和资本市场的激烈动荡。

---

① 参见陈鹏、高源:《我国学前教育立法的现实诉求与基本问题观照》,载《陕西师范大学学报(哲学社会科学版)》2017 年第 6 期。

首先,《若干意见》意识到了近年来学前教育行业诸多资本乱象。不可否认,资本的进入有利于促进学前教育行业的发展,但资本的逐利性本质决定了其以追求利益最大化为目的,这就不可避免地会导致“概念炒作”“虚假宣传”“过度逐利”“抬高收费”等不正常现象,在这种情况下,教育质量、教育安全也就难以保证。

其次,《若干意见》是对学前教育公益性的重塑。《若干意见》作为一个方向性文件,其最重要的一点是将学前教育重新定位为公益性即普惠性公共服务,强调学前教育事业的政府责任和社会责任,表明学前教育不是资本运作的工具。作出这样的规定,正是为了坚持学前教育的公益普惠属性,这也是政策制定的逻辑出发点和未来学前教育发展的基本方向。《若干意见》把学前教育作为一项民生工程,其背后的逻辑就在于维护社会公平,维护每个人接受教育的权利。所以,《若干意见》进一步明确幼儿教育的基本公共服务职能属性,并首次对幼儿园资本运作作出禁止性规定,是国家对于现阶段资本参与幼教市场进而导致的各种问题频发而采取的行政手段。

再次,教育公益性和资本逐利性需平衡。一方面,学前教育是终身教育的起始阶段,肩负启蒙幼儿的重要任务,具有公共性,如果过度逐利势必会对学前教育造成侵害,这决定了幼儿园不适合上市。另一方面,由于学前教育的固有信任品属性,完全依赖市场竞争机制很难筛选出优质幼儿园,反而还可能出现区域性乃至全国性垄断、“劣币驱除良币”的现象。因此,办幼儿园不是办企业,当资本的逐利性和学前教育公益性发生冲突的时候,我们首先应该坚守的是儿童利益最大化原则,应该把儿童的生命和健康,把学前教育的公益性放在首位。此外,即使是市场经济发达的国家也并未放任学前教育的逐利性,而是秉承学前教育的公益性。《若干意见》作出“遏制过度逐利行为,限制幼儿园资本运作”的规定,表明在提供充裕、普惠、优质的学前教育方面,教育公益性和资本的逐利性应该有个平衡。

最后,遏制民办教育过度逐利不等于扼杀民办学前教育。从长远来看,幼儿园非盈利化是大方向,《若干意见》对民办学前教育作出一定限制性规定和要求,并不是为了限制民办幼儿园的发展,而是向学前教育投资者和管理者明确“底线”和“红线”,从而引导社会力量更多举办普惠性幼儿园。因此,从长远来看,《若干意见》不仅不会影响社会资金兴办学前教育的积极性,而且还会更有利于民办园的规范发展、良性发展和可持续发展。

第四节　学前教育法的公益导向及其制度构建

应改变学前教育出现发展不充分、不公平、普惠性不强等公益性弱化问题。学前教育法作为学前教育制度的顶层设计,具有比学前教育政策更强的约束力和稳定性,对于有效解决我国学前教育事业发展中的深层次难题和体制机制关键性问题意义重大。而我国现有学前教育政策和地方立法经验为学前教育法的出台提供了有益参考和借鉴。①

一、明确学前教育的公益普惠导向

学前教育法应开宗明义,把公益性放在首位,以保护儿童利益最大化为基本原则。前已述及,学前教育法关系学前教育事业的长远发展和健康发展,而学前教育事业的根本属性——公益性决定了学前教育法的立法导向,因此应当将公益性作为学前教育立法的价值理念和基本指引。

首先,将发展公益性普惠性学前教育事业作为学前教育立法的基本导向。在学前教育法中,强化学前教育的公益性,以普惠性为标准划分幼儿园,进一步完善普惠性民办园认定标准。其次,破除传统"唯公"思维,公办民办并举,引导社会力量投资学前教育,共同构建学前教育公共服务体系。公办幼儿园当然属于公益性普惠性幼儿园,应鼓励民办幼儿园选择公益性普惠性。从而,使幼儿园办园结构和资源供给既充分满足人民群众对普惠性学前教育的强烈愿望,又满足部分家庭学前教育多样化的选择性需求。最后,建立健全普惠性幼儿园扶持制度。应大力扶持普惠性幼儿园,加大力度支持民办园提供普惠性服务。具体而言,对于公办幼儿园,应完善财政拨款机制,不断提高公办幼儿园生均投入标准和办公经费标准,实现"预算有科目""拨款有标准""增量有倾斜""使用有规范"。② 对于民办普惠性幼儿园,应以等同

① 参见管华、王君妍:《国外学前教育立法的启示》,载《陕西师范大学学报(哲学社会科学版)》2017年第6期。

② 汪丞、周洪宇:《关于学前教育立法的思考》,载《教育探索》2013年第2期。

公办幼儿园的各种方式加大支持力度,引导社会力量积极投资举办普惠性幼儿园。

二、明确各级政府学前教育公共服务供给的主体责任

学前教育的公益性决定了政府应当把学前教育视为公共服务体系的重要组成部分,并发挥政府在学前教育公共服务供给中的主体地位和主导作用。当前,我国采用"地方负责,分级管理"的学前教育管理体制,这种管理体制看似"主体明确、职责清晰",实则存在"多头管理、责任不明"的问题。因此,要通过学前教育法明确各级政府、各行政部门的主体地位。

其一,要进一步深化学前教育管理体制改革,建立完善的学前教育公共服务体系。在我国现有学前教育管理体制下,存在统筹协调能力不足、财政保障能力偏弱、责任主体重心偏低的问题。学前教育是一项系统工程,涉及教育、财政、编制等部门,也绝非乡镇乃至县市级政府能够统筹解决的。应将县级政府作为学前教育公共服务供给的主体,从而实现学前教育统筹责任重心和主体责任重心上移。

其二,加大学前教育财政投入,建立学前教育政策保障体系。学前教育的公益性主要体现在其由国家公共财政支持。从域外实践来看,部分发达国家也通过立法实施全部免费或者部分免费的学前教育制度,以保证学前教育的公益性。因此,应建立积极的学前教育财政保障机制。一方面,应明确中央和地方的财政保障责任,即建立健全中央支持下的地方财政保障制度,明确各级政府在学前教育中的财政投入主体责任;另一方面,应加大学前教育财政预算,学前教育经费不应低于各级政府教育财政投入的7%,①应加大对脱贫攻坚地区的中央财政转移支付力度和倾斜支持力度。

其三,健全成本分担机制,合理确定公办园收费标准。幼儿园的收费问题是家长普遍关心的问题,也是学前教育引起社会各界非议的问题。笔者认为,幼儿园的收费标准不宜"一刀切",应参考办园成本、当地经济发展水平、居民消费能力以及群众承受程度等综合因素合理确定。

---

① 参见庞丽娟、韩小雨:《中国学前教育立法:思考与进程》,载《北京师范大学学报(社会科学版)》2010年第5期。

三、明确各级政府学前教育监管和师资培养责任

一方面,要以提升教育质量为目标加强学前教育监督管理。其一,要科学规划学前教育布局,调整幼儿园办园结构,完善学前教育公共服务网络体系,满足不同家庭对学前教育的不同需求。其二,尽快完善民办幼儿园分类管理实施办法,限期进行(非)营利性民办幼儿园分类登记,遏制过度逐利行为,加强对民办园收费价格监管,稳妥治理无证幼儿园。其三,建立学前教育督导问责机制,健全普惠性幼儿园进入机制和退出机制,避免各种学前教育乱象的发生。

另一方面,要加强学前教育师资的培养保障。教师是立教之本、兴教之源,提升师资教育能力是促进学前教育健康发展的关键因素。但是,师资短缺已成为制约我国学前教育事业发展的“瓶颈”。因此,要通过学前教育立法,建立健全学前教育师资队伍建设长效机制。其一,创新学前教育师资培养模式,要在招生指标、经费投入等方面加大对师范院校的支持力度,并通过对口招生、“3 + 2”等方式加大幼儿教师供给。其二,改革传统学前教师编制体制,依法保障幼儿教师地位,促进学前教育教师的成长。其三,严格幼儿教师队伍管理,完善幼儿教师准入和考评制度,建立健全幼儿教师信用记录和诚信档案。

四、学前教育法相关条款的立法建议

教育是国之大计、党之大计。构建以普惠性幼儿园为主体的学前教育公共服务体系,“努力让每个孩子都能享有公平而有质量的教育”,是全党全社会的共同事业。如今,我国制定学前教育法面临重要“窗口期”,这也是十三届全国人大常委会立法规划中唯一的教育类项目。因此,要以学前教育法的制定为契机,准确把握我国学前教育改革精神和发展导向,引导社会正面理性认识学前教育政策调整问题,要及时回应各种疑问,消除社会误解,统一思想认识,凝聚改革共识,促进学前教育快速健康规范化发展。

笔者建议,要在学前教育法中直接、明确地强化学前教育的公益属性,并通过管理体制机制创新、规划与投入、分类与监管、师资队伍建设、责任落实等具体内容加以贯彻落实。具体条款建议如下:其一,明确将“以保护儿童权利为中心”作为《学

前教育法》的立法目的之一,[①]规定在第 1 条。其二,在总则中,明确将“坚持公益性普惠性”作为我国学前教育事业发展的基本导向;明确规定“学前教育纳入基础教育体系”并促进学前教育与义务教育相衔接;明确“补偿原则”,支持欠发达地区发展学前教育和保障弱势群体儿童接受学前教育。其三,在学前教育机构章节中,明确“以普惠性为标准对幼儿园采取分类管理”的方法。其四,在经费投入章节中,确立“建立灵活多样、开放多元的学前教育投入体制”的目标,明确“省级政府对本省域内的学前教育负统筹责任,县(区)级政府对本县(区)域内的学前教育负主体责任”;授权民办教育促进法实施条例等法律法规,明确普惠性民办园的补助标准及财政扶持政策。其五,在教师培养与管理章节中,打通编制进入通道,明确规定“落实幼儿教师同等待遇政策”;完善幼儿教育从业禁止制度,明确规定“加强幼儿教师师德师风建设,健全幼儿教师失信惩戒机制”。

本章小结

当前,我国学前教育公益性弱化趋势明显,应在学前教育事业的发展与改革中秉承和强化公益性这一根本属性。学前教育的公共属性决定了其主要应当由国家供给,即政府承担学前教育的财政投资和监管责任。制度创新是国家承担学前教育供给责任的重要内容,学前教育的公益性需要法治保障。在我国学前教育法立法中,应当明确学前教育的公益导向,确立学前教育的政府主导责任,加强学前教育监督管理,加大学前教育师资培养力度,并处理好公益性与普惠性、学前教育与义务教育、公办与民办、公益性与资本逐利性之间的关系。

---

① 参见管华:《学前教育立法应处理好十大关系》,载《湖南师范大学教育科学学报》2019 年第 1 期。

下篇　公共利益的司法考量

笔者按：公共利益法律本位的实现不是一蹴而就的，其不仅要求公共利益立法规范的完善，更要求公共利益在执法司法机制中得以增进和保护。因此，公共利益的保护需要更多地走向实际操作层面。本篇在前两部分研究基础上，视角转向公共利益司法考量问题。首先对我国公共利益案例司法裁判进行了梳理，从整体上探讨我国公益诉讼取得的成就、存在的问题以及解决的途径，然后分别从个人信息司法保护、消费"欺诈行为"司法认定、行政公益诉讼反思三个角度探讨我国公共利益法治实践中面临的具体问题，并试图提出对策建议。

第十一章　中国公益诉讼实证研究

从2012年《民事诉讼法》(第55条)到2013年《消费者权益保护法》(第47条),再到2014年《环境保护法》(第58条),我国民事公益诉讼制度逐步确立。然而,囿于公益诉讼自身的复杂性以及中国本土化公益诉讼理论供给的不足,我国并未贸然制定公益诉讼特则,而是采取了授权最高人民法院、最高人民检察院开展试点摸索总结的渐进立法路径。2015年7月1日通过的全国人民代表大会常务委员会《关于授权最高人民检察院在部分地区开展公益诉讼试点工作的决定》(以下简称《试点决定》),授权最高人民检察院在北京等13个省(自治区、直辖市)就生态环境和资源保护、国有资产保护、国有土地使用权出让、食品药品安全等领域开展提起公益诉讼试点,试点期限为2年。2017年修改的《民事诉讼法》赋予检察机关提起民事公益诉讼职权,实现了公益诉讼实施权多元化配置,[①]即省级以上消费者协会、符合法定条件的环保组织、各级人民检察院有权针对损害公共利益行为提起公益诉讼。公益诉讼是近年来学界尤其是法学界研究的重点领域,取得了丰硕的研究成果。如今,理论界和实务界在"何为公益诉讼"以及"为何公益诉讼"两个根本性问题上已达成基本共识,但在如何构建具有中国特色公益诉讼制度这一重大现实问题上尚存在理论争议和实践分歧。[②] 理论源于实践,又高于实践,中国公益诉讼程序特则的构建必须建立在中国司法实践探索和学界理论研究基础之上。基于此,本章以建构论为主,在全面考察我国公益诉讼实践基础上,观照既有公益诉讼制度规则,探讨公益诉讼理论核心争议,分析影响公益诉讼制度体系建构的主要因素,从而为制定公

---

① 参见吴俊:《中国民事公益诉讼年度观察报告(2017)》,载《当代法学》2018年第5期。

② 参见黄忠顺:《中国民事公益诉讼年度观察报告(2016)》,载《当代法学》2017年第6期。

益诉讼法提供智力支撑。

第一节　公益诉讼案件概览及裁判规则发展

公益诉讼,是以维护公共利益为基点,以适格原告起诉为起点,以法律裁判为指向的一种利益平衡协调机制。① 2021 年 2 月 6 日,笔者通过中国裁判文书网,以“公益诉讼”为关键词,共检索到裁判文书 16,661 篇。对这些裁判文书可以从案由、地域、年份、程序、类型等角度进行统计对比分析,②这些案例为完善我国公益诉讼制度规范提供了丰富的实践样本。

一、公益诉讼案件分类统计

从案由角度看,这 16,661 篇文书包括刑事案由文书 10,654 篇,行政案由文书 3124 篇,民事案由文书 2227 篇,执行案由文书 282 篇,国家赔偿案由文书 2 篇。如图 11 – 1 所示。

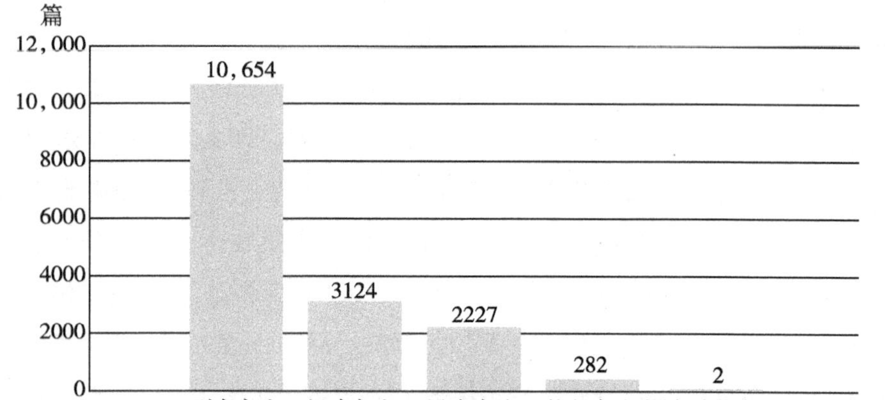

图 11 – 1　公益诉讼案由分类统计

---

① 参见陈虹:《环境公益诉讼功能研究》,载《法商研究》2009 年第 1 期。

② 需要说明的是,由于缺乏统一的公益诉讼登记管理系统,在我国当下案由分类统计中,公益诉讼并非诉讼程序的案由,公益诉讼案件缺少专门标识,对公益诉讼案件的数量统计主要以公益诉讼起诉主体为方法。参见黄忠顺:《中国民事公益诉讼年度观察报告(2016)》,载《当代法学》2017 年第 6 期。

从审理法院层级角度看，最高人民法院文书 37 篇，高级人民法院文书 348 篇，中级人民法院文书 3139 篇，基层人民法院文书 13，111 篇。如图 11 －2 所示。

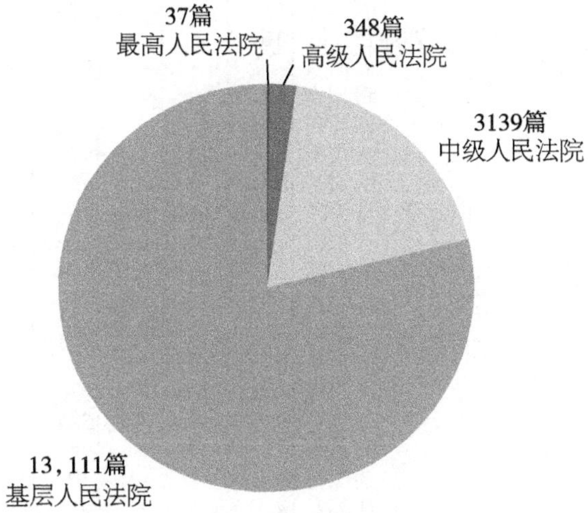

图 11 －2　公益诉讼审理法院层级分类统计

从审理地域及法院角度看，最高人民法院 37 篇，其他各省、自治区、直辖市以及新疆维吾尔自治区高级人民法院生产建设兵团分院裁判文书数量如图 11 －3 所示。

从裁判年份角度看，2021 年 868 篇，2020 年 6960 篇，2019 年 4929 篇，2018 年 2414 篇，2017 年 1161 篇，2016 年 171 篇，2015 年 82 篇，2014 年 60 篇，2013 年 8 篇，2012 年 3 篇，2011 年 1 篇，2010 年 3 篇。如图 11 －4 所示。

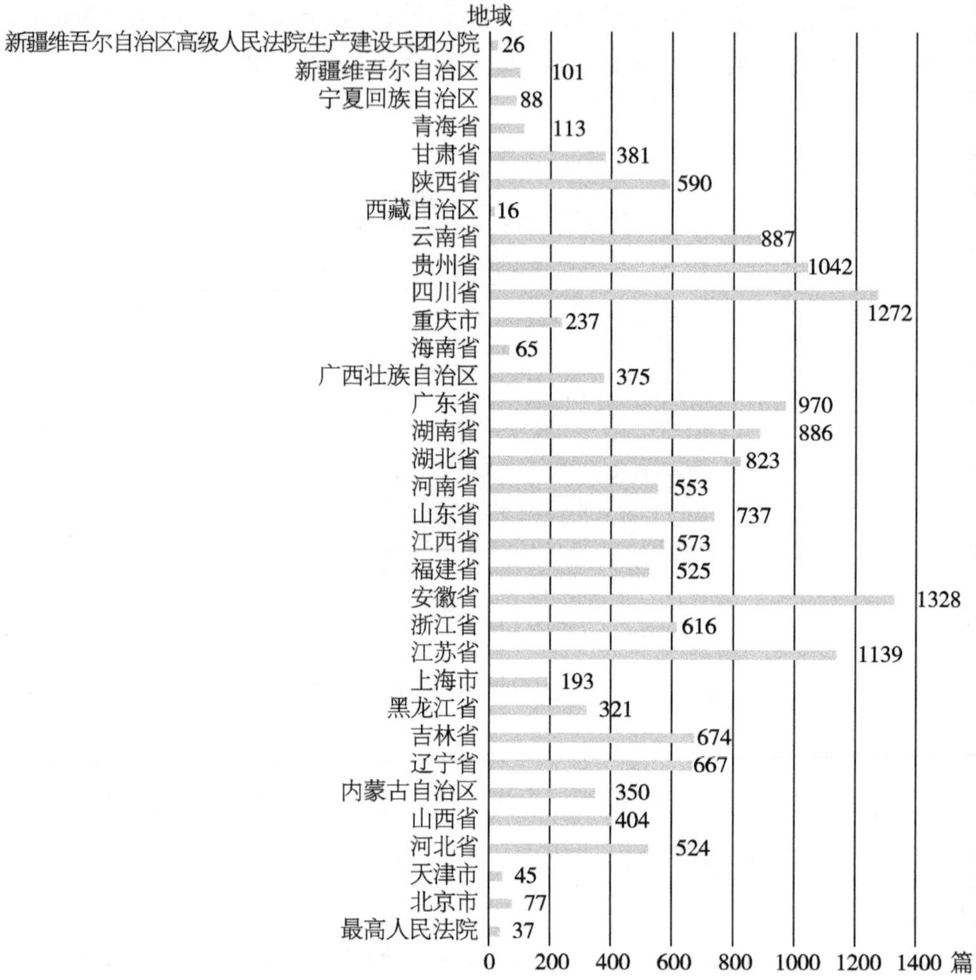

图 11-3　公益诉讼审理地域及法院分类统计

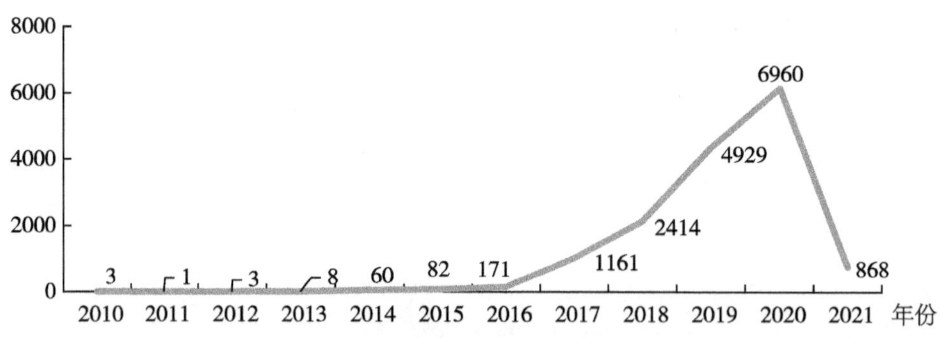

图 11-4　公益诉讼裁判年份统计

从审判程序角度看,涉及管辖案件 78 篇,刑事案件 10,651 篇,民事案件 2275 篇,行政案件 3099 篇,国家赔偿与司法救助案件 8 篇,执行案件 550 篇。如图 11-5 所示。

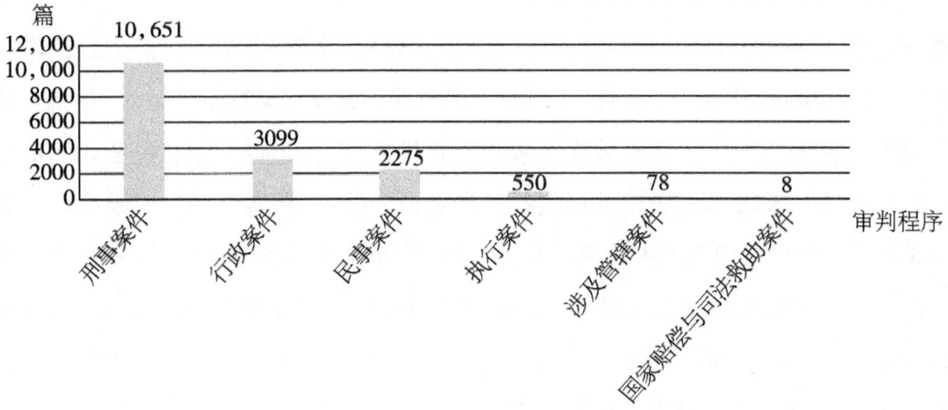

图 11-5　公益诉讼审判程序分类统计

从文书类型角度看,判决书 12,868 篇,裁定书 3523 篇,调解书 120 篇,决定书 18 篇,通知书 128 篇,令 4 篇。如图 11-6 所示。

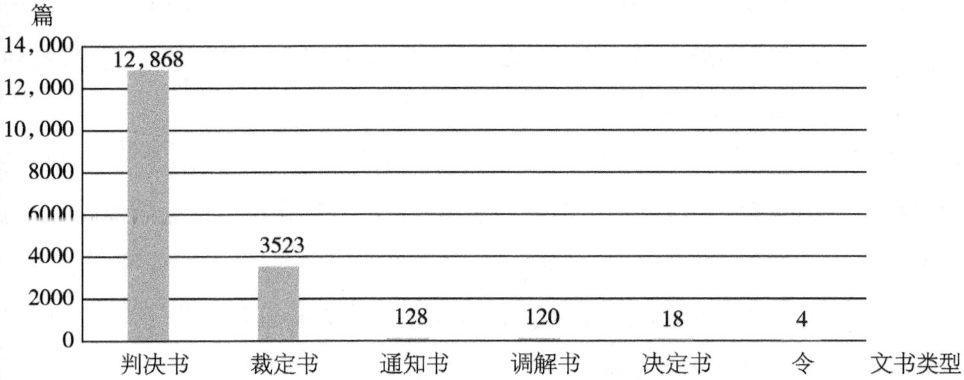

图 11-6　公益诉讼文书类型统计

二、公益诉讼案件特点

整体上,公益诉讼实践呈现积极发展的态势,弥补了公共利益司法救济的空白,拓展了侵犯公共利益违法行为司法监督的空间。同时,也推动了公益诉讼理论研究和制度建设,亦增强了社会公益理念和公共精神。从上述裁判文书统计不难发现:

其一,公益诉讼案件基本呈逐渐递增趋势,尤其是2016年后更是呈爆发式增长态势,已经成为我国司法诉讼案件的重要一类。在2016年最高人民法院《关于审理消费民事公益诉讼案件适用法律若干问题的解释》出台之前,全国各级人民法院受理的消费民事公益诉讼仅两例。一例是上海市消费者权益保护委员会以"手机预装应用软件情况不告知、无法卸载等损害消费者权益"为由起诉天津三星公司和广东欧珀公司,另一例是浙江省消费者权益保护委员会以"强制实名制购票乘车后遗失车票的消费者另行购票损害消费者权益"为由起诉上海铁路局。随着2016年公益诉讼试点工作的开展,公益诉讼案件呈几何式增长。特别是到了2017年6月,为期2年的检察机关公益诉讼试点结束,2017年《民事诉讼法》实现了公益诉讼起诉权的多元化配置,即赋予检察机关提起民事公益诉讼的职权,民事公益诉讼原告资格范围得到扩充。与此同时,公益诉讼的范围得到了实质性扩张,即从食品药品等涉及众多消费者的分散利益到环境保护等扩散利益,再到自然资源、国有资产、土地出让等国家利益,最后包括了英雄烈士的姓名、肖像、名誉、荣誉等社会价值。①

其二,考虑刑事制裁手段的特殊性,从裁判文书具体内容出发,刑事案件并非公益诉讼的典型形态,民事公益诉讼和行政公益诉讼是公益诉讼的主要形式。仅就环境民事公益诉讼而言,"全国各地法院已经设立环保法庭超过了一千个,人民法院和人民检察院先后出台了若干涉及环境保护的司法解释及其司法政策,全国各级法院现在每年办理的涉及环境的各类型案件逾30万件,环境司法已经远超10年前的想象"。②

其三,基层人民法院仍然是审理公益诉讼的主要法院,这是由我国诉讼法中的管辖制度决定的,但这种管辖制度是否考虑公益诉讼的特殊性以及是否给司法裁判的权威性带来不利影响则值得深入研究。

其四,公益诉讼实践地域差异较大。仅从数量角度看,这16,661篇文书中,安

① 参见吴俊:《中国民事公益诉讼年度观察报告(2017)》,载《当代法学》2018年第5期。
② 吕忠梅:《新时代环境法学研究思考》,载《中国政法大学学报》2018年第4期。

徽省、四川省、江苏省、贵州省等四省公益诉讼案件较多，都超过了1000例，而西藏自治区、天津市、北京市、宁夏回族自治区4市（自治区）公益诉讼案例较少，不足100例。

其五，相对而言，由社会组织提起的消费民事公益诉讼和环境民事公益诉讼数量较少，且主要通过调解方式结案，尚未充分发挥公益诉讼在保护消费者权益和环境公益方面的功能。其主要原因可能在于，在消费公益诉讼领域，消费者协会目前仍然被定位为社团组织（江苏等个别地方调整为“消费者权益保护委员会”的除外），具有半官半民属性，难以完成公益诉讼原告主体角色。同时，最高人民法院《关于审理消费民事公益诉讼案件适用法律若干问题的解释》的价值理念在于保护消费领域的公共利益和促进企业规范有序发展，而非单纯地保护公共利益。在环境公益诉讼领域，当下经济发展理念和发展模式对生态破坏或环境污染有一定的容忍。

三、时间维度的公益诉讼立法

与我国其他领域立法路径不同，公益诉讼立法呈现明显的实践性特征，即公益诉讼受目的论解释和司法政策影响深刻，是通过司法实践探索来不断建立健全公益诉讼实体规则和程序规则，因此研究公益诉讼司法案例的裁判规则对于发展和完善公益诉讼制度意义重大。

我国公益诉讼立法最早可以追溯至2012年修订的《民事诉讼法》，该法第55条确立了公益诉讼制度，开启了我国公益诉讼立法与司法实践进程。但因其他法律并未对公益诉讼的原告即“机关和有关组织”作出明确规定，民事公益诉讼司法实践并未有效展开。2013年《消费者权益保护法》和2014年《环境保护法》明确规定了提起消费公益诉讼和环境公益诉讼的社会组织的条件和范围。2014年党的十八届四中全会通过的《关于全面推进依法治国若干重大问题的决定》提出：“检察机关在履行职责中发现行政机关违法行使职权或者不行使职权的行为，应该督促其纠正。探索建立检察机关提起公益诉讼制度。”这是党中央明确提出公益诉讼制度探索和构建问题，引起了社会广泛热议和学界普遍关注。

为了将公益诉讼落实到司法实践，2015年全国人大常委会通过《关于授权最高人民检察院在部分地区开展公益诉讼试点工作的决定》,授权最高人民检察院在生态环境和资源保护、国有资产保护、国有土地使用权出让、食品药品安全等公益领域在北京等13个省、自治区、直辖市开展为期两年的提起公益诉讼试点。为了做好试点工作,最高人民检察院于2015年制定《检察机关提起公益诉讼改革试点方案》(以下简称《试点方案》)和《人民检察院提起公益诉讼试点工作实施办法》(已失效,以下简称《提起办法》),最高人民法院于2016年制定《人民法院审理人民检察院提起公益诉讼案件试点工作实施办法》(《以下简称审理办法》),探索检察机关提起公益诉讼制度。

同时,为了解决人民法院审理环境民事公益诉讼案件和消费民事公益诉讼案件中的法律适用问题,最高人民法院分别于2015年和2016年出台《关于审理环境民事公益诉讼案件适用法律若干问题的解释》和《关于审理消费民事公益诉讼案件适用法律若干问题的解释》,并于2020年对上述两个解释作出修正。

2017年《民事诉讼法》作出修改,规定了人民检察院在维护社会公共利益中的职责,赋予其提起公益诉讼或支持提起公益诉讼的职权。同年,《行政诉讼法》也作出修改,赋予人民检察院提起行政公益诉讼的职权,这是在总结检察机关提起行政公益诉讼两年试点工作的基础上从国家顶层制度设计层面正式确立行政公益诉讼,预示着我国行政公益诉讼进入常态化运行轨道。在此基础上,最高人民法院和最高人民检察院于2018年作出《关于检察公益诉讼案件适用法律若干问题的解释》,详细规定了检察公益诉讼案件适用法律问题,是我国检察公益诉讼的具体制度规范。该解释于2020年进行了修正,将公益诉讼的范围拓展至英雄烈士保护领域,从而保持与《民法典》相一致。2020修订的《未成年人保护法》、2021年修正的《安全生产法》、2021年制定的《军人地位和权益保障法》以及2022年修正的《反垄断法》,分别将公益诉讼拓展至未成年保护、安全生产、军人权益保护、反垄断领域。2021年《人民检察院公益诉讼办案规则》取代《提起办法》,成为人民检察院提起公益诉讼的主要规范。我国公益诉讼立法如表11-1所示。

表 11－1　我国公益诉讼立法一览

时间	立法	内容	意义或影响
2012 年	《民事诉讼法》	第 55 条　对污染环境、侵害众多消费者合法权益等损害社会公共利益的行为，法律规定的机关和有关组织可以向人民法院提起诉讼	首次确立公益诉讼
2013 年	《消费者权益保护法》	第 47 条　对侵害众多消费者合法权益的行为，中国消费者协会以及在省、自治区、直辖市设立的消费者协会，可以向人民法院提起诉讼	首次规定提起消费公益诉讼的社会组织的条件
2014 年	《环境保护法》	第 58 条　对污染环境、破坏生态，损害社会公共利益的行为，符合下列条件的社会组织可以向人民法院提起诉讼：（一）依法在设区的市级以上人民政府民政部门登记；（二）专门从事环境保护公益活动连续五年以上且无违法记录。符合前款规定的社会组织向人民法院提起诉讼，人民法院应当依法受理。提起诉讼的社会组织不得通过诉讼牟取经济利益	首次规定了提起环境公益诉讼的社会组织的条件及不得牟利的限制
2015 年	全国人民代表大会常务委员会《试点决定》	授权最高人民检察院在生态环境和资源保护、国有资产保护、国有土地使用权出让、食品药品安全等领域在北京等 13 个省、自治区、直辖市开展提起公益诉讼试点，试点期限为两年	将我国公益诉讼从制度构建转向司法实践，为进一步完善我国公益诉讼立法奠定基础
2015 年（2020 年修正）	最高人民法院《关于审理环境民事公益诉讼案件适用法律若干问题的解释》	详细规定了环境民事公益诉讼案件法律适用问题	为人民法院审理环境民事公益诉讼奠定了具体制度基础

续表

时间	立法	内容	意义或影响
2015年（2020年修正）	最高人民法院《关于审理环境侵权责任纠纷案件适用法律若干问题的解释》	详细规定了环境侵权责任纠纷案件适用法律问题	关于责任主体、举证责任、责任形式等内容适用于环境民事公益诉讼
2015年	《试点方案》	提出了检察机关提起公益诉讼试点的目标和原则、主要内容、方案实施、工作要求等事项	是最高人民检察院贯彻落实党的十八届四中全会关于探索建立检察机关提起公益诉讼制度要求的具体体现
2015年	《提起办法》	详细规定了人民检察院提起公益诉讼试点工作的规范要求	是贯彻全国人民代表大会常务委员会《试点决定》和《试点方案》的体现
2016年（2020年修正）	最高人民法院《关于审理消费民事公益诉讼案件适用法律若干问题的解释》	详细规定了消费民事公益诉讼案件法律适用问题	为人民法院审理消费民事公益诉讼奠定了具体制度基础
2016年	《审理办法》	详细规定了人民法院审理人民检察院提起公益诉讼案件试点工作的规范要求	是贯彻全国人民代表大会常务委员会《关于授权最高人民检察院在部分地区开展公益诉讼试点工作的决定》和《试点方案》的体现

续表

时间	立法	内容	意义或影响
2017 年	《民事诉讼法》	第 55 条　对污染环境、侵害众多消费者合法权益等损害社会公共利益的行为,法律规定的机关和有关组织可以向人民法院提起诉讼。人民检察院在履行职责中发现破坏生态环境和资源保护、食品药品安全领域侵害众多消费者合法权益等损害社会公共利益的行为,在没有前款规定的机关和组织或者前款规定的机关和组织不提起诉讼的情况下,可以向人民法院提起诉讼。前款规定的机关或者组织提起诉讼的,人民检察院可以支持起诉	补充规定了人民检察院在维护社会公共利益中的职责,赋予其提起公益诉讼或支持提起公益诉讼的职权
2017 年	《行政诉讼法》	第 25 条第 4 款　人民检察院在履行职责中发现生态环境和资源保护、食品药品安全、国有财产保护、国有土地使用权出让等领域负有监督管理职责的行政机关违法行使职权或者不作为,致使国家利益或者社会公共利益受到侵害的,应当向行政机关提出检察建议,督促其依法履行职责。行政机关不依法履行职责的,人民检察院依法向人民法院提起诉讼	赋予人民检察院提起行政公益诉讼的职权
2018 年	最高人民法院、最高人民检察院《关于检察公益诉讼案件适用法律若干问题的解释》	详细规定了检察公益诉讼案件适用法律问题	是检察公益诉讼的具体制度规范
2018 年	最高人民法院《关于审理海洋自然资源与生态环境损害赔偿纠纷案件若干问题的规定》	详细规定了海洋自然资源与生态环境损害赔偿纠纷案件法律适用问题	关于受案范围、诉讼主体、损害赔偿等适用公益诉讼

续表

时间	立法	内容	意义或影响
2019 年	最高人民法院、最高人民检察院《关于人民检察院提起刑事附带民事公益诉讼应否履行诉前公告程序问题的批复》	批复规定人民检察院提起刑事附带民事公益诉讼，应履行诉前公告程序。对于未履行诉前公告程序的，人民法院应当进行释明，告知人民检察院公告后再行提起诉讼。因人民检察院履行诉前公告程序，可能影响相关刑事案件审理期限的，人民检察院可以另行提起民事公益诉讼	解决了人民检察院提起刑事附带民事公益诉讼应否履行诉前公告程序问题
2020 年（修正）	最高人民法院、最高人民检察院《关于检察公益诉讼案件适用法律若干问题的解释》	根据《民法典》的规定，在检察机关提起民事公益诉讼的案件范围中，增加了“侵害英雄烈士等的姓名、肖像、名誉、荣誉”领域，并针对该领域案件特点，在诉前公告的基础上，增加了征询英雄烈士等的近亲属意见的诉前履职方式	将公益诉讼的范围拓展至英雄烈士保护领域
2020 年（修订）	《未成年人保护法》	第 106 条　未成年人合法权益受到侵犯，相关组织和个人未代为提起诉讼的，人民检察院可以督促、支持其提起诉讼；涉及公共利益的，人民检察院有权提起公益诉讼	将公益诉讼的范围拓展至未成年人保护领域
2021 年（修正）	《安全生产法》	第 74 条第 2 款　因安全生产违法行为造成重大事故隐患或者导致重大事故，致使国家利益或者社会公共利益受到侵害的，人民检察院可以根据民事诉讼法、行政诉讼法的相关规定提起公益诉讼	将公益诉讼的范围拓展至安全生产领域
2021 年	《军人地位和权益保障法》	第 62 条　侵害军人荣誉、名誉和其他相关合法权益，严重影响军人有效履行职责使命，致使社会公共利益受到损害的，人民检察院可以根据民事诉讼法、行政诉讼法的相关规定提起公益诉讼	将公益诉讼的范围拓展至军人权益保护领域
2022 年（修正）	《反垄断法》	第 60 条第 2 款　经营者实施垄断行为，损害社会公共利益的，设区的市级以上人民检察院可以依法向人民法院提起民事公益诉讼	将公益诉讼的范围拓展至反垄断领域

通过梳理我国公益诉讼立法发展脉络，不难发现，从 2012 年修改《民事诉讼法》到 2013 年修改《消费者权益保护法》、2014 年修改《环境保护法》，我国初步确认了公益诉讼形式。直到 2015 年，全国人大常委会授权最高人民检察院在部分地区开展公益诉讼试点工作，我国公益诉讼司法活动才真正开展起来。为了解决公益诉讼实践中出现的新问题，最高人民法院陆续出台《关于审理环境民事公益诉讼案件适用法律若干问题的解释》和《关于审理消费民事公益诉讼案件适用法律若干问题的解释》，《民事诉讼法》和《行政诉讼法》也相应作出修改，规定了人民检察院在维护社会公共利益中的职责，赋予其提起民事公益诉讼或支持提起民事公益诉讼、行政公益诉讼的职权。公益诉讼范围也从生态环境和资源保护、食品药品安全、国有财产保护、国有土地使用权出让拓展至英雄烈士保护领域，我国公益诉讼法律制度逐步建立健全。

时至今日，公益诉讼虽然不再是新生事物，但公益诉讼相关具体规则和配套制度尚未健全。无论是检察机关，还是消费者协会等社会组织仍缺乏公益诉讼经验、缺少专业能力和人力技术支撑。同时，由于公益诉讼自身的独特性、复杂性，我国理论界和实务界关于公益诉讼的诸多问题尚未达成共识，包括公共利益的受案范围、原告主体、程序制度、举证制度、责任形态等，加之我国公益诉讼实践尚不充分，故立法上并没有贸然制定公益诉讼特则，而是边探索、边立法，导致公益诉讼统一立法尚未出台。换言之，目前已有公益诉讼规则大都是针对已经基本达成共识且亟须解决的现实问题所作出的回应，至于那些尚存在理论争议的问题或者司法疑难问题仍待理论研究和实践探索。

第二节　公益诉讼的理论特性

正如耶林所言："目的是全部法律的创造者。每条法律规则的产生都源于一种目的，即一种实际的动机。"①公益诉讼的目的在于维护社会公共利益，这是公益诉

① ［美］E. 博登海默：《法理学：法律哲学与法律方法》，邓正来译，中国政法大学出版社 2004 年版，第 114 页。

讼与私益诉讼的最大区别所在。这一区别也决定了公益诉讼规则不同于传统诉讼规则。

一、公益诉讼的诉权具有突破性

"无诉权则无诉讼",诉权是启动诉讼程序的前提。古罗马时期,诉讼法尚未与实体法相分离,事实尚未与规范分开,诉讼是权利的基础,而非相反,即只有诉权概念而无实体权利概念,"诉权不过是通过审判诉求某人应得之物之权利"。① 即使在现代社会,诉讼法与实体法已高度分离,②诉权已超越传统民事领域而上升为一项宪法性权利,但传统诉权理论仍普遍认为"诉权的基础是实体权利"。然而,随着现代公共性问题的突出,诉权与实体权利分离趋势日益显现,即诉权不再以实体权利而以利益为基础。具体到公益诉讼方面,其不再是保护单个社会个体的利益,而在于维护社会公共利益,诉权的性质也不再是传统的私权利,而是社会性权利,大大突破了传统诉讼的价值取向、权利性质和规范约束。

实际上,公益诉讼至今仍面临问题,其中最根本的是公益诉权问题即提起公益诉讼之依据问题。对此,学界进行了广泛而深入的探讨。③ 与其他诉权相比,公益诉讼中的诉权有两个特性:其一,实体上的诉因是一切诉讼行使之前提,但公益诉讼程

---

① [古罗马]查士丁尼:《法学阶梯》,徐国栋译,中国政法大学出版社 2005 年版,第 455 页。

② 参见王彦昕、周云主编:《生态文明下的环境资源法治建设》,中国人民公安大学出版社 2010 年版,第 16 页。

③ 譬如,有学者将公益诉权界定为"针对有关责任主体而向法院提起诉讼,以获得公正裁判,从而维护公益为目的的一种程序性权利"。参见张建伟、董文涛、王宇:《环境公益诉讼法律制度研究》,载《水资源、水环境与水法制建设问题研究——2003 年中国环境资源法学研讨会(年会)论文集》(下册),第 598 页。有学者将公益诉权界定为"公益诉权是指当公共利益受到直接与间接的侵害或有侵害之虞时,法律赋予无直接利害关系人为维护公益而向法院对行为人提起诉讼的一种程序性权利"。参见张式军:《环境公益诉讼浅析》,载《甘肃政法学院学报》2004 年第 4 期。有学者将公益诉权界定为"公益诉权是国家机关、社会组织、团体和公民个人,享有为维护公共利益对侵犯公益的违法行为向法院提起诉讼的一种程序性权利"。参见李放:《试论我国环境公益诉讼制度的确立》,载《中国社会科学院研究生院学报》2004 年第 3 期。有学者将公益诉权界定为"公益诉权是指为了保护社会公共权利和其他相关权利而进行诉讼活动所享有的一种程序性权利"。参见叶勇飞:《环境民事公益诉讼之概念辨析》,载《河南大学学报(社会科学版)》2004 年第 6 期。有学者将公益诉权界定为"公益诉权是公众在公共利益受到公权力主体或者私人主体侵害或者有侵害之虞时,享有的诉诸司法救济的权利"。参见朱谦:《公众环境公益诉权属性研究》,载《法治论丛(上海政法学院学报)》2009 年第 2 期。

序的启动,既包括公共利益受到损害之情形,也包括公共利益面临侵害可能之情形,在后一种情形下,公益诉讼诉权被称为“预防性诉权”。其二,公益诉讼诉权的行使还必须满足程序上的诉因,即必须有法律的明确规定且履行前置性程序。为了防止诉权滥用,法律通常规定如果能通过其他方式维护公共利益或者消除公共利益被侵害之风险,则不必启动公益诉讼,此即公益诉讼前置性程序,如诉前检察建议、行政执法投诉等。

二、公益诉讼的起诉主体具有法定性

谁能提起公益诉讼即公益诉讼主体资格问题是公益诉讼理论、制度和实践的重要问题之一。传统诉讼理论认为,“无利益者无诉权”,是否享有利益是判断是否享有诉权的标尺。然而,公共利益是“与人人相关”但又不“直接相关”的利益单元,具有公共性、开放性、非排他性,因此,公益诉讼的诉权主体可能并非公共利益的直接享有者或者“唯一”享有者。此时,如果严格按照传统诉讼理论,很难解释或者构建公益诉讼原告制度。现代公益诉讼原告资格的赋予,不再强调“利益享有者”,而是着眼“主体的职权或者宗旨”,即赋予那些享有保护公共利益职权的机关或以保护公共利益为宗旨的组织以公益诉讼诉权。

公益诉讼的起诉主体即诉权主体具有法定性,只有法律明确授权的主体才能提起公益诉讼。在我国目前的公益诉讼立法中,有权提起公益诉讼的主体是检察机关和特定社会组织,其他机关、社会组织和个人不能提起公益诉讼。详言之,目前我国民事公益诉讼的起诉主体主要包括消费者协会、环境保护组织和检察机关,其中,消费者协会限于消费民事公益诉讼,环境保护组织限于环境公益诉讼,而检察机关则不限于上述两类,还包括国有资产保护公益诉讼、国有土地使用权出让公益诉讼、食品药品安全诉讼、英雄烈士保护公益诉讼。我国应当进一步强化检察机关、社会组织等作为国家公权力机关和社会公益组织保护公共利益的职责和义务,规定其“应当”提起或支持公益诉讼,而非“可以”提起或支持公益诉讼。且需要注意的是,无论是哪种法定主体,其所代表的都是公共利益,其提起公益诉讼的请求权基础是相同的,就同一行为、同一法益,不同主体不能重复提起公益诉讼。

三、公益诉讼的诉讼请求具有特定性

请求权规范即“提出哪些公益诉讼请求”是公益诉讼制度的核心问题。如果说公益诉讼请求的内容体现了公益诉讼诉权权能的广度,那么,公益诉讼请求的范围则体现了公益诉讼诉权权能的深度。甚至可以毫不夸张地说,诉讼请求是公益诉讼的灵魂和核心,不同的诉派生出不同的诉讼请求。但是,公益诉讼的诉讼请求如果不能满足保护公共利益的需求,法官有权力也有义务作出释明,要求原告全面提出保护公共利益的诉讼请求,便于原告增加或变更诉讼请求,此即法官的释明权。详言之,在公益诉讼中,如果当事人提出的公益诉讼请求不清楚、不充分或者不能满足维护公共利益的需要时,法官有权力也有义务作出解释并要求当事人改正,从而防止公益诉讼偏离诉讼法之要求或者保护公益之初衷,也有利于节约司法资源。然而,目前立法尚未规定如果当事人拒不变更或增加诉讼请求的后果及相关处理规则。

目前在我国公益诉讼法律制度体系下,对损害公共利益的行为或者具有损害公共利益重大风险的行为,可以提起停止侵害之诉、排除妨碍之诉、消除危险之诉、赔礼道歉之诉、赔偿损失之诉、恢复原状之诉等。其中,前 3 种诉讼可称为“预防性责任之诉”。其特殊性在于,要求责任者在损害结果发生之前采取一定的补救措施、承担相应的法律责任,从而实现“防患于未然”之公益维护效果。①

四、公益诉讼的诉讼规则具有特殊性

公共利益的特殊性决定了公益诉讼诉权的行使应当遵循特定规则:第一,公益诉讼诉权不属于私权范畴,公益诉讼一旦启动一般不允许原告撤诉,且公益诉讼不适用反诉。在民事诉讼视野中,“反诉”与“本诉”相对应,是指在已经开始进行的诉讼程序中,本诉的被告将本诉的原告作为对方当事人向法院提起的独立的反请求,具有诉讼主体特定性、诉讼目的对抗性、诉讼请求独立性、提起时间限定性、受理法

---

① 参见石佳友:《论侵权责任法的预防职能——兼评我国〈侵权责任法(草案)〉(二次审议稿)》,载《中州学刊》2009 年第 4 期。

院确定性等特点。[①] 反诉不适于公益诉讼,究其原因就在于,公益诉讼的目的在于维护公共利益即"不特定多数人"利益,无论是检察机关还是社会组织,都是根据法律授权代表社会公众提起诉讼,对诉讼结果并不具有真正的诉的利益,其与被告之间也并不存在真正的利益关系,因此不具有反诉的"主体"要素,不具有事实上和法律上的牵连性,不符合反诉提起条件,法院也不应当受理。[②]

第二,传统民事诉讼中的处分原则、辩论原则和自认原则适用于公益诉讼时有必要予以修正和限制。[③] 公共利益的公共性决定了当事人不能自由处分诉权,公益诉讼一般不适用调解制度,[④]即公益诉讼不适用合意型解决方式。决定型解决与合意型解决是民事纠纷解决的两种方式,其中以"和解""调解""撤诉"等为表现形式的合意型解决方式是我国民事诉讼实践的导向型方式,但这种方式并不适用于公益诉讼。其缘由在于,公益诉讼涉及不特定多数人利益,不能随意"放弃",合意型解决方式降低了公益诉讼司法的权威性,故而应当通过决定型解决方式对行为人的违法行为作出定性,从而威慑潜在侵犯公共利益者。

第三,需要赋予法官更大自由裁量权。由于公益诉讼关涉不特定多数人的利益,其裁判的法律效力也具有相当的扩张性,可能会及于案外主体以及后续其他类似案件。因此,需要赋予法官更大的自由裁量权,从而保证裁决的妥当性与合目的性。详言之,法院不必局限于当事人提出的诉讼标的和诉讼请求,而是可以依据具体情况发挥职权作用,在公共利益保护不力时超出或替换当事人确定的诉讼标的或诉讼请求作出裁判,[⑤]法院也可以依职权调查事实和收集证据以促进案件真相的发现,公益诉讼也不允许社会公共利益自认,以防止社会公共利益遭受随意减损。总

---

① 参见江伟、邵明、陈刚:《民事诉权研究》,法律出版社 2002 年版,第 142 页。

② 参见最高人民法院环境资源审判庭:《最高人民法院关于环境民事公益诉讼司法解释理解与适用》,人民法院出版社 2015 年版,第 218 页。

③ 参见刘学在:《民事公益诉讼制度研究》,中国政法大学出版社 2015 年版,第 73 页。

④ 参见颜运秋:《公益诉讼理念与实践研究》,法律出版社 2019 年版,第 289 页。

⑤ 参见石春雷:《职权主义非讼法理在民事公益诉讼中的适用》,载《中南大学学报(社会科学版)》2017 年第 2 期。

之，法院在公益诉讼中应当适用职权主义和能动主义，[①]能动司法[②]即扩大法官释明义务和取证范围等，[③]从而更好地发挥司法机关在维护公共利益中的作用和职责。

第四，诉讼公平以及信息优势决定了公益诉讼适用举证责任倒置原则，即主要由被告承担主要举证义务。民事公益诉讼中的举证责任通常采用举证责任倒置规范，即由被告承担其行为与公共利益损害后果之间不存在因果关系的证明责任。当然，原告负有证明被告存在侵权（违法）行为的举证责任。我们可以把前者称为结果证明责任，后者称为行为证明责任。譬如，《民法典》第 1230 条规定："因污染环境、破坏生态发生纠纷，行为人应当就法律规定的不承担责任或者减轻责任的情形及其行为与损害之间不存在因果关系承担举证责任。"当然，公益诉讼的举证责任规则具有复杂性，不能一概而论。

另外，公共利益虚化、弱化的客观现实决定了公益诉讼应当适用特殊的诉讼费用分摊制度和奖励制度，从而维护社会个体保护公共利益的积极性。同时，考虑公益损害后果的严重性和影响的广泛性，公益诉讼普遍适用强制执行和先予执行制度，[④]从而及时制止不法侵害公共利益的行为，有效防止公益损害的发生或扩大。对此，下文将展开详细论述。

第三节　公益诉讼起诉主体制度

对公益诉讼进行要件分析是一项必要而又复杂的基础性工作。从要件事实理论出发，公共利益受到侵害是公益诉讼的核心要件。[⑤] 然而，"公益概念最大的特色，即表现在其内容的不确定性，亦是公益的受益人及利益的抽象性"。[⑥] 从理论上

---

① 参见石春雷：《职权主义非讼法理在民事公益诉讼中的适用》，载《中南大学学报（社会科学版）》2017 年第 2 期。

② 参见许尚豪：《如何保持中立：民事公益诉讼中法院的职权角色研究》，载《政治与法律》2017 年第 9 期。

③ 参见刘超：《论环境民事公益诉讼证据调查之展开》，载《江西社会科学》2017 年第 9 期。

④ 参见谢伟：《环境公益诉权研究》，中国政法大学出版社 2016 年版，第 63 页。

⑤ 参见刘本荣：《行政公益诉讼的要件分析——以要件事实理论为视角》，载《北方法学》2020 年第 4 期。

⑥ 陈新民：《德国公法学基础理论》（上卷），法律出版社 2010 年版，第 258 页。

对公共利益作出一个明确而公认的定义，实属不易；在司法实践中，也鲜见有裁决书对这一核心概念作出解释，似乎自然而然地就认为环境、土地、资源、消费者权益等属于公共利益。公益诉讼具有多样化形态，简单套用传统主观诉讼理论显然与公益诉讼不契合、不适应，而应采用客观诉讼理论。公益诉讼“只有基于客观诉讼逻辑，才能得到清晰阐述和良性发展”。[①] 在法益主体上，公益诉讼中被侵害的公共利益往往没有直接的具体的对象。在诉讼资格上，公益诉讼的起诉主体具有特殊性且通常具有明确的法律规定。可以说，主体资格在公益诉讼构成要件制度中争议最大。

一、公益诉讼原告主体资格

2012年《民事诉讼法》第55条将公益诉讼原告主体范围限定在“法律规定的机关和有关组织”。后来，2013年修改的《消费者权益保护法》和2014年修改的《环境保护法》，明确赋予符合条件的社会组织提起民事公益诉讼的主体资格。但对于该规定中的“机关”，有学者认为，应当对该条文中的“机关”作目的性限缩解释，即限定为检察院和对相关领域负有监督、管理职责的行政机关。[②] 有学者则认为，“可以提起公益诉讼的机关要有明确的法律依据”，[③]即除《民事诉讼法》第55条外的其他法律的规定。从立法目的及立法背景看，该规定所指的“机关”应当不包括检察机关。[④] 理由在于，直到2014年，党的十八届四中全会通过的《中共中央关于全面推进依法治国若干重大问题的决定》才提出探索“建立”检察机关提起公益诉讼制度，2015年7月2日最高人民检察院发布的《试点方案》则全面开启了检察公益诉讼实践，2015年7月1日十二届全国人大常委会作出《试点决定》。至此，检察机关才取得了提起公益诉讼的法律授权。一直到2017年《民事诉讼法》和《行政诉讼法》的修改，才正式增设检察机关提起公益诉讼条款。可见，对于不同类型的公益诉讼主体资格，我国立法采取了差异化程序规则设计路径，但对于检察机关提起公益诉讼

---

① 刘艺：《构建行政公益诉讼的客观诉讼机制》，载《法学研究》2018年第3期。

② 参见刘学在：《民事公益诉讼原告资格解析》，载《国家检察官学院学报》2013年第2期。

③ 王胜明主编：《中华人民共和国民事诉讼法释义》，法律出版社2012年版，第114页。

④ 参见宋朝武主编：《民事诉讼法学》，高等教育出版社2017年版，第282页。

则存在法制外改革试点的发展路径,并逐步实现了检察公益诉讼的合法化、制度化。

实际上,检察机关与社会组织在公益诉讼中的角色地位并不完全相同。社会组织可以认定为公益诉讼原告主体角色,而检察机关的身份是"公益诉讼人"。详言之,检察机关享有公益诉讼诉权的主要依据是其法律监督者的职责定位,即检察机关负有监督行政机关依法履行保护公共利益之义务,其公益诉讼诉权依据不同于社会组织公益诉讼诉权依据。公益诉讼是检察机关发挥法律监督职能的衍生,是检察机关行使检察权的重要体现,其履行顺位以及自由处分权都受到一定限制,由此也就不难理解,为什么公益诉讼立法中规定检察公益诉讼须遵循前置程序,以及为什么将检察机关作为公益诉讼的补充性起诉主体。

二、民事公益诉讼原告资格顺位问题

关于民事公益诉讼的起诉权,2017 年《民事诉讼法》第 55 条将其授予"法律规定的机关和有关组织"以及"人民检察院"两类主体,但在顺位方面,赋予"法律规定的机关和有关组织"第一顺位起诉权,赋予"人民检察院"第二顺位起诉权。详言之,对于在破坏生态环境和资源保护、食品药品安全领域侵害众多消费者合法权益等损害社会公共利益的行为,只有当法律规定的机关和有关组织不提起诉讼的情况下,人民检察院才可以向人民法院提起诉讼。《民事诉讼法》第 55 条虽然给"法律规定的机关"提起民事公益诉讼预留了空间,但从我国现有立法来看主要有两种情况:一是《海洋环境保护法》第 89 条授权行使海洋环境监督管理权的部门代表国家对破坏海洋生态、海洋水产资源、海洋保护区且给国家造成重大损失的行为提出损害赔偿要求;二是 2015 年 12 月 3 日中共中央办公厅、国务院办公厅联合发布的《生态环境损害赔偿制度改革试点方案》(已失效)规定,试点地方省级政府经国务院授权后作为本行政区域内生态环境损害赔偿权利人,可以对违反法律法规造成生态环境损害的单位或个人提起民事公益诉讼。因此,这一立法设计主要是规定社会组织享有公益诉讼第一顺位起诉权,其背景是检察机关诉讼任务繁重,其前提是社会组织发展成熟、参与公共事务积极性高、维护公共利益能力强,也符合民事公益诉讼长远发展趋势。但考虑现阶段"我国的社会公益性组织发展还不充分,依靠社会组织提起公益诉讼比较困难”,“应当更加强调检察机关的主导性作用”①或者“重点扮演引导者的角色”,②因此,在我国现阶段不宜规定民事公益诉讼优先由法律规定的机关和有关组织提起。

在增进和保护公共利益方面,以行政机关行使行政职权为代表的行政治理模式,与以检察机关和人民法院行使司法职权为代表的司法治理模式相比,具有能动性和直接性,即使在将复杂的社会公共问题转化为法律问题的国家治理理念变迁的趋势下,公共利益的司法保护仍处于补充性、辅助性地位。③ 因此,在检察机关提起行政公益诉讼之前,应当穷尽包括检察建议、社会组织和社会公众提起民事公益诉讼或行政诉讼等法律手段。④ 也正基于此,有学者认为,私益救济应当优先于公益救济,检察院的行使更应当遵循克制谦抑原则。⑤ 笔者认为,这在逻辑上并不成立,公共利益相对优位于个人利益是古今中外法治思想普遍的主流观点,公益诉讼通常也优位于普通私益诉讼。但在我国社会个体公共意识有待增强、诉讼能力有待提高的现实背景下,赋予检察机关优先的公益诉讼起诉权是一个合理选择。

三、检察机关在公益诉讼中的角色定位

上述关于公益诉讼原告主体资格及其顺位问题,反映出检察机关在我国公益诉讼中复杂的角色定位。有学者在考察我国检察机关提起公益诉讼的历程和现状的基础上,把检察机关保护公共利益的实践探索归纳为 3 个阶段:以原告身份代表国家提起民事诉讼、以督促责任主体身份提起诉讼、以检察机关身份提起公益诉讼,并提出我国行政公益诉讼附带民事公益诉讼机制、刑事附带民事公益诉讼机制及行政执法与刑事司法的衔接等问题。⑥ 有学者则从民事诉讼程序的原理出发,认为立法

---

① 汤维建:《处理好四对关系　深入推进公益诉讼系》,载《检察日报》2017 年 4 月 10 日,第 3 版。

② 李艳芳、吴凯杰:《论检察机关在环境公益诉讼中的角色与定位——兼评最高人民检察院〈检察机关提起公益诉讼改革试点方案〉》,载《中国人民大学学报》2016 年第 2 期。

③ 参见邢昕:《行政公益诉讼启动标准:基于 74 份裁判文书的省思》,载《行政法学研究》2018 年第 6 期。

④ 参见李艳芳、吴凯杰:《论检察机关在环境公益诉讼中的角色与定位——兼评最高人民检察院〈检察机关提起公益诉讼改革试点方案〉》,载《中国人民大学学报》2016 年第 2 期。

⑤ 参见陆军、杨学飞:《检察机关民事公益诉讼诉前程序实践检视》,载《国家检察官学院学报》2017 年第 6 期。

⑥ 参见刘艺:《检察公益诉讼的司法实践与理论探索》,载《国家检察官学院学报》2017 年第 2 期。

授权检察机关提起并参与公益诉讼决定了其主要处于原告(一审)的诉讼地位和上诉人或者被上诉人(二审)的诉讼地位。①

不可否认,由检察机关提起公益诉讼具有重要的理论基础和现实依据。从理论层面看,检察机关作为我国法律监督机关,其有权力也有义务监督行政机关保护公共利益,由其作为公益诉讼的原告尤其是作为行政公益诉讼的原告,有助于从根本上改变传统行政诉讼中原被告力量不平衡的局面。从实践层面看,检察机关长期从事法律工作,人力、物力和专业技术力量相对完备,具有较强权威性和威慑力,特别是在应对公益诉讼中复杂事实调查和法律问题认定方面优势明显,②有效发挥了督促政府依法行政、推动法治政府建设的重要作用。再以行政公益诉讼为例,行政公益诉讼极大地拓展了行政监督检察的范围,通过检察建议的方式不仅丰富了行政检察监督的方式和手段,而且大大实现了法律监督关口的迁移,提高了行政检察监督的权威性、针对性和实效性。③

检察机关在公益诉讼(行政公益诉讼)中的角色地位不仅涉及公益诉讼中检察机关的称谓问题,而且涉及公益诉讼的程序构造和规则适用问题。从理论和实践来看,公益诉讼(行政公益诉讼)中检察机关的称谓主要有原告、法律监督者、公益代表人 3 种。这一问题的根源在于公益诉讼的性质,而关于这一问题,学界又有不同的看法。有学者从诉讼请求出发,认为我国行政诉讼确立的是"被害者诉讼"原告资格标准故属于主观诉讼制度。④ 有学者从 1989 年《行政诉讼法》第 5 条出发,认为"从总体上讲,我国现行行政诉讼法确立的是一种客观诉讼制度",公益诉讼具有客观诉讼的性质,是我国建立客观诉讼制度的突破口。⑤ 还有学者认为,我国行政诉讼既不是完整意义上的主观诉讼,也不是完整意义上的客观诉讼,诉讼请求的主观性与法院审判的客观性使我国行政诉讼在构造上呈现一种扭曲的"内错裂"形态。⑥ 对这

---

① 参见李浩:《论检察机关在民事公益诉讼中的地位》,载《法学》2017 年第 11 期。

② 参见马怀德:《行政公益诉讼制度,从理论走向现实》,载《检察日报》2015 年 7 月 3 日,第 3 版。

③ 参见胡卫列、田凯:《检察机关提起行政公益诉讼试点情况研究》,载《行政法学研究》2017 年第 2 期。

④ 参见于安:《发展导向的〈行政诉讼法〉修订问题》,载《华东政法大学学报》2012 年第 2 期。

⑤ 参见林莉红、马立群:《作为客观诉讼的行政公益诉讼》,载《行政法学研究》2011 年第 4 期。

⑥ 参见薛刚凌、杨欣:《论我国行政诉讼构造:"主观诉讼"抑或"客观诉讼"?》,载《行政法学研究》2013 年第 4 期。

一问题的追问,其核心目的在于现行行政诉讼法的立法目的、基本原则及制度构造是否足以涵摄行政公益诉讼即能否直接适用于行政公益诉讼。从我国现有公益诉讼立法和实践来看,将行政公益诉讼界定为客观诉讼较适宜,由检察机关提起的行政公益诉讼与公民、企业、其他组织基于自己主观权利提起的行政诉讼具有本质不同,其主要是基于国家法律监督机关的宪法定位而提起,行政公益诉讼诉前程序的设置亦凸显了公益诉讼的监督和纠错目的。因此,现行《行政诉讼法》所设计的诉讼规则并不能直接地套用到公益诉讼中,检察机关的地位不同于一般的原告,而称为"公益诉讼人"或"行政公诉人"更合适,启动二审程序称为"抗诉"也更为合适。①

国内外公益诉讼的立法选择和制度设计,都面临充分维护公共利益、打击侵犯公共利益行为与防止司法资源浪费、预防公益诉讼滥诉的均衡问题。鉴于公益诉讼的复杂性,当前的公益诉讼立法选择了较谨慎的立法理念,从而导致公益诉讼主要由检察机关提起。一方面,考虑检察机关监督机关的法律地位,相对超脱于地方利益和部门利益;另一方面,考虑检察机关拥有一定的调查权,有利于解决公益诉讼中的调查取证难题。也可以说,由检察机关提起行政公益诉讼是立足中国国情并经长期实践探索的现实方案。仅就行政公益诉讼而言,其案件线索主要是检察机关履行法律监督职责时所发现,以行政不作为案件为主,主要集中在环境保护领域,且诉前程序发挥了重要作用。然而现实的困境是,检察机关的专业技术队伍以及调查取证能力也非常有限,仍存在检察机关主体地位不清晰、诉前程序不细致、行政不作为认定不统一、与《行政诉讼法》衔接不顺畅等问题。② 权力机关在行政公益诉讼中的合理分工应当是行政机关对行政执法权能够自我省思、检察机关在法律监督中不越边界、人民法院在司法审判中客观中立。因此,应当拓展调查取证渠道,加大勘验物证、委托鉴定、咨询、评估、审计等调查取证力度。

第四节　公益诉讼前置程序制度

公益诉讼的提起是否以穷尽行政执法救济为前提条件即公益诉讼的前置程序

① 参见胡卫列、田凯:《检察机关提起行政公益诉讼试点情况研究》,载《行政法学研究》2017 年第 2 期。
② 胡卫列、田凯:《检察机关提起行政公益诉讼试点情况研究》,载《行政法学研究》2017 年第 2 期。

问题,是公益诉讼立法的一个重要选择问题。对此,学界有不同看法。肯定论者认为,应当将督促行政机关履行保护公共利益的职责作为提起公益诉讼的前置程序。① 否定论者认为,公益诉讼的诉权主体可以直接提起而无须将穷尽行政执法救济作为前提。② 还有折中论者从我国实践出发,认为检察机关提起的民事公益诉讼采取"肯定说",社会组织提起的民事公益诉讼采取"否定说"。③

一、公益诉讼前置程序的合理性

前置程序是公益诉讼的重要部分,诉前程序的科学性或者说其特殊价值在于:首先,其符合行政诉讼中的"穷尽救济原则",尊重行政机关的决定权。行政执法优先原则和效率原则决定了行政执法是增进和维护公共利益最重要的方式,前置程序尊重行政首次判断权即尊重行政机关对行政事务优先判断及处理的权力,④能及时有效制止损害公共利益的行为,从而达到公共利益保护之目的。

其次,公益诉讼的特殊性决定了谦抑性是其另一重要特点,即在提起公益诉讼前通常应当设置程序性门槛(前置性程序)。对此不难理解,如果能够通过检察建议、警告或者行政处理等诉前程序消除公益诉讼的诉因,那么也就没有行使公益诉讼诉权的必要。譬如,在环境行政公益诉讼领域,以检察建议为主要形式的诉前程序已经成为我国检察公益诉讼的特色制度之一,发挥了诉前程序强大的分流功效,⑤切实提高了检察监督的效力、充分调动了行政机关履行职责的能动性、有效节约了有限的司法资源。⑥ 换言之,检察建议是一种柔性的监督方法,更易为行政机关所接受,有利于激活或调动行政机关自我纠错积极性。再如,民事公益诉讼领域要求当事人(原告)在提起公益诉讼前应当实施"起诉告知"行为或者向相关行政部门提出

① 参见王明远:《论我国环境公益诉讼的发展方向:基于行政权与司法权关系理论的分析》,载《中国法学》2016 年第 1 期。
② 参见王曦:《论环境公益诉讼制度的立法顺序》,载《清华法学》2016 年第 6 期。
③ 参见张陈果:《论公益诉讼中处分原则的限制与修正——兼论〈新民诉法解释〉第 289、290 条的适用》,载《中外法学》2016 年第 4 期。
④ 参见黄先雄:《行政首次判断权理论及其适用》,载《行政法学研究》2017 年第 5 期。
⑤ 参见胡卫列、田凯:《检察机关提起行政公益诉讼试点情况研究》,载《行政法学研究》2017 年第 2 期。
⑥ 参见张锋:《检察环境公益诉讼之诉前程序研究》,载《政治与法律》2018 年第 11 期。

调查申请或要求提供相关信息申请,否则当事人提起的公益诉讼会被认为缺乏程序上的诉因而被受诉法院裁定不予受理。已经受理的,经审查不具有公益诉讼实体上诉因的,法院会根据不同情况作出告知当事人另行提起民事诉讼或者行政诉讼、到公安机关报案(举报或者控告)、提起刑事自诉等裁定;如果原告坚持提起公益诉讼的,法院应当作出不予受理的裁定。① 质言之,对于侵害公共利益的行为,原告应当首先向有关行政部门投诉,只有在投诉部门不予处理或者处理不合法或者不予答复时才能启动诉权向法院提起公益诉讼。

最后,其符合经济原则,由行政机关进行自我纠错的经济成本和时间成本都较低。实践也证明,诉前程序在公益诉讼中发挥了重要作用,绝大部分行政公益诉讼案件都是通过诉前程序办结的。② 当然,直接起诉作为保护公共利益最后的救济手段,也是最具威慑力的法律手段,是不可或缺的,要在慎用、敢用和善用之间保持平衡。

二、公益诉讼前置程序的改进

当前,我国公益诉讼制度整体上采取的是“肯定说”,只不过行政执法救济形式不一样,行政公益诉讼中救济形式体现为检察建议,其他机关和社会组织提起的民事公益诉讼中救济形式体现为向行政部门投诉。基于此,可以把我国公益诉讼模式归纳为前置型行政执法优先模式。

问题在于,需要进一步优化公益诉讼前置程序规则。对于行政公益诉讼来说,存在检察建议原则化、诉前程序认定标准失衡、诉前程序期限僵化、诉前程序与诉讼程序衔接不协调等问题,应当通过立法完善相关规则。对于民事公益诉讼来说,应当通过立法进一步明确和细化提起民事公益诉讼必须提交的前置程序材料。

第五节　公益诉讼举证责任制度

“谁主张,谁举证”是民事诉讼举证责任分配的基本原则。然而,公益诉讼中,

① 参见蔡维力:《环境诉权初探》,中国政法大学出版社 2010 年版,第 259 页。
② 参见胡卫列、田凯:《检察机关提起行政公益诉讼试点情况研究》,载《行政法学研究》2017 年第 2 期。

"证据偏在"问题凸显,这对证据调查手段提出了更高的要求,[①]迫切需要改造证据调查协力义务规则,优化公益诉讼举证制度,从而解决民事公益诉讼证据难题。

一、公益诉讼举证责任分配规则及理论争论

早在罗马法时期,就有"原告有举证之义务"的原则。[②] 如今,我国《民事诉讼法》以"谁主张,谁举证"为原则,[③]以举证责任倒置为特例。在环境民事公益诉讼领域,相关举证责任立法最早体现在 1992 年最高人民法院《关于适用〈中华人民共和国民事诉讼法〉若干问题的意见》第 74 条中,即将环境污染侵权作为六类特殊侵权案件类型之一,规定"对原告提出的侵权事实,被告否认的,由被告负责举证",即由被告承担侵权不成立的举证责任,这被视为我国举证责任倒置立法的源头。[④] 2001 年《证据若干规定》规定,包括环境污染引起的损害赔偿诉讼等八类案件适用特殊举证责任即由加害人就法律规定的免责事由及其行为与损害结果之间不存在因果关系承担举证责任。2010 年原《侵权责任法》第 66 条首次以立法形式明确规定了环境污染侵权纠纷适用举证责任倒置。之后,举证责任倒置规则通过系列司法解释等形式进一步得以明确化、具体化。

举证责任倒置是"证明责任的转换制度"——"通常是指证明责任在规范上(法律上)的分配的改变",[⑤]这一规则改变了一般法律原则,关系到举证责任的转移和减轻,对于案件结果及当事人利益影响极大,因此需要立法明确规定且适用于特殊案件。从举证责任倒置规则的渊源及域外立法来看,该规则仅适用于特定类型案件中,往往是在一般举证责任原则不能满足社会需要并且在此基础上造成了较差的后果时才会予以考虑。[⑥]

---

① 参见张卫平:《当事人文书提出义务的制度建构》,载《法学家》2017 年第 3 期。

② 参见万进福:《行政公益诉讼中的举证责任分配》,载《人民法院报》2017 年 9 月 27 日,第 6 版。

③ 我国《民事诉讼法》第 67 条规定,"当事人对自己提出的主张,有责任提供证据",此即"谁主张,谁举证",不能举证的一方承担不利的法律后果,也即举证责任的"正置"。

④ 参见吕日东:《举证责任倒置的实质——逆否分配》,载《山东审判》2005 年第 5 期。

⑤ [德]汉斯·普维庭:《德国现代证明责任研究》,吴越译,法律出版社 1998 年版,第 13 页。

⑥ 参见周翠:《〈侵权责任法〉体系下的证明责任倒置与减轻规范与德国法比较》,载《中外法学》2010 年第 5 期。

在环境民事公益领域是否也适用举证责任倒置原则，学界存在不同观点。[①] 有学者从原《侵权责任法》（现《民法典》中的侵权责任规定）出发，认为传统民事侵权责任法律保护的对象仅限于人身、财产权益，并不包括生态环境权益，[②]民事侵权责任中的“环境污染责任”仅是指狭义上的污染生活环境侵权责任，并不包括破坏生态侵权责任，[③]因此举证责任倒置只适用于环境民事私益诉讼案件，而不适用于环境民事公益诉讼案件。

从我国相关立法来看，《民事诉讼法》并未对环境公益诉讼案件的举证责任作出明确规定，原《侵权责任法》第 66 条（现《民法典》第 1230 条）规定了环境污染侵权举证责任倒置，[④]该规定得到了最高人民法院《关于审理环境侵权责任纠纷案件适用法律若干问题的解释》的进一步确定和细化，[⑤]《环境保护法》第 64 条将举证责任倒置的适用范围拓展至“生态破坏”领域，[⑥]最高人民法院《关于审理海洋自然资源与生态环境损害赔偿纠纷案件若干问题的规定》将举证责任倒置的适用范围增加至“海洋自然资源”，并通过声明的方式间接地将举证责任倒置规则拓展至“海洋自然资源”领域，最高人民法院、最高人民检察院《关于检察公益诉讼案件适用法律若干问题的解释》规定检察机关在其提起的民事公益诉讼中的举证责任是指“被告行为已经损害社会公共利益的初步证明材料”，但亦未规定被告的举证义务范围；规定检察机关在其提起的行政公益诉讼中检察机关的举证责任是指“被告违法行使职权或

---

① 参见叶增胜：《推定、倒置抑或第三条道路——环境污染侵权中因果关系举证责任分配研究》，载《社会科学家》2017 年第 8 期。

② 原《侵权责任法》第 2 条第 2 款规定：“本法所称民事权益，包括生命权、健康权、姓名权、名誉权、荣誉权、肖像权、隐私权、婚姻自主权、监护权、所有权、用益物权、担保物权、著作权、专利权、商标专用权、发现权、股权、继承权等人身、财产权益。”

③ 参见张新宝、汪榆淼：《污染环境与破坏生态侵权责任的再法典化思考》，载《比较法研究》2016 年第 5 期。

④ 《民法典》第 1230 条规定，“因污染环境、破坏生态发生纠纷，行为人应当就法律规定的不承担责任或者减轻责任的情形及其行为与损害之间不存在因果关系承担举证责任”。

⑤ 最高人民法院《关于审理环境侵权责任纠纷案件适用法律若干问题的解释》第 6 条规定：“被侵权人根据民法典第七编第七章的规定请求赔偿的，应当提供证明以下事实的证据材料：（一）污染者排放了污染物；（二）被侵权人的损害；（三）污染者排放的污染物或者其次生污染物与损害之间具有关联性。”而第 7 条则明确规定了污染者想要否认因果关系要举证的要求。

⑥ 《环境保护法》第 64 条规定：“因污染环境和破坏生态造成损害的，应当依照《中华人民共和国侵权责任法》的有关规定承担侵权责任。”

者不作为，致使国家利益或者社会公共利益受到侵害的证明材料”。最高人民法院《关于审理环境民事公益诉讼适用法律若干问题的解释》与这一规定基本一致。

笔者认为，以环境为介质的污染侵权案件，往往具有间接性、复杂性、潜伏性、影响广泛性等特征，受害人囿于经济能力、举证能力、专业能力等，难以证明污染者的污染行为及其与损害结果之间的因果关系。因此，为了实现法律公平，各个立法或司法实践开始采用举证责任倒置、因果关系推定、无过错责任等特殊规则，减轻原告举证责任。

二、公益诉讼举证责任分配逻辑自洽及制度优化

举证责任的分配以及举证规则的设计，受到多种因素的影响，但最核心的有两点：一是案件的性质，二是当事人的举证能力。譬如，对于普通行政诉讼案件，原告只需证明起诉符合法定条件即可，①但对于环境行政公益诉讼案件，检察机关则需要补充：(1)国家和社会公共利益受到侵害的初步证明材料；(2)人民检察院履行诉前程序提出检察建议且行政机关拒不纠正违法行为或者不履行法定职责的证据材料。这一方面源于检察机关的举证能力较强，另一方面基于节约诉讼资源考虑，防止滥诉情况发生。当然，也有人认为，要求提供专业机构或环保专家组给出的鉴定意见，以证明环境污染造成的损害等情况，无疑加大了检察机关的举证责任。②

民事诉讼案件保护的是私益，当事人处于平等地位，举证能力相当，因此应当以“谁主张，谁举证”为原则；行政诉讼案件虽然保护的也是私益，但当事人处于明显不平等地位，举证能力也存在巨大差异，所以应当以“举证责任倒置”为原则。公益诉讼案件保护的是公益，理应适用“举证责任倒置”原则，但由于公益诉讼案件复杂、类型多样，不能简单地适用“举证责任倒置”原则。

对于环境污染侵权纠纷，按照普通民事诉讼程序进行，采用举证责任倒置规则比较公平。环境民事公益诉讼首先属于公益诉讼，鉴于其保护的法益为公共利益，③

---

① 参见刘艺：《构建行政公益诉讼的客观诉讼机制》，载《法学研究》2018 年第 3 期。

② 参见林仪明：《我国行政公益诉讼立法难题与司法应对》，载《东方法学》2018 年第 2 期。

③ 参见张宝、潘鸣航：《环境公益诉讼中“公益”的识别与认定——一种反向排除的视角》，载《中南大学学报(社会科学版)》2018 年第 2 期。

保护的对象是生态环境，在性质上也与私益诉讼的“间接侵权”明显不同，①因此应当采用特殊的举证责任规则，从这个角度讲环境民事公益诉讼适用举证责任倒置是比较合理的，这也基本得到了我国立法上的明确肯定。但是否需要“一刀切”地适用举证责任倒置则需要进一步研究。检察机关、社会组织以及法律规定的机关的举证能力通常比社会个体要强，如果公益诉讼中刚性地严格地适用举证责任倒置，显然欠缺妥当性。实际上，在司法实践中，我国在坚持“依法分配”举证责任即按照案件类型以及法律规定分配举证责任外，法官亦享有一定的自由裁量权，可以进行灵活的“举证责任转换”。②

如今，《民法典》已经将生态破坏纳入侵权责任框架，③生态破坏侵权依然适用无过错责任原则亦无太大争议。问题在于，检察机关作为国家法律监督机关，在法律规定的机关和有关组织不起诉时应行使“兜底”起诉职权，④但其是否适用《民法典》规定的举证责任倒置规则？目前尚无权威规定或解释可以遵循。最高人民法院、最高人民检察院《关于检察公益诉讼案件适用法律若干问题的解释》规定检察机关提起环境民事公益诉讼应以“被告的行为已经损害社会公共利益”作为因果关系证明标准，但并没有包括被告的行为存在损害社会公共利益的重大风险的可能，这无疑削弱了环境民事公益诉讼的一个重要功能——阻却违法。同样，检察机关在提起的环境行政公益诉讼中，应对“被告违法行使职权或者不作为，致使国家利益或者社会公共利益受到侵害的证明材料”进行举证，也没有涉及“社会公共利益受到损害的重大风险”。另外，行政公益诉讼的主要目的或者说首要目的在于纠正行政机关的违法行为或行为偏差或督促其依法作为，而非进行损害赔偿，要求检察机关对损害结果进行举证显然偏离了这一诉讼目的，更何况对损害结果进行举证也超出了当下检察机关的举证能力。

在我国成文法国家传统的背景下，法官的举证自由裁量权非常有限，不能从因

---

① 参见吕忠梅等：《环境司法专门化》，法律出版社 2017 年版，第 201 页。

② 参见胡学军：《中国式举证责任制度的内在逻辑——以最高人民法院指导案例为中心的分析》，载《法学家》2018 年第 5 期。

③ 《民法典》第 1230 条规定：“因污染环境、破坏生态发生纠纷，行为人应当就法律规定的不承担责任或者减轻责任的情形及其行为与损害之间不存在因果关系承担举证责任。”

④ 参见林莉红：《论检察机关提起民事公益诉讼的制度空间》，载《行政法学研究》2018 年第 6 期。

果关系推定原则出发灵活决定证明责任,而是应当严格遵守相关立法规定。因此,应当进一步总结公益诉讼实践经验,不断完善适合我国国情的公益诉讼举证责任制度,健全类型化举证责任分配机制。具体而言:①

其一,尽快通过专门立法对公益诉讼举证责任作出规定。建议通过公益诉讼法对公益诉讼举证责任作出统一规定,从而改变目前公益诉讼举证责任立法层次较低、法律依据较少且分散、法律规定存在冲突且过于简单化的现状。

其二,制定灵活的针对性强的举证责任规则。改变目前"一刀切"的做法,根据公益诉讼类型,就侵权事实(包括损害风险)、违法行为(包括不作为)、因果关系、损害结果、赔偿金额等方面具体规定举证责任,即根据公益诉讼的起诉要件、诉讼请求成立要件、实体判决要件等方面的性质作出差异考量。②

其三,赋予法官一定的自由裁量权。公益诉讼类型多样、案情较复杂,应赋予法官根据证明事项、证明难度、举证能力等具体情况,在一定情况下决定是否适用举证责任倒置或者适度减轻(转换)适用,以确保真正实现公平正义。

其四,考虑行政公益诉讼的特殊性。鉴于行政公益诉讼所呈现的"双阶"诉讼程序之构造和"混合主义"诉讼模式之形态,以及行政公益诉讼所具有的保护目的特定(公共利益)、起诉主体特定(检察机关)、诉讼程序特定(督促程序前置)等特点,普通行政诉讼(行政私益诉讼)的举证责任及其分配规则不能简单地或当然地平移至行政公益诉讼。建议对一般的行政公益诉讼采用"谁主张,谁举证"证明原则,对于涉及行政机关"不作为"或者"不依法履行职责"的行政公益诉讼采用举证责任倒置原则,同时赋予法官个案证明责任裁量权。③ 换言之,对于"作为类行政公益诉讼",检察机关需证明履行了诉前程序及公共利益受到了侵害,行政机关应证明其履行职务行为的合法性;对于"不作为类行政公益诉讼",检察机关除要证明履行了诉前程序、公益受侵害外,还应当证明行政机关具有相应的作为义务、行政机关拒不纠正违

① 参见王秀卫:《我国环境民事公益诉讼举证责任分配的反思与重构》,载《法学评论》2019 年第 2 期。
② 参见江必新、徐庭祥:《行政诉讼客观证明责任分配的基本规则》,载《中外法学》2019 年第 4 期。
③ 参见章剑生:《论行政公益诉讼的证明责任及其分配》,载《浙江社会科学》2020 年第 1 期。

法行为或不履行法定职责。[①]

三、公益诉讼证据调查协力义务

对于民事公益诉讼来说，证据调查协力义务有利于查明案件事实、保障裁判公正、提高程序效率，从而维护社会公益不受侵害或防止公益损害扩大。民事公益诉讼中客观存在的“证据偏在”困境打破了证据均衡状态，迫切需要采取新的证据取得方法，从而查明案情。这些方法包括文书提出命令、[②]证明妨碍排除等措施。反观我国民事公益诉讼证据规则，不难发现，存在法院证据调查流于形式的弊端以及效果规范缺乏等问题，应当明确证据调查协力义务。调查协力义务渊源于德国证据收集理论，[③]形成于大陆法系国家“证据调查”程序制度，[④]其基本要义是不负举证责任的当事人及当事人以外的第三人也要协助受诉法院进行证据调查的义务。[⑤]

因此，要进一步完善优化我国民事公益诉讼证据调查协力义务规则，包括明确适用条件、[⑥]确定适用形态、制定责任措施等。[⑦] 这进而要求采用新的证据协助和保障措施。结合我国诉讼法，可以将其归纳为当事人受询问义务、证人义务、鉴定协力义务、文书提出义务和勘验协力义务5种。[⑧]

第六节 公益诉讼裁决责任形式及效力

公益诉讼裁决的责任形式多种多样，此处仅探讨存在诸多争议的赔偿损失、生

---

① 参见徐全兵：《检察机关提起行政公益诉讼的职能定位与制度构建》，载《行政法学研究》2017年第5期。
② 参见程书锋：《文书提出命令制度研究与本土借鉴》，载《社会科学家》2018年第5期。
③ 参见李晓丽：《法院证据调查制度研究》，中国政法大学出版社2014年版，第9页。
④ 参见翟宏丽：《医事民事诉讼证据协力义务研究》，中国政法大学出版社2014年版，第4页。
⑤ 参见吴如巧：《民事证据收集制度的构建》，中国人民公安大学出版社2011年版，第432页。
⑥ 参见[日]高桥宏志：《民事诉讼法制度与理论的深层分析》，林剑锋译，法律出版社2003年版，第467页。
⑦ 参见占善刚：《民事诉讼中的程序异议权研究》，载《法学研究》2017年第2期。
⑧ 参见王琦：《论民事公益诉讼中的证据调查协力义务》，载《政法论丛》2020年第5期。

态环境修复以及赔礼道歉3种。同时,就社会各界普遍关心的公益诉讼中的诉讼费分担和裁判既判力问题进行分析。

一、赔偿损失

赔偿损失是最常见也是最重要的公益诉讼责任形式。以环境公益诉讼为例,众所周知,生态破坏与环境污染具有经济学上的"负外部性",因此应当采取措施使"外部性内在化",让损害者承担污染行为的全部社会成本。① 是故,赔偿损失成为环境公益诉讼重要的责任形式。当然,有学者认为,地方政府及其部门作为赔偿权利人的生态环境损害赔偿制度,本质上是以私法方式行使国家所有权权能的结果,其与民事公益诉讼制度在功能上存在交叉。②

我国公益诉讼制度已日趋完善,但赔偿数额的确定仍是困扰公益诉讼司法实践的问题之一。这一方面根源于客观上公共利益(损害)难以量化,另一方面根源于法律制度供给不足。损害的计算游走于主观计算与客观计算之间,难寻统一的解释基准。选择不同的损害计算方法,得出的损害赔偿的范围和数额会有不同。③ 仍以环境公益诉讼为例,环境公益诉讼赔偿具有预防、修复环境损害和正向激励功能,环境公益诉讼赔偿的范围主要包括预防性损失、服务期间损失、修复性损失、鉴定费、律师费及其他合理费用等。④ 建议通过制定专门生态环境损害赔偿法之立法路径,明确不同类别的损害赔偿请求权,⑤完善生态环境损害评估规则,⑥充分考量第三方专业意见,⑦使法官正确行使自由裁量权,从而充分发挥公益诉讼立法和司法的因应效能。

---

① 参见[美]罗伯特·V.珀西瓦尔:《美国环境法》,赵绘宇译,法律出版社2014年版,第1页。

② 参见吴俊:《中国民事公益诉讼年度观察报告(2017)》,载《当代法学》2018年第5期。

③ 参见叶金强:《论侵权损害赔偿范围的确定》,载《中外法学》2012年第1期。

④ 参见徐以祥、王宏:《论我国环境民事公益诉讼赔偿数额的确定》,载《法学杂志》2017年第3期。

⑤ 参见徐祥明、王光和主编:《生态文明视野下的环境法理论与实践》,山东大学出版社2007年版,第128页。

⑥ 参见李丹:《论环境损害赔偿立法中的环境公益保护——从环境民事公益诉讼的角度》,载《法学论坛》2005年第5期。

⑦ 参见郑学林、林文学、王展飞:《〈最高人民法院关于审理环境民事公益诉讼案件适用法律若干问题的解释〉的理解和适用》,载《人民司法》2015年第5期。

问题难点还在于,公益诉讼能否适用惩罚性赔偿?惩罚性赔偿制度突破传统民事补偿性责任理论,被认为是经济法特有的责任形态,能否适用于公益诉讼在理论和实务中都存在一定争议。惩罚性赔偿制度化适用于实际权利人即受损害的消费者,消费者协会等社会组织虽然是公益诉讼的原告主体,但并非真正的实际权利人,也不是真正的权益受损主体。因此,公益诉讼适用惩罚性赔偿制度存在一定的悖论,亦缺乏实在法依据。即使得到法院支持,惩罚性赔偿金也不应当归属于消费者协会,而应当属于受到损害的不特定消费者。但是,公益诉讼适用惩罚性赔偿制度有利于惩戒和威慑违法经营者,从而发挥民事公益诉讼的一般预防功能。从司法实践看,2017 年 3 月,广东省消费者委员会对销售病死猪肉的违法经营者向深圳市中级人民法院提起消费民事公益诉讼,请求法院判令被告承担惩罚性赔偿金 1006 余万元,被认为是全国首例惩罚性赔偿民事公益诉讼。该案诉讼请求一审未得到法院支持,二审和解结案。同年 10 月,广东省消费者委员会对贩卖假盐的违法经营者向广州市中级人民法院提起 4 起民事公益诉讼,请求法院判令被告承担 148 万多元的惩罚性赔偿并赔礼道歉。其中 3 起案件得到法院支持,开创了消协组织惩罚性赔偿公益诉讼获法院支持的先河。[①] 在赔偿金的处理上,广东省消费者委员会认为应该先由法院托管,待相关受损的消费者的诉讼时效到期后,如无人主张权益,再由法院向国库缴纳。[②] 可见,在公益诉讼中适用惩罚性赔偿制度,会出现原告起诉请求权基础与法院判决依据法律原理不一致的情形。

二、生态环境修复

生态环境修复是环境民事公益诉讼一种重要的责任形式。最高人民法院《关于审理环境民事公益诉讼案件适用法律若干问题的解释》吸收原《侵权责任法》中关

---

① 参见《中消协在京召开有关惩罚性赔偿公益诉讼专家论证会》,载中国消费者协会网 2018 年 5 月 9 日,http://www.cca.org.cn/zxsd/detail/28044.html。

② 参见刘倩、粤消宣:《省消委会诉假盐案一审胜诉 赔偿性消费公益诉讼在粤获突破》,载搜狐网 2018 年 5 月 8 日,http://www.sohu.com/a/230798962_222493。

于侵权责任形式的规定，将恢复原状具体化为“生态环境修复”，①这开拓了恢复原状的司法适用路径。换言之，“生态环境修复”作为恢复性责任的一种，是侵权责任形式在环境保护领域中的具体应用，符合环境保护和公益诉讼的双重价值诉求。同时，考虑生态环境的介质特性以及环境污染和生态破坏的难以逆转性，生态环境无法完全恢复到被损害前的原初状态，而只能对环境要素原有功能进行恢复，②因此，用“生态环境修复”比“恢复原状”更贴切恰当。生态环境修复作为一项系统性工程，具体包括自行修复和替代性修复两种，但都对专业技术有着较高要求，很多企业都不一定具备生态环境修复能力，在这种情况下，修复替代履行制度——替代性修复制度委托第三方代为修复，由此所产生的修复费用由责任者即损害者承担，就成为世界各国的普遍选择。

在生态环境已经遭受损害的现实情况下，裁决并落实污染者承担修复生态环境责任，对维护环境公益具有重要意义，也正因如此，生态环境修复已成为国内外环境公益诉讼最普遍的诉求之一。然而，在概念认知上，对“生态环境修复”还存在一定的谬误和偏差；在司法实践中，还存在“生态环境修复”责任形式适用率过低、成本过高、难以执行等问题。为此，要进一步完善立法，将生态环境修复这一独立的法律责任形式上升到法律层面，完善修复措施、细化修复程序、注重修复评估；同时，明确替代性修复方式，整合司法力量，从而保证这一责任的真正落实。③

问题在于，如何评判生态环境损害是否已经修复？其评判尺度和标准是什么？对此，有学者提出：“对于被污染环境的恢复原状，可以以被污染的环境要素在当地所适用的环境质量标准为依据，只要将环境要素的质量恢复到其环境质量标准的要

---

① 最高人民法院《关于审理环境民事公益诉讼案件适用法律若干问题的解释》第 18 条规定：“对污染环境、破坏生态，已经损害社会公共利益或者具有损害社会公共利益重大风险的行为，原告可以请求被告承担停止侵害、排除妨碍、消除危险、修复生态环境、赔偿损失、赔礼道歉等民事责任。”这 6 种责任形式可以归纳为 4 类：一是预防性责任，包括停止侵害、排除妨碍和消除危险；二是恢复性责任，即恢复原状；三是赔偿性责任，即赔偿损失；四是人格恢复性责任，即赔礼道歉。参见最高人民法院环境资源审判庭：《最高人民法院关于环境民事公益诉讼司法解释理解与适用》，人民法院出版社 2015 年版，第 258 页。

② 参见王灿发：《环境法学教程》，中国政法大学出版社 1997 年版，第 135 页。

③ 参见石春雷：《论环境民事公益诉讼中的生态环境修复——兼评最高人民法院司法解释相关规定的合理性》，载《郑州大学学报（哲学社会科学版）》2017 年第 2 期。

求即可视为恢复了原状;对于环境被破坏的恢复原状,只要恢复到环境要素原有的功能要求即可。"[①]通过降低标准的方式解读恢复原状其实已经改变了其本身的内涵,以脱离日常含义、突破语词规则的方式来阐释专门的法律概念,既违背了恢复原状的概念内涵,也不符合对生态环境修复这一专门词语的技术性界定,是对法律解释合法性规则的漠视。[②] 笔者认为,功能恢复标准对于环境公益诉讼司法实践具有相当的参考价值。为此,要培育和建设专业性强、公信力强的第三方鉴定机构,对环境修复状况进行科学评估,从而实现环境公益诉讼的制度价值。

三、赔礼道歉

从责任形式来看,赔礼道歉已经成为一种重要的公益诉讼责任形式。赔礼道歉是私益诉讼常见的责任形态,主要功能在于弥补受害人精神损害。但无论是基于对我国民事公益诉讼的实证分析,[③]还是通过最高人民法院发布的公益诉讼典型案例的统计分析,[④]还是通过对最高人民检察院发布的检察公益诉讼典型案例的比较分析,[⑤]都不难发现,赔礼道歉越来越多地适用于公益诉讼,已经成为公益诉讼常见的责任形式。但与私益诉讼中的赔礼道歉在性质和内容上都有很大不同,其保护的客体不再是人格权,而是公共利益;其也不再是被告对原告即加害人对受害人所承担的一种弥补精神损害的责任形式,而是被告面向社会公众的一种声誉罚的责任形式。[⑥] 赔礼道歉这种责任形式,有效克服了公益保护中的信息不对称难题,有助于提升行政执法绩效。因此,应当进一步发挥赔礼道歉责任形式在公益诉讼制度中的重要作用,明确其适用条件,并有效处理其与其他法律责任形式之间的关系。

---

① 王灿发:《环境法学教程》,中国政法大学出版社 1997 年版,第 135 页。

② 参见吴鹏:《最高法院司法解释对生态修复制度的误解与矫正》,载《中国地质大学学报(社会科学版)》2015 年第 4 期。

③ 参见巩固:《2015 年中国环境民事公益诉讼的实证分析》,载《法学》2016 年第 9 期。

④ 参见刘婧:《最高法发布十件环境公益诉讼典型案例》,载《人民法院报》2017 年 3 月 8 日,第 1 版。

⑤ 参见最高人民检察院:《检察公益诉讼十大典型案例》,载《检察日报》2018 年 12 月 26 日,第 2 版。

⑥ 参见邓可祝:《论环境民事公益诉讼中的赔礼道歉——基于性质界定与功能优化的视角》,载《辽宁师范大学学报(社会科学版)》2021 年第 1 期。

四、诉讼费分担问题

公益诉讼的诉讼费问题是公益诉讼制度的一个重要问题。“原告预交、败诉方承担”是传统民事诉讼中诉讼费用制度的一般原则。然而,公益诉讼中,诉讼费承担面临“两难”:一方面,“公共利益”是“与人人相关”而“人人又漠不关心”的利益形态,为了维护公共利益,减少“搭便车”现象,鼓励社会组织等提起公益诉讼,各国往往会对公益诉讼采取特色的诉讼费用制度,即减少、免除诉讼费用甚至奖励公益诉讼原告,从而激励社会各界提起公益诉讼的积极性。另一方面,如果对公益诉讼采取减免诉讼费用和奖励制度,则有可能导致滥诉现象,浪费国家诉讼资源。所以,与公益诉讼原告主体资格制度类似,目前我国公益诉讼制度采取了相对保守的态度:当社会组织提起公益诉讼且胜诉时,可以要求返还所支出的检验费、鉴定费、取证费、专家咨询费、合理的律师费及其他合理费用,这是其一。其二,当社会组织提起公益诉讼且败诉时,如果没有证据证明社会组织存在滥用诉权的情形,应当酌情予以减免。其三,国家财政制度决定了对于检察机关提起的公益诉讼,不存在返还诉讼费用问题。其四,禁止社会组织通过公益诉讼谋取经济利益。这种保守或者说“折中”的立法选择,在当下司法资源有限、社会个体公共意识有待加强且诉讼能力不足的背景下是一个现实选择,有利于在激励和约束行使公益诉权之间保持平衡。着眼未来,应当进一步完善我国公益诉讼费用分配制度,即对社会组织等社会个体提起的公益诉讼且胜诉的,应当给予奖励,从而保护社会个体保护公共利益的积极性、主动性。

五、裁判既判力问题

公益诉讼裁判的既判力问题也是公益诉讼司法实践中争议较大的一个问题,该问题涉及“一事不再理”原则。“一事不再理”作为诉讼基本原则之一,肇始于罗马法“诉权消耗理论”,①普遍适用于现代各国诉讼制度,其核心要义是对于已经发生

① “诉权消耗理论”,概指一个请求权的第二次诉讼会因为诉讼系属的缺失而无法成立。参见杨永波、张悦:《一事不再理原则在我国民事诉讼中的适用》,载《法律适用》2005 年第 9 期。

法律效力裁决的案件不得再行起诉和受理,其目的在于确认诉讼生效裁决的既判力,进而维护法律权威和社会秩序。适用"一事不再理"原则的基础在于确认"不同"的诉实质上是同一个诉,而判断诉与诉之间区别的标准在于诉的构成要素。通常而言,当事人、诉讼标的、诉讼请求和案件事实是诉的四大构成要素。因此,公益诉讼是否适用"一事不再理"原则,要作具体分析。如果上述诉的4个构成要素一致,无论是胜诉抑或败诉,原告都不能再提起公益诉讼;如果败诉,则其他主体则可以针对同一公益诉讼请求提起公益诉讼。这也是由公益诉讼的既判力(确定力)决定的,①当然,诉讼请求不一致,则不属于"一事",属于另行起诉之范畴。问题还在于,公益诉讼的裁判对私益诉讼是否具有约束力问题。笔者认为,公益诉讼对于相关私益诉讼来说,具有单向度的既判力。详言之,已生效公益诉讼裁判所认定的事实,对于因同一违法行为而提起的私益诉讼具有确定力和约束力,双方当事人都无须再举证证明。

第七节 公益诉讼执行制度

执行之于裁决的意义,类似实施之于法律的意义。公益诉讼执行制度不仅关涉法律责任的承担问题,而且关涉裁判结果的实现问题;不仅影响社会个体利益,而且影响社会不特定多数人的利益。因此,可以说,公益诉讼裁判的执行过程是受损的公共利益被修复过程,与公共利益的增进和维护同样重要。公益诉讼与传统私益诉讼程序构造的区别,不仅体现在审理程序方面,而且体现在裁判内容方面,还体现在裁决执行方面。然而,长期以来,我国关于公益诉讼的理论研究、立法政策、司法解释等主要集中于受案范围、起诉主体、诉讼请求、诉讼规则、责任承担等启动与审判程序内事项,而对于公益诉讼裁决的执行问题则重视不够,深入而系统的高质量研究成果少见,成熟有效的立法指引不足,司法实践亦不充分。②

① 参见颜运秋、冀天骄:《论民事公益诉讼既判力范围的扩张:以生态环境保护和食品药品安全消费维权为例》,载《常州大学学报(社会科学版)》2019年第2期。

② 参见吕凤国、苏福:《论环境民事公益诉讼案件执行制度的建构》,载《法律适用》2019年第1期。

一、公益诉讼执行的特征

“民事执行程序就是实现生效法律文书内容的过程、阶段、步骤,其实质是民事执行权在具体执行案件中的运行轨迹和运行作用的体现。”①公益诉讼与传统私益诉讼相比而言,其裁决的执行具有特殊性。其一,执行权利受限。公益诉讼的“公益”属性决定了诉讼权利人享有的诉权是社会性权利,该诉权并不能完全等同于实体法相连接、具有实质内容的“裁判请求权”,②因此,权利主体无权变更或放弃诉讼请求,无权接受调解(和解)。其二,执行内容复杂。公益诉讼责任的多样性,决定了公益诉讼案件执行的复杂性,既包括财产类执行,也包括行为类执行,并且存在相互转化的可能性。其三,执行程序特殊。不同于普通民事执行采用“申请执行”启动程序,公益诉讼的执行启动程序通常采用“移送执行”模式,且执行过程往往具有复杂性,尤其是环境公益诉讼的执行,其长期性、艰巨性、复杂性更明显。然而,公益诉讼执行立法相对滞后导致执行动力不足,公益资金管理混乱,执行监督程序缺失,联动执行机制阙如,从而导致公益诉讼与私益诉讼相比,执行难问题更加凸显。构建科学合理的公益诉讼执行制度,应当将公益诉讼特殊性与民事执行基本原理相结合,赋予“起诉人”申请执行之权利,赋予权利人适度处分诉讼权利和实体权利,健全执行资金使用及监管机制,强化多部门执行联动及监督。

具体而言,以环境民事公益诉讼为例,裁决执行具有以下特征:③一是执行依据具有多样性,主要包括金钱给付型(体现为赔偿生态功能损失费、支付生态修复费及其他相关费用等)、行为给付型(体现为修复生态)、复合型(既包括金钱给付也包括行为给付)3 种。二是执行标的具有转换性,即裁判结果在执行过程中执行标的发生了转换——金钱给付和行为给付之间发生转换。对此,学界有不同看法,有学者认为,这种执行标的的转换考虑到了裁判结果实际执行的可行性,体现了判决执行的灵活性,保障了司法裁判的可执行力和公信力;但有学者则认为,这种转换缺乏法

① 谭秋桂:《民事执行法学》,北京大学出版社 2015 年版,第 174 页。

② 参见陈海嵩:《中国环境法治中的政党、国家与社会》,载《法学研究》2018 年第 3 期。

③ 参见赵爽、王中政:《论我国环境民事公益诉讼裁判的执行——基于最高人民法院环境民事公益诉讼典型案例的思考》,载《行政与法》2019 年第 1 期。

律依据，是解决当下执行难的权宜之计，缺乏司法理性。① 三是执行过程具有复杂性。环境问题的复杂性决定了环境公益诉讼裁决执行的复杂性，即存在诸多执行障碍。详言之，就修复生态判决而言，生态环境的评估鉴定、修复方案的制定实施、修复资格能力的确定衡量、生态修复的监督验收等相当复杂。就金钱赔偿判决而言，赔偿数额的计算和确定、赔偿金额的使用和管理、赔偿金的来源和监督等也有诸多需要厘清之处。

二、公益诉讼执行困境

公益诉讼追求目标的公益性以及司法功能的预防性、补救性、惩罚性，决定了公益诉讼不能直接套用传统民事诉讼的责任承担方式和执行方式。② 仍以民事环境公益诉讼为例，生态修复是最基本、最重要的裁判执行方式。关于生态修复的概念，有学者认为，是由国家统一部署并实施的治理环境污染和修复受到干扰的生态平衡的系统工程，及在此基础上进行的促进当地社会经济转型发展，实现国家、社会、经济均衡发展的综合治理措施。③ 也有学者认为，生态修复不仅包括对纯粹无机环境造成污染的修复（环境修复），也包括对生态系统退化、资源枯竭的修复（自然资源修复）。④ 从生态修复的内容角度看，至少包括生态修复方案的确定、生态修复方案的实施、生态修复方案的验收三个方面。生态修复方案的确定，主要有自主确定、法院裁定、第三方确定 3 种模式，这 3 种模式各有优劣：第一种模式是由修复责任主体即被告自行确定生态修复方案并提交人民法院审核，有利于调动修复责任主体的积极性和主动性，但其科学性和公益性不足；第二种模式是由人民法院裁决确定修复方案模式，充分体现了司法裁判的协调功能，但面临看专业性窘境；第三种模式是由第三方替代承担修复责任，具有专业性、技术性优点，也能节约司法资源，但在我国第三方力量发展不充分、中立性待加强的背景下，该模式也时常受到质疑。生态修复

① 参见吕忠梅：《环境司法理性不能止于"天价"赔偿：泰州环境公益诉讼案评析》，载《中国法学》2016 年第 3 期。

② 参见张辉：《论环境民事公益诉讼的责任承担方式》，载《法学论坛》2014 年第 6 期。

③ 参见吴鹏：《生态修复法律概念之辩及其制度完善对策》，载《中国地质大学学报（社会科学版）》2018 年第 1 期。

④ 参见魏旭：《生态修复制度基本范畴初探》，载《甘肃政法学院学报》2016 年第 1 期。

方案确定模式的不同决定了实施生态修复方案的主体不同，考虑环境效益的社会性、公共利益的公众性以及公益诉讼影响的广泛性，建议在修复方案的确定、实施、评估和监督中，加大公共参与的力度，①尤其是原告和专业机构的参与。

就生态修复实施措施而言，从环境科学角度看，主要有基本修复措施（包括自然修复方法和直接修复方法）、补充性修复措施、赔偿性修复措施。② 从法律规范角度看，主要有直接修复和替代性修复两种，前者也称为“原态修复”，是指修复义务人将生态环境修复到损害发生之前的状态和功能，③后者是指在无法适用直接修复时采取替代性方式恢复生态环境的方式方法。当然，直接修复是最直接、最有效的生态修复方式，但生态环境所具有的不可逆性决定了某些生态环境一旦遭到破坏即丧失了恢复的可能性，直接修复方式也就无法实施。

就金钱赔偿方式而言，这是传统典型民事责任承担方式从私法领域向社会法领域延伸的重要体现。与传统金钱赔偿责任不同，民事公益诉讼的赔偿责任在赔偿金的来源——污染者财产不足以承担赔偿责任时如何处理、赔偿金的性质——填平抑或惩罚性赔偿、赔偿金的管理——谁负责管理赔偿等方面都显示出独特性。在赔偿金来源问题方面，主要困难在于，能否突破股东有限责任原则追究“污染者”即公司企业的股东乃至实际控制人的损害赔偿责任？对此，有学者认为，可以通过“公司法人人格否认”制度设计，让控股股东承担环境损害赔偿责任，可以通过“认定实际经营者”制度设计，使公司实际控制人承担环境损害赔偿责任。④ 笔者则对此有不同看法，虽然环境问题日益突出，环境保护具有重要价值，在司法实践中也时常出现企业全部财产不足以支付赔偿责任之情形，但环境损害赔偿责任的追究仍应当在法治框架下进行，不能为了环境损害赔偿而突破公司法的基本原则，除非符合“公司法人人格否认”要件。在赔偿金性质问题方面，主要问题在于，环境损害损失赔偿仅仅是

---

① 参见窦海阳：《环境侵权类型的重构》，载《中国法学》2017 年第 4 期。

② 参见袁学红：《构建我国环境公益诉讼生态修复机制实证研究——以昆明中院的实践为视角》，载《法律适用》2016 年第 2 期。

③ 参见赵春：《生态修复机制在环境司法中的实现路径探究》，载《辽宁师范大学学报（社会科学版）》2017 年第 2 期。

④ 参见周杰普：《论公司参与人的环境损害赔偿责任》，载《政治与法律》2017 年第 5 期。

一种侵权责任填平救济责任，[①]抑或是能够适用惩罚性赔偿责任？不同于传统民事赔偿责任之目的——平衡平等民事主体利益，民事公益诉讼赔偿责任之目的在于维护社会公共利益，因此，赔偿金的性质除“补偿”功能外，还具有威慑教育功能，可以适用惩罚性赔偿责任制度。[②] 在赔偿金管理问题方面，主要困难在于，谁来负责管理和监督？毫无疑问，环境民事公益诉讼赔偿金属于公共财产，只能用于特定目的，司法实践中通常要求赔偿义务人将赔偿款项缴纳至“专用账户”用于生态环境修复，然而，谁拥有以及如何使用、监督这一公共财产则缺乏具体规定。

赔偿金受偿顺序问题是公益诉讼实践面临的一个争议焦点问题。根据公益诉讼理论和公益诉讼规则，公益诉讼与私益诉讼是可以并列存在的，即人民法院不能以公益诉讼或私益诉讼已经受理为由而对私益诉讼或公益诉讼不予立案，因为公益诉讼与私益诉讼属于不同的两个诉，二者的请求权基础不同。当然，私益诉讼可以以公益诉讼已经受理为由申请中止审理；反之则不可。问题难点在于，当公益诉讼与私益诉讼竞合时，且在被告的财产不足以清偿全部债务的情况下，如何分配财产？笔者认为，这涉及公共利益与个人利益之间的关系问题，虽然公共利益相较个人利益具有“相对优位性”，但公益诉讼胜诉赔偿金与私益诉讼赔偿金一样都属于普通债权，并不具有优先清偿顺位，而是应当与私益诉讼赔偿金按比例清偿。

三、公益诉讼执行制度重构

鉴于环境公益诉讼裁判执行的特殊性及其现实困难，需要构建相关配套制度。一是执行听证制度，[③]即在民事执行程序中当事人或者案外人对执行行为提出异议或者当事人向执行法院提出某种申请涉及案外人利益的，执行法院通过一定的程序听取当事人及利害关系人的意见接受其举证的法律制度。[④] 此处的听证参与人不仅包括原告、被告、社会组织，还应包括社会公众、利害关系人、相关机关、专家学者等

① 参见王利明：《合同法新问题研究》，中国社会科学出版社 2011 年版，第 243 页。
② 参见周骁然：《论环境民事公益诉讼中惩罚性赔偿制度的构建》，载《中南大学学报（社会科学版）》2018 年第 2 期。
③ 参见冯蕴强：《“执行听证”之必要与可行》，载《法学杂志》2001 年第 3 期。
④ 参见雷运龙：《刍议民事执行听证制度的几个问题》，载《法学杂志》2006 年第 6 期。

主体。[1] 二是联动执行制度,即法院与其他国家机关和社会力量在公益诉讼执行中展开合作,共同对有履行能力而不履行法定义务的被执行人的经营、出境和高消费等进行限制,以促使其履行生效法律文书所科以义务的法律制度。[2] 三是执行回访制度,即在执行程序启动后,由负责执行的法院对执行义务主体执行判决书的时间、地点、执行的方式方法,投入的环保设施以及执行对环境的影响结果进行全方位的了解、记录和评价,并根据具体情况进行协调和督促的法律制度。[3] 执行回访的主要内容在于,生态修复方案所确定的预期目标是否已经实现以及生态环境状况是否得到修复,或者赔偿金是否到位及其是否合理充分使用,对于环境公益诉讼裁决的最终落实意义重大,但对于由谁回访则需要进一步研究。[4] 四是第三方监督制度,即在民事公益诉讼执行过程中引入第三方监督的法律制度。针对民事公益诉讼裁决执行周期长、专业性强、容易反复等特点,引入第三方监督方式,可以发挥社会组织的专业优势,节约司法资源。当然,这一制度功能的发挥,关键在于监督主体的专业性、独立性和公正性。

第八节　中国公益诉讼制度存在的问题及优化路径

结合前文对我国公益诉讼的立法梳理和司法考察,以及对公益诉讼在主体制度、程序制度、举证制度、执行制度等内容的分析,有必要对我国公益诉讼制度存在的问题作出总结,并提出可行的优化路径和对策建议。

一、我国公益诉讼制度的主要问题

我国公益诉讼取得了重要成效,对维护公共利益、构建法治秩序、促进公平正义发挥了重要作用。但通过全面考察和客观评估我国公益诉讼实践,不难发现,公益诉讼仍然存在受案范围过窄、启动机制不畅、类型选择标准不明、检察机关诉讼地位

---

① 参见冯浩:《民事执行听证制度改革初探》,载《甘肃政法学院学报》2011 年第 6 期。
② 参见董皞主编:《民事执行策略与方法》,人民法院出版社 2009 年版,第 87 页。
③ 参见吕忠梅等:《环境司法专门化》,法律出版社 2017 年版,第 143 页。
④ 参见王慧:《环境民事公益诉讼案件执行程序专门化之探讨》,载《甘肃政法学院学报》2018 年第 1 期。

不清、举证责任规则不细、程序衔接不完善、调查取证机制待优化、撤诉规则缺失、裁决执行存在障碍等问题。①

第一,公益诉讼保护范围不充分。目前,我国公益诉讼范围包括生态环境和资源保护、国有资产保护、国有土地使用权出让、食品药品安全、侵害众多消费者合法权益、英雄烈士权益保护等领域。而公共利益范围广泛、形式多样,除上述范围外,未成年人权益保护、税收、知识产权、互联网等领域也存在诸多侵犯公共利益的现象,但尚未纳入公益诉讼受案范围。

第二,公益诉讼启动机制不完善。以行政公益诉讼为例,发现侵犯公共利益的线索并将其移交至检察机关最终转化为公益诉讼的机制不流畅,发现线索难、移送线索难、转化机制难,已经成为启动我国行政公益诉讼程序面临的重要问题。

第三,类型选择标准不明确。我国公益诉讼主要包括民事公益诉讼和行政公益诉讼两大类,其中,检察机关既可以提起民事公益诉讼也可以提起行政公益诉讼。但如果一个具体案件既具备民事公益诉讼要件也符合行政公益诉讼要求,那么应当选择何种类型公益诉讼进行起诉以及能否提起行政附带民事公益诉讼,成为一个争议问题。

第四,诉讼程序衔接不流畅。就诉前程序与诉讼程序的对接而言,检察建议是行政公益诉讼前置程序的必经环节,但如果行政机关在收到检察建议之后的一个月内已经启动相关程序或进行整改,那么如何判断其是否充分履职?

第五,检察机关的法律地位不清晰。检察机关是我国法律监督机关,但《提起办法》和《审理办法》将检察院的身份界定为"公益诉讼人",其权利义务参照《行政诉讼法》关于原告诉讼权利义务的规定。如此一来,检察机关的公益诉讼法律地位就显得凌乱和模糊,在实践中也存在较大分歧。人民法院能否向其发送传票,检察机关是否享有"委托代理人"权利,其是以"抗诉"抑或"上诉"方式启动二审等问题,都有待法律的进一步规定。

第六,调查取证机制待优化。《提起办法》规定了检察机关调查取证的方式,但

① 参见孔祥稳、王玎、余积明:《检察机关提起行政公益诉讼试点工作调研报告》,载《行政法学研究》2017 年第 5 期。

其不得采取限制人身自由强制性措施，也不享有查封、扣押、冻结财产等强制权，同时对于诸多专业性和技术性较强的公共利益事项，如果采取委托专业鉴定方式，需耗费高昂的经济成本和较长的时间成本。另外，在实践中，也缺乏对检察机关行使调查取证权时必要的可操作的指引规范。

第七，举证责任待明确。“谁主张，谁举证”是我国民事诉讼举证责任的基本原则，举证责任倒置则是我国行政诉讼举证责任的基本原则。但在公益诉讼尤其是行政公益诉讼中应当如何分配举证责任，则有不同看法。① 赞同“举证责任倒置”者有之，赞同“谁主张，谁举证”者亦有之。如果从举证能力角度出发，检察机关提起的公益诉讼采取“谁主张，谁举证”似乎较公平，社会组织等其他主体提起的公益诉讼采取“举证责任倒置”似乎有利于克服原告弱势的局面。或者，公益诉讼原告负初步举证责任即对被告的行为侵害（危害）公共利益进行举证，被告对自己行为的合法性进行举证。当然，对于“作为”类侵犯公共利益的公益诉讼，应当实行“举证责任倒置”；对于“不作为”类侵犯公共利益的公益诉讼，应当实行“谁主张，谁举证”。

第八，撤诉规则待完善。对于检察机关提起的行政公益诉讼，应当允许撤诉。究其原因就在于，行政资源具有有限性，行政管理具有复杂性，行政任务具有艰巨性，允许检察机关享有撤诉权有利于缓解检察机关与行政机关之间的关系，应对行政行为的多变性。有学者认为，检察权属于监督权而非处置权，检察机关提起公益诉讼是履行法律监督职责的体现，不能允许其自由撤诉。②

二、公益诉讼制度优化路径及完善建议

公共利益的范围、原告主体的资格、诉讼请求的内容被视为公益诉讼制度的三大核心，而公共利益表现形式的多样性、代表主体的多元性以及损害补偿的复合性决定了公益诉讼规范构建的特殊性。

首先，应加大我国专门领域民事公益诉讼制度改革力度，进一步拓展民事公益诉讼范围。其一，从长远来看，赋予公民、企业等社会个体提起公益诉讼权利是大势

① 参见季美君：《检察机关提起行政公益诉讼的路径》，载《中国法律评论》2015 年第 3 期。

② 参见徐日丹、贾阳：《依法履职稳步推进公益诉讼改革试点工作——最高人民检察院相关负责人解读〈检察机关提起公益诉讼改革试点方案〉》，载《检察日报》2015 年 7 月 3 日，第 2 版。

所趋,[①]也可以使公益诉讼与私益诉讼相得益彰。[②] 其二,应该增加公益诉讼民事赔偿金额甚至适用惩罚性赔偿,从而发挥民事公益诉讼的补偿和威慑功能。其三,应当进一步扩大公益诉讼受案范围。譬如,将不当使用公共财政资金行为、损害公共设施行为、危害公共安全行为等纳入受案范围,使公益诉讼真正"负担起供给有效的司法公共产品的时代重责"。[③]

其次,应当进一步建立健全公益诉讼启动机制。省思人民法院公益诉讼裁判文书,可以发现,司法审判案例依据法律文本规范按照"两阶段标准"细化了行政公益诉讼程序标准,在诉前程序阶段侧重对行政机关不作为或者违法行使职权的形式性标准判断,在诉讼程序阶段侧重受到侵害的公共利益是否得到恢复的实质性标准判断。因此,应优化人民法院与人民检察院的衔接机制,增强侵犯公共利益行为的案件线索发现和移送,拓宽公益诉讼案件线索来源。

再次,应当进一步明确公益诉讼类型标准。行政公益诉讼与民事公益诉讼功能及其实现机制并不完全相同,在诉前程序、管辖层级、审理程序等方面也有较大差异,当然也各有制度优势。可以采取灵活的公益诉讼类型选择标准,由最高人民法院发布指导性案例,根据个案选择合适的公益诉讼类型,同时探索建立行政公益诉讼附带民事公益诉讼机制,节约司法资源。

最后,应当进一步明确公益诉讼程序衔接规则,尤其要明确行政公益诉讼中诉前程序的判断标准。其一,应当进一步明确检察机关的诉讼地位。公益诉讼中检察机关履行的维护公共利益的法定职责,其"公益诉讼人"的地位类似于刑事诉讼中的公诉人。相应地,法院不能向检察院发送传票而应当发送《出庭通知书》,当然也不能要求检察院提供法定代表人身份等材料,检察院对于一审判决可以提出抗诉。其二,应当进一步健全检察机关调查取证规则。赋予检察机关必要时采取强制措施的权利,建立全国统一委托专业鉴定机制,细化现场勘验等具体操作规程。其三,应当建立健全我国公益诉讼裁决执行监督机制。在实践中,检察院和法院通常会对行政

① 参见王丽萍:《突破环境公益诉讼启动的瓶颈:适格原告扩张与激励机制构建》,载《法学论坛》2017年第3期。

② 参见王翼妍、满洪杰:《论环境民事公益诉讼原告资格的实践扩张》,载《法律适用》2017年第7期。

③ 唐玉富:《公益诉讼原告主体范围之扩张》,载《浙江工商大学学报》2015年第2期。

机关履行公益诉讼裁决持司法克制态度,留给行政机关较大的自由裁量空间。着眼未来,应当完善对公益诉讼裁决的监督机制,可以尝试赋予检察机关持续监督公益诉讼裁决执行的监督权力,跟踪并审查公益诉讼裁决履行情况。

本章小结

我国公益诉讼制度已基本确立,但囿于公益诉讼自身的复杂性以及中国本土化公益诉讼理论供给的不足,我国采取了授权最高人民法院、最高人民检察院开展试点摸索总结的渐进立法路径,尚未制定公益诉讼特则——公益诉讼法,爆发式增长的公益诉讼案件为完善我国公益诉讼制度规范提供了丰富的实践样本。理论上,公益诉讼的诉权具有突破性,起诉主体具有法定性,诉讼请求具有特定性。公益诉讼与私益诉讼的最大区别在于公益诉讼的目的在于维护社会公共利益,这一区别也决定了公益诉讼规则不同于传统诉讼规则:公益诉讼不适用反诉,传统民事诉讼的处分原则、辩论原则和自认原则在公益诉讼中适用时要予以修正和限制,需要赋予法官更大的自由裁量权,通常需要履行前置程序,并适用特殊的诉讼费分担规则。公益诉讼中"证据偏在"问题凸显,适用举证责任倒置原则具有相当合理性,但由于公益诉讼案件复杂、类型多样,不能简单地适用举证责任倒置原则。赔偿数额的确定以及能否适用惩罚性赔偿,评判生态环境损害修复的尺度和标准,赔礼道歉的适用条件,是困扰公益诉讼司法裁判的重要问题。执行依据的多样性,执行标的的转换性,执行过程的复杂性时常导致公益诉讼执行陷入困境,需要创新执行听证制度、联动执行制度、执行回访制度、第三方监督制度。整体而言,我国公益诉讼仍存在受案范围过窄、启动机制不畅、类型选择标准不明、检察机关诉讼地位不清、举证责任规则不细、程序衔接不完善、调查取证机制待优化、撤诉规则缺失、裁决执行存在障碍等问题。着眼未来,应通过公益诉讼法加大我国专门领域民事公益诉讼制度改革力度,进一步拓展民事公益诉讼范围,建立健全公益诉讼启动机制,明确公益诉讼类型标准,明确公益诉讼程序衔接规则。

第十二章　个人信息司法保护中的利益平衡

——基于54件典型案例的考察分析

作为我国首部个人信息保护领域的专门性、系统性、综合性法律,《个人信息保护法》已于2021年8月20日经第十三届全国人大常委会第三十次会议表决通过,并自2021年11月1日起施行。这是继2016年《网络安全法》专门规定网络信息安全、2018年《电子商务法》专门规定电子商务个人信息保护、2019年《儿童个人信息网络保护规定》专门规定儿童个人信息保护、2020年《民法典》人格权编中扩大个人信息保护范围、2021年《数据安全法》专门规定数据安全之后,我国个人信息法治建设的又一里程碑事件,翻开了个人信息立法保护的新篇章。《个人信息保护法》在禁止"大数据杀熟"、敏感个人信息保护、网络平台特别义务、个人信息跨境流动等规范设计上呈现诸多亮点,为世界提供了一个充满借鉴价值的中国方案。① 科学阐释、正确解读和全面落实《个人信息保护法》的基本概念、价值理念、内容体系特别是信息处理规则,成为理论界和实务界的当务之急。同时,大数据时代的个人信息保护已经突破了传统私法中的二元立法体系,面临数据利用和信息安全的"两难"。当前,云计算、区块链、人脸识别、移动互联网等技术方兴未艾,违规收集、肆意获取、过度利用、不当使用甚至泄露、侵犯、非法买卖个人信息等问题日益凸显,个人信息保护已成为国际博弈新赛场和国家间竞争新手段,信息安全作为国际贸易新壁垒的趋势增强。如何在信息保护与数据共享之间实现平衡,如何在个人利益、企业利益、公共利益之间保持适度张力,亦值得思考和研究。

---

① 参见龙卫球:《个人信息保护法具有深远的国际意义》,载《经济参考报》2021年8月23日,A1版。

第一节　大数据时代个人信息保护的主体多元与利益冲突

前已述及，个人信息保护法律关系中，存在不同的利益主体，代表不同的利益单元，这些利益单元之间时而表现出一致性，时而处于“此消彼长”的冲突之中。申言之，在大数据时代，个人信息保护已超越了个人利益层次，而是蕴含企业利益、行业利益、公共利益等多种利益形态，需要从更宏观的视野分析不同主体的不同利益诉求及其正当性基础。

一、自然人、企业、政府不同的利益诉求

1. 自然人对个人信息保护的强烈诉求

自然人是个人信息保护法律关系的首要主体，其关于个人信息人格利益的诉求是个人信息保护法的基本出发点。“法律对个人信息加以保护，本质上是保护人格利益（人的尊严和自由），而自然人对其个人信息，无论单一的还是集合的，其直接经济价值都是可以忽略不计的。”①毋庸置疑，脱胎于传统隐私权的个人信息权益与人格尊严密不可分，具有典型人格权属性，个人信息一旦被泄露必然会给权利人造成一定困扰甚至带来精神痛苦。例如，家庭住址、身份证号、手机号码、活动轨迹、健康医疗信息等个人信息均具有“可识别性”，与自然人的人格尊严和安全密切相关，②受到包括刑事保护在内的多元化法律措施严格保护。在法治化时代，个人信息权益已经具有了基本权利意蕴，被称为具有宪法性质的权利。③

2. 企业对数据权益的内在驱动

然而，在大数据时代，个人信息所具有的商业价值以及所产生的经济利益日益凸显。企业可以根据个人的消费信息进行大数据分析，从而进行精准营销；行业可以根据个人信息统计结果，推动行业转型和数据产业发展。从财产权的发展历史来看，财产权的客体逐步扩张是一个不言自明的事实，经历了一个“从无形到有形”、从

---

① 张新宝：《〈民法总则〉个人信息保护条文研究》，载《中外法学》2019 年第 1 期。

② 参见梅夏英：《数据的法律属性及其民法定位》，载《中国社会科学》2016 年第 9 期。

③ 参见刘金瑞：《个人信息与权利配置》，法律出版社 2017 年版，第 256 页。

"狭义到广义"的重大变化。① 现代社会,数据因具备独立性、价值性、稀缺性等法律意义上"财产"的基本特征,而成为一种新型财产形式。"每个人都拥有形形色色的信息,这些信息对他人甚至整个社会来说具有意义或者价值,可以为他人提供方便或者资讯,这时他人会愿意付出对价来购买这些信息。"②就我国而言,2014年"大数据"首次写入政府工作报告、2015年国务院发布《促进大数据发展行动纲要》、2016年工信部制定《大数据产业发展规划(2016—2020年)》、2020年通过《关于构建更加完善的要素市场化配置体制机制的意见》,产业数字化转型升级加快,数字经济发展迅速,已经成为名副其实的数据产业强国和数据资源大国。③

当前,数据已经与资本、技术、土地、劳动力等一并成为重要的生产要素和稀缺资源,由此引发了个人信息权属争议,即个人信息权益是归个人信息指向的自然人所有还是归信息收集利用者(企业、社会组织、政府机关)所有?前者事关自然人的人格利益,后者事关信息产业发展和社会公共利益。④ 只有在产权清晰的制度框架下,企业才能合理合法收集、利用数据,数据权益诉求才具备法理基础。我国《民法典》第127条承继了原《民法总则》第127条之规定,确立了个人信息和数据二元保护体系,即经过匿名化(去个人化和去可识别化)处理的个人信息所形成的(大)数据,⑤可以成为财产权益的客体而被法人或非法人组织享有。现代社会,建立在大量个人信息基础上的大数据,无论是对于企业发展、行业进步还是对于社会治理、国家管理,都具有重要意义。

3. 政府公共治理的现实需要

个人信息与国家利益密切相关,政府也是个人信息保护中重要的利益单元。这一方面是指某些个人信息、信息跨境流动、生物信息等事关国家安全、网络主权、数

① 参见吴汉东、胡开忠:《无形财产权制度研究》,法律出版社2005年版,第7页。

② [美]理查德·A. 波斯纳:《论隐私权》,常鹏翱译,载梁慧星主编:《民商法论丛》第21卷,金桥文化出版(香港)有限公司2001年版,第347页。

③ 中国互联网协会于2021年7月13日发布的《2021中国互联网发展报告》显示,2020年中国大数据产业规模达到718.7亿元,增幅"领跑"全球大数据市场。

④ 参见宋亚辉:《个人信息的私法保护模式研究——〈民法总则〉第111条的解释论》,载《比较法研究》2019年第2期。

⑤ 参见金耀:《个人信息去身份的法理基础与规范重塑》,载《法学评论》2017年第3期。

据安全等重大利益,尤其是对于个人敏感信息以及儿童等特别脆弱群体的个人信息保护,已经超越个体层面而具有特殊的公共利益价值。另一方面是指收集、处理和利用个人信息是现代国家进行行政管理、提供公共服务的普遍做法,形成了大量的公共数据。公共数据不仅为经济发展模式改革提供了动力,而且为传统政务模式变革带来了机遇。

公共数据,顾名思义,是指政府等公权力部门进行行政管理和提供公共服务过程中收集和累积的数据信息。在信息时代,公权力部门在国家管理和社会治理中时常需要收集和存储公民个人信息,并且随着政府管理的精细化,收集信息的广度和深度不断拓展,产生了包罗万象的海量的公共数据。与个人数据、企业数据等其他数据相比,公共数据的典型特征在于其公共属性,属于公共产品。其一,从公共数据的产生目的看,公共数据是公权力部门为了增进和保护公共利益而在行政管理和公共服务中所形成的,因而具有公共属性;其二,从公共数据的产生依据看,公共数据是公权力部门行使国家权力的结果,因而具有公权属性;其三,从公共数据的使用目的看,公共数据只能用于国家管理和公共服务,因而具有公共资源属性。公共数据有力地推进了数字政府建设,推动了国家治理体系和治理能力现代化。通过大数据处理,可以有效地打击犯罪、预警危机等,这也正是大数据的公共管理价值所在。

总之,大数据时代的个人信息具有典型的复合法益性质,不仅涉及自然人这一个体法益,而且涉及社会公众、国家等集体法益,表现为公众健康、国家安全、网络空间秩序等。① 是故,个人信息保护问题复杂,关涉不同利益主体、不同立场、不同诉求,不仅有技术问题,而且有法律问题,还蕴含商业模式和经济发展问题。②

二、利益重合与利益冲突

如前所述,个人信息保护中存在个人、企业、国家、社会公众等利益相关者,这些不同的社会主体的利益诉求并不完全相同,时而重叠、时而冲突。概言之,个人从自身利益出发,希望对其信息权益进行全方位甚至是绝对化的保护,限制他人收集和

---

① 参见敬力嘉:《信息网络犯罪中集体法益保护范围的扩张与限度》,载《政治与法律》2019 年第 11 期。

② 参见周汉华:《探索激励相容的个人数据治理之道——中国个人信息保护法的立法方向》,载《法学研究》2018 年第 2 期。

处理其个人信息。企业从商业利益角度出发,希望最大化地收集和处理个人信息。国家则面临两种价值取向:一是保护个人信息权益,这是国家的天然职责和义务;二是为了国家利益和公共利益收集和处理个人信息,这是社会治理的客观需要。

1. 保护个人信息与促进数据产业的两难选择

如果坚守传统严苛的僵化的个人信息保护模式不仅会限制数字经济的快速发展,而且也难以满足现代行政管理和社会治理对公共数据的迫切需要。

问题在于,如果对算法以及数据驱动型企业缺乏有效监管,极易对个人信息权造成侵害,也有可能加剧两个舆论场的隔阂、撕裂乃至背离,从而引发社会治理危机。大规模的信息采集和数据处理,特别是根据性别、财富、民族、种族、地区差别等进行算法歧视、算法黑箱、预测性识别、"大数据杀熟"等,大大增加了数据被滥用、权利被侵害的风险。尤其是随着移动互联网的迅猛发展,App 强制授权、肆意获取、违规收集、过度索权等问题频仍,侵扰了人们的生活安宁,甚至会危害人们的生命健康和财产安全。加强个人信息法律保护成为迫在眉睫的问题,而如何在保护个人信息安全与促进数字经济发展之间寻求平衡更成为时代命题。事实上,我国个人信息保护立法确实面临"两难":采取过严的个人信息保护策略,可能会影响企业创新乃至对数字经济发展产生不利影响;而如果采取过松的个人信息保护策略,则必然会侵犯公民个人私权从而影响法治建设进程。质言之,个人信息保护范围过窄,权利有被侵害之虞;保护范围过宽又会影响信息的自由流动,阻碍数据产业的发展。

2. 公共利益会对个人信息权益造成一定限缩

传统社会主要采取隐私权方式对个人信息权益进行保护,即通过民法制度注重个人隐私所蕴含的人格尊严和人格自由价值,并采取绝对化保护方式,从而保障个人信息权益免受他人侵犯。到了现代社会,个人信息利益关系日益复杂,个人信息所蕴含的经济利益和社会价值日益凸显,对个人信息资源的利用成为不可逆的发展趋势。[①] 在这一时代背景下,个人信息、数据与隐私相分离,并采取与隐私迥然相异的保护进路。尤其是在大数据技术成为政府进行国家管理和社会治理的重要手段

---

① 参见田野:《大数据时代知情同意原则的困境与出路——以生物资料库的个人信息保护为例》,载《法制与社会发展》2018 年第6 期。

后，基于公共利益考量，国家不再仅仅承担个人信息保护者的角色，而同时成为个人信息的收集者和处理者，即采取个人信息保护和利用并重的政策取向。如此一来，必然会造成个人信息权益与公共利益的冲突。实际上，世界各国都普遍规定，出于人口普查、打击犯罪等重大利益，可以对公民享有的个人信息权进行限缩。① 因此，保护个人信息是国家的重要义务，②维护公共利益更是国家应尽的责任。公权力机关如果职权缺失或程序不当或范围超限，极易成为侵犯个人信息的“危险源”，实际上，由于公权力部门个人信息保护意识不强、保护措施不到位、保护流程不规范等原因导致的个人信息泄露事件已引起社会普遍关注。

3. 新技术发展弱化传统个人信息保护手段功效

建立在“告知—同意”规则基础之上的知情同意机制被认为个人信息保护的根基和有效手段，但这一手段在大数据时代面临重大挑战。以控制权为核心的个人信息保护制度要求，收集和处理个人信息应当事先告知并征得信息主体的同意，即使在数据共享中收集、利用个人信息也应当获得信息权利人的授权。③《个人信息保护法》所确立的一系列法律制度规则也是以“告知—同意”为核心，这与《民法典》的规定一脉相承。然而，信息技术的发展使“告知—同意”规则陷入僵化，传统个人信息知情同意机制明显弱化。知情规则是同意规则的前提和基础，知情规则科学与否直接决定了“同意”的质量高低。为保障个人信息主体自由意志的行使和自我决定的作出，需要以透明度标准来判断知情规则，即以一般理性受众在具体场景下能否知情作为判断标准，正所谓“理性人标准”。④ 对透明度的判断通常以信息处理者是否履行了披露义务为标准，然而在实践中，披露的信息收集使用规则往往因为冗繁的表述和专业的内容而“几乎无人有时间、能力和决心浏览复杂的条款和同意的条件”。⑤ 尤其是在区块链技术推动下，个人信息“去中心化”“去标识化”“去信任化”，给建立在传统“中心化网络”基础之上的个人信息标识、数据分享自决、监管指

① 参见方明：《个人信息多元保护模式探究》，载《学海》2018 年第 6 期。
② 参见王锡锌：《个人信息国家保护义务及展开》，载《中国法学》2021 年第 1 期。
③ 参见王利明：《数据共享与个人信息保护》，载《现代法学》2019 年第 1 期。
④ 参见范为：《大数据时代个人信息保护的路径重构》，载《环球法律评论》2016 年第 5 期。
⑤ ［德］迪特尔·梅迪库斯：《德国民法总论》，邵建东译，法律出版社 2013 年版，第 807 页。

向清晰、责任主体明确等个人信息处理和管理规则带来挑战,[①]信息的控制者与信息的处理者之间分离趋势更加明显。因此,信息技术的发展往往会导致知情同意机制流于形式。[②]

三、司法层次上的利益衡量

1. 司法衡量的内涵

目的法学的创始人耶林指出,“目的”是法律的创造者,而“目的”即是“利益”,利益既包括个人的又包括社会的,二者不可偏废。“利益是权利的核心,法律是权利的外壳”,“权利的概念是以法律上对利益的确保为基础,权利是法律上所保护的利益”。[③] 但是,利益存在不同的性质,利益衡量至少存在两个层次:一是立法中的利益衡量,即立法者通过制定利益界定、利益分配、利益冲突规范来调整社会利益关系;二是司法中的利益衡量,即法官通过遵循法定的价值判断和制度规则对当事人的利益冲突作出裁决。

相对而言,立法者的利益衡量优先于且约束司法者的利益衡量,司法者在作出裁决时应当在立法者制定的利益规范框架下进行;但是,法的僵化性、滞后性、局限性决定了法官亦需要根据利益冲突理论和价值判断规则填补法律漏洞。从这个角度说,司法判决中的法才是真正“活的法”,更遑论英美法系“法官造法”传统了。利益衡量,本质上是价值判断问题。庞德认为,法律在处理价值尺度时有3种方法:一是从经验中寻求;二是依照法律假说来评价;三是根据公认的传统的权威性观念。[④]作为日本利益衡量理论的首倡者之一的加藤一郎认为,[⑤]法院在法形成上应当承担重要任务,有必要尽可能通过解释论探求解决问题的可能性,法院应当“立于更加司

---

① 参见万方:《个人信息处理中的“同意”与“同意撤回”》,载《中国法学》2021年第1期。

② 参见高富平:《个人信息使用的合法性基础——数据上利益分析视角》,载《比较法研究》2019年第2期。

③ 吴从周:《概念法学、利益法学与价值法学》,中国法制出版社2011年版,第11页。

④ 参见[美]罗斯科·庞德:《通过法律的社会控制》,沈宗灵译,商务印书馆2010年版,第80页。

⑤ 1966年发表《法解释学的论理与利益衡量》一文的加藤一郎与1967年发表《民法解释论序说》提出“利益考量论”的星野英一,被认为是日本利益衡量论的首倡者。

法积极主义的立场,推动法的发展,使之顺应时代的要求,与价值判断相适应”。[①]而另一位倡导者——星野英一,提出了依据价值判断、利益考量进行法律解释的方法:其一,在适用法规解决纠纷时必须考察对立的利害关系并将其类型化;其二,考虑依据某一规定实现和保护的利益和价值是妥当的;其三,谋求和把握利益协调;其四,根据类推方法对法律条文作出解释;其五,从效果出发考虑对规定要件进行解释。[②] 上述学者关于利益衡量与价值判断方法以及法律因素与法官自由裁量权之间关系的论述具有重要的实践价值。

2. 利益衡量极易导致主观恣意

法律是平衡的艺术。[③] 当今社会,利益关系纷繁复杂,法律局限客观存在,传统三段论形式逻辑难以适应现实法治需要,利益衡量成为法律适用的重要方法。换言之,利益衡量重视发挥法官在司法裁判中的主观能动性,倡导法官根据案件真实图景提出妥当法律方案,对填补法律漏洞、克服法律局限、解决法律难题意义重大。实际上,法律本身就是利益衡量的产物,立法过程就是对不同利益进行界定、平衡和取舍的过程,司法更是通过法律适用进行利益衡量、解决利益冲突的过程。

需要警惕的是,利益衡量本身容易导致恣意,特别是司法中的利益衡量的主观性特征极易导致法律解释的恣意。如何避免法官在利益衡量中的主观恣意,也是利益衡量理论在实践中遇到的最大困扰。为了防范这种恣意,日本学者加藤一郎提出了解决方案:分清利益衡量的界限,考虑“节制的必要性”“实用的可能性”“应与法律条文结合”;[④]我国学者梁上上提出了“利益层次结构”理论;[⑤]这些方案和观点具有一定合理性。笔者认为,法律解释抑或是价值判断不应是单纯的主观活动,而更应是一种客观实践。一方面,价值本身并非抽象的概念,而是在历史进程中形成的并经过法律承认和确认的具体规范,如自由、公平、秩序等;另一方面,价值体系的等

---

① [日]加藤一郎:《民法的解释与利益衡量》,梁慧星译,载梁慧星主编:《民商法论丛》第2卷,法律出版社1994年版,第94~95页。

② 参见段匡:《日本的民法解释学》,复旦大学出版社2005年版,第271~278页。

③ 参见[英]丹宁勋爵:《法律的训诫》,杨百揆等译,法律出版社1999年版,第13页。

④ 参见梁慧星:《民法解释学》,中国政法大学出版社1995年版,第336~338页。

⑤ 参见梁上上:《利益的层次结构与利益衡量的展开——兼评加藤一郎的利益衡量论》,载《法学研究》2002年第1期。

级排序并非恣意或擅断的,而是必须遵循一般妥当性以及相应的法律规则。

第二节 个人信息司法保护中的利益考量与适用困境

法律的生命不是逻辑,而是经验。① 利益衡量理论,不仅适用于法律制度设计,而且适用于司法实践。换言之,利益衡量对于解释论和立法论同样重要,在理论和实践的互动中彰显其重要价值。笔者从实证主义出发,通过考察最高人民法院、最高人民检察院、公安部等部门公(发)布的54件典型案例,如表12-1所示,②结合典型司法案例的裁决文书分析个人信息保护中利益衡量是如何影响法官裁判思路,反思执法司法实践中个人信息权益保护的悖论困境,探讨个人信息权益与企业利益、行业利益、公共利益等之间的博弈平衡。

表12-1 个人信息保护典型案例

公(发)布机关	案例性质	典型案件示例	数量/件
最高人民法院	利用信息网络侵害人身权益案	闫某与北京某互联信息服务有限公司、北京某网讯科技有限公司侵犯名誉权、隐私权纠纷案	1
	电信网络诈骗犯罪案	陈某某等7人诈骗、侵犯公民个人信息案	3
最高人民检察院	公益诉讼案	浙江省诸暨市房地产、装修行业侵犯消费者个人信息公益诉讼案	1
	公益诉讼检察听证案	广东省江门市江海区人民检察院督促整治保护个人信息安全行政公益诉讼案	1
	侵犯公民个人信息犯罪案	韩某等侵犯公民个人信息案	6
		籍某某、李某某侵犯公民个人信息案	

① See Oliver Wendell Holmes, Jr., *The Common Law*, New York, Dover Publications, Inc., 1991, p. 1.

② 2021年10月11日,笔者通过北大法宝,以“个人信息保护”为关键词,在“典型案例”库检索到相关典型案例68件,其中,最高人民法院公布的有4件,最高人民检察院公布的有8件,最高人民法院、最高人民检察院联合公布的有7件,公安部发布的有28件,人民法院报刊登的有1件,其他各地公布的有20件。本书主要撷取其中的54件为研究对象。

续表

公(发)布机关	案例性质	典型案件示例	数量/件
最高人民法院、最高人民检察院	侵犯公民个人信息犯罪案	邵某某等侵犯公民个人信息案	7
公安部	侵犯公民个人信息违法犯罪案	“4·2”“暗网”侵犯公民个人信息案	20
	网络侵犯公民个人信息犯罪案	韩某某非法获取计算机信息系统数据案	8
人民法院报	2020年度人民法院十大案件	尚某状告江苏如东县民政局案	1
其他	典型案例	肖某诉某平台泄露个人信息纠纷案	1
		黄某诉某科技(深圳)有限公司等隐私权、个人信息权益网络侵权责任纠纷案	1
		凌某某诉北京某某科技有限公司隐私权、个人信息权益网络侵权责任纠纷案	1
		杨某某侵犯公民个人信息刑事附带民事公益诉讼案	1
		杭州市下城区人民检察院诉孙某个人信息保护民事公益诉讼案	1
		高某某与北京我爱我家房地产经纪有限公司个人信息保护纠纷案	1

一、衡量起点：个人信息权益的保护

54件典型案例中，无一例外都将保护个人信息权益特别是个人信息中的敏感信息即隐私信息，作为利益衡量的起点。例如，闫某与北京某互联信息服务有限公司、北京某网讯科技有限公司侵犯名誉权、隐私权纠纷案，原本是自然人之间个人信息保护权益之争，但由于网络服务提供者未能提供侵权人相关信息资料而发生诉讼纠纷。该案凸显了网络侵犯个人信息案件的特殊性：一方面，网络的匿名性加大了确定侵权人身份的难度,成为维护个人信息权益主体维护自身合法权益的障碍,其有权要求网络服务商提供侵权人相关身份信息;另一方面,网络服务商负有对用户信息保密的法律义务,如何平衡网络服务商双重义务需要司法裁判。

刑事处罚是最严厉的法律制裁方式,也是保护个人信息权益的重要手段。特别是在互联网时代,非法获取、贩卖个人信息并实施电信网络诈骗的行为高发多发,其不仅侵害了个人法益,而且侵害了公共法益。因此,刑事案例是保护个人信息权益案例的重要类别。在统计的54件典型案例中,最高人民法院发布的典型案例中有3件属于惩治电信网络诈骗犯罪案例,最高人民检察院发布的典型案例中有6件属于侵犯公民个人信息犯罪案例,公安部公布的28件典型案例均属于(网络)侵犯公民个人信息违法犯罪案件;最高人民法院、最高人民检察院联合发布的典型案例中有7件属于侵犯公民个人信息犯罪案例,但这些案例侵犯公民个人信息的表现并不完全相同,如表12-2所示。

表12-2 侵犯公民个人信息犯罪案例及具体表现

序号	案例	侵权表现
1	邵某某等侵犯公民个人信息案	非法出售户籍信息、手机定位、住宿记录等个人信息
2	韩某某等侵犯公民个人信息案	非法查询征信信息牟利
3	周某某等侵犯公民个人信息案	非法购买学生信息出售牟利
4	夏某某侵犯公民个人信息案	非法买卖网购订单信息
5	肖某、周某等侵犯公民个人信息案	利用黑客手段窃取公民个人信息出售牟利
6	杜某1、杜某2侵犯公民个人信息案	通过互联网非法购买、交换、出售公民个人信息
7	丁某某侵犯公民个人信息案	非法提供近2000万条住宿记录供他人查询牟利,构成侵犯公民个人信息罪"情节特别严重"

在最高人民检察院公布的张某某、姚某某侵犯公民个人信息案中,行为人利用现代技术手段即恶意程序批量非法获取网站用户的个人信息,构成侵犯公民个人信

息罪;鲁某等侵犯公民个人信息案则属于单位实施的侵犯公民个人信息犯罪,最终由单位和相关责任人员承担相应的刑事责任;韩某等侵犯公民个人信息案则涉及国家工作人员利用职务便利非法获取公民个人信息并出售,最终按照侵犯公民个人信息罪从重处罚;籍某某、李某某侵犯公民个人信息案是特殊主体将在履行职责过程中获得的公民个人信息予以出售,立案追诉标准与一般主体不同,即数量达到一半以上即依法追究刑事责任。肖某诉某平台泄露个人信息纠纷案凸显出个人信息权益保护中,商家、平台、消费者、工商等政府部门的权利义务边界特别是"身份"的多样性和复杂性。该案中,肖某是网络交易的消费一方,平台有权利也有义务在交易完成后向商家披露其姓名、联系方式、住址、订单号等信息;但在举报活动中,肖某作为举报人,其相关个人信息属于举报信息,具有私密性,应当受到法律保护,平台不能将该信息披露给商家,否则构成侵权。

需要注意的是,对个人信息的判断要结合具体场景。例如,在黄某诉某科技(深圳)有限公司等隐私权、个人信息权益网络侵权责任纠纷案中,①微信好友关系和读书信息的定性是否属于个人信息,是该案的争议焦点问题和责任承担的前提。但无论《个人信息保护法》《民法典》《网络安全法》,还是《信息安全技术 个人信息安全规范》,对其均没有作出明确规定。然而,这些法律法规关于"个人信息"的界定和列举,都把"可识别性"作为个人信息的本质特征,既包括对个体身份的识别——"是谁",也包括对个体特征的识别——"是什么样的人"。因此,对个人信息的判断有两条路径可供遵循:一是"识别",由信息识别出特定的自然人,这是一个"从信息到个人"的过程;二是"关联",由特定自然人产生出具体信息,这是一个"从个人到信息"的过程。基于上述标准,从"识别"路径,可以认定微信读书软件获取的好友列表属于个人信息;从"关联"路径,可以认定自然人的微信好友列表属于个人信息。同理,微信读书软件中的读书信息属于个人信息。最终,法院作出被告停止侵权的司法判决。在凌某某诉北京某某科技有限公司隐私权、个人信息权益网络侵权责任纠纷案中,②法院更是明确指出,在考量"可识别性"时,不能机械地、割裂地对信息

① 参见北京互联网法院民事判决书,(2019)京0491民初16142号。

② 参见北京互联网法院民事判决书,(2019)京0491民初6694号。

单独进行判断,而应结合具体场景对相关信息组合进行综合判断,从而符合个人信息使用现实和个人信息保护立法意图。该案中,法院对姓名、手机号码、社交关系、地理位置信息是否属于个人信息作出了场景化判断。

二、取舍重点:数据权利的归属

利益衡量的本质是异质利益之间的平衡,即平衡利益相关者之间的关系。利益相关者理论最初应用于公司治理领域,后普遍运用于社会治理之中。在利益冲突时,法官在个案中的利益衡量也不过是根据个案具体情况赋予不同法益不同的"重要性"。① 不同利益主体的不同利益诉求是不同性质的利益,彼此之间存在通约性(公度性)难题抑或是匹配性(相符性)难题,而这一问题则是关系利益衡量理论构建的基础性问题。"在个人隐私信息'二次使用'中的侵权动机也不同于以往传统侵犯隐私权主要的报复动机,还包括利用数据分析与处理得到的商业价值,更多是出于利益考量的经济动机。"②经过收集、加工和处理过的个人信息不再是个人信息,而是"公共数据"或"企业数据",其利益主体也不再是自然人,而是数据的生产者或控制者。因此,在我国司法实践中,当以"个人"为主体时往往使用"信息"这一概念,强调个人的知情权、控制权、处理权等;当以"企业"等为主体时往往使用"数据"这一概念,强调数据的经济价值。③

公共数据管理方面存在的现实困难突出体现在:其一,公共数据的内涵边界模糊不清,信息收集缺乏统一科学标准导致信息被滥采滥用;其二,公共数据形成的正当性不充分,对个人信息的采集缺乏有效约束;其三,公共数据处理与个人信息保护之间不易平衡,个人信息泄露可能性较大;其四,公共数据处理和监督机制阙如,存在公共数据利用效率低下和信息壁垒等弊端。④ 尤其是在行政权扩张的时代背景下,多部门重复收集个人信息、滥用甚至泄露个人信息的问题广遭诟病。因此,公共

---

① 参见[美]爱德华·弗里曼:《利益相关者理论:现状与展望》,盛亚、李靖华等译,知识产权出版社 2013 年版,第 27 页。

② 顾理平、杨苗:《个人隐私数据"二次使用"中的边界》,载《新闻与传播研究》2016 年第 9 期。

③ 参见彭诚信、杨思益:《论数据、信息与隐私的权利层次与体系建构》,载《西北工业大学学报(社会科学版)》2020 年第 2 期。

④ 参见袁康、刘汉广:《公共数据治理中的政府角色与行为边界》,载《江汉论坛》2020 年第 5 期。

数据治理既要满足政府行政管理和公共服务的需要,又要保护个人信息的安全,还要提升公共数据的利用实效,在信息采集、数据处理和数据使用中实现公共利益与个人利益的有效平衡,这对变革传统个人信息保护模式提出了更高要求。

凌某某诉北京某某科技有限公司隐私权、个人信息权益网络侵权责任纠纷案直接涉及个人信息使用中不同利益需求的平衡问题。该案中,原告的姓名和手机号码属于个人信息,但被告未征得同意处理原告姓名和手机号码的行为是否构成侵权则需要平衡:手机通信录属于个人信息,手机通信录中每条联系人信息又属于该联系人的个人信息,在处理手机通信录中联系人姓名和手机号码时一般应征得"双重同意",即手机用户同意和每条通信录联系人同意,但如果要求在任何使用场景下都必须严格征得双重同意有可能会导致利益失衡。特别是在大数据时代,对个人信息过于绝对化的保护可能导致个人信息处理和数据利用成本过高,从而阻碍信息产业和数字经济的健康发展。所以,需要在具体应用场景中考察是否存在构成个人信息合理使用的情形。最终,法院从姓名和手机号码信息的特点与属性、信息使用的方式和目的、对各方利益可能产生的影响三个方面认定,读取和匹配读取手机通信录行为并不会对原告产生打扰,通常亦不会不合理地损害原告利益,且有利于满足其他有社交需求用户的利益及行业和社会发展的需要,属于对该信息的合理使用。但法院判决同时指出,对个人信息的合理使用亦应符合合法、正当、必要等基本原则,该案中的被告应当及时删除通过匹配知道的软件内没有使用该手机号码作为账户的用户信息,直至原告起诉时该信息仍然存储于被告后台系统中,被告的做法超出必要限度与合理使用范围,构成对原告该项个人信息权益的侵害。

信息化时代,加强个人信息保护是人民群众的热切期待;大数据时代,促进数字经济发展是政府和企业的迫切需求。如果说,公共利益为限制个人信息注入了"价值理性",那么,数字经济发展则为利用个人信息提供了"工具理性"。大数据是对万事万物全景式的记录,被称为"信息时代的石油",对推动实施我国大数据战略、加快推进数字中国建设意义重大。数字经济作为一种新的经济形态,是以"数据"作为核心生产要素和关键驱动力,其在推动经济社会发展的同时亦产生了个人信息保护、数据治理、平台责任等一系列法律监管问题,推动法律制度革新。如何让大数据更好地服务于经济发展和社会进步,在避免"信息孤岛"的同时解决算法歧视、信息泄露、隐私侵权等问题,更是成为大数据时代的重要法治课题。

然而,从司法实践看,对这一问题的回应并不充分,尤其是未解决数据权利的主体问题。大数据时代我国个人信息保护立法,应当兼具权利保护、产业促进、权力规制的综合目的,对于隐私权益应主要由民法予以保护,对于个人信息权益应主要由个人信息保护法予以保护,对于数据权益应主要由数据产业促进法予以保护。我国数字经济发展已经走在了世界前列,在法治建设方面也应当从传统静态单向的保护政策转向现代动态多维的数据治理框架,从而平衡个人、企业、国家等不同主体的利益诉求,实现权利保护、行业发展、数据主权的良性互动。

三、认定难点:公共利益的边界

"个人信息具备人格和财产双重属性,在保护上,也应当以此出发,立法上秉持双重保护态度,司法中做好个案衡量,同时加强行业自律,并在一切个人信息保护活动中贯彻利益平衡原则。"①质言之,政府在收集和利用个人信息时既要满足公共治理的需要又要避免过度侵占个人信息,从而在个人利益与公共利益之间达到某种平衡。

在判断利益平衡方面,要做到场景化即在特定情境下对相关利益进行比较和权衡,并应当遵守相关程序性规定。然而现实是,对于公共利益限制个人信息权益的程序性规定不足,政府机关在隐私政策披露方面存在问题,个人信息的收集和利用缺乏有效约束。例如,最高人民检察院发布的广东省江门市江海区人民检察院督促整治保护个人信息安全行政公益诉讼案属于公益诉讼检察听证典型案例,颇具代表意义。随着信息技术的发展应用,越来越多的住宅小区安装使用"人脸识别"门禁系统。但由于虹膜等人脸信息涉及公民生物数据且无法更改,存储、传输、使用、处理人脸信息会对个人信息安全乃至国家安全带来严重危害。因此,能否安装"人脸识别"门禁系统以及使用"人脸识别"门禁系统后如何保护个人信息安全受到社会重大关注。但囿于行政机关职能交叉、长效监管机制阙如、源头监管乏力等原因,行政

① 徐美:《再谈个人信息保护路径——以〈民法总则〉第111条为出发点》,载《中国政法大学学报》2018年第5期。

机关保护个人信息权益一直是难点问题。本案的最大意义在于,通过公益诉讼案件公开听证,督促行政机关依法履行法定职责,创新了司法公信力提升途径,提高了公益诉讼监督精准度。问题的难点在于,该案中的听证会属于"个人信息安全公益受损听证会",那么,何为"公共利益"? 立法和司法对此都语焉不详。问题的难点还在于,谁能代表公共利益? 人民法院报公布的尚某状告江苏如东县民政局案——因个人信息被冒用"被结婚五次有错难改"的行政纠纷案,凸显出国家机关保护个人信息不力的窘境。该案中,尚某在未婚状态下因个人信息在不同地方被不同的人冒用导致"被结婚五次",婚姻登记机关以"无权限撤销"为由拒绝修改,法院通过司法审判解决了行政机关保护个人信息的正当性和积极性问题。

大数据时代,在强大公权力支配以及"公共利益"合法理由支撑下,个人信息保护面临挑战。行政机关基于公共利益收集和处理个人信息的行为属于行政管理和公共服务范畴,行政相对人因为行政机关的违法行为而个人信息权益受侵害,可以提起行政复议或行政诉讼,行政机关内部可以通过行政处分程序追究相关人员法律责任。从司法实践看,因个人信息纠纷引发的行政诉讼不断增多,并以"政府信息公开"案由最集中,体现出行政主体的法益权衡能力及行为规范性有待增强。[①] 因此,应当进一步健全我国行政诉讼制度,加大政府机关基于公共利益需要收集和处理个人信息的司法监督。

四、适用难点:具体规则的缺失

知情权和决定权是个人信息权的核心内容,"告知—同意"是保障知情权和决定权的重要手段,也因而被视为个人信息保护的关键规则。《民法典》采取了"知情同意"(第 1035 条) + "免责事由"(第 1036 条)的规则设计模式,而《个人信息保护法》采取了更多元化的规则设计模式,形成了以"告知—同意/拒绝—撤回同意/拒绝"为逻辑主线的个人信息处理规则体系。

然而,将个人信息作为"法益"进行保护的问题在于,立法中对"合法利益"的界

---

① 参见李帅:《个人信息公法保护机制的现存问题及完善对策——基于 295 份行政判决书的定量研究》,载《浙江社会科学》2018 年第 8 期。

定非常模糊。我国《民法典》第 3 条将“其他合法权益”与“人身权利”“财产权利”一并作为法律保护对象，但对于何为“合法权益”则较模糊。究其原因就在于，我国民事立法采用“权利”与“利益”相区分的保护模式，[①]但并未设计专门的“利益”法律保护机制，也没有提供具体的独立的“利益”保护规范，[②]从而导致区分“权利”和“利益”的保护模式、构成要件及制度设计仅停留在学说讨论的层面。[③]

诚然，赋权保护模式确实与我国权利保护的法律传统——权利法定模式相吻合，也有利于防止司法审判中因利益衡量而出现同案异判窘境，但赋权保护模式忽略了个人信息所具有的公共属性，权利的绝对性必将妨碍个人信息价值的充分利用。也正因如此，《民法典》和《个人信息保护法》都采用了“权益”而非“权利”立法模式。不可否认，民法在个人信息保护中具有重要的基础性地位，[④]但网络、电信、金融、医疗、征信、电子商务等领域的个人信息保护亦不可忽视，而这些领域立法多属于公法或社会法领域，且这些法律规范对于打击违法犯罪、保障网络安全、维护公共利益等方面都意义重大。从部门法维度看，我国个人信息保护立法日益显示出综合性，但正如前文所述，个人信息保护规则在保护救济程序、司法救助机制、政府滥用权力等问题。

例如，浙江省诸暨市房地产、装修行业侵犯消费者个人信息公益诉讼案是最高人民检察院发布的公益诉讼典型案例，也是个人信息权益保护典型案例。该案的典型意义在于，消费者个人信息安全已经超越了消费者个体层面，而事关社会不特定多数人利益——公共利益，检察机关对如何切实保障消费者个人信息安全作出了积极探索。当前，教育、医疗、住房、保险等领域泄露甚至肆意转卖个人信息现象严重，个人信息安全形势严峻，特别是与信息泄露相关的精准诈骗、骚扰电话、推送信息、垃圾短信等严重滋扰个人工作生活，甚至会威胁人们的生命财产安全，严重扰乱了社会公共秩序，司法实践如何回应这一社会需求亟待各方努力。该案暴露出我国通

① 参见杨立新：《〈侵权责任法草案〉应当重点研究的 20 个问题》，载《河北法学》2009 年第 2 期。

② 参见王成：《侵权之“权”的认定与民事主体利益的规范途径——兼论〈侵权责任法〉的一般条款》，载《清华法学》2011 年第 2 期。

③ 参见于飞：《侵权法中权利与利益的区分方法》，载《法学研究》2011 年第 4 期。

④ 王成：《个人信息民法保护的模式选择》，载《中国社会科学》2019 年第 6 期。

过公益诉讼保护个人信息的诸多问题:如何实施行政公益诉讼诉前程序?如何推动行业规范治理?能否追究企业法人的刑事责任?行业监管部门是否负有保护消费者的合法权益不受侵犯的职责?检察机关能否向监管部门发出督促其依法履职的检察建议?人民法院能否向行业协会发出司法建议要求其督促开展行业规范整治?如何加强警示宣传教育从而在全社会形成保护个人信息共识?

侵犯公民个人信息罪是否可以提起刑事附带民事公益诉讼,也是司法实践中争议较大的一个问题,杨某某侵犯公民个人信息刑事附带民事公益诉讼案对这一问题作出了探讨,被视为弘扬社会主义核心价值观典型案例。在大数据时代,以侵犯个人信息方式来获取经济利益的现象日渐增多,在追究行为人刑事责任的同时如果能追究其民事责任,对于增加其违法成本、保护受害人尤其是不特定社会公众的利益,意义重大。该案中,法院经审理认为,被告人行为构成侵犯公民个人信息罪,并损害了众多不特定社会公众的公共利益,应当承担相应的民事责任。问题在于,附带民事公益诉讼中,谁能代表社会公众向法院提起公益诉讼?除检察机关外,其他组织乃至个人是否有权提起民事公益诉讼?民事公益诉讼的受案范围、审判程序、激励机制如何构建?这些问题亟待回应。杭州市下城区人民检察院诉孙某个人信息保护民事公益诉讼案[①]系全国首例适用《民法典》的个人信息保护民事公益诉讼案。该案明确指出,个人信息保护不仅涉及自然人的个人利益,而且涉及社会众多不特定主体的利益即公共利益,对侵害公共利益的行为侵权人应当依法承担赔偿损失、赔礼道歉等民事责任,从而充分体现对涉及公共利益的社会不特定民事主体人格尊严和人格自由的保护和尊重。

第三节　个人信息利益平衡的司法规则创新

庞德提出,法律在解决源于社会竞争的各种利益冲突时,应当考虑以下方面:一是制定利益列表,列出要求得到认可的利益并对其进行归纳和分类;二是选择和决定法律认可和保护的利益;三是确定所保护的利益的界限;四是权衡保护利益的手

① 浙江省杭州市下城区人民法院民事判决书,(2020)浙0192民初10605号。

段;五是制定评价原则。① 具体到个人信息司法保护领域,至少可以从以下三个方面建立健全相关规则。

一、处理个人信息基本原则的强化

基本原则在个人信息保护中具有极为重要的作用。《个人信息保护法》确立了个人信息处理的七大基本原则,体现我国个人信息保护的价值导向和法律理念。即使为了公共利益而限制个人信息也并非绝对的,而是相对的,仍应当遵守目的正当、法律授权、最小比例、权利保障等基本原则,遵循知情同意程序机制。对于个人信息的处理应当严格落实"三最"原则:一是范围最小,即收集个人信息应当将范围限于实现目的的最小范围;二是影响最小,即处理个人信息应当采取对个人权益影响最小的方式;三是期限最短,即保存个人信息的期限应当以实现处理目的所必要的最短时间。基于大数据产业发展的需要,企业、行业在收集和处理个人信息时亦应当有法律的明确授权,②且尽量采取"去标识化"或"匿名化"等损害最小的处理方式,履行信息保密义务、采取技术保护措施义务、防止信息泄露义务、采取补救措施义务等。

二、个人信息保护责任机制的再塑

《个人信息保护法》将个人信息处理者视为个人信息保护的第一责任人,强化其法律义务特别是明确了大型网络平台的义务,同时大幅提高了对侵犯个人信息权益行为的处罚力度,尤其是按照营业额百分比(5%以下)进行罚款,大大提高了对企业的威慑力。然而,专门数据保护机构的缺位时常导致相关法律执行不到位,信息主管部门缺乏有效监督制约导致个人信息侵权行为较严重。司法方面,个人信息主体与网络运营者实力悬殊,基于时间和经济成本考量,民事私益诉讼在个人信息保护中难以有效发挥作用。

首先,要建立统一、专业、独立的个人信息保护机构。《个人信息保护法》提出的

① 参见[美]罗斯科·庞德:《法理学》(第3卷),廖德宇译,法律出版社2007年版,第18页。
② 参见张新宝:《个人信息收集:告知同意原则适用的限制》,载《比较法研究》2019年第6期。

“网信部门统筹协调 + 有关部门各自监管”模式比较贴近我国传统的行业主管部门专门监管模式，应是立法者平衡两种模式利弊后的结果，但并未从根本上改变个人信息保护领域分散执法的局面。笔者倡导个人信息“外部监管 + 行业自律”双重保护模式。就行业而言，需要加强内部管理规范和技术保护措施；就外部而言，建议市场监管部门主动与信息保护部门和司法机关有效对接，将个人数据侵权纳入公民诉讼范围，探索建立公益诉讼和私益诉讼的个人信息保护机制。总之，建立统一、专业、独立的个人信息保护机构，既是实现个人信息保护一体化的需要，更是明确问责机制的需要。

其次，应完善国家部门法律责任。对此前文已有所涉及，在此不再赘述，建议加大对个人信息侵权行政赔偿责任，通过修改《国家赔偿法》将行政机关侵犯公民个人信息权益行为纳入赔偿范围，并采用客观过错归责原则。

最后，不能忽视小型网络平台个人信息保护义务。随着人工智能、生物识别、基因检测等新技术、新应用的发展，小型网络平台或者个人信息处理者接触、收集、掌握个人信息甚至敏感个人信息的情形将越来越多，法律应对此作出回应。

三、个人信息权益救济规则的健全

其一，确立个人信息保护领域的集团诉讼制度，解决个人信息应用场景不断扩大趋势下用户受众的广泛覆盖性和不特定性问题，从而尽可能地强化对于个人信息主体保护的覆盖范围，尤其是加强对不知情的潜在受害人的全面保护。

其二，确立行政公益诉讼制度。《个人信息保护法》已经确立了个人信息保护领域的民事公益诉讼，但起诉主体范围过窄，建议取消国家网信部门对提起民事公益诉讼主体的确定权，并增加规定消费者协会等消费者组织可以提起民事公益诉讼。同时，由于个人信息保护问题社会关注度高、群众反映强烈、关涉公共利益，可以纳入行政公益诉讼范围，依法构建专门的信息行政公益诉讼制度，从而破解个人信息保护乏力困局。从具体建构路径而言，应当进一步拓展行政公益诉讼适用范围，明确行政公益诉讼起诉条件，优化行政公益诉讼诉前程序规则，完善检察机关调查取证举措，建立检察机关与个人信息保护组织之间的双向互动机制。

其三，完善个人信息侵权法律责任规则。“基于交易成本、估价成本、行为模式预期等经济效率的综合考量,应当重构我国个人信息保护的救济规则。"①首先,坚持对于敏感个人信息和非敏感个人信息法律责任区别化对待的基本立场,加大侵犯敏感个人信息的法律责任。其次,确立个人信息保护领域的惩罚性赔偿责任制度,从而弥补传统侵权责任机制中损害填补责任的不足。最后,确定个人信息侵权举证责任倒置原则,督促个人信息控制者确保行为的合法性与合规性。

本章小结

现代社会正逐渐从"身份互联"时代迈入"数据互联"时代,加强个人信息保护成为时代关注焦点和国内外立法重点。随着《网络安全法》《民法典》《数据安全法》《个人信息保护法》的陆续出台,我国已经基本形成了隐私、个人信息、数据三元保护的法律体系格局,数字经济促进法立法工作也已启动。在此背景下,我国个人信息保护理论研究亦应当转向,即从立法论转向解释论,从理论研究转向司法实践。特别是针对实践中出现的隐私和个人信息保护面临的知情同意机制弱化以及公共数据和公共利益对个人信息的限制等突出难题,司法裁判应发挥充分调动、中和利益相关者冲突的作用,寻求个人信息保护中公私利益平衡,推动国家治理体系与治理能力现代化。在数据保护方面,应当以制度创新为导向,根据良法善治的要求进一步推进我国大数据法律制度建设,在企业数据规则、公共数据规则和公共利益规则等方面通过制定数字经济促进法、个人信息保护法实施条例或者公布司法案例等形式,明确不同主体在个人信息保护中的行为规范与权利(力)边界,既维护个人对信息的自决权,也要促进企业之间的良性数据竞争,并借助大数据提升政府治理能力。

---

① 曹博:《论个人信息保护中责任规则与财产规则的竞争及协调》,载《环球法律评论》2018年第5期。

第十三章　消费“欺诈行为”的司法认定及逻辑证成

惩罚性赔偿责任制度在打击经营者欺诈行为、保护消费者合法权益方面的作用毋庸置疑，对此，前文已反复论及。然而这一制度自 1993 年通过《消费者权益保护法》以来在实践中一直面临问题、争议和考验。综观理论界和实务界的理解争议和适用争论，其问题主要集中在两个方面：一是“消费者”的范围，如“知假买假”是否应受到保护；二是“欺诈行为”的认定，如经营者“沉默型表示”是否构成欺诈。这两个问题紧密相连，对“欺诈行为”的认定直接决定了能否适用惩罚性赔偿责任制度。向人民法院提起民事诉讼，是消费者对欺诈进行维权的重要途径。然而，欺诈在法律认定中具有复杂性，主观过错的查证、举证责任的分配、民事责任的竞合等问题互相交织，关系消费者权益保护法的价值功能能否得以彰显。在司法实践中，同样案情的案件，当事人可能基于侵权和合同两种不同法律关系起诉；即使同样是合同之诉，也存在主张合同撤销权和主张瑕疵责任的差异。因此，法官在处理消费欺诈案件时，需要查实、论证和认定当事人请求权基础、案件法律性质和法律关系、合同效力、法律责任基础等问题。① 然而，由于法律规范的滞后及相关理论的不足，司法裁判常常对欺诈行为的论证语焉不详甚至一笔带过，对惩罚性赔偿责任的适用亦缺乏深入系统说理分析，②相互矛盾的裁决并不少见。在“重典治乱”与“多元共治”的时代背景下，探讨惩罚性赔偿制度的重点不应当是赔偿倍数的增加，抑或是赔偿最低

---

① 参见侯军、郑慧媛、夏海曼：《消费者保护视域下的惩罚性赔偿司法适用研究》，载《法律适用（司法案例）》2018 年第 6 期。

② 参见马强：《消费者权益保护法惩罚性赔偿条款适用中引发问题之探讨——以修订后的我国〈消费者权益保护法〉实施一年来之判决为中心》，载《政治与法律》2016 年第 3 期。

限额的提高等法律技术问题，而应当追寻这一法律制度背后的价值追求和作用机理，并结合该制度的司法实践现状提出规范设计建议①，从而实现理论学说与司法实践的有效互动，实现消费欺诈案件在司法审判中法律效果与社会效果的统一。基于此，笔者于2020年2月1日通过北大法律信息网和中国裁判文书网信息平台，选取38例典型消费欺诈司法案件，以这些司法案件的判决书为本章的研究对象，梳理人民法院在认定“欺诈”时的观点看法，探讨不同法院、不同裁判之间折射出的消费欺诈案件在法律依据、法律解释和法律适用中面临的问题，从中总结消费“欺诈行为”的构成要件和司法认定标准，并在此基础上提出重构法律规范和适用准则的建议。

第一节　反欺诈立法体系与学理解释

欺诈，在不同的法律部门中的含义不尽相同，但无论是在民法视域中，还是在经济法视域中，抑或是在行政法、刑法视域中，欺诈都是比较严重的违法行为。在合同法中，欺诈是一种违反诚实信用原则的违约行为，会导致合同无效或者可撤销的法律后果；在消费者权益保护法中，欺诈是侵犯消费者合法权益的违法行为，会导致惩罚性赔偿责任；在行政法中，欺诈是经营者从事危害市场经济秩序的违法行为，会导致承担行政处罚的法律后果；在刑法中，对严重的欺诈（欺骗）行为科以诈骗罪予以规制，使行为人承担相应的刑事责任。因而，有必要梳理相关的反欺诈立法规范，归纳相关理论争议，进而在此基础上结合相关司法案例进行评析。

一、我国反欺诈立法体系

从形式上看，我国反欺诈立法体现在《民法典》等民法，《消费者权益保护法》《食品安全法》《反不正当竞争法》等经济法，《处罚办法》、《制止牟取暴利的暂行规定》（2011年修订，中华人民共和国国务院令第588号）等行政法，以及《民通意见》《民诉法解释》2019年《证据规定》等司法解释之中。

从内容上看，我国反欺诈立法涵盖造假欺诈、合同欺诈、价格欺诈、金融欺诈、宣

① 参见高圣平：《食品安全惩罚性赔偿制度的立法宗旨与规则设计》，载《法学家》2013年第6期。

传欺诈、网络欺诈等商业欺诈行为。这些法律规范大致可以分为5类:一是从民事行为(合同)法律效力角度规制民事欺诈行为,主要体现在《民法典》第148条;二是从消费者权益保护角度规制消费欺诈行为,主要体现在《消费者权益保护法》第55条第1款、《食品安全法》第148条第2款等;三是从市场监管角度规制不正当竞争的经营欺诈行为,主要体现在《处罚办法》第16条等;四是从诚信建设角度联合惩戒妨碍市场信用体系的欺诈行为,主要体现在国务院《关于印发社会信用体系建设规划纲要(2014—2020年)的通知》(国发〔2014〕21号,以下简称《社会信用建设规划纲要》)、国务院《关于建立完善守信联合激励和失信联合惩戒制度加快推进社会诚信建设的指导意见》(国发〔2016〕33号,以下简称《信用激励和惩戒指导意见》)等规范性文件中;五是从司法认定角度规定欺诈行为的构成要件与认定标准,主要体现在《民通意见》第68条、《民诉法解释》第109条等。我国反欺诈立法体系如表13－1所示。

表13－1　我国反欺诈立法体系

规制视角	代表条款	具体规范
民事行为法律效力	《民法典》第148条	一方以欺诈手段,使对方在违背真实意思的情况下实施的民事法律行为,受欺诈方有权请求人民法院或者仲裁机构予以撤销
消费者权益保护	《消费者权益保护法》第55条第1款	经营者提供商品或者服务有欺诈行为的,应当按照消费者的要求增加赔偿其受到的损失,增加赔偿的金额为消费者购买商品的价款或者接受服务的费用的三倍;增加赔偿的金额不足五百元的,为五百元。法律另有规定的,依照其规定
	《食品安全法》第148条第2款	生产不符合食品安全标准的食品或者经营明知是不符合食品安全标准的食品,消费者除要求赔偿损失外,还可以向生产者或者经营者要求支付价款十倍或者损失三倍的赔偿金;增加赔偿的金额不足一千元的,为一千元。但是,食品的标签、说明书存在不影响食品安全且不会对消费者造成误导的瑕疵的除外

续表

规制视角	代表条款	具体规范
市场监管	《处罚办法》第16条、第5条、第6条	把经营者在经营过程中的欺诈行为分为两大类。第一类属于实质性质上的欺诈,体现在第5条;第二类属于宣传性欺诈,体现在第6条;共计18种情形以及一条兜底条款
	《禁止价格欺诈行为的规定》(已失效)	详细规定了价格欺诈的表现形式及法律责任
诚信建设	《社会信用建设规划纲要》	明确要求生产领域、流通领域、金融领域、税务领域、价格领域、工程建设领域、政府采购领域、招标投标领域、交通运输领域、电子商务领域、统计领域、中介服务业、会展广告领域等商务诚信建设,加大对商业欺诈、金融欺诈、价格欺诈、网络欺诈、造假欺诈等欺诈行为的打击力度
	《信用激励和惩戒指导意见》	将严重破坏市场公平竞争秩序和社会正常秩序的合同欺诈作为重点领域和严重失信行为实施联合惩戒
司法认定	《民通意见》第68条	一方当事人故意告知对方虚假情况,或者故意隐瞒真实情况,诱使对方当事人作出错误意思表示的,可以认定为欺诈行为
	《民诉法解释》第109条	当事人对欺诈、胁迫、恶意串通事实的证明,以及对口头遗嘱或者赠与事实的证明,人民法院确信该待证事实存在的可能性能够排除合理怀疑的,应当认定该事实存在

从具体立法规范看,无论是《民法典》,还是《消费者权益保护法》,抑或是《民事诉讼法》,均未对"欺诈行为"这一法律概念作出明确界定或者列举示明。只有《民通意见》第68条对"欺诈"采取了概括界定模式,《处罚办法》第5条、第6条则对"欺诈行为"采取了列举界定模式,这也是目前我国法律法规中仅有的对欺诈行为作出的明确解释。国家发展计划委员会主任办公会议于2001年通过的原《禁止价格欺诈行为的规定》以及国家发展和改革委员会于2015年下发的《关于〈禁止价格欺诈行为的规定〉有关条款解释的通知》(发改价监〔2015〕1382号)则详细规定了价格欺诈的表现形式及法律责任。另外,最高人民法院《关于印发〈全国法院民商事审判工作会议纪要〉的通知》(法〔2019〕254号)则从民法总论与合同法的关系及其适用、

时间效力、损失赔偿数额等角度回应了欺诈问题。整体而言,我国虽然在不同法律部门中都有关于反欺诈的立法规范,但其体系化、系统化不够,尤其是缺乏对“欺诈行为”的明确界定,且存在不同部门法语境下混淆使用“欺诈行为”概念的现象,这在某种程度上导致了“欺诈行为”在司法实践适用中的矛盾混乱。

二、欺诈的学理解释

《布莱克法律词典》将“欺诈”定义为:有不实陈述或者隐瞒事实,有信赖此陈述而为某一行为并因此而受损害的行为。① 在德国民法中,欺诈,是指“有意或故意引起某种错误,行为旨在促使被欺诈人发出意思表示(但不需要行为人具有损害的蓄意),而且被欺诈人因欺诈而决定发出意思表示,即存在因果关系。包括故意的虚假陈述,或存在说明义务时维持某种业已存在的错误,或将尚不确定的事说成确定而引起错误的”。② 换言之,德国民法意义上的欺诈是那些通过夸耀虚假事实或者隐瞒真实事实,故意引起或维护某种错误,以达到影响被欺诈者决策目的的行为。③

在不同的部门法语境下,欺诈的性质不尽相同,欺诈行为的认定逻辑亦有区别。在民法视角下,欺诈是民事活动或者商事交易中严重违反诚信原则的行为,欺诈行为“是指当事人一方故意制造虚假或歪曲事实,或者故意隐匿事实真相,使表意人陷入错误而作出意思表示的行为”。④ 在这种逻辑下,消费者权益保护法属于民法特别法,《消费者权益保护法》第 55 条第 1 款规定的“欺诈行为”与民法中的“欺诈”具有同样的文义、相同的构成要件。⑤ 有学者进一步指出,消费欺诈既可能导致违约责任,也可能导致缔约过失责任,并进而根据违约责任和缔约过失责任的构成要件、证明标准和举证责任作出认定。⑥ 当然,也有学者持不同意见,认为消费者权益保护法

---

① See Bryan A. Garner, *Black's Law Dictionary*, 9th ed., West Group, 2009, p. 731.

② [德]迪特尔·梅迪库斯:《德国民法总论》,邵建东译,法律出版社 2000 年版,第 593～605 页。

③ 参见[德]卡尔·拉伦茨:《德国民法通论》(下册),王晓晔等译,法律出版社 2003 年版,第 542 页。

④ 佟柔主编:《中国民法》,法律出版社 1990 年版,第 238 页。

⑤ 持此观点者,参见丁晓军:《试论消费者权益保护法上的欺诈行为》,载《甘肃政法学院学报》2002 年第 2 期;牟瑞瑾:《〈消费者权益保护法〉第 49 条的适用条件》,载梁慧星主编:《民商法论丛》第 15 卷,法律出版社 2000 年版。

⑥ 参见苏号朋、凌学东:《法国消费欺诈行为的法律规制及借鉴》,载《法学杂志》2013 年第 4 期。

中的欺诈行为与民法中欺诈行为的具体含义和构成要件并不相同，如果按照民法思路处理消费欺诈问题，必然会导致消费者陷入维权困境。譬如，在认定缔约过失责任时，需要消费者证明经营者具有“欺诈”的故意，这对于处于信息弱势地位的消费者而言几乎是不可能的。①

笔者认为，作为经济法范畴的《消费者权益保护法》，其关于欺诈的定性不同于作为民法范畴的合同法中的界定。问题在于，能否用《民通意见》第68条关于“欺诈行为”的界定来解释和认定《消费者权益保护法》第55条第1款关于消费欺诈的认定？梁慧星先生从民法解释学理论出发，认为同一法律或者不同的法律使用同一概念时，原则上应做同一解释。既然《消费者权益保护法》没有对“欺诈行为”进行定义，那就应该按照《民通意见》第68条进行解释。② 这一观点也是目前学界通说。

实际上，消费者惩罚性赔偿请求能否得到支持，取决于消费者请求权。在司法实践中，惩罚性赔偿明显不是履行利益损失，违约金请求权也通常不是消费者请求权基础。依据《民法典》第148条的规定，欺诈是民事法律行为（包括合同行为）可撤销的理由之一，合同被撤销后所导致的民事责任属于缔约过失责任，即合同当事人违反先合同义务所产生的法律责任。《民法典》第179条第2款也专门规定：“法律规定惩罚性赔偿的，依照其规定。”可见，如果仅依据合同法，很难解释消费者惩罚性赔偿请求权的法律依据。换言之，民法反欺诈制度适用消费欺诈的惩罚性赔偿存在较大障碍。

三、案例样本的选取

为了进一步探究消费欺诈行为在司法实践中的具体认定，笔者通过北大法律信息网平台查询到最高人民法院以及各地人民法院公布的典型司法案件38例，并结合中国裁判文书网上的信息梳理了这38例典型案件的裁判文书，具体如表13－2所示。

---

① 参见杨立新、李羚莹：《现代民事责任之新发展——以德国法上缔约过失责任为视角》，载《西南民族大学学报（人文社会科学版）》2011年第12期。

② 参见梁慧星：《〈消费者权益保护法〉第49条的解释与适用》，载《人民法院报》2001年3月29日，第3版。

表 13－2　消费欺诈典型案例分类比较

比较视角	具体条目	数量/例(共38例)
案例来源	最高人民法院公布的指导性案例	1
	最高人民法院公布的公报案例	2
	最高人民法院公布的典型案例	12
	地方人民法院公布的典型案例	23
消费类型	产品消费	37
	服务消费	1
消费领域	汽车消费	14
	食品、药品、保健品消费	10
	其他产品(服务)消费	14
消费方式	网络消费	10
	非网络消费	28
欺诈行为类型	质量欺诈	4
	标识欺诈	1
	虚假宣传欺诈	29
	价格欺诈	4
诉讼衔接	仅提起司法诉讼	34
	同时提起行政查处	4
消费者身份	普通维权	35
	“知假买假”(包括“职业打假”)	3
诉讼结果	消费者胜诉并获得惩罚性赔偿	29
	惩罚性赔偿未得到全部支持	2
	因不属于生活消费范围或者不具备欺诈行为构成要件而未获得惩罚性赔偿	7

近年来,因消费欺诈被提起的惩罚性赔偿诉讼案件呈现数量大幅增多趋势。通过梳理这些消费欺诈司法案例可以发现:其一,随着消费方式的变化,惩罚性赔偿责任主体日益多样化,电商平台被追责案件逐渐增加。其二,消费者权益保护法的适用范围日益拓展。譬如,家用汽车属于“生活消费”,可适用惩罚性赔偿制度已成为审判实务界共识。但在商品房领域,由于买受人的消费者地位不明确、惩罚性赔偿

金额过高、法院存在适用法律的路径依赖问题,惩罚性赔偿制度尚未完全被纳入消费者权益保护法的视野。① 其三,消费维权主体具有个体化、规模化与职业化、专业化并存的特点。② 其四,在消费欺诈行为构成要件、知假买假、职业打假等方面仍存在诸多争议,甚至存在互相矛盾的司法裁决。沿着这一逻辑进路,下文将围绕惩罚性赔偿责任认定和消费欺诈行为构成要件两个主线,结合个案展开分析。

第二节 惩罚性赔偿责任司法认定

欺诈行为与惩罚性赔偿密不可分。消费欺诈往往会引发惩罚性赔偿诉讼,而惩罚性赔偿责任也通常以欺诈行为为基础条件。在消费欺诈案件中,惩罚性赔偿责任的认定除涉及欺诈行为的构成外,还涉及消费范围的确定、裁判法源的适用、请求权基础、举证责任的分配、证明标准的确立等问题。

一、消费者身份的确定

在司法实践中,处理“消费欺诈”问题,一般首先要确定涉案“消费”是否属于“生活消费”范围,即原告是否具有“消费者”身份这一前提条件,这决定了案件是否适用消费者权益保护法,并进而决定案件的最终走向。生活消费,概指自然人在衣、食、住、用、行等日常生活中消耗物质资料或接受服务从而满足其生活需要的行为和过程。但法律上的“生活消费”范围通常较窄,人们对消费者权益保护的认识和实践经历了一个逐步深入的过程。整体而言,消费者权益保护法的适用范围是逐步扩大的。随着经济的发展和法治的进步,我国对消费者权益保护的力度和广度都在加大,“生活消费”的范围逐步拓展,已从传统的商品服务领域扩展到汽车、药品乃至住房等标的额较大、认定较复杂的领域,已从线下交易方式扩展至线上交易方式。

譬如,汽车消费由于标的额大、技术性强,长期被排除在消费者权益保护法的适

① 参见钱玉文:《论商品房买卖中惩罚性赔偿责任的法律适用》,载《现代法学》2017 年第 5 期。

② 参见侯军、郑慧媛、夏海曼:《消费者保护视域下的惩罚性赔偿司法适用研究》,载《法律适用(司法案例)》2018 年第 6 期。

用范围之外。但最高人民法院公布的第 17 号指导性案例,即张某诉北京某汽车服务有限公司买卖合同纠纷案,①判定为家庭生活需要而购买汽车所发生的欺诈纠纷,可以按照《消费者权益保护法》的规定处理,并同时判定被告即经营者对是否属于非生活消费负有举证责任。该案具有重要指导意义,为各地审理汽车消费案件提供了裁判指引。但如果能够证明被告购买汽车不是为了或者主要不是为了生活需要,则不适用消费者权益保护法的惩罚性赔偿责任制度。在刘某某与杭州某汽车销售服务有限公司买卖合同纠纷案中,②法院根据被告证据以及日常生活经验法则,判定原告购买带有自卸功能的载货汽车主要是用于货物运输、生产经营,而非生活消费,因此该案不适用《消费者权益保护法》,不支持原告主张的惩罚性赔偿责任诉讼请求,仅判决被告承担返还购车款(原告退还车辆)之责任。

再如,由于医疗服务的特殊性、专业性、伦理性较强,其通常亦不属于消费者权益保护法的“生活消费”范畴,医患关系也通常不能被理解为合同关系。但药品是否属于“产品”?不含诊疗服务的单纯以购买药品为目的的“消费”是否属于“生活消费”?这些在理论上和实践中都存在较大争议。在王某诉某肾脏病医院邮购药品赔偿纠纷案中,③法院判定,只出售药品而不提供诊疗服务的行为,可以适用《消费者权益保护法》,如果被告(经营者)的虚假宣传被认定为欺诈行为,则其要承担惩罚性赔偿责任。这一判罚观点在《食品药品案件规定》及最高人民法院《关于审理食品药品惩罚性赔偿纠纷案件适用法律若干问题的解释》(法释〔2024〕9 号)中得到了进一步肯认。

这里,涉及“职业打假者”法律身份的确认问题。对于“职业打假”,赞同者有之,④

---

① 参见北京市朝阳区人民法院民事判决书,(2007)朝民初字第 18230 号;北京市第二中级人民法院民事判决书,(2008)二中民终字第 00453 号。

② 参见浙江省杭州市经济技术开发区人民法院民事判决书,(2016)浙 0191 民初 2578 号;浙江省杭州市中级人民法院民事判决书,(2017)浙 01 民终 667 号。

③ 参见四川省泸州市江阳区人民法院民事判决书,(2006)江阳民初字第 583 号;四川省泸州市中级人民法院民事判决书,(2006)泸民终字第 783 号。

④ 持此观点者,参见李适时主编:《中华人民共和国消费者权益保护法释义》,法律出版社 2013 年版,第 16 页。

反对者亦有之,[①]司法实践中争议也较大。在从某某诉某体检管理集团股份有限公司北京某门诊部产品销售者责任纠纷案中,[②]原告以被告在广告宣传中夸大药品适应证和功效、严重误导和欺骗消费者为由,要求被告承担惩罚性赔偿责任,被告则提出了原告不是消费者的主要抗辩理由。应当说,该案的基本事实比较清楚,但在一审、二审中出现了截然不同的裁判结果。一审法院认为,原告并非所购买药品的服用者,其代理人在其他法院有多起类消费者维权诉讼,有“职业打假人”之嫌疑,基于严格界定消费者身份、不支持“职业打假”理念,驳回原告的诉讼请求。二审法院则认为,司法导向应当是打击经营者欺诈、最大限度地保护消费者,即使当事人存在“职业打假”之嫌,亦不能否认其消费者身份,故判决支持原告的诉讼请求。随着《食品药品案件规定》于 2014 年 3 月 15 日开始正式施行,关于“职业打假”的判定问题似乎有了定论:食品药品领域的“职业打假”可以得到支持,其他领域的“职业打假”不应得到支持。

笔者认为,对于“消费者”这一概念应从宽把握,职业打假人也是消费者,其合理请求可以得到支持。[③] 在全面依法治国的时代背景下,对于“职业打假”行为的评判,应当超越道德层面而落脚到法律层面。打假应该是政府的主要职责,“全民打假”与现代法治理念不符,容易陷入“通过群众性运动解决社会问题的历史惯性思维”。[④] 但随着我国法治建设进程的推进,应当对消费欺诈“零容忍”,应当鼓励消费者积极维权,应当认可“职业打假”的正当性、合法性,以弥补政府打假的缺位。可以预见,随着社会的进一步发展,“职业打假”终将消失,但消费者“个体打假”将始终存在,国家应当担负起“打假”的主体责任,即“政府打假”应当成为打假的主要形式。

---

① 持此观点者,参见沈幼伦、黄伟丰:《也谈知假买假索赔的“王海现象”》,载《法学》2002 年第 8 期;杨达、王昕:《消费欺诈认定的认识统一与标准重整——兼谈职业打假及“假打”的应对》,载《科学·经济·社会》2018 年第 2 期。

② 参见北京市朝阳区人民法院民事判决书,(2013)朝民初字第 25450 号;北京市第二中级人民法院民事判决书,(2013)二中民终字第 14088 号。

③ 参见闫科:《消费者的界定及经营者欺诈的认定》,载《人民司法》2014 年第 8 期。

④ 李仁玉、陈超:《知假买假惩罚性赔偿法律适用探析——对〈最高人民法院关于审理食品药品纠纷案件适用法律若干问题的规定〉第 3 条的解读》,载《法学杂志》2015 年第 1 期。

二、裁判法源的适用

我国消费者权益保护法仅规定了经营者欺诈行为的惩罚性赔偿责任,但对于何谓"欺诈行为"语焉不详。《民通意见》第68条对"欺诈行为"作出了抽象概括,《处罚办法》第5条和第6条对"欺诈行为"作出了类型列举;那么,《民通意见》和《处罚办法》能否适用于消费欺诈案件?有学者认为,消费者权益保护法是民法特别法,既然《消费者权益保护法》中并未对"欺诈"行为予以明确界定,那么就应当适用《民通意见》等民法中关于欺诈文义、构成要件的相关规定。① 有学者则认为,消费者权益保护法不是民法特别法,而是属于经济法范畴,消费者权益保护法中的"欺诈"具有特殊性。②

在我国当前的司法体系下,消费案件通常是作为民事特别案件进行审理的,《民通意见》作为一般司法解释仍然适用于消费者保护法领域。譬如,在王某诉南京某电子商务有限公司、浙江某网络有限公司网络购物合同纠纷案中,③法院依据《民通意见》第68条认定,原告第一次购买行为因被告的虚假宣传而符合欺诈行为要件,但第二次购买行为因原告未发生错误认识而不构成欺诈。在李某与广州某贸易有限公司欺诈客户责任纠纷案中,④二审法院也认为,被告的行为是否构成价格欺诈应结合《民通意见》第68条的规定予以认定。在刘某某与杭州某汽车销售服务有限公司买卖合同纠纷案中,法院亦认为,对于消费欺诈的认定应当根据《民通意见》第68条之规定作出。

目前,学界主张消费欺诈适用《民通意见》的多属于民法学者⑤,主张不适用《民

---

① 参见潘俊:《消费者合同中经营者告知义务的法律构造》,载《中南大学学报(社会科学版)》2018年第1期。

② 参见孔东菊:《论惩罚性赔偿在我国立法中的确立和完善——从〈消费者权益保护法〉到〈侵权责任法〉》,载《法学杂志》2010年第8期。

③ 参见山东省济南市槐荫区人民法院民事判决书,(2016)鲁0104民初756号。

④ 参见四川省成都市青羊区人民法院民事判决书,(2015)青羊民初字第1536号;四川省成都市中级人民法院民事判决书,(2015)成民终字第5070号。

⑤ 参见朱岩:《社会基础变迁与民法双重体系建构》,载《中国社会科学》2010年第6期;谢鸿飞:《现代民法中的"人"》,载北大法律评论编委会编:《北大法律评论》2000年第2期。

通意见》的多属于经济法学者。① 笔者认为，制定于 1988 年的《民通意见》本是为了指导解决认定民事行为的法律效力问题，虽然消费欺诈行为也往往涉及合同效力问题，但消费者关系已不仅仅是平等的民事合同关系，合同效力与惩罚性赔偿责任之间没有必然联系，消费欺诈具有独特的经济法意蕴。因此，消费欺诈行为的认定应当跳出传统民法的研究框架，纳入经济法视野予以考察。② 着眼未来，有必要重构独立的消费欺诈赔偿责任诉讼规则体系。就《处罚办法》、原《禁止价格欺诈行为的规定》及国家发展改革委《关于〈禁止价格欺诈行为的规定〉有关条款解释》（发改价监〔2015〕3823）而言，其作为部门规章，主要是为了解决行政执法的指导问题，用于指导经营违法的行政处罚，不宜作为消费者欺诈案件中可以被直接援引的正式法源。③ 换言之，行政执法中对经营者欺诈行为的认定不能直接作为消费欺诈司法案件中的裁判依据。

三、请求权基础

明确消费者请求权基础，是判断经营者是否应当承担惩罚性赔偿责任的前置性问题。详言之，消费者是根据原《合同法》第 54 条（现《民法典》第 148 条请求撤销消费合同，还是根据《消费者权益保护法》第 55 条第 1 款请求经营者承担惩罚性赔偿责任。前者可以称为撤销合同请求权，后者可以称为惩罚性赔偿请求权，二者存在独立行使或者一并行使的竞合问题。对此，有学者认为，合同成立乃惩罚性赔偿之前提，④有学者则认为，惩罚性赔偿责任并非以合同成立为基础。⑤

贾某某与北京某汽车贸易有限公司买卖合同纠纷案，⑥因该案的诉讼标的（500

---

① 参见徐孟洲、谢增毅：《论消费者及消费者保护在经济法中的地位——“以人为本”理念与经济法主体和体系的新思考》，载《现代法学》2005 年第 4 期；刘蔚文：《论消费者知情权的性质》，载《河北法学》2010 年第 3 期。

② 参见陆青：《论消费者保护法上的告知义务——兼评最高人民法院第 17 号指导性案例》，载《清华法学》2014 年第 4 期。

③ 参见韩世远：《消费者合同三题：知假买假、惩罚性赔偿与合同终了》，载《法律适用》2015 年第 10 期。

④ 参见王利明：《惩罚性赔偿研究》，载《中国社会科学》2000 年第 4 期。

⑤ 参见韩世远：《合同法总论》，法律出版社 2011 年版，第 843 页。

⑥ 参见北京市朝阳区人民法院民事判决书，(2015) 朝民（商）初字第 37218 号；北京市第三中级人民法院民事判决书，(2018) 京 03 民终 3192 号。

余万元)、主张的惩罚性赔偿数额(1300余万元)较大,被告提出反诉(请求原告支付车款及保险费、车辆购置税余款)等引起社会广泛关注。一审法院经审理判决驳回原告的全部诉讼请求和被告的全部反诉请求,二审法院首先整理了双方当事人诉讼请求的请求权基础,即原告是基于原《合同法》第54条第2款(现《民法典》第148条)行使的合同撤销权以及基于《消费者权益保护法》第55条行使的惩罚性赔偿请求权,被告认为合同有效不应当被撤销且应当继续履行,即原告应付清汽车价款及其他垫付款项并承担赔偿损失的违约责任。原、被告双方当事人的请求权存在互斥性,而这一问题就是该案的争议焦点问题,也是需要解决的前提问题。二审法院在进一步调查取证后认定,被告存在告知原告虚假情况及隐瞒真实情况的行为,构成合同法上的欺诈,受损害方(原告)有权请求变更或者撤销合同。合同因欺诈而被撤销后无须再继续履行,双方应返还因合同取得的财产,即被告向原告返还已经收取的费用,原告向被告返还涉案车辆。但鉴于涉案车辆已经完成了转让登记手续无法返还,建议双方另案处理。该案中,原告主张开具发票的北京某公司承担连带责任,理由是该公司是涉案汽车品牌授权经销商且其因开具发票行为而应当被视为销售商,存在与北京某汽车贸易有限公司共同隐瞒、恶意串通情况,属于共同侵权。对此,二审法院认为,该案原告在法律关系竞合时的解决路径上,选择了合同纠纷而非侵权责任纠纷,根据合同相对性原理,北京某公司不是惩罚性赔偿责任主体,不承担连带责任。

笔者认为,与传统民事案件不同,消费者提起消费欺诈案件享有撤销合同请求权和惩罚性赔偿请求权两个独立的请求权,其二者竞合时的选择问题应由消费者来决定。上述案例二审法院裁判的逻辑在李某与丁某服务合同纠纷案①中也有类似分析,因此,审理消费欺诈案件不能仅停留在民法层面,而应将其置于经济法体系中加以审视,适用经济法的理念和制度。

四、举证责任的分配

"打官司就是打证据。"举证责任的分配关系当事人诉权的重要内容,也往往与

① 参见江苏省扬州市经济技术开发区人民法院民事判决书,(2014)扬开民初字第00440号;江苏省扬州市中级人民法院民事判决书,(2015)扬民终字第00231号。

当事人的诉讼能力密切相关。民事诉讼一般遵循“谁主张,谁举证”的基本原则,但与经营者相比,消费者的弱势地位决定了在消费欺诈案件中实行举证责任倒置更符合实质正义。

司法实践中,也通常是由经营者承担自己没有实施欺诈行为的证明责任,消费者仅提供表见证明。① 在唐某某诉北京某公司网络购物合同纠纷案②中,原告通过网购方式在被告处购得手表后,发现该手表不享受与专柜同品牌同款式商品相同的售后服务,而怀疑该手表为“水货”,故以北京某公司在网站上承诺涉案手表为“行货”构成欺诈为由提起惩罚性赔偿诉讼。一审法院以原告未能举证证明该手表系假货或“水货”而驳回其全部诉讼请求,二审法院适用举证责任倒置规则,以被告不能提供合法来源、报关手续等正规渠道进货证据而认定其销售行为构成欺诈,并承担“退一罚三”赔偿责任。在黄某某诉苏州某乳品有限公司网络购物合同纠纷案③中,法院认为,对经营者欺诈行为的认定,不宜简单地适用举证责任倒置,即对于违约行为应当采用一般的举证责任规则,然后才适时地举证责任倒置。应当说,这种观点更合理。

当然,在我国惩罚性赔偿责任二元体系下,举证责任规则应当有所区别。违约惩罚性赔偿实行严格责任原则,消费者无须对经营者的行为是否构成欺诈举证;侵权惩罚性赔偿实行过错责任原则,由消费者对经营者提供产品时是否明知其缺陷进行举证。

第三节　欺诈行为构成要件司法裁定

关于欺诈行为的构成要件,学界争议较大,形成了多种理论学说,其中以“四要

① 参见杜亚敏:《论欺诈行为实施者“双倍赔偿”理论之重构——对〈消费者权益保护法〉第四十九条规定的思考》,载《广西社会科学》2006 年第 7 期。

② 参见北京市朝阳区人民法院民事判决书,(2014)朝民(商)初字第 37891 号;北京市第三中级人民法院民事判决书,(2015)三中民(商)终字第 03660 号。

③ 参见浙江省常山县人民法院民事判决书,(2016)浙 0822 民初 1131 号。

件说”影响最大。① 有学者对我国司法实践中的消费欺诈案件进行了梳理，把各地法院对经营者欺诈行为的认定标准归纳为4种解释方案：一是“欺诈行为”；二是“欺诈行为+欺诈故意”；三是“欺诈行为+欺诈故意+误导消费者效果”；四是“欺诈行为+欺诈故意+误导消费者效果+消费者陷入错误认识”。其中，前两种方案只考虑经营者因素，后两种方案则增加了消费者因素，这4种方案中消费者的证明责任依次加重。② 笔者认为，对消费欺诈构成要件的分析，应当从消费者权利与经营者义务入手，探讨司法实践中案件遵循的裁判思路，在此基础上还要研究广告宣传、部分欺诈、知假买假等行为的法律认定问题。

一、消费者知情权与经营者告知义务

法律规范以权利义务为内容。消费欺诈行为的认定以及惩罚性赔偿责任的追究，背后是消费者权利的保护以及经营者义务的履行问题。为了平衡消费者的弱势地位，消费者权益保护法采取了对消费者倾斜保护的立法模式，即专门规定了消费者权利和经营者义务。其中，由于信息弱势是消费者弱势地位的重要表现，所以法律特别赋予消费者知情权以及设定经营者告知义务，二者相辅相成，缺一不可。问题在于：消费欺诈是否以侵犯消费者知情权为前提？是否所有经营者违反告知义务的情形都构成欺诈？

在邓某某诉上海某公司汽车买卖合同纠纷案③中，争议焦点就在于，被告是否存在隐瞒涉案汽车未交付即被维修或者使用的事实，是否侵犯了原告作为消费者所享有的知情权。一审法院认为，被告在履行合同中存在一定瑕疵，没有将涉案车辆的

---

① 该学说认为，欺诈行为有4个构成要件：一是客观要件，即行为人有欺诈行为；二是主观要件，即行为人有欺诈故意；三是结果要件，即相对人因此陷入错误认识；四是因果关系要件，即相对人因错误认识作出不真实意思表示。持此观点者，参见梁慧星：《〈消费者权益保护法〉第49条的解释与适用》，载《人民法院报》2001年3月29日，第3版；王利明主编：《民法》，中国人民大学出版社2000年版，第106页；苏号朋：《民法总论》，法律出版社2006年版，第282~284页；张俊浩：《民法学原理》（修订第3版）（上），中国政法大学出版社2000年版，第287~289页；董安生：《民事法律行为》，中国人民大学出版社1994年版，第151页；马一德：《虚假宣传构成欺诈之认定》，载《法律科学（西北政法大学学报）》2014年第6期。

② 参见肖峰：《〈消费者权益保护法〉中“欺诈”的解释方法改进》，载《法律科学（西北政法大学学报）》2020年第2期。

③ 参见上海市第一中级人民法院民事判决书，（2017）沪01民终7144号。

完整维修记录如实告知原告。但被告对涉案车辆的售前修复属于汽车销售常规检查时发现的轻微外观瑕疵的修复，涉案车辆不存在重大质量问题，无法认定被告行为构成欺诈，故法院判决驳回了原告的诉讼请求。二审法院则认为，经营者欺诈行为可以表现为积极作为，如告知消费者虚假情况，也可以表现为单纯的不作为，如向消费者隐瞒真实情况；由于汽车商品的复杂性、专业性、技术性决定了消费者与经营者之间存在严重的信息不对称，因此在确定经营者告知义务的范围时不能以行业惯例、行业认知为标准来判断，而应当根据一般消费者的消费心理、认知能力以及其影响选择权的程度作出综合判断。在该案中，涉案车辆存在瑕疵，“拆装后保、后保整喷”不属于正常的维护项目，而是维修行为，这一瑕疵不符合一般消费者对于“新车”的认知标准。虽然订立合同时，被告通过“订单”方式进行了概括性的格式告知，但不能据此认定其履行了充分的事前告知义务，即被告未以普通消费者能够接受和理解的方式特别提示。“订单”中的相关格式条款，排除了原告作为消费者所享有的知情权、选择权等重要权利，因而属于无效条款。最终，二审法院改判被告承担“退一赔三”法律责任。在陈某某与台州某汽车服务有限公司买卖合同纠纷案①中，因被告隐瞒了涉案车辆属于召回车的事实，而构成销售欺诈，被法院判定承担惩罚性赔偿责任。

在我国当前的法律规范体系中，关于经营者告知义务的规定比较分散，这在某种程度上导致经营者告知义务与消费者知情权之间存在结构性偏差。经营者告知义务的履行范围应当以是否影响消费者作出意思表示为判断要件，即该产品信息是否属于足以影响消费者购买产品或服务的关键信息因素。换言之，经营者告知义务的范围并非穷尽所有的产品（服务）相关信息，而是限于影响交易基础的关键信息。因此，要把经营者故意、重大过失、过失等主观状态与相关产品（服务）信息的重要性结合起来判断。当然，消费者知情权与经营者告知义务在规制模式、规范层次、内容范围、实现机制等方面并非一一对应，②经营者与消费者信息不对称不是恒定的，要

① 参见浙江省台州市路桥区人民法院民事判决书，(2016)浙1004民初4220号；浙江省台州市中级人民法院民事判决书，(2016)浙10民终2434号。
② 参见潘俊：《消费者合同中经营者告知义务的法律构造》，载《中南大学学报(社会科学版)》2018年第1期。

考虑到不同交易环境、不同交易模式下经营者告知义务的差异化。实际上,如果要求经营者事无巨细地告知消费者所有信息,不仅没有必要,也不利于消费者获取关键信息。

二、欺诈行为的主客观一致

关于欺诈行为构成要件的争议焦点主要有以下方面:一是经营者是否必须具有过错,主观过错是否限于故意,过失能否构成欺诈行为。对此,有学者认为,消费欺诈行为的民事责任应当被理解为无过错责任,不考虑行为人主观有无过错。① 有学者则认为,过错是欺诈的构成要件之一,"诈欺人欲使自己或第三人因诈欺行为获得财产上利益之故意,或使表意人蒙受损失之故意,于诈欺之成立非为重要"。② 有学者进一步指出,欺诈应以故意为主观要件,过失乃至重大过失都不能被认定为欺诈。③ 也就是说,"欺诈行为"应是故意而为之的,在认定时应适用过错(故意)推定原则。④ 当然,也有学者认为,消费欺诈具有特殊性,主观上不限于故意,过失也可以构成欺诈。⑤ 二是是否以消费者因欺诈而陷入错误认识并作出意思表示为要件。对此,一种观点认为,只要经营者存在欺诈行为而消费者购买了该商品(服务),就可以认定经营者存在欺诈。⑥ 另一种观点认为,消费者必须因经营者的欺诈行为而陷入错误判断并为意思表示,即经营者的欺诈行为导致消费者合理信赖利益受到损失。⑦ 三是损害是否应当作为消费欺诈的构成要件也是学界争议的焦点之一。对此,有学

① 参见朱广新:《惩罚性赔偿制度的演进与适用》,载《中国社会科学》2014 年第 3 期;王卫国:《中国消费者保护法上的欺诈行为与惩罚性赔偿》,载《法学》1998 年第 3 期。

② 史尚宽:《民法总论》,中国政法大学出版社 2000 年版,第 425 页。

③ 参见杨立新:《〈消费者权益保护法〉规定惩罚性赔偿责任的成功与不足及完善措施》,载《清华法学》2010 年第 3 期。

④ 参见李明发:《论欺诈消费者行为及增加赔偿责任》,载《法律科学(西北政法学院学报)》1997 年第 6 期。

⑤ 参见孔东菊:《论惩罚性赔偿在我国立法中的确立和完善——从〈消费者权益保护法〉到〈侵权责任法〉》,载《法学杂志》2010 年第 8 期。

⑥ 参见肖斌:《〈消费者权益保护法〉中"欺诈行为"的认定》,载《河北法学》2015 年第 10 期。

⑦ 参见刘茵、沈力:《对属于产品重要事项的非确定信息作出引人误导的宣传构成欺诈——评北京消费者醉驾"电动车"被刑拘起诉商家三倍赔偿案》,载《法律适用》2020 年第 2 期。

者认为,应当将消费者遭受损害作为欺诈行为成立的构成要件;[①]有学者则认为,从消费者权益保护法的文义解释出发,损害不应作为欺诈的构成要件,即消费者是否遭受损害不影响经营者欺诈行为的认定。[②]

惩罚性赔偿责任制度在司法适用中最突出的问题是裁判尺度不一,尤其是在欺诈的认定上,对构成要件的掌握或紧或松,对证明责任的把握不能统一,都容易出现裁判结果的两极化。[③] 在朱某某诉某公司买卖合同纠纷案[④]中,一审法院认为,涉案车辆存在"套牌"行驶情况,其间进行了多次多项检查维修,而被告作为专业汽车销售公司应当发现该车存在瑕疵并如实告知原告,故判定被告在售车时故意隐瞒车辆瑕疵的行为属于欺诈,应当承担惩罚性赔偿责任。二审法院则认为,没有证据证明被告在交付涉案车辆前已得知该车被套牌使用的情况,被告在主观上不存在欺诈故意,在客观上没有实施欺诈行为,所以不构成欺诈,被告仅应承担违约责任,故最终判定撤销一审判决,驳回原告的诉讼请求。在丛某某诉某体检管理集团股份有限公司北京某门诊部产品销售者责任纠纷案中,一审法院认为,难以认定《北京晚报》中的宣传广告与原告的购买行为之间具有因果关系,原告在购买药品时属于知假买假,并没有因经营者的欺诈行为而陷入错误认识,因此不应当得到法律保护。二审法院则认为,经营者为提供商品或者服务发布虚假广告,欺骗和误导消费者,使购买商品或者接受服务的消费者的合法权益受到损害的,消费者可以向经营者要求赔偿,故最终撤销了一审判决,支持了原告的惩罚性赔偿诉讼请求。在沈某诉济南某汽车销售服务有限公司买卖合同纠纷案[⑤]中,因涉案车辆涉嫌"二次销售"无法挂牌发生争议,原告认为被告故意隐瞒该车辆曾经被销售的事实构成欺诈。法院在调取相关证据的基础上认定,"重复核对"无法挂牌系他人伪造机动车合格证,与被告无

---

① 参见朱广新:《惩罚性赔偿制度的演进与适用》,载《中国社会科学》2014 年第 3 期。

② 持此观点者,参见韩世远:《消费者合同三题:知假买假、惩罚性赔偿与合同终了》,载《法律适用》2015 年第 10 期;迟颖:《商品房销售虚假宣传之惩罚性赔偿责任》,载《法学》2015 年第 10 期。

③ 参见侯军、郑慧媛、夏海曼:《消费者保护视域下的惩罚性赔偿司法适用研究》,载《法律适用(司法案例)》2018 年第 6 期。

④ 参见重庆市第三中级人民法院民事判决书,(2012)渝三中法民终字第 00333 号。

⑤ 参见山东省济南市槐荫区人民法院民事判决书,(2016)鲁 0104 民初 1661 号;山东省济南市中级人民法院民事判决书,(2016)鲁 01 民终 6418 号。

关,不能认定被告存在故意隐瞒真实情况诱使原告做出错误意思表示的行为,因此不构成欺诈。在胡某某诉三星(中国)投资有限公司侵权责任纠纷案①中,法院持类似看法。该案中,二审法院根据欺诈行为"四要件"理论,认为难以认定原告是在收到了被告的虚假宣传后基于此作出了购买涉案手机的意思表示,所以被告公司的错误宣传行为未对原告构成欺诈。在杨某、王某某诉某汽车公司买卖合同纠纷案②中,法院也认为,经营者故意告知消费者虚假信息或故意隐瞒真实情况并诱使消费者作出错误意思表示的才属于欺诈行为。该案中,经销商并不知道涉案车辆在生产过程中发生的重新喷漆事实,因此不构成欺诈。反过来,在贾某某与北京某汽车贸易有限公司买卖合同纠纷一案中,二审法院以被告在明知汽车真实里程数的情形下,未告知原告真实里程数且采取主动掩盖手段为由,认定被告具有欺诈的主观故意,因而构成欺诈。

惩罚性赔偿制度具有经济法特有的社会法特征,很难从传统公、私法理论体系和制度架构中寻找分析进路,这也是司法实践迷失的重要原因所在。应通过完善立法、司法解释或发布指导性案例的方式统一消费欺诈行为认定规则,为司法裁判提供指引。尤其是要在重大过失是否构成欺诈行为、主观故意的客观认定标准、举证责任规则、因欺诈而陷入错误认识的证明标准以及是否以损害后果为要件等方面达成共识。笔者认为,消费欺诈具有经济法属性,用民法理论分析和解决消费欺诈问题,其结论难免失之偏颇。消费者权益保护法中的欺诈行为具有特殊性,其在法律性质、构成要件、认定标准等方面都迥异于传统民法中的欺诈行为。消费欺诈的构成要件应当是两个:一是主观要件,即经营者有欺诈的故意或重大过失;二是客观要件,即经营者实施了欺诈行为。当然,在惩罚性赔偿二元体系下,侵权惩罚性赔偿责任不需要考虑经营者行为是否属于欺诈行为的问题,只要产品存在缺陷、造成严重损害,或者食品不符合安全标准,就应承担惩罚性赔偿责任。

---

① 参见北京市朝阳区人民法院民事判决书,(2015)朝民初字第24503号;北京市第三中级人民法院民事判决书,(2016)京03民终10775号。

② 参见浙江省嘉兴市南湖区人民法院民事判决书,(2017)浙0402民初5907号;浙江省嘉兴市中级人民法院民事判决书,(2018)浙04民终1006号。

三、广告宣传与部分欺诈的认定

质量欺诈、标识欺诈、虚假宣传欺诈、价格欺诈是消费欺诈的4种类型,其中,宣传欺诈是常见的消费欺诈行为。但如果经营者在广告宣传中使用了"绝对化"的用词,是否就一定属于夸大宣传而应被认定为"欺诈行为"?笔者以为,广告宣传通常会有"夸大的艺术渲染"成分,要把欺诈表述与正常的艺术夸张区别开来,要以一般消费者的视角来判断广告宣传是否会导致消费者陷入错误认识,以及该广告宣传是否构成消费合同的一部分,来综合判断广告宣传是否构成消费欺诈。当然,广告宣传即使不构成消费欺诈,也有可能构成违反广告法的行为,应由市场监督管理机关予以查处。在王某诉某肾脏病医院邮购药品赔偿纠纷案中,法院认为,被告所刊登的广告内容以及给原告出具的信件中隐含了能够根治肾病的信息,从而误导原告购买了过期药品和治疗仪,但治疗后未达到广告宣传效果,损害了原告的合法权益,因而被告应当承担惩罚性赔偿责任。但在黄某某诉苏州某乳品有限公司案中,法院认为,被告商品宣传中的语句仅仅是一种促销手段和广告语,并不存在欺诈目的,也不足以令消费者做出错误意思表示,且被告产品符合国家标准,故最终判决驳回原告的惩罚性赔偿诉讼请求。

现实生活中,还存在部分欺诈问题。譬如,在唐某某与某汽车公司案①中,法院认为,尽管被告的欺诈行为仅仅涉及涉案车辆的某些部分,但这部分已经足以影响一般消费者的购买决策,被告应当对商品整体承担欺诈行为的法律责任后果。在王某诉南京某电子商务有限公司、浙江某网络有限公司网络购物合同纠纷案中,原告第一次在被告处购买手机数据线4条,后发现该数据线并非原装数据线,遂与被告交涉,未果;后原告又购买了4单324条数据线,并提起诉讼主张被告承担惩罚性赔偿责任。法院认为,对原告的两次购买行为应区别看待,第一次属于受欺诈行为,第二次是在已知悉被告授权证明书存在问题情况下的再次购买行为,因而不属于发生错误认识的受欺诈行为。可见,消费欺诈的认定非常复杂,不能"一刀切",而应当结

---

① 参见江苏省高级人民法院编:《江苏省高级人民法院公报》(第1辑·总第61辑),法律出版社2019年版。

合具体案情并综合评估案件的社会效果来裁判。

四、知假买假的法律认定

关于“知假买假”的法律认定，始终是一个争议颇大的问题。一部分学者认为，“知假买假”违反契约精神和诚信原则，①不是以消费为目的，不构成“欺诈”，不应当受到法律保护，否则无疑是扩大了惩罚性赔偿责任的应用范围。② 另一部分学者则认为，知假买假者是合格消费者，“知假买假”没有改变经营者“欺诈”的本质，因而也适用消费者权益保护法。③

在刘某某与浙江某保健美发实业有限公司等侵权责任纠纷案④中，一审法院认为，被告的涉案产品包装宣传用语属夸大功能、虚假宣传，包装标注字样误导消费者亦属于虚假宣传，构成欺诈行为，被告应当承担惩罚性赔偿责任。二审法院经审理后则认为，原告在购买涉案产品之前已经购买涉案产品之系列产品数盒，并以产品包装标识存在虚假宣传为由多次提起诉讼，不属于生活消费而属于“知假买假”行为，故最终撤销了一审判决，驳回原告诉讼请求。

笔者认为，关于“知假买假”是否应当得到法律认可的争议焦点问题，往往集中于“消费者身份”的确认上，但实际上，其关键应当在于是否应当将因果关系作为“欺诈行为”的构成要件。与经营者相比，消费者的弱势地位是整体性、抽象性、结构性的，因此不能将个体消费者“确实被骗”作为经营者“欺诈行为”的构成要件；经营者的欺诈行为不会因为被消费者识破而具有正当性。在全面依法治国的时代背景

① 参见肖峰：《论“知假买假”行为的反契约性及其克服》，载《行政与法》2015 年第 1 期。

② 持此观点者，参见郭明瑞：《“知假买假”受消费者权益保护法保护吗？——兼论消费者权益保护法的适用范围》，载《当代法学》2015 年第 6 期；李仁玉、陈超：《知假买假惩罚性赔偿法律适用探析——对〈最高人民法院关于审理食品药品纠纷案件适用法律若干问题的规定〉第 3 条的解读》，载《法学杂志》2015 年第 1 期；潘俊：《消费者合同中经营者告知义务的法律构造》，载《中南大学学报（社会科学版）》2018 年第 1 期。

③ 持此观点者，参见李剑：《论知假买假的逻辑基础、价值理念与制度建构》，载《当代法学》2016 年第 6 期；李国庆：《“有欺诈行为”经营者赔偿责任的体系化思考——以〈消费者权益保护法〉第 55 条为视角》，载《天津法学》2014 年第 3 期；李友根：《对消法第 49 条的修改建议》，载《中国审判》2013 年第 6 期。

④ 参见重庆市渝中区人民法院民事判决书，（2015）中区法民初字第 01593 号；重庆市第五中级人民法院民事判决书，（2015）渝五中法民终字第 05228 号。

下,应鼓励同侵害消费者的行为作斗争,对于"消费者"这一概念应从宽把握,知假买假者的合理请求可以得到支持。实际上,《食品药品案件规定》第 3 条已经明确规定了食品药品领域的知假买假应当得到人民法院的支持,这在某种程度上代表了法律对知假买假属性认定的趋势和导向。

第四节　消费欺诈案件的利益平衡与多元共治

法律是平衡的艺术。消费者也负有一定的谨慎义务,尤其是在大件商品交易中,消费者亦应当反复观察、认真考量、仔细比较。当然,也有部分学者反对消费者负担谨慎义务,认为这会加重消费者责任。[①] 实际上,对消费者谨慎义务的设定也非"整齐划一",消费者对于普通商品的谨慎义务达到"社会常识"标准即可,对于数额较大的产品则负有较高的谨慎义务。如果无限夸大经营者的责任和义务,最终也会造成对市场经济的伤害。譬如,与产品功能信息无关的虚假宣传,或者仅与消费者心理状态有关的虚假宣传,一般也不宜认定为欺诈行为。

一、证明标准的确立

2001 年《证据规定》第 73 条第 1 款首次确认了我国民事诉讼"高度盖然性"的证明标准,《民诉法解释》第 109 条将欺诈的证明标准由"高度盖然性"提高到"排除合理怀疑"标准。2019 年《证据规定》进一步确认了欺诈行为"排除合理怀疑"之证明标准。这一改变有助于维护民商事交易安全,但忽略了消费者的弱势地位,[②]加重了消费者的举证责任,极有可能导致消费欺诈惩罚性赔偿责任制度的价值目标落空。因此,鉴于消费者举证能力和诉讼能力较弱,对消费欺诈的证明标准应不同于民事领域的"排除合理怀疑"标准。

但是,在司法实践中对消费欺诈的认定是一个复杂的法律判断和事实判断过

---

① 持此观点者,参见谢晓尧:《欺诈:一种竞争法的理论诠释——兼论〈消费者权益保护法〉第 49 条的适用与完善》,载《现代法学》2003 年第 2 期;金福海:《论惩罚性赔偿责任的性质》,载《法学论坛》2004 年第 3 期;李金元:《对〈消费者权益保护法〉第 49 条的理解》,载《河北法学》1998 年第 6 期。

② 参见霍海红:《提高民事诉讼证明标准的理论反思》,载《中国法学》2016 年第 2 期。

程，并非所有的履行瑕疵都构成欺诈，都适用惩罚性赔偿责任制度。在陈某与温州某汽车有限公司买卖合同纠纷案①中，一审法院认为，被告在车辆销售过程中未如实告知涉案车辆被修补过的事实，违背了普通消费者对于“新车”的理解，构成了欺诈，故判定被告承担惩罚性赔偿责任。二审法院则认为，在适用《消费者权益保护法》时不应当机械和僵化，应当区分和考量经营者告知义务的内容、程度及其对诚信原则的影响。该案中，涉案车辆是在展览过程中被意外轻微划伤，损害极其轻微且已按照统一技术标准做了恢复性修补，并不影响车辆外观、安全和使用功能。因而，涉案车辆虽属质量瑕疵，但不能得出涉案车辆不属于新车的结论，故二审法院最终判定撤销一审判决，酌定由被告赔偿原告20万元；再审法院支持了二审法院的判决。

证明标准越高意味着消费者诉讼成本越高，经营者违法行为受处罚的概率就越低，法律的威慑力也就越低；反之亦然。② 消费领域的欺诈行为不同于普通的民事合同或者商事交易中的欺诈行为，如果消费欺诈与民事欺诈同样严格采用“排除合理怀疑”标准，则无疑会增加消费者的诉讼成本，加大消费者维权败诉的风险。③

二、网络平台是否负连带责任

惩罚性赔偿责任制度是为了弥补传统补偿性损害赔偿制度设计用来应对风险社会的不足而产生的。补偿性赔偿制度的理论基础和适用前提在于损失的可确定性和可预测性，但在风险社会，很多损失的发生则具有不确定性或者很难用金钱精确计算。④ 随着电子商务的兴起，网络购物已经成为人们重要的日常消费方式之一，同时网络交易欺诈行为也日益增多，如果商家作出消费欺诈行为，网络平台是否应当承担连带责任？

---

① 参见浙江省温州市鹿城区人民法院民事判决书，（2014）浙温鹿民终字第2085号；浙江省温州市中级人民法院民事判决书，（2014）浙温民终字第2085号；浙江省高级人民法院民事判决书，（2015）浙民申字第1881号。

② 参见杨春然：《论惩罚性赔偿的证明标准》，载《证据科学》2012年第4期。

③ 参见刘学在、王静：《民事诉讼中“排除合理怀疑”证明标准评析》，载《法治研究》2016年第4期。

④ 参见陈年冰：《大规模侵权与惩罚性赔偿——以风险社会为背景》，载《西北大学学报（哲学社会科学版）》2010年第6期。

在李某诉某网络交易平台网络购物合同纠纷案①中,法院认为,网络交易平台承担着重要的交易安全保障责任。譬如,对平台商家资质以及商品合格证明有必要的合理的审查义务,但这却并不意味着平台一定要与商家承担惩罚性赔偿连带责任。关键在于,互联网交易平台是否尽到了合理审查义务,只有没有尽到合理审查义务或者明知(应知)商家利用其平台侵犯消费者合法权益且并未采取必要措施的,才承担连带责任。应当说,该案中法院的分析和认定具有相当的合理性。

三、司法衔接问题

保护消费者合法权益是全社会的共同责任。前已述及,科学的打假体系应当是以“政府打假为主、消费者打假为辅”,然而现实生活中,政府打假时常缺位,即使在消费者举报甚至提起诉讼后,政府相关部门仍未能及时跟进。在笔者选取的 38 例案件中,只有王某诉某肾脏病医院邮购药品赔偿纠纷案、黄某与某商场买卖合同纠纷案、李某与丁某服务合同纠纷案等案件中,实现了消费欺诈案件的司法诉讼与行政处理的有效衔接。

因此,法院在发挥审判职能之外,还应进一步发挥推动消费维权“社会共治”作用。具体而言,司法机关要与市场监督管理部门、食品药品监督管理部门、海关、行业协会等建立密切沟通和有效反馈机制,司法机关在审理消费欺诈案件时如果发现经营者行为涉嫌违法犯罪的,应当及时向有关部门发送司法建议,从而实现消费欺诈行为的民事赔偿责任与行政责任、刑事责任等其他责任的有效衔接,加大经营者违法成本,优化企业营商环境,构建社会诚信体系。

本 章 小 结

我国反欺诈立法体系已经初步建立,但缺乏对“欺诈行为”的明确界定。在消费欺诈案件中,惩罚性赔偿责任的认定除涉及欺诈行为的构成要件外,还涉及消费范

① 载北大法宝,http://pkulaw.cn/case_es/pfnl_a6bdb3332ec0adc42286a1e2749134b8ab1fb4166d12191ebdfb.html? 最后访问日期:2020 年 2 月 1 日。

围的确定、裁判法源的适用、请求权基础、举证责任的分配、证明标准的确立等问题。消费欺诈以侵犯消费者知情权为前提,但并非所有经营者违反告知义务的情形都构成欺诈。消费欺诈具有经济法属性,用民法理论分析和解决消费欺诈问题,其结论难免失之偏颇。消费欺诈的认定应当根据主客观一致原则,从主观要件和客观要件两方面着手,并结合具体案情综合评判广告宣传、部分欺诈、网络平台责任等特殊问题。应着眼未来,从宽把握“消费者”概念,逐步认可“知假买假”的合法性,降低欺诈行为的证明标准,推动消费欺诈案件与行政处理的有效衔接。

第十四章　行政公益诉讼：实践考察、理论反思与制度重构

从2015年全国人民代表大会常务委员会《试点决定》、最高人民检察院《试点方案》、最高人民检察院《提起办法》到2016年最高人民法院《审理办法》、2017年《行政诉讼法》（第25条第4款），再到2018年最高人民法院、最高人民检察院《关于检察公益诉讼案件适用法律若干问题的解释》（2020年修正），我国行政公益诉讼经历了“顶层设计、法律授权、试点先行、立法保障、全面推进”5个阶段的探索与实践①，理论上关于建立行政公益诉讼制度已无分歧，实践中行政公益诉讼制度也已基本建立，但在构建怎样的行政公益诉讼制度以及如何构建行政公益诉讼制度方面仍未完全达成共识。“行政公益诉讼已经成为许多国家和地区行政诉讼制度的重要内容，甚至在很大程度上成为衡量一国或地区行政诉讼制度完善程度的重要标志。”②就我国而言，行政公益诉讼制度关涉行政行为的法律监督和国家司法职权的优化配置，关涉国家治理体系和治理能力的现代化，也关涉法治政府和法治国家的建设进程。本章将从以下3个角度渐次展开研究：一是从解释论角度，对我国现行行政公益诉讼法律规范进行梳理和解读，分析已有的立法成就及存在的不足；二是从实证分析角度，对我国相关司法实践进行归纳和剖析，探讨行政公益诉讼实践存在的问题及争议焦点；三是从立法论角度，对相关理论学说进行比较和评析，从本土化视角提出我国行政公益诉讼法治化路径的对策建议。需要说明的是，本章关于行政公益

① 参见吴家文：《检察行政公益诉讼：理论基础、实践考察和制度完善——基于比较法视野下的思考》，载《南海法学》2018年第2期。

② 黄学贤：《行政公益诉讼回顾与展望——基于“一决定三解释”及试点期间相关案例和〈行政诉讼法〉修正案的分析》，载《苏州大学学报（哲学社会科学版）》2018年第2期。

诉讼的实践考察,侧重法院司法裁判角度且偏重宏观考量运行状况,以区别于当前研究中对行政公益诉讼案例的微观分析和“碎片化”探讨。

第一节　行政公益诉讼案件概览及裁判规则发展

我国 2017 年《行政诉讼法》最终确立的行政公益诉讼制度正是建立在两年政策试点基础之上的,各地在行政公益诉讼司法实践中产生的诸多典型案例以及出台的诸多创新政策为我国行政公益诉讼制度的正式建立提供了大量的实践样本,积累了丰富的法治经验。因此,研究行政公益诉讼司法案例的裁判规则,对于进一步发展和完善我国行政公益诉讼制度大有裨益。

一、行政公益诉讼法治建设三阶段

从司法实践角度看,我国行政公益诉讼法治建设可以分为 3 个阶段:

一是地方探索阶段,即 2015 年以前。这一阶段的行政公益诉讼实践呈现多样丰富的特点,其不仅体现在受案范围的广泛性方面,即既包括环境保护领域,也包括城市规划领域,还包括国家税收、文化体育等领域,而且体现在原告资格的多元化方面,即既有检察机关,也有公民个人,还有社会组织。但遗憾的是,由于法律依据的缺失,该阶段行政公益诉讼案件大多以“裁定驳回起诉”而告终。

二是改革试点阶段。2015 年 7 月 1 日,第十二届全国人大常委会通过了《试点决定》;次日,最高人民检察院即发布了《试点方案》;同年 12 月 16 日,最高人民检察院通过了《提起办法》。最高人民法院为了做好公益诉讼试点推进配套工作,于 2016 年 2 月 22 日通过了《审理办法》。至此,我国行政公益诉讼制度基本框架初步形成,成为我国行政公益诉讼的直接法律依据,从而迈出我国行政公益诉讼从制度构建到司法实践的重要一步,标志我国行政公益诉讼从理论到实践的“落地”。这一阶段的行政公益诉讼出现了限缩趋势:第一,原告资格范围仅限于检察机关;第二,受案范围主要体现在生态环境和资源保护、国有资产保护、国有土地使用权出让等领域。当然,判决结果不再是以“驳回起诉”为主,而是以诉前程序或者裁决支持诉讼为主。

三是全面法治阶段。在为期两年的公益诉讼试点即将结束时，2017 年 6 月 27 日，第十二届全国人大常委会对《行政诉讼法》再次作出修改，从行政诉讼基本法角度确立了行政公益诉讼，体现在第 25 条第 4 款："人民检察院在履行职责中发现生态环境和资源保护、食品药品安全、国有财产保护、国有土地使用权出让等领域负有监督管理职责的行政机关违法行使职权或者不作为，致使国家利益或者社会公共利益受到侵害的，应当向行政机关提出检察建议，督促其依法履行职责。行政机关不依法履行职责的，人民检察院依法向人民法院提起诉讼。"这表明我国行政公益诉讼已从试点区域扩大到全国范围，也标志我国行政公益诉讼从实践到立法的"生根"。

可见，我国行政公益诉讼制度的建立，采取了我国司法改革的常用机制——政策试点模式，即在传统行政诉讼模式下，允许试验地区的司法机关享有较大的政策解读权、自由裁量权和法律变通空间。质言之，行政公益诉讼经历了从学理探讨、沙盘推演到试点改革、制度构建再到司法检验、法治优化阶段。考察目前我国行政公益诉讼实践，不难发现：其一，在组织导向上，其具有典型的"高度关联性"，即体现出"政策聚焦、政治动员、压力传导、绩效考核、外部激励"特征；其二，在治理模式上，其具有典型的"高度运动性"，即体现出集中资源开启诉讼程序的"运动式执法"特征；①其三，在运作方式上，其具有典型的"主动协作性"，即体现出行政机关与检察机关高度合作的"路径依赖"特征。② 因此，有必要对试点以来出现的典型案例和地方政策进行梳理和归纳，从而为建构更为科学的行政公益诉讼制度提供完善方案。

二、行政公益诉讼案件特点

2021 年 7 月 1 日，笔者通过中国裁判文书网，以"行政公益诉讼"为关键词，共检索到裁判文书 2289 篇。通过裁判文书统计不难发现：

其一，从裁判年份看，行政公益诉讼案件始于 2014 年，随后逐年递增，于 2017 年

① 参见卢超：《从司法过程到组织激励：行政公益诉讼的中国试验》，载《法商研究》2018 年第 5 期。
② 参见梁鸿飞：《预防型行政公益诉讼：迈向"过程性规制"的行政法律监督》，载《华中科技大学学报(社会科学版)》2020 年第 4 期。

达到顶峰,之后呈平稳趋势,已成为我国司法诉讼案件的重要一类。① 这与我国检察机关公益诉讼试点工作进程相吻合,许多典型行政公益诉讼案件都发生在试点期间。其二,从审理法院层级角度看,最高人民法院文书1篇,高级人民法院文书29篇,中级人民法院文书235篇,基层人民法院文书2011篇。可见,基层人民法院仍然是审理行政公益诉讼案件的主要法院,这是由我国诉讼法中的管辖制度决定的。但其是否考虑了公益诉讼的特殊性以及是否给司法裁判的权威性带来了不利影响值得深入研究。其三,行政公益诉讼实践地域差异较大。② 仅从数量角度看,云南、湖北、吉林、贵州4省行政公益诉讼案件较多,都超过了200例,而天津、新疆、宁夏、广西、黑龙江、青海等省、自治区、直辖市行政公益诉讼案件较少,不足5例。其四,从文书类型角度看,以判决书为主,裁定书为辅,决定书、通知书为补充,这是由行政公益诉讼案件的性质决定的。③

通过进一步梳理这些司法案例,可以发现行政公益诉讼案件具有以下特点:一是案件主要源于检察机关在履行监督职责特别是履行查处职务犯罪职责中发生;二是案件缘由主要是行政机关不作为;④三是案件领域主要涉及生态环境与资源保护方面,国有资产保护以及国有土地使用权出让领域次之;四是起诉主体主要集中在基层人民检察院,相对应地,被告也主要为基层人民政府;五是案件类型主要是诉前程序案件,其中又以行政机关纠正违法或履行职责占比较大,诉前程序已经成为行政公益诉讼案件办结的主要方式,诉前程序节约司法资源的重要优势和分流功能得

---

① 从裁判年份角度看,2021年78篇、2020年463篇、2019年507篇、2018年395篇、2017年813篇、2016年30篇、2015年2篇、2014年1篇。

② 从审理地域及法院角度看,最高人民法院(1例)、北京市(12例)、天津市(1例)、河北省(19例)、山西省(22例)、内蒙古自治区(142例)、辽宁省(27例)、吉林省(276例)、黑龙江省(2例)、江苏省(84例)、浙江省(5例)、安徽省(174例)、福建省(106例)、江西省(16例)、山东省(121例)、河南省(20例)、湖北省(277例)、湖南省(15例)、广东省(108例)、广西壮族自治区(2例)、海南省(25例)、重庆市(20例)、四川省(28例)、贵州省(213例)、云南省(308例)、陕西省(149例)、甘肃省(97例)、青海省(3例)、宁夏回族自治区(2例)、新疆维吾尔自治区(1例)。

③ 从文书类型角度看,判决书1865篇、裁定书420篇、调解书0篇、决定书2篇、通知书2篇、支付令0篇。

④ 例如,2015年12月16日,山东省庆云县人民检察院因庆云县环保局不依法履行职责,依法向庆云县人民法院提起行政公益诉讼。这是全国人大常委会授权检察机关提起公益诉讼试点工作后全国首例行政公益诉讼案件。

到了充分发挥;①六是案件启动程序较复杂,需经过发现线索、批准立案、调查取证、审核批准、检委会讨论、提出检察建议等一系列复杂的检察机关内部程序;七是案件结果几乎全部支持了检察机关的诉讼请求,行政机关大都能按期纠正违法行为或者履行法定职责,这仰赖行政部门与检察机关之间的良好沟通与良性协调;八是行政附带民事公益诉讼这一特殊诉讼类型已经付诸实践,②是亟待研究的新课题;九是案件效果良好,我国行政公益诉讼整体上呈现出积极发展的健康态势。

从制度价值角度看,行政公益诉讼不仅拓展了检察机关对行政行为法律监督的方式,而且"开辟了新的客观诉讼空间,有效弥补了对公共利益提供保护的空白,较好维护了客观法秩序",③是国家治理体系和治理能力现代化的必然要求和重要步骤,是推进全面依法治国的重大举措。

三、时间维度的行政公益诉讼立法

虽然早在2000年前后我国即有行政公益诉讼司法实践,④但关于行政公益诉讼的规定最早只能追溯至2005年国务院《关于落实科学发展观加强环境保护的决定》(国发〔2005〕39号)。该决定在第19条提出要"研究建立环境民事和行政公诉制度",在第27条提出"推动环境公益诉讼"。此后,在司法实践中探索环境(行政)公益诉讼的案件日益增多,⑤但却长期面临法律依据缺失的局面。

---

① 2016年1月13日,贵州省福泉市人民法院开庭审理贵州省锦屏县人民检察院诉该县环境保护局怠于履行职责行政公益诉讼一案,并当庭作出一审判决,支持了检察机关的诉讼请求,确认锦屏县环境保护局对鸿发石材公司、雄军石材公司等企业污染环境怠于履行监管职责的行为违法。这是检察机关提起行政公益诉讼试点后全国首例正式判决的案件。

② 2016年3月1日,白山市人民检察院在严格落实诉前程序后,依法以公益诉讼人的身份对白山市江源区卫生和计划生育局与白山市江源区中医院提起行政附带民事公益诉讼。这是检察机关提起公益诉讼试点以来全国首例行政附带民事公益诉讼案件。

③ 参见孔祥稳、王玎、余积明:《检察机关提起行政公益诉讼试点工作调研报告》,载《行政法学研究》2017年第5期。

④ 例如,2000年严某某诉椒江区文体局拒不履行法定职责案、2000年沈某诉浙江省桐乡市国税局行政不作为案、2001年施某某与顾某某诉南京市规划局行政许可违法案、2002年陈某某诉杭州市余杭区环保局行政不作为案、2003年金某某诉杭州市规划局行政许可违法案等。

⑤ 例如,2009年中华环保联合会诉贵州省清镇市国土局不依法履行职责案、2013年毛某等诉慈利县规划局未履行职责案、2014年贵州省金沙县检察院诉金沙县环保局行政不作为不履行职责案等。

2012年修正后的《民事诉讼法》在第55条首次确立了公益诉讼制度,开启了我国公益诉讼立法与司法实践新进程,也预示着我国公益诉讼法治建设开始提速。随后,2013年《消费者权益保护法》第47条首次规定了提起消费公益诉讼的社会组织的条件,2014年《环境保护法》第58条首次规定了提起环境公益诉讼的社会组织的条件及不得牟利的限制。面对生态环境和资源保护、食品药品安全、国有资产保护、消费者权益保护、国有土地使用权出让等领域由于行政机关不作为或滥作为而导致公共利益受损问题日益凸显的现状,我国迫切需要建立健全行政公益诉讼制度。2014年党的十八届四中全会通过的《中共中央关于全面推进依法治国若干重大问题的决定》作出"探索建立检察机关提起公益诉讼制度"的重要部署["四、保证公正司法,提高司法公信力"部分"(二)优化司法职权配置"],提出"检察机关在履行职责中发现行政机关违法行使职权或者不行使职权的行为,应该督促其纠正。探索建立检察机关提起公益诉讼制度"。这是党中央明确提出检察公益诉讼制度的探索和构建问题,引起了社会广泛热议和学界普遍关注。但囿于行政公益诉讼制度自身的复杂性以及我国司法职权配置的全局性,我国在构建行政公益诉讼制度中非常"谨慎",选择了先实践探索再立法提升的法治路径,以至在2014年修改《行政诉讼法》时回避了这一问题。2015年最高人民检察院在《关于深化检察改革的意见(2013—2017年工作规划)》(2015年修订版)进一步明确要"建立健全行政违法行为法律监督制度"(第29条)、"探索建立检察机关提起公益诉讼制度"(第30条)。

《试点决定》授权最高人民检察院在北京等13个省(自治区、直辖市)就生态环境和资源保护、国有资产保护、国有土地使用权出让、食品药品安全等领域开展提起公益诉讼试点,试点期限为2年,包含行政公益诉讼在内的公益诉讼正式进入司法视野。为了试点工作的顺利开展,最高人民检察院通过了《试点方案》和《提起办法》,最高人民法院通过了《审理办法》,行政公益诉讼制度框架基本建立,行政公益诉讼审理有了直接的法律依据。

2017年6月27日,全国人大常委会对《行政诉讼法》作出再次修改的决定,赋予人民检察院提起行政公益诉讼的职权,主要体现在第25条第4款。[①] 这是在总结两年来检察机关提起行政公益诉讼试点工作的基础上从行政诉讼基本法层面正式确立行政公益诉讼制度,使其在全国范围内全面推进行政公益诉讼奠定了基础,预示我国行政公益诉讼进入常态化运行轨道。从操作层面来看,该规定的直接意义在于:一方面,明确了行政公益诉讼的受案范围,即生态环境和资源保护、食品药品安全、国有财产保护、国有土地使用权出让等领域;另一方面,明确了检察机关在行政公益诉讼中的法律身份定位,即"公益诉讼人"。2020年通过的《办案规则》取代《提起办法》,成为人民检察院提起公益诉讼的主要规范。

通过梳理我国行政公益诉讼立法进程脉络可以看出,我国行政公益诉讼法律制度的产生和发展,有特定的历史背景和社会条件。从时间维度看,其大致经历了两个阶段:一是改革试点阶段,以《试点决定》《试点方案》《提起办法》《审理办法》为立法代表,这是我国行政公益诉讼的直接法律依据,其确立了我国检察机关提起行政公益诉讼的基本规则,也开启了我国行政公益诉讼改革试点工作;二是整体立法阶段,以《行政诉讼法》修正案为立法代表。2017年修正后的《行政诉讼法》从行政诉讼基本法层面奠定了行政公益诉讼的法律基础,完成了我国行政公益诉讼从实践到制度、从试点到常态、从局部到全面的转变,解决了我国行政公益诉讼的"合法"性和权威性问题。然而,《行政诉讼法》仍未构建完整的行政公益诉讼制度,并未对行政公益诉讼管辖规则、程序规则、举证规则等作出专门性规定,也未对行政机关滥用职权或不作为的认定、诉前程序的定位等基本问题作出明确规定。质言之,《行政诉讼法》在行政公益诉讼的受案范围、起诉主体、诉前程序、举证责任、程序衔接、裁决执行等方面都存在一定缺漏,[②]需要通过《行政诉讼法》的修改或者制定统一的公益诉讼法来予以解决,从诉前、诉中、诉后全方位健全我国行政公益诉讼制度。

---

① 2017年《行政诉讼法》第25条第4款规定:"人民检察院在履行职责中发现生态环境和资源保护、食品药品安全、国有财产保护、国有土地使用权出让等领域负有监督管理职责的行政机关违法行使职权或者不作为,致使国家利益或者社会公共利益受到侵害的,应当向行政机关提出检察建议,督促其依法履行职责。行政机关不依法履行职责的,人民检察院依法向人民法院提起诉讼。"

② 参见黄学贤:《行政公益诉讼回顾与展望——基于"一决定三解释"及试点期间相关案例和〈行政诉讼法〉修正案的分析》,载《苏州大学学报(哲学社会科学版)》2018年第2期。

总之,我国行政公益诉讼法律制度已基本建立,司法实践也取得了良好成效。[①]但由于行政公益诉讼自身的独特性、复杂性,我国理论界和实务界对于行政公益诉讼的诸多问题尚未形成一致意见,加之行政公益诉讼实践尚不充分,导致目前已有的行政公益诉讼规则大都是针对已经基本达成共识并且亟须解决的现实问题所作出的回应,至于那些尚存理论争议或者存在司法疑难的问题仍需理论研究和实践探索,待成熟后再作规定。因此,有必要结合我国行政公益诉讼实践,深化行政公益诉讼理论,评估行政公益诉讼立法,探究行政公益诉讼的特殊规则,最终为制定统一的公益诉讼法提供智力支持。

第二节 行政公益诉讼制度的理论自洽与现实评估

行政公益诉讼作为一种新型的诉讼制度,其在受案范围、起诉主体、线索来源、起诉期限、诉前程序、举证责任、诉讼请求、裁决内容等方面都具有特殊性。其中,受案范围、起诉主体、诉前程序和举证责任是主要问题和争议焦点。

一、受案范围的局限及困境

受案范围问题是行政公益诉讼制度的首要问题,其不仅决定了行政公益诉讼的适用广度,而且决定了行政公益诉讼制度的价值大小。从我国司法实践和立法演进看,行政公益诉讼受案范围呈逐步拓展态势,包含生态环境和资源保护、国有资产保护、国有土地使用权出让、食品药品安全等领域;但现有受案范围仍存在缺漏,需要进一步深化扩展。

行政公益诉讼的受案范围决定于公共利益的内涵外延。维护公共利益和纠偏行政行为是行政公益诉讼的两大目的,故而,公共利益的外延范围和行政机关的职权范围决定了行政公益诉讼的受案范围。行政机关的认定及其职权行为的判断并不困难,但对公共利益的界定却是极不容易的事情。"公共利益"作为一个古老而常见的概念,至今仍没有一个公认定义,但学界普遍认为其具有广泛性、抽象性、多样

① 参见刘艺:《检察公益诉讼的司法实践与理论探索》,载《国家检察官学院学报》2017年第2期。

性,其既可以表现为土地、资源、生态等物质形态,也可以表现为食品安全、竞争秩序、国防建设等非物质形态,甚至还可以表现为法律制度、价值观念、道德伦理等意识形态。公共利益是一个不断发展的历史概念,属于特定时空的产物,不同社会形态、不同发展阶段的公共利益具有不同的表现形式。随着社会的进步,人们对公共物品(公共利益的表现形式)的需求不断增多,公共物品的供给能力不断增强,公共利益的范围也在不断拓展。从应然角度看,行政公益诉讼的受案范围应当涵盖所有公共利益领域。然而,行政公益诉讼制度的构建不是一蹴而就的,其有一个渐进发展的过程,故而需要在实践中进一步拓展行政公益诉讼的受案范围。

二、起诉主体的选择及根源

原告资格是行政公益诉讼制度的核心问题,也是学界争议较大的问题。该问题又分为三个层面:其一,行政公益诉讼的起诉主体是一元的、二元的抑或是多元的?其二,检察机关在行政公益诉讼中的角色定位如何?其三,如何发挥检察机关的法律职能?

就行政公益诉讼的原告资格问题,目前学界主要存在 3 种观点:一是一元论,即认为行政公益诉讼的起诉主体是唯一的即检察机关①;二是二元论,即认为检察机关及社会公益组织都有权提起行政公益诉讼;②三是多元论,即认为检察机关、社会团体、公民等都享有行政公益诉讼起诉权。③ 我国目前立法采用"一元论"模式,即检察机关独享行政公益诉讼原告资格,是唯一的提起主体。从西方法治发达国家的经验来看,不断放宽行政公益诉讼起诉资格是普遍做法和基本规律,"当代立法的趋势是放宽起诉资格的要求,使更多的人能够对行政机关的行为提起申诉"。④ 笔者认为,建立在传统诉讼理论和诉讼模式基础之上的诉讼制度架构,将公益诉讼与私益

---

① 相关观点,参见徐全兵:《检察机关提起行政公益诉讼的职能定位与制度构建》,载《行政法学研究》2017 年第 5 期;刘艺:《检察公益诉讼的司法实践与理论探索》,载《国家检察官学院学报》2017 年第 2 期;等等。

② 参见李湘刚:《论检察机关启动我国行政公益诉讼程序》,载《南京社会科学》2012 年第 7 期。

③ 相关观点,参见姜涛:《检察机关提起行政公益诉讼制度:一个中国问题的思考》,载《政法论坛》2015 年第 6 期;孙谦:《设置行政公诉的价值目标与制度构想》,载《中国社会科学》2011 年第 1 期;等等。

④ 王名扬:《美国行政法》(下),北京大学出版社 2016 年版,第 460 页。

诉讼截然分开使其相互对立，已经不能满足保护公共利益的需要。虽然，由检察机关提起行政公益诉讼有利于发挥检察机关作为国家法律监督机关的法定职能，有利于拓展对行政部门履职行为的司法监督空间，但检察机关作为行政公益诉讼的唯一提起主体，在制度逻辑上难以实现自洽。从长远来看，逐步放宽起诉主体资格是我国行政公益诉讼立法的必然趋势。

检察机关在行政公益诉讼中的角色定位问题，不仅涉及检察机关在行政公益诉讼中的身份称谓问题，而且涉及行政公益诉讼程序构造和规则适用问题。对此，检察机关倾向"公益诉讼人"身份，法院和行政机关则倾向"原告"身份。最终，我国立法将检察机关这一法律监督机关定位为"公益诉讼人"身份，其权利义务参照《行政诉讼法》关于原告诉讼权利义务的相关规定。如此一来，检察机关在行政公益诉讼中的法律地位定位还不甚清晰，甚至显得有些模糊，需要进一步明确细化。

就检察机关法律职能发挥问题，首先需要肯定的是，由检察机关提起行政公益诉讼具有其独特的中国逻辑，符合中国现阶段社会发展需求。检察机关是宪法确定的国家法律监督机关，在人力物力、办案经验、专业技术、权威性和独立性等方面都具有独特优势，赋予其行政公益诉讼起诉主体资格突破了传统诉讼理论中的原告适格理论，有助于从根本上改变传统行政诉讼中原、被告力量不平衡的局面。行政公益诉讼中，检察机关兼具"法律监督者"和"公益代表人"双重身份，彰显出行政公益诉讼的双重价值追求——监督行政机关行政行为和维护公共利益。问题在于，我国现行立法未答复行政公益诉讼的诉讼模式、法律性质及检察机关的诉讼地位问题，易导致检察机关陷入角色不明和权力混合局面，无法处理其同时担任行政公益诉讼原告和行政公益诉讼监督者的矛盾关系。

三、前置程序的成效及缺陷

检察建议作为行政公益诉讼前置程序，是目前我国行政公益诉讼程序立法的重点内容，也是最具特色的检察公益诉讼制度。从实践来看，诉前程序案件已经成为行政公益诉讼案件的主要类型，检察建议也已经成为行政公益诉讼案件主要的办结方式，发挥节约司法资源的重要优势和分流功能，形成了一个勾连检察机关与行政机关,融合外部监督与自我纠错的复合型模式。①

目前,关于行政公益诉讼诉前程序的争议主要存在两个方面:一是诉前程序的必要性问题;二是诉前程序的法律地位问题。对于第一个问题,学界主要存在两种观点:一是肯定论,即认为应当将督促行政机关履行保护公共利益的职责作为提起公益诉讼的前置程序;②二是否定论,即认为公益诉讼的诉权主体可以直接提起行政公益诉讼而无须将穷尽行政执法救济作为前提。③ 对于第二个问题,学界也存在两种主要观点:一种观点认为,诉前程序是辅助程序,诉讼程序才是核心程序。“诉前程序是实现法律监督的灵巧设计,提起诉讼则是制度核心和最终保障。”④另一种观点认为,诉前程序是行政公益诉讼的重要部分,这也是学界主流看法。

笔者认为,对于行政公益诉讼来说,诉前程序不仅必要,而且是行政公益诉讼制度的重要组成部分。换言之,诉前程序与提起诉讼具有同等重要的法律地位,检察建议兼具诉前程序和法律监督双重属性。⑤ 一方面,行政行为的效率性决定了其具有优先原则,行政执法是增进和维护公共利益的首要方式,诉前程序是对行政首次判断权的尊重⑥,符合行政诉讼中的“穷尽救济原则”。另一方面,司法审判具有谦抑性,公共利益的抽象性更是决定了公益诉讼的提起通常应当设置一定门槛即前置性程序。从我国司法实践看,诉前程序在行政公益诉讼中发挥了重要作用,具有特殊价值。申言之,具有“柔性”特点的作为诉前程序的检察建议,与具有“刚性”特点的作为后盾程序的诉讼程序,既相互独立又相互衔接,是互为支撑的两个诉讼单元,二者极大地激活了行政机关自我纠错的积极性,也有效缓解了诉讼程序给行政机关和司法机关带来的压力。

问题在于,检察建议虽然已经成为我国行政公益诉讼制度的独特设计,但无论

---

① 参见沈开举、邢昕:《检察机关提起行政公益诉讼诉前程序实证研究》,载《行政法学研究》2017 年第 5 期。

② 参见王明远:《论我国环境公益诉讼的发展方向:基于行政权与司法权关系理论的分析》,载《中国法学》2016 年第 1 期。

③ 参见王曦:《论环境公益诉讼制度的立法顺序》,载《清华法学》2016 年第 6 期。

④ 张栋祥、柳砚涛:《检察机关参与行政公益诉讼的角色定位》,载《山东社会科学》2017 年第 11 期。

⑤ 参见封蔚然:《行政公益诉讼检察建议的制度完善》,载《江西社会科学》2020 年第 8 期。

⑥ 参见黄先雄:《行政首次判断权理论及其适用》,载《行政法学研究》2017 年第 5 期。

是理论层面还是实践层面，对检察建议的价值定位、运行机制、制度规则等仍存在争议，弱化了其作为诉前程序的认同度和实践效能。[①] 具体而言，法律对于诉前程序的定位更多的是只停留在行政公益诉讼的形式条件上，检察建议制度较原则化，缺乏上位法的明确规定，规范效力层次较低，法律约束力不足，程序衔接不畅，因而需要进一步优化行政公益诉讼诉前程序规则。

四、举证责任的分配及自洽

如何分配举证责任是构建行政公益诉讼制度的难点和焦点问题之一。举证责任作为整个诉讼制度的关键环节，其目的在于解决应当由谁来“提出主张、提供证据、反驳说服，并且在举证不能的情况下承担不利后果”的问题。[②] 在传统诉讼理论中，民事诉讼适用“谁主张，谁举证”基本原则，行政诉讼适用“举证责任倒置”基本原则，而这一责任分配规则的内在逻辑在于举证能力和诉讼正义。对于行政公益诉讼这一新型诉讼形式来说，应当采取何种举证责任规则，存在不同看法。[③] 赞同“举证责任倒置”者有之，赞同“谁主张，谁举证”者亦有之。

详言之，学界对行政公益诉讼举证责任的认识存在较大差异，主要观点大致可归纳为 3 种：第一种观点认为，应当适用“举证责任倒置”规则。其理由是，行政公益诉讼与一般行政诉讼类似，仍属于行政诉讼范围，《行政诉讼法》关于举证责任的规定原则上当然适用于行政公益诉讼。因此，不应突破行政诉讼的“举证责任倒置”原则，行政机关具有较强的举证能力和便利的举证条件，理应证明其行为的合法性，甚至应当加重被告行政机关的举证责任。[④] 第二种观点认为，应当适用“谁主张，谁举证”原则。其理由在于，行政行为具有公定力，检察机关必须提供相应足够的证据才能推翻已经据此形成的行政秩序；同时，检察机关具有较强的举证能力和相当突出的专业优势及人才优势，由其承担举证责任符合公平正义原则，亦有利于防止检察

---

① 参见张晓飞、潘怀平：《行政公益诉讼检察建议：价值意蕴、存在问题和优化路径》，载《理论探索》2018 年第 6 期。
② 参见李汉昌、刘田玉：《统一的诉讼举证责任》，载《法学研究》2005 年第 2 期。
③ 参见季美君：《检察机关提起行政公益诉讼的路径》，载《中国法律评论》2015 年第 3 期。
④ 参见朱全宝：《论检察机关提起行政公益诉讼：特征、模式与程序》，载《法学杂志》2015 年第 4 期。

机关滥用行政公益诉权。[①] 第三种观点认为，不宜笼统适用行政公益诉讼举证规则，而应当区别对待作为类和不作为类行政公益诉讼案件，分别采用"举证责任倒置"和"谁主张，谁举证"规则。[②] 其理由在于，作为类和不作为类行政公益诉讼性质不同，原告的举证责任应当有所区别。

举证责任的分配以及举证规则的设计，受多种因素的影响，但最核心的有两个：一是当事人的举证能力，二是案件的性质。从理论上看，检察机关相比于公民、法人、社会组织等社会主体而言，具有较强的举证能力，在收集证据、获取信息等方面有一定的人力、财力、技术、资源等优势，理应承担行政公益诉讼举证责任。然而，行政公益诉讼的行政特质和公益诉讼特质决定了由检察机关承担全部举证责任有失公允，既不利于公益诉讼保护公共利益之目的，也有悖于检察机关举证能力有限之现实。

根据目前的法律规定，对于普通行政诉讼案件，原告只需证明起诉符合法定条件即可，[③]但对于行政公益诉讼案件，最高人民检察院《提起办法》对检察机关在行政公益诉讼中的举证责任做了原则性规定，体现在第 44 条、第 45 条，主要包括以下几方面：(1) 初步证明国家和社会公共利益受到侵害；(2) 证明起诉符合法定条件；(3) 证明存在检察院履行了诉前程序提出检察建议且行政机关拒不纠正违法行为或者不履行法定职责的事实；(4) 其他应当由人民检察院承担举证责任的事项。这样规定一方面源于检察机关的举证能力较强；另一方面基于节约诉讼资源考虑，防止滥诉情况发生。但从实践来看，在行政公益诉讼试点工作中，出于谨慎妥当处理行政公益诉讼案件之考虑，检察机关承担了行政公益诉讼的主要举证责任，从而以充分确凿的证据支持检察机关的诉讼请求，这无疑加重了检察机关的举证责任负担。[④]

总之，行政公益诉讼举证责任分配制度具有特殊性。"公益诉讼人"——检察机关这一全新身份定位，决定了其既与传统行政诉讼原告有相同之处，更存在重大区

---

① 参见黄学贤：《行政公益诉讼若干热点问题探讨》，载《法学》2005 年第 10 期。

② 参见傅国云：《行政公益诉讼制度的构建》，载《中国检察官》2016 年第 5 期。

③ 参见刘艺：《构建行政公益诉讼的客观诉讼机制》，载《法学研究》2018 年第 3 期。

④ 参见王玎：《检察机关提起行政公益诉讼的举证责任》，载《上海政法学院学报（法治论丛）》2017 年第 4 期。

别。应当创新传统诉讼举证责任理论,构建新型行政公益诉讼举证责任制度。详言之,检察机关应当承担有限举证责任:(1)起诉符合法定条件;(2)行政机关行政行为存在侵害公共利益并造成损害的事实,或者存在保护公共利益不力的事实(不作为),并且检察机关只需提交“国家和社会公共利益受到侵害的初步证明材料”即可。

第三节 行政公益诉讼制度的模式选择与立法转向

行政公益诉讼实践取得了重大成效,对维护公共利益、构建法治秩序、促进依法行政发挥了重要作用。但通过全面考察和客观评估我国行政公益诉讼实践后不难发现,无论是在受案范围、诉讼主体制度方面,还是在案件管辖、审理程序制度方面,抑或是在裁判方式、裁决执行制度方面,我国的行政公益诉讼制度仍存在一些问题。建立健全行政公益诉讼制度对于推进全面依法治国、完善中国特色社会主义司法制度具有重大意义。①

一、模式选择:从包容论转向独立论

行政公益诉讼的制度模式,即行政公益诉讼制度与行政诉讼制度立法是采取分离模式抑或是包含模式,是行政公益诉讼研究的重大命题,也是行政公益诉讼立法的首要问题。实际上,早在20世纪80年代行政诉讼法起草时期,我国就有关于行政公益诉讼独立性的探讨,存在“独立论”和“包容论”两种观点;又有学者进一步将独立性理论细分为“彻底独立论”和“部分独立论”两种看法,将包容性理论细分为“解释论”和“修法论”两种看法。② 具体观点主张如表14-1所示。

① 参见张雪樵:《检察公益诉讼比较研究》,载《国家检察官学院学报》2019年第1期。
② 参见练育强:《争论与共识:中国行政公益诉讼本土化探索》,载《政治与法律》2019年第7期。

表 14－1　行政公益诉讼立法模式观点主张一览表

观点	主张	观点细分	具体主张
独立论	行政公益诉讼应当是独立于行政诉讼的法律制度[1]	彻底独立论	我国应当建立公益行政诉讼与私益行政诉讼并存并行的行政诉讼制度[2]
		部分独立论	应当在准用行政诉讼法程序基础上制定单行的公益诉讼法来规定行政公益诉讼的具体程序制度[3]
包容论	应当在行政诉讼框架内构建行政公益诉讼制度[4]	解释论	行政公益诉讼作为内嵌在行政诉讼中的一种法律制度，可以通过对行政诉讼法的扩大解释来确立[5]
		修法论	行政公益诉讼制度的建立需要通过修改行政诉讼法，以独立的法律条文来确立[6]

〔1〕参见王祺国：《行政公诉探讨》，载《政治与法律》1987 年第 3 期。

〔2〕参见于安：《公益行政诉讼及其在我国的构建》，载《法学杂志》2012 年第 8 期。

〔3〕参见林莉红、马立群：《作为客观诉讼的行政公益诉讼》，载《行政法学研究》2011 年第 4 期。

〔4〕参见王桂五：《检察制度与行政诉讼》，载《中国法学》1987 年第 2 期。

〔5〕相关观点，参见王太高：《论行政公益诉讼》，载《法学研究》2002 年第 5 期；郑春燕：《论民众诉讼》，载《法学》2001 年第 4 期；等等。

〔6〕参见姜明安：《行政诉讼中的检察监督与行政公益诉讼》，载《法学杂志》2006 年第 2 期；杨建顺：《行政公益诉讼应当由个别法律设定》，载《检察日报》2014 年 4 月 2 日，第 3 版。

从法治实践看，我国采取了三步走策略：第一步，通过全国人大常委会采用“决定”的形式授权检察机关开展试点工作，并对行政公益诉讼框架作出原则性规定，由最高人民法院、最高人民检察院通过“司法解释”的形式作出具体规定；第二步，在试点工作的基础上修改《行政诉讼法》，将行政公益诉讼制度上升至法律层次，但具体内容仍通过司法解释加以规定；第三步，在总结司法实践和立法经验的基础上，着手统一的公益诉讼法的研究和起草工作，并将行政公益诉讼纳入其中。

但是，我国法律对于公益诉讼类型选择标准的规定并不明确。我国最早对行政附带民事诉讼作出规定的是 2000 年最高人民法院《关于执行〈中华人民共和国行政诉讼法〉若干问题的解释》（第 61 条），①这一规定在 2014 年《行政诉讼法》修正案中

① 最高人民法院《关于执行〈中华人民共和国行政诉讼法〉若干问题的解释》第 61 条规定：“被告对平等主体之间民事争议所作的裁决违法，民事争议当事人要求人民法院一并解决相关民事争议的，人民法院可以一并审理。”

得到了进一步确认和细化。但很显然,该规定是针对私益诉讼而言的,其能否适用于公益诉讼值得商榷。吉林省白山市人民检察院诉白山市江源区卫生和计划生育局、白山市江源区中医院行政附带民事公益诉讼案,被认为是全国首例行政附带民事公益诉讼案。该案事实上确立了检察机关提起行政附带民事公益诉讼制度,为制定全国性立法提供了实践样本和重要参考。笔者也赞同这样一种观点,当检察机关发现行政机关存在违法行政行为并且构成了民事侵权的先决行为或前提行为时,检察机关在履行诉前程序后如果发现违法行政行为和民事侵权行为没有得到纠正,在没有适格主体或适格主体不诉的情况下,可以向法院提起行政附带民事公益诉讼,由法院一并审理。①

我国行政公益诉讼立法应逐步从包容论转向独立论。有学者根据大陆法系国家法治传统和法律制度,借鉴和提出客观诉讼和民众诉讼理论;②有学者借鉴英美法系国家法治传统和法律制度,提出公民诉讼、私人检察官等理论;③还有学者对我国公益诉讼制度运行的实效性进行了考察,并通过对裁判文书梳理分析得出如下结论:行政公益诉讼呈现客观诉讼的诸多特征,具有受案范围特殊、诉讼参加人特定、诉前程序独特、诉讼类型确定等特点。④ 这些观点无不说明,行政公益诉讼具有特殊性。目前我国相关立法中存在的起诉条件有待完善,审查标准有待统一,判决适用有待细化,诉讼期限、起诉责任及诉讼费用有待明确等问题,已经影响了行政公益诉讼这一新型诉讼类型的功能发挥。着眼未来,我国要在积累司法实践经验和推动理论研究的基础上建立独立的公益诉讼制度,具体可采取渐进式立法模式,即从包容论转向部分独立论,待条件、时机成熟时再转向彻底独立论。

---

① 参见周斌:《最高检发布5个检察公益诉讼指导性案例》,载《法制日报》2017年1月4日,第2版。

② 参见成协中:《论我国行政诉讼的客观诉讼定位》,载《当代法学》2020年第2期。

③ 参见张辉:《美国公民诉讼之"私人检察总长理论"解析》,载《环球法律评论》2014年第1期;巩固:《美国原告资格演变及对公民诉讼的影响解析》,载《法制与社会发展》2017年第4期。

④ 参见李明超、王家跃:《行政公益诉讼制度运行的实效性考察——以713份裁判文书为分析样本》,载《时代法学》2020年第3期。

二、类型转向：从救济型诉讼迈向预防型诉讼

有学者指出,从世界各国的法律制度来看,行政权都呈现逐步扩张趋势[①],行政活动日益复杂化、集束化,行政规制工具日益多样化、技术化,所形成的行政法律关系也呈现连贯性、多面向趋势,传统以行政末端或行政结果为导向的行政行为合法性评价的司法审查方法已难以把握行政法律关系的全貌,因此要建立预防型行政公益诉讼制度。[②] 换言之,我国现行由检察机关提起的行政公益诉讼制度仍属于一种事后救济类型的诉讼制度,难以达到对公共利益全面救济的目的,必须建立预防型行政公益诉讼制度,[③]对侵害结果尚未发生的行政行为提起公益诉讼,从而突破现有行政公益诉讼制度的"局限",实现对行政行为的过程控制,从而最大限度地保护公共利益。

预防型行政公益诉讼具有以下特征:其一,在起诉时间上,是在公共利益遭受实际损害结果发生之前;其二,在适用范围上,通常适用于公共利益可能遭受不可逆损害之情形;其三,在诉讼目的上,是预防公共利益损害后果的发生。"只有行政行为的实施将导致比较严重的、不可弥补的、具体的损害,才能适用预防性行政诉讼。"[④]预防型行政公益诉讼的具体类型可包括 4 类:一是停止作为之诉,即要求行政机关不作出或停止作出某类行政活动(包括行政行为、行政事实行为)的诉讼。二是撤销之诉,即要求行政机关撤销行政行为的诉讼。三是确认之诉,即要求法院确认行政机关的事实行为违法的诉讼。四是义务之诉,即要求行政机关履行法定义务的诉讼。

从长远规划看,应当在战略层面将预防型行政公益诉讼作为一种制度架构,改造行政公益诉讼;从现实选择看,可以将预防型行政公益诉讼作为行政公益诉讼的重要补充,实现结果性法律监督转向过程性法律监督。当然,预防型行政公益诉讼

① 参见朱新力、唐明良:《现代行政活动方式的开发性研究》,载《中国法学》2007 年第 2 期。

② 参见梁鸿飞:《预防型行政公益诉讼:迈向"过程性规制"的行政法律监督》,载《华中科技大学学报(社会科学版)》2020 年第 4 期。

③ 参见王春业:《论检察机关提起"预防性"行政公益诉讼制度》,载《浙江社会科学》2018 年第 11 期。

④ 禹竹蕊:《建立我国的预防性行政诉讼制度——以反政府信息公开诉讼为视角》,载《广西大学学报(哲学社会科学版)》2017 年第 3 期。

作为重要的制度构造,它要求对行政机关的行政行为进行全面动态观察,要求司法机关的诉讼过程聚焦于行政违法性说理论证,要求检察机关的法律监督与范围拓展、组织设立、诉前程序、配套规则等密切结合,①具体可以从立案范围、起诉条件、审判程序、裁判规则等方面构建预防型行政公益诉讼。

三、规则构建:从粗陋到细化

目前,我国行政公益诉讼法律制度虽已基本建立,但仍需要不断细化完善。譬如,在受案范围方面,诸如不当使用公共财政资金行为、损害公共设施行为、危害公共安全行为等侵害公共利益的行为尚未被纳入行政公益诉讼范围,行政公益诉讼尚未真正"负担起供给有效的司法公共产品的时代重责"。② 因此,应当通过对公共利益概念界定化、公共利益形式类型化、扩大公益诉讼解释等方式,进一步扩大公益诉讼受案范围。再如,在行政公益诉讼程序衔接方面,虽然通过省思人民法院公益诉讼裁判文书可以发现,司法审判案例依据法律文本规范按照"两阶段标准"细化了行政公益诉讼程序标准,在诉前程序阶段侧重对行政机关不作为或者违法行使职权的形式性标准判断,在诉讼程序阶段侧重受到侵害的公共利益是否得到恢复的实质性标准判断。但是在立法上,行政公益诉讼的启动机制并不健全,行政公益诉讼中诉前程序的判断标准也不明确。所以,应优化人民法院与人民检察院的衔接机制,增强侵犯公共利益行为的案件线索发现和移送,拓宽公益诉讼案件线索来源。

第四节　行政公益诉讼制度的优化路径与重构建议

公共利益表现形式的多样性、代表主体的多元性以及损害补偿的复合性决定了公益诉讼规范构造的特殊性。在解决行政公益诉讼模式选择和类型转型等宏观问题的基础上,应当细化行政公益诉讼规则,重构行政公益诉讼制度。

---

① 参见梁鸿飞:《预防型行政公益诉讼:迈向"过程性规制"的行政法律监督》,载《华中科技大学学报(社会科学版)》2020 年第 4 期。

② 参见唐玉富:《公益诉讼原告主体范围之扩张》,载《浙江工商大学学报》2015 年第 2 期。

一、受案范围的拓展及转向

我国行政公益诉讼受案范围制度的完善，至少应包括三个层面：

一是受案范围的拓展。前已述及，公共利益范围广泛、形式多样，除已经纳入行政公益诉讼范围的领域外，义务教育、税收、信息安全等领域也存在诸多侵犯公共利益的现象，这些领域应逐步进入行政公益诉讼视野。

二是受案范围立法例的选择。关于行政公益诉讼受案范围的立法例，学界主要存在两种观点：一种是“固定式”，即通过立法明确列举的方式确定行政公益诉讼的受案范围；①另一种是“开放式”，即通过概括界定的方式确定行政公益诉讼的受案范围。② 从我国立法看，我国似乎采取了第三种方式——“折中式”，即通过概括 + 列举方式确定行政公益诉讼的受案范围。笔者认为，通过渐进式立法采取“折中式”立法例，是符合中国国情的现实选择。应通过类型化立法，并采取“公益受损(危险)实质标准 + 范围列举 + 兜底条款”立法例，按照轻重缓急逐步扩大行政公益诉讼受案范围。

三是从受案范围转向启动标准。行政公益诉讼的受案范围是静态的、抽象的立法规定，而启动标准则具有更强的动态的操作意义。完善行政公益诉讼启动标准，有助于实现行政公益诉讼迈向客观诉讼，有利于预防检察机关滥用行政公益诉讼诉权。从我国现实看，行政公益诉讼虽已呈现诸多客观诉讼特征，但对于检察机关行政公益诉讼起诉权的行使仍缺乏有效约束，存在检察机关主体地位不清晰、诉前程序不细致、行政不作为认定不统一等问题，③特别是案件线索发现移交机制不流畅，导致启动行政公益诉讼时常陷入不利局面。因此，立法重点应当实现从受案范围向启动标准的转变，④明确行政公益诉讼启动标准要求。

---

① 相关观点，参见郑传坤、刘群英：《行政公诉初探》，载《现代法学》1994 年第 6 期；钱伯华：《创设行政公诉制度之我见》，载《政治与法律》1998 年第 1 期；杨立新、张步洪：《行政公诉制度初探》，载《行政法学研究》1999 年第 4 期；王彦：《论公益行政诉讼制度的构建》，载《法学论坛》2002 年第 6 期；等等。

② 参见黄学贤：《行政公益诉讼若干热点问题探讨》，载《法学》2005 年第 10 期。

③ 参见胡卫列、田凯：《检察机关提起行政公益诉讼试点情况研究》，载《行政法学研究》2017 年第 2 期。

④ 参见邢昕：《行政公益诉讼启动标准：基于 74 份裁判文书的省思》，载《行政法学研究》2018 年第 6 期。

二、检察机关的角色定位与职能实现

一方面,要逐步扩大行政公益诉讼起诉主体范围。现代公益诉讼原告资格的赋予,不再强调“利益享有者”,应破除以“保护直接利害关系人权利”标准为核心的私益诉讼中心主义模式,赋予公民、法人、社会组织等社会个体直接提起行政公益诉讼之权利。但考虑我国的社会现实,可以采取渐进立法模式,即先将行政公益起诉资格赋予社会公益组织,待时机成熟后再扩大至公民、法人等其他社会主体,同时赋予检察机关、公益组织第一顺位起诉权,公民、法人、其他组织第二顺位起诉权。

另一方面,通过以审判为中心的诉讼制度改革,重新厘清检察机关在行政公益诉讼中的功能定位、身份职责和价值目标。在行政公益诉讼审判阶段,检察机关应当更多地被定位为“原告”。笔者建议,围绕“法律监督”逻辑展开,对检察机关的法律监督权进行具体化、诉讼化梳理,然后进行类型化、立体化安排,最后按照诉讼规律设计检察机关行政公益诉讼权,从而形成法律监督涵摄行政公益诉讼的整体格局。[①] 同时,明确“公益诉讼人”权利义务,赋予检察机关调查取证权和必要时采取强制措施的权利,建立全国统一委托专业鉴定机制,细化现场勘验等具体操作规程,加大对检察机关行政公益诉讼权利规制的力度。

三、前置程序的规则重构

检察建议作为行政公益诉讼程序立法的重点内容,应从以下方面着手完善:一是明确检察建议的法律定位,赋予检察建议强制约束力,增强检察建议的刚性,即当行政机关不积极履行检察建议时,检察机关可以直接申请人民法院强制执行或者由人民法院直接强制执行。二是明确检察建议的内容、次数、履行期限、回复要求等内容。鉴于检察建议的严肃性,检察机关签发检察建议应以“一次”为限,并加大法律援用力度。[②] 三是建立检察建议与起诉程序的衔接制度,明确规定检察建议签发后检察机关提起诉讼的情形、时间、要求等。

---

① 参见谭家超:《行政公益诉讼的制度逻辑与发展》,载《广东行政学院学报》2020 年第 6 期。

② 参见关保英:《行政公益诉讼中检察建议援用法律研究》,载《法学评论》2021 年第 2 期。

四、举证责任制度体系建立

证据思维是法治思维的重要内容，举证责任是诉讼活动的关键枢纽。从法律规范角度讲，举证责任规范与证据能力规范、质证规范、证明力规范等一道共同构成了证据规范，并居于证据规范的核心地位。科学合理地分配举证责任意义重大，直接影响当事人诉讼义务及案件诉讼结果，而举证责任的分配不仅源于法的目的性要求，而且与诉讼公正性密切相关。因此，应当进一步总结我国行政公益诉讼实践经验，不断完善适合我国国情的行政公益诉讼举证责任制度，健全类型化举证责任分配机制。

具体而言，笔者提出以下完善建议：其一，尽快通过专门立法对行政公益诉讼举证责任作出规定；其二，考虑行政公益诉讼的特殊性，制定灵活的针对性强的举证责任规则；其三，赋予法官个案证明责任裁量权。① 在我国成文法国家传统的背景下，法官的举证自由裁量权非常有限，不能从因果关系推定原则出发灵活决定证明责任，在坚持“依法分配”举证责任即按照案件类型以及法律规定分配举证责任外，应当赋予法官一定的自由裁量权，便于其进行灵活的“举证责任转换”。

同时，应当赋予检察机关一定的调查取证权。最高人民检察院《提起办法》规定了检察机关调查取证的方式，但检察机关不得采取限制人身自由的强制性措施，也不享有查封、扣押、冻结财产等强制权，实践中也缺乏对检察机关行使调查取证权时必要的可操作的指引规范。因此，要进一步细化检察机关调查取证权，包括检察机关调查取证保证措施制度、委托专业鉴定制度、专家辅助人制度等。② 需要警惕的是，行政公益诉讼更类似民事公益诉讼，检察机关享有的调查取证权与刑事诉讼中的调查取证权存在本质区别，不能混用刑事侦查措施和手段，包括限制人身自由、查封、扣押等强制性措施。因此，应当预防检察机关刑事诉讼中的固有思维和行为惯性，建立健全检察机关调查取证权限制及监督制度。

---

① 参见章剑生：《论行政公益诉讼的证明责任及其分配》，载《浙江社会科学》2020 年第 1 期。

② 参见黄学贤：《行政诉讼中的专家辅助人制度及其完善》，载《法学》2008 年第 9 期。

本章小结

我国行政公益诉讼司法实践经历了地方探索、改革试点、全面法治3个阶段,为法律制度的初步建立提供了丰富的实践样本,但在受案范围、起诉主体、诉前程序、举证责任等方面仍存在诸多缺漏。公共利益的外延范围和行政机关的职权范围决定了行政公益诉讼的受案范围应随着社会的发展不断拓展。由检察机关独享行政公益诉讼起诉权是基于我国现实的可行选择,但逐步放宽起诉主体资格是客观规律和必然趋势,需要通过立法厘清检察机关在行政公益诉讼中的功能定位、身份职责和价值目标。检察建议作为行政公益诉讼前置程序,是我国最具特色的行政公益诉讼制度,发挥节约司法资源的重要优势和分流功能,应进一步明确检察建议的法律定位,细化检察建议规则,优化程序衔接制度。举证责任的分配以及举证规则的设计,受案件性质和当事人举证能力的影响。行政公益诉讼的特殊性决定了不能简单地或当然地平移普通行政诉讼举证责任及其分配规则,应区别对待作为类和不作为类行政公益诉讼案件。在宏观层面上,我国行政公益诉讼立法要在模式上实现从包容论向独立论的转变,在类型上实现从救济型诉讼向预防型诉讼的转变,在规则构建上实现从粗陋向细化的转变。

结　语

滥觞于古希腊罗马时期的西方现代公共利益观日益呈现多元发展趋势，其关于公共利益在遏制私权膨胀、限制公权滥用、凝聚社会共识等方面作用的认识对当代中国树立科学公共利益观，提供了一定参考。中国传统社会并没有形成清晰的公共利益观念，更没有形成完整的公共利益理论体系，但整体而言，中国传统社会强调以国家利益、民族利益、家族利益为表征的公共利益，使个人利益被压缩在极小的空间范围内且处于绝对的服从地位。通过梳理中西方公共利益观的发展脉络和主要内容，可以发现，西方国家传统上倾向肯定个人利益，中国传统上倾向保护公共利益；当前西方国家日益强调公共利益，中国日益重视个人利益，中西方都更加重视公共利益与个人利益之间的平衡。在社会主义建设的新时期，树立科学公共利益观需要坚持马克思主义利益观的基本立场，充分挖掘中国传统利益观中的合理成分，借鉴西方公共利益观中的有益部分。科学公共利益观是一种和谐包容的利益观，既不主张个人利益无限膨胀，也不主张公共利益无限扩大，而是倡导在公共利益有限优位的前提下各种利益和谐共生。换言之，科学公共利益观并非一种“零和博弈”利益观，而是一种包容公共利益观，倡导不同利益的多元共生；科学公共利益观既不漠视、忽略公共利益，也不虚化、泛化公共利益，而是主张公共利益与其他利益保持适度的张力。

在全面依法治国的新时期，科学公共利益观具有了特殊的法治意蕴，亦需要法治的力量去培育。因此，科学公共利益观倡导不同利益的多元共生，主张公共利益与其他利益保持适度的张力。培育科学公共利益观，增强社会个体的公共意识和公共品格是基础，强化行政机关的决策程序和利益衡量是关键，完善司法机关的个案监督和公益诉讼是保障。

从域外立法实践看,公共利益的独立催生出社会法的产生,推动了法律本位的演进,即从以国家利益为本位到以个人利益为本位再到以公共利益为本位。公共利益通常是法律保留事项,科学公共利益观亦有了特殊的法治意蕴。公共利益的规范化、类型化、层次化和体系化是完善我国公共利益立法的应有之义。公共利益立法内容的变化与中国社会的变迁相一致,是中国客观现实的制度反映,当今公共利益的独立化发展更是对当下环境治理、消费者权益保护、食品安全等社会公共性问题的集中反映。与此同时,学界对公共利益的认识也实现了从同质需求、价值追求到评判标准、制度设计的转变,即实现了从理性主义的抽象思辨到现实主义的社会实践的升华。

就我国而言,公共利益越来越多地出现在立法条文中,以经济法、环境保护法、劳动法、社会保障法等为代表的社会法单行立法日益增多,公益诉讼立法亦开始出现,公共利益独立性逐步显现。从时间维度看,我国公共利益立法大致经过了 3 个阶段:第一个阶段为公共利益一元化立法阶段,第二阶段为公共利益泛化弱化立法阶段,第三阶段为公共利益独立化立法阶段。随着社会结构进入多元化利益格局,国家立法亦相应地进入多元化阶段,公共利益开始泛化、虚化和弱化。保护公共利益应当是我国未来立法的重要导向之一,为此要统一规范公共利益立法表述,创新公共利益立法模式。尤其是要通过类型化立法方法和民主程序界定公共利益范围,明确行政实现公共利益的比例原则,进一步完善公益诉讼制度。

以个人信息保护立法为例,我国个人信息保护立法中的公共利益条款大致可以分为公共利益特殊保护条款和公共利益责任豁免条款两类。在个人信息保护法律关系中,存在不同的利益主体和利益诉求,而各利益单元之间存在一定冲突。根据利益位阶原则,公共利益处于相对优先位置,这奠定了公共利益限制个人信息权益的正当性基础。然而,公共利益模糊性悖论和个人信息权益保护实践困境决定了需要创新国家法治,从而实现个人信息保护中的利益平衡。从宏观角度而言,应当采用个人信息保护综合立法模式,在限制个人信息权益时坚持法律授权原则、目的正当原则、最小比例原则、安全保障原则,优化知情同意程序机制。从微观角度而言,应当从明确公共利益代表主体、界定公共利益的内涵外延、健全个人信息责任救济规则等方面构建公共利益限制个人信息权益的具体规则。

以侵权责任立法为例,我国惩罚性赔偿法律体系已基本建立,形成了违约惩罚性赔偿和侵权惩罚性赔偿二元体系,二者在请求权基础、保护目的、适用条件、法律后果上都有较大区别。将消费欺诈的证明标准从“高度盖然性标准”提高到“排除合理怀疑标准”,增加了消费者的举证负担和诉讼成本。要统一惩罚性赔偿立法,通过“抽象指引+类型列举+兜底条款”方式界定欺诈行为,并注意欺诈行为的民事赔偿责任与其他责任的有效衔接。

以慈善组织立法为例,公信力是慈善组织生存之基,公益性是慈善组织公信力之源。影响慈善组织公信力的因素既包括法治因素,也包括文化因素、体制因素等。我国慈善法律体系已经形成,内容较全面完善,关于慈善组织的法律定位也较为明确,法律实施不到位以及官民二重性是制约我国慈善组织公信力提升的主要原因。官民二重性有悖于慈善组织的民间本性,导致慈善组织的独立性、公益性、运作效率降低,导致对慈善组织监管不力,并进而阻碍慈善事业的健康发展。要以理顺政府和慈善组织的关系为核心,进一步加强慈善法治建设,推动我国慈善的现代转型。在慈善法治建设中,信息公开是前提,创新管理是保障,强化监督是抓手,责任落实是关键。

公共利益法律本位的实现不是一蹴而就的,其不仅要求公共利益立法规范的完善,更要求在执法司法机制中实现增进和保护公共利益。因此,公共利益的保护需要走向更多的实际操作层面。通过对我国公共利益案例司法裁判的梳理,可以发现,我国公益诉讼取得了重大成就,亦存在问题和挑战,需要进一步予以发展和完善。

以消费者欺诈诉讼为例,我国反欺诈立法体系已经初步建立,但缺乏对“欺诈行为”的明确界定。在消费欺诈案件中,惩罚性赔偿责任的认定除涉及欺诈行为的构成要件外,还涉及消费范围的确定、裁判法源的适用、请求权基础、举证责任的分配、证明标准的确立等问题。消费欺诈具有经济法属性,用民法理论分析和解决消费欺诈问题,其结论难免失之偏颇。消费欺诈的认定应当根据主客观一致原则,从主观要件和客观要件两方面着手,并结合具体案情综合评判广告宣传、部分欺诈、网络平台责任等特殊问题。应从宽把握“消费者”概念,逐步认可“知假买假”的合法性,降低欺诈行为的证明标准,推动消费欺诈案件与行政处理的有效衔接。

目前,我国已启动公益诉讼统一化、专门化、体系化立法工作。应通过制定公益诉讼法或修改《行政诉讼法》并发布司法解释等方式,将我国行政公益诉讼司法实践中积累的本土经验提炼成法律规则,从而构建具有中国特色的行政公益诉讼制度。其一,进一步拓展行政公益诉讼受案范围。应当将教育、税收等领域损害公共利益的行为纳入行政公益诉讼范围。其二,选择合适的行政公益诉讼受案范围立法例。行政公益诉讼受案范围立法例属于立法技术问题,可以采取"内涵概括 + 外延列举 + 兜底条款"的立法例,重点在于完善公共利益认定标准规则和行政公益诉讼案件启动标准。行政公益诉讼的启动应当以保护公共利益为核心,在现有"两阶段标准"的基础上,增加最后救济和成熟克制两个要件。其三,进一步扩展行政公益诉讼起诉主体范围。从长远来看,赋予公民、企业等社会个体提起公益诉讼权利是大势所趋,促进公益诉讼与私益诉讼相得益彰,可以采取渐进扩展的法治模式。同时,建立检察机关提起国家监护诉讼制度,赋予检察机关提起国家监护诉讼权力并明确其范围。其四,完善行政公益诉讼程序制度。应从法律高度明确检察建议的适用范围、内涵类型、内容形式、签发程序、法律效力、落实问效和救济途径等具体规则制度。同时,为了实现公共利益诉讼目的,应从诉讼请求规则、裁决规则、上诉规则等方面建立健全我国行政公益诉讼程序制度。另外,应当基于行政公益诉讼裁判执行的特殊性,建立健全执行听证制度、执行回访制度、第三方监督制度等配套制度,从而构建科学合理的行政公益诉讼执行制度。

主要参考文献

一、外文类

1. Andrea Durbach, *Public Interest Litigation*, Alternative Law Journal, Volume 38, 2013.

2. Bryan A. Garner, *Black's Law Dictionary*, 9th ed., West Group, 2009, p. 731.

3. Daniel J. Solove, *Understanding Privacy*, Harvard University Press, 2008, p. 235.

4. David Logan, *Corporate Citizenship in a Global Age*, RSA Journal, Vol. 1, p. 64 – 71 (1998).

5. Deborah Stone, *Policy Paradox: The Art of Political Decision Making*, W. W. Norton Company, Inc., 2001, p. 23.

6. Declan Mc Grath, *Public Interest Privilege*, Dublin University Law Journal, Vol. 22, p. 75 – 90 (2000).

7. K. Yeung, *The Regulatory State*, in The Oxford Handbook of Regulation, eds. by R. Baldwin, Oxford University, 2012, p. 65.

8. Lue Li, *Research on the Regulation of Antiunfair Competition Law to Commercial Defamation*, International Journal of Education and Management, Vol. 1, 2019.

9. Mark Burdon, *Digital Data Collection and Information Privacy Law*, Cambridge University Press, 2020.

10. R. Baldwin, M. Cave & M. Lodge, *Understanding Regulation*, Oxford University, 2011, p. 137.

11. Reidenberg, Joel R., *Resolving Conflicting International Data Privacy Rules in Cyberspace*, Stanford Law Review, Vol. 52, No. 5, p. 1347 (2000).

12. Schweinharl & Lawrence, *The High/Scope Perry Pre-school Study Through Age 40: Summary*, Conclusion, and Frequently Asked Question, p. 2 – 8(2006).

13. Volker Behr, *Punitive Damages in American and German Law-Tendencies towards Approximation of Apparently Irreconcilable Concepts*, Chikent Law Review, Vol. 78, p. 105 – 111(2003).

二、中文专著类

1. [德]迪特尔·梅迪库斯:《德国民法总论》,邵建东译,法律出版社 2000 年版。

2. [德]哈特穆特·毛雷尔:《行政法学总论》,高家伟译,法律出版社 2000 年版。

3. [德]汉斯·J. 沃尔夫等:《行政法》(第 3 卷),高家伟译,商务印书馆 2007 年版。

4. [德]汉斯·普维庭:《德国现代证明责任研究》,吴越译,法律出版社 1998 年版。

5. [德]卡尔·拉伦茨:《法学方法论》,陈爱娥译,商务印书馆 2003 年版。

6. [德]拉德布鲁赫:《法学导论》,米健、朱林译,中国大百科全书出版社 1997 年版。

7. [法]库朗热:《古代城邦》,谭立铸等译,华东师范大学出版社 2006 年版。

8. [法]卢梭:《社会契约论》,何兆武译,商务印书馆 2003 年版。

9. [古罗马]优士丁尼:《法学阶梯》,徐国栋译,中国政法大学出版社 1999 年版。

10. [古希腊]亚里士多德:《政治学》,吴寿彭译,商务印书馆 1965 年版。

11. [美]罗伯特·V. 珀西瓦尔:《美国环境法》,赵绘宇译,法律出版社 2014 年版。

12. [美]E. 博登海默:《法理学:法律哲学与法律方法》,邓正来译,中国政法大学出版社 2004 年版。

13. [美]詹姆斯·M. 布坎南、戈登·塔洛克:《同意的计算》,陈光金译,中国社会科学出版社 2000 年版。

14. [美]理查德·A. 波斯纳:《法律的经济学分析》,蒋兆康译,北京大学出版社 1997 年版。

15. [美]罗尔斯:《正义论》,何怀宏等译,中国社会科学出版社 1988 年版。

16. [美]庞德:《通过法律的社会控制》,沈宗灵译,商务印书馆 1984 年版。

17. [美]熊彼特:《资本主义、社会主义和民主主义》,绛枫译,商务印书馆 1979 年版。

18. [意]阿奎那:《阿奎那政治著作选》,马清槐译,商务印书馆 2011 年版。

19. [意]彼得罗·彭梵德:《罗马法教科书》,黄风译,中国政法大学出版社 1992 年版。

20. [英]T. H. 马歇尔、安东尼·吉登斯:《公民身份与社会阶级》,郭忠华、刘训练编,江苏人民出版社 2008 年版。

21. [英]边沁:《道德与立法原理导论》,时殷弘译,商务印书馆 2000 年版。

22. [英]边沁:《政府片论》,沈叔平等译,商务印书馆 1995 年版。

23. [英]哈耶克:《法律、立法与自由》(第 3 卷),邓正来等译,中国大百科全书出版社 2000 年版。

24. [英]哈耶克:《自由秩序原理》,邓正来译,三联书店 1997 年版。

25. [英]霍布斯:《利维坦》,黎思复、黎廷弼译,商务印书馆 1985 年版。

26. [英]洛克:《政府论》(下),叶启芳、瞿菊农译,商务印书馆 2003 年版。

27. [英]迈克·费恩塔克:《规制中的公共利益》,戴昕译,龚捷校,中国人民大学出版社 2014 年版。

28. [英]密尔:《功利主义》,叶建新译,九州出版社 2007 年版。

29. [英]尼尔·麦考密克:《法律推理与法律理论》,姜峰译,法律出版社 2005 年版。

30. [英]亚当·斯密:《国民财富的性质和原因研究》(上),郭大力等译,商务印书馆 1981 年版。

31. 蔡维力:《环境诉权初探》,中国政法大学出版社 2010 年版。

32. 陈贵民:《现代行政法的基本理念》,山东人民出版社 2004 年版。

33. 陈锐雄:《民法总则新论》,台北,三民书局 1982 年版。

34. 陈新民:《德国公法学基础理论》(上卷),法律出版社 2010 年版。

35. 董皞主编:《民事执行策略与方法》,人民法院出版社 2009 年版。

36. 公丕祥:《马克思法哲学思想述论》,河南人民出版社 1992 年版。

37. 郭瑜:《个人数据保护法研究》,北京大学出版社 2012 年版。

38. 何勤华主编:《西方法律思想史》,复旦大学出版社 2005 年版。

39. 纪建文:《知情权:从制度到社会控制》,法律出版社 2012 年版。

40. 季卫东:《法律程序的意义——对中国法制建设的另一种思考》,中国法制出版社 2004 年版。

41. 江伟、邵明、陈刚:《民事诉权研究》,法律出版社 2002 年版。

42. 李晓丽:《法院证据调查制度研究》,中国政法大学出版社 2014 年版。

43. 刘杰:《知情权与信息公开法》,清华大学出版社 2005 年版。

44. 刘学在:《民事公益诉讼制度研究》,中国政法大学出版社 2015 年版。

45. 吕忠梅等:《环境司法专门化》,法律出版社 2017 年版。

46. 谭秋桂:《民事执行法学》,北京大学出版社 2015 年版。

47. 王灿发:《环境法学教程》,中国政法大学出版社 1997 年版。

48. 王利明:《合同法新问题研究》,中国社会科学出版社 2011 年版。

49. 王彦昕、周云主编:《生态文明下的环境资源法治建设》,中国人民公安大学出版社 2010 年版。

50. 吴如巧:《民事证据收集制度的构建》,中国人民公安大学出版社 2011 年版。

51. 谢伟:《环境公益诉权研究》,中国政法大学出版社 2016 年版。

52. 颜运秋:《公益诉讼理念与实践研究》,法律出版社 2019 年版。

53. 俞可平:《社群主义》,中国社会科学出版社 1998 年版。

54. 翟宏丽:《医事民事诉讼证据协力义务研究》,中国政法大学出版社 2014 年版。

55. 张文显:《法理学》,北京大学出版社、高等教育出版社 1994 年版。

56. 蔡震荣:《行政法理论与基本人权之保障》,台北,五南图书出版公司 1999 年版。

三、中文期刊类

1. [德]温弗里德·布鲁格:《公共利益、法律的具体化与释法》,娄宇译,载《比较法研究》2012 年第 3 期。

2. 白明华:《新〈食品安全法〉中企业社会责任的深化》,载《时代法学》2016 年第 2 期。

3. 鲍绍坤:《社会组织及其法制化研究》,载《中国法学》2017 年第 1 期。

4. 毕素华:《中国语境下社会组织与政府关系再探讨:以慈善机构为例》,载《山东社会科学》2017 年第 1 期。

5. 蔡慧永:《虚假网络流量法律问题刍议——兼论不正当竞争行为的评判标准》,载《法学杂志》2019 年第 10 期。

6. 蔡巍:《美国个人提起公益诉讼的程序和制度保障》,载《当代法学》2007 年第 4 期。

7. 曹俊金、阮赞林:《〈食品安全法〉中惩罚性赔偿条款适用的实证分析》,载《天津法学》2015 年第 2 期。

8. 曾祥华:《必要、困难与前提:也谈公共利益的界定》,载《江南大学学报(人文社会科学版)》2009 年第 1 期。

9. 曾晓阳:《"第四权力"的法理思考——以公法与私法相互融合为视域》,载《甘肃政法学院学报》2009 年第 5 期。

10. 查云飞:《健康码:个人疫情风险的自动化评级与利用》,载《浙江学刊》2020 年第 3 期。

11. 陈海嵩:《中国环境法治中的政党、国家与社会》,载《法学研究》2018 年第 3 期。

12. 陈虹:《环境公益诉讼功能研究》,载《法商研究》2009 年第 1 期。

13. 陈季修、刘智勇:《我国食品安全的监管体制研究》,载《中国行政管理》2010 年第 8 期。

14. 陈景辉:《比例原则的普遍化与基本权利的性质》,载《中国法学》2017 年第 5 期。

15. 陈年冰:《大规模侵权与惩罚性赔偿——以风险社会为背景》,载《西北大学学报(哲学社会科学版)》2010 年第 6 期。

16. 陈年冰:《重视惩罚性赔偿制度的激励功能——以〈消费者权益保护法〉中

的惩罚性赔偿制度为例》,载《西北大学学报(哲学社会科学版)》2013 年第 2 期。

17. 陈鹏、高源:《我国学前教育立法的现实诉求与基本问题观照》,载《陕西师范大学学报(哲学社会科学版)》2017 年第 6 期。

18. 陈天祥、黄宝强:《沉寂与复兴:公共行政中的公共利益理论》,载《中山大学学报(社会科学版)》2019 年第 4 期。

19. 陈婉玲:《法律监管抑或权力监管——经济法"市场监管法"定性分析》,载《现代法学》2014 年第 3 期。

20. 陈贤贵:《论消极事实的举证证明责任——以〈民诉法解释〉第 91 条为中心》,载《当代法学》2017 年第 5 期。

21. 陈彦丽:《食品安全社会共治机制研究》,载《学术交流》2014 年第 9 期。

22. 陈燕红:《论消费者知情权的权利实现》,载《暨南学报(哲学社会科学版)》2013 年第 11 期。

23. 陈云良:《反垄断民事公益诉讼:消费者遭受垄断损害的救济之路》,载《现代法学》2018 年第 5 期。

24. 陈云良:《健康权的规范构造》,载《中国法学》2019 年第 5 期。

25. 陈征:《基本权利的国家保护义务功能》,载《法学研究》2008 年第 1 期。

26. 程关松:《个人信息保护的中国权利话语》,载《法学家》2019 年第 5 期。

27. 程书锋:《文书提出命令制度研究与本土借鉴》,载《社会科学家》2018 年第 5 期。

28. 程子薇:《诋毁商誉行为的反不正当竞争法规制研究》,载《江淮论坛》2019 年第 3 期。

29. 迟颖:《商品房销售虚假宣传之惩罚性赔偿责任》,载《法学》2015 年第 10 期。

30. 崔广平:《欺诈概念辨析》,载《河北法学》2003 年第 2 期。

31. 邓刚宏:《构建食品安全社会共治模式的法治逻辑与路径》,载《南京社会科学》2015 年第 2 期。

32. 邓可祝:《论环境民事公益诉讼中的赔礼道歉——基于性质界定与功能优化的视角》,载《辽宁师范大学学报(社会科学版)》2021 年第 1 期。

33. 底志欣:《马克思主义利益观的当代价值》,载《前线》2016 年第 12 期。

34. 丁惠平、王嘉渊:《中国传统民间慈善组织及其运行机制——一个历史社会学的视角》,载《福建论坛(人文社会科学版)》2019 年第 12 期。

35. 丁晓东:《个人信息私法保护的困境与出路》,载《法学研究》2018 年第 6 期。

36. 董保华、郑少华:《社会法——对第三法域的探索》,载《华东政法学院学报》1999 年第 1 期。

37. 董成惠:《从信息不对称看消费者知情权》,载《海南大学学报(人文社会科学版)》2006 年第 1 期。

38. 董春华:《美国产品责任法中的惩罚性赔偿》,载《比较法研究》2008 年第 6 期。

39. 董圣足:《我国民办教育治理制度:变革与创新》,载《华东师范大学学报(教育科学版)》2017 年第 6 期。

40. 董文军:《论我国〈消费者权益保护法〉中的惩罚性赔偿》,载《当代法学》2006 年第 2 期。

41. 窦海阳:《环境侵权类型的重构》,载《中国法学》2017 年第 4 期。

42. 杜亚敏:《论欺诈行为实施者"双倍赔偿"理论之重构——对〈消费者权益保护法〉第四十九条规定的思考》,载《广西社会科学》2006 年第 7 期。

43. 范进学:《定义"公共利益"的方法论及概念诠释》,载《法学论坛》2005 年第 1 期。

44. 范进学:《论宪法比例原则》,载《比较法研究》2018 年第 5 期。

45. 范文舟:《论公共利益的公法保护》,载《汕头大学学报》2006 年第 5 期。

46. 范愉:《集团诉讼问题研究——一个比较法社会学的分析》,载《法制与社会发展》2006 年第 1 期。

47. 方明:《个人信息多元保护模式探究》,载《学海》2018 年第 6 期。

48. 房绍坤:《论征收中"公共利益"界定的程序机制》,载《法学家》2010 年第 6 期。

49. 冯浩:《民事执行听证制度改革初探》,载《甘肃政法学院学报》2011 年第 6 期。

50. 冯珏:《安全保障义务与不作为侵权》,载《法学研究》2009 年第 4 期。

51. 冯宪芬、朱昱:《经济法中社会公共利益界定的法哲学思考》,载《人文杂志》2009 年第 3 期。

52. 冯宪芬:《社会公共利益的法律思考》,载《西安交通大学学报(社会科学版)》2009 年第 4 期。

53. 冯晓青、周贺微:《知识产权的公共利益价值取向研究》,载《学海》2019 年第 1 期。

54. 冯洋:《从隐私政策披露看网站个人信息保护——以访问量前 500 的中文网站为样本》,载《当代法学》2019 年第 6 期。

55. 冯蕴强:《"执行听证"之必要与可行》,载《法学杂志》2001 年第 3 期。

56. 冯子轩:《给付行政视角下的学前教育改革法律规制研究》,载《东方法学》2019 年第 1 期。

57. 高飞:《集体土地征收中公共利益条款的法理反思与制度回应》,载《甘肃政法学院学报》2018 年第 1 期。

58. 高富平:《个人信息保护:从个人控制到社会控制》,载《法学研究》2018 年第 3 期。

59. 高富平:《个人信息使用的合法性基础——数据上利益分析视角》,载《比较法研究》2019 年第 2 期。

60. 高庆凯:《"消费者"概念:登场机制与规范构造》,载《法学》2019 年第 10 期。

61. 高圣平:《食品安全惩罚性赔偿制度的立法宗旨与规则设计》,载《法学家》2013 年第 6 期。

62. 高小枚:《论健全慈善监督体制与提升慈善公信力》,载《贵州社会科学》2017 年第 9 期。

63. 高重迎:《消费者权益维护问题解决途径探析》,载《法学杂志》2013 年第 3 期。

64. 巩固:《2015 年中国环境民事公益诉讼的实证分析》,载《法学》2016 年第 9 期。

65. 辜胜阻、刘伟、王建润:《新〈食品安全法〉与食品安全多元共治模式》,载《江海学刊》2015 年第 5 期。

66. 顾向一:《受司法保护的公共利益界定标准及完善——基于环境民事公益诉讼判决的分析》,载《学海》2019 年第 6 期。

67. 顾永景:《新〈食品安全法〉的刑事责任优先》,载《学术探索》2015 年第 12 期。

68. 管华、王君妍:《国外学前教育立法的启示》,载《陕西师范大学学报(哲学社会科学版)》2017 年第 6 期。

69. 管华:《教育法治四十年:回顾与展望》,载《法学评论》2018 年第 4 期。

70. 管华:《学前教育立法应处理好十大关系》,载《湖南师范大学教育科学学报》2019 年第 1 期。

71. 郭道晖:《试论权利与权力的对立统一》,载《法学研究》1990 年第 4 期。

72. 郭明瑞:《"知假买假"受消费者权益保护法保护吗?——兼论消费者权益保护法的适用范围》,载《当代法学》2015 年第 6 期。

73. 郭永园、彭福扬:《元治理:现代国家治理体系的理论参照》,载《湖南大学学报(社会科学版)》2015 年第 2 期。

74. 郭忠华:《公民身份的研究范式——理论把握与本土化解释》,载《学海》2009 年第 3 期。

75. 韩大元:《宪法文本中"公共利益"的规范分析》,载《法学论坛》2005 年第 1 期。

76. 侯衍社:《马克思利益观及其在中国的发展创新》,载《新视野》2014 年第 3 期。

77. 胡朝阳、余庆东:《政治哲学视域下的公共利益概念研究》,载《苏州大学学报(哲学社会科学版)》2009 年第 1 期。

78. 胡凤飞:《国家治理现代化与多元利益均衡关系论析》,载《北方论丛》2017 年第 3 期。

79. 胡鸿高:《论公共利益的法律界定——从要素解释的路径》,载《中国法学》2008 年第 4 期。

80. 胡建淼、邢益精:《公共利益概念透析》,载《法学》2004 年第 10 期。

81. 胡凌:《超越代码:从赛博空间到物理世界的控制/生产机制》,载《华东政法大学学报》2018 年第 1 期。

82. 胡吕银:《论诈欺的扩张——兼论消费者保护法上“欺诈行为”的主观要素》,载《苏州大学学报》2002 年第 4 期。

83. 胡吕银:《民事反诈欺制度研究——兼论消费者保护法上“欺诈行为”的构成要件》,载《学海》2002 年第 5 期。

84. 胡敏洁:《〈慈善法〉中的政府促进措施:支持抑或管理?》,载《江淮论坛》2016 年第 4 期。

85. 胡田野:《最新欧盟消费者权益指令的解读与借鉴》,载《河北法学》2012 年第 12 期。

86. 胡卫列、田凯:《检察机关提起行政公益诉讼试点情况研究》,载《行政法学研究》2017 年第 2 期。

87. 胡象明、董琦:《论公共利益及其本质属性》,载《公共管理学报》2006 年第 1 期。

88. 胡学军:《中国式举证责任制度的内在逻辑——以最高人民法院指导案例为中心的分析》,载《法学家》2018 年第 5 期。

89. 黄金荣:《走在法律的边缘——公益诉讼的理念、困境与前景》,载《法制与社会发展》2011 年第 4 期。

90. 黄昆仑:《树立和谐包容的科学利益观》,载《南京政治学院学报》2011 年第 5 期。

91. 黄武双:《不正当比较广告的法律规制》,载《中外法学》2017 年第 6 期。

92. 黄先雄:《行政首次判断权理论及其适用》,载《行政法学研究》2017 年第 5 期。

93. 黄学贤:《公共利益界定的基本要素及应用》,载《法学》2004 年第 10 期。

94. 黄有丽:《“公共利益”的法律界定》,载《学术交流》2008 年第 4 期。

95. 黄忠顺:《中国民事公益诉讼年度观察报告(2016)》,载《当代法学》2017 年第 6 期。

96. 黄忠顺:《惩罚性赔偿消费公益诉讼研究》,载《中国法学》2020 年第 1 期。

97. 霍海红:《提高民事诉讼证明标准的理论反思》,载《中国法学》2016 年第 2 期。

98. 霍力岩、沙莉、郑艳:《世界部分国家学前教育基本属性的比较研究》,载《比较教育研究》2011 年第 6 期。

99. 季美君:《检察机关提起行政公益诉讼的路径》,载《中国法律评论》2015 年第 3 期。

100. 冀玮:《论〈食品安全法〉"累加处罚"条款的法律适用》,载《行政法学研究》2019 年第 5 期。

101. 冀洋:《法益保护原则:立法批判功能的证伪》,载《政治与法律》2019 年第 10 期。

102. 江必新、徐庭祥:《行政诉讼客观证明责任分配的基本规则》,载《中外法学》2019 年第 4 期。

103. 江帆、朱战威:《惩罚性赔偿:规范演进、社会机理与未来趋势》,载《学术论坛》2019 年第 3 期。

104. 江帆:《商誉与商誉侵权的竞争法规制》,载《比较法研究》2005 年第 5 期。

105. 江国华:《PPP 模式中的公共利益保护》,载《政法论丛》2018 年第 6 期。

106. 姜明安:《公众参与与行政法治》,载《中国法学》2004 年第 2 期。

107. 蒋红珍:《正当程序原则司法适用的正当性:回归规范立场》,载《中国法学》2019 年第 3 期。

108. 蒋慧:《论我国食品安全监管的症结和出路》,载《法律科学(西北政法大学学报)》2011 年第 6 期。

109. 蒋悟真、魏舒卉:《迈向现代慈善:我国〈慈善法〉文本的规范分析》,载《政法论丛》2017 年第 2 期。

110. 蒋悟真:《市场监管法治的法哲学省察》,载《法学》2013 年第 10 期。

111. 蒋孝军:《传统"群己之辩"的展开及其终结》,载《哲学动态》2011 年第 9 期。

112. 金福海:《论惩罚性赔偿责任的性质》,载《法学论坛》2004 年第 3 期。

113. 金耀:《个人信息去身份的法理基础与规范重塑》,载《法学评论》2017 年第

3 期。

114. 景跃进:《演化中的利益协调机制:挑战与前景》,载《江苏行政学院学报》2011 年第 4 期。

115. 敬力嘉:《信息网络犯罪中集体法益保护范围的扩张与限度》,载《政治与法律》2019 年第 11 期。

116. 鞠成伟:《论社会权利保障的理论基础及制度创新》,载《求是学刊》2014 年第 1 期。

117. 孔东菊:《论惩罚性赔偿在我国立法中的确立和完善——从〈消费者权益保护法〉到〈侵权责任法〉》,载《法学杂志》2010 年第 8 期。

118. 孔繁华:《论预防原则在食品安全法中的适用》,载《当代法学》2011 年第 4 期。

119. 孔祥俊:《论反不正当竞争法的现代化》,载《比较法研究》2017 年第 3 期。

120. 孔祥稳、王玎、余积明:《检察机关提起行政公益诉讼试点工作调研报告》,载《行政法学研究》2017 年第 5 期。

121. 雷运龙:《刍议民事执行听证制度的几个问题》,载《法学杂志》2006 年第 6 期。

122. 李斌斌、周行:《论传统利益观、马克思主义利益观及其当代价值》,载《社会主义研究》2008 年第 4 期。

123. 李春成:《公共利益的概念建构评析——行政伦理学的视角》,载《复旦学报(社会科学版)》2003 年第 1 期。

124. 李丹:《论环境损害赔偿立法中的环境公益保护——从环境民事公益诉讼的角度》,载《法学论坛》2005 年第 5 期。

125. 李芬莲:《虚假宣传不当竞争行为判定的新思考——从广药集团诉加多宝虚假宣传案谈起》,载《法学杂志》2013 年第 5 期。

126. 李浩:《论检察机关在民事公益诉讼中的地位》,载《法学》2017 年第 11 期。

127. 李慧敏:《我国慈善法人治理结构科层化的新制度主义分析》,载《中国行政管理》2018 年第 7 期。

128. 李剑:《论知假买假的逻辑基础、价值理念与制度建构》,载《当代法学》

2016年第6期。

129. 李健:《慈善组织信息公开何以可能?——基于PP-DADI模型的综合分析》,载《吉林大学社会科学学报》2018年第2期。

130. 李金元:《对〈消费者权益保护法〉第49条的理解》,载《河北法学》1998年第6期。

131. 李劲、吴永科:《检察机关支持社会组织提起环境民事公益诉讼的法律问题研究——基于最高人民法院司法解释的思考》,载《辽宁大学学报(哲学社会科学版)》2015年第3期。

132. 李菁笛:《食品安全治理的应然逻辑与路径——基于新〈食品安全法〉的分析》,载《新疆社会科学》2016年第6期。

133. 李军、娜迪拉:《教育民事公益诉讼相关问题研究——以新疆为视角》,载《社会科学研究》2017年第2期。

134. 李兰英、龙敏:《也论食品安全监管渎职罪的责任认定》,载《法学评论》2013年第3期。

135. 李梁:《食品安全刑法保护的现状、问题及完善》,载《法学杂志》2012年第9期。

136. 李明发:《论欺诈消费者行为及增加赔偿责任》,载《法律科学(西北政法学院学报)》1997年第6期。

137. 李仁玉、陈超:《知假买假惩罚性赔偿法律适用探析——对〈最高人民法院关于审理食品药品纠纷案件适用法律若干问题的规定〉第3条的解读》,载《法学杂志》2015年第1期。

138. 李适时主编:《中华人民共和国消费者权益保护法释义》,法律出版社2013年版。

139. 李帅:《个人信息公法保护机制的现存问题及完善对策——基于295份行政判决书的定量研究》,载《浙江社会科学》2018年第8期。

140. 李铁根:《民办教育营利性潜在风险的法律规制》,载《教育评论》2006年第1期。

141. 李卫华:《慈善组织的公共责任与信息公开》,载《理论探讨》2017年第

6 期。

142. 李响:《我国食品安全法“十倍赔偿”规定之批判与完善》,载《法商研究》2009 年第 6 期。

143. 李延枫:《论名誉权诉讼中的公共利益原则——基于对公众人物理论的反思》,载《北方法学》2020 年第 1 期。

144. 李延枫:《网络媒体条件下公共言论的特殊保护:从身份到公共利益》,载《河北法学》2019 年第 3 期。

145. 李艳芳、吴凯杰:《论检察机关在环境公益诉讼中的角色与定位——兼评最高人民检察院〈检察机关提起公益诉讼改革试点方案〉》,载《中国人民大学学报》2016 年第 2 期。

146. 李叶叶:《公共利益研究综述》,载《湖南社会科学》2008 年第 2 期。

147. 李友根:《惩罚性赔偿制度的中国模式研究》,载《法制与社会发展》2015 年第 6 期。

148. 李友根:《论经济法视野中的经营者——基于不正当竞争案判例的整理与研究》,载《南京大学学报(哲学·人文科学·社会科学版)》2007 年第 3 期。

149. 梁鸿飞:《“公共利益”的法理逻辑及本土化重探》,载《华中科技大学学报(社会科学版)》2017 年第 5 期。

150. 梁慧星:《论产品制造者、销售者的严格责任》,载《法学研究》1990 年第 5 期。

151. 梁上上:《公共利益与利益衡量》,载《政法论坛》2016 年第 6 期。

152. 梁上上:《利益的层次结构与利益衡量的展开——兼评加藤一郎的利益衡量论》,载《法学研究》2002 年第 1 期。

153. 梁上上:《异质利益衡量的公度性难题及其求解——以法律适用为场域展开》,载《政法论坛》2014 年第 4 期。

154. 林来梵、陈丹:《城市房屋拆迁中的公共利益界定——中美“钉子户”案件的比较》,载《法学》2007 年第 8 期。

155. 林莉红、马立群:《作为客观诉讼的行政公益诉讼》,载《行政法学研究》2011 年第 4 期。

156. 林莉红:《论检察机关提起民事公益诉讼的制度空间》,载《行政法学研究》2018 年第 6 期。

157. 林仪明:《我国行政公益诉讼立法难题与司法应对》,载《东方法学》2018 年第 2 期。

158. 刘保玉、魏振华:《“知假买假”的理论阐释与法律适用》,载《法学论坛》2017 年第 3 期。

159. 刘本荣:《行政公益诉讼的要件分析——以要件事实理论为视角》,载《北方法学》2020 年第 4 期。

160. 刘超:《论环境民事公益诉讼证据调查之展开》,载《江西社会科学》2017 年第 9 期。

161. 刘大洪、段宏磊:《消费者保护领域惩罚性赔偿的制度嬗变与未来改进》,载《法律科学(西北政法大学学报)》2016 年第 4 期。

162. 刘大洪、廖建求、刘建新:《消费信息不对称的法律规制》,载《中国工商管理研究》2004 年第 3 期。

163. 刘德良:《个人信息的财产权保护》,载《法学研究》2007 年第 3 期。

164. 刘飞、孙中伟:《食品安全社会共治:何以可能与何以可为》,载《江海学刊》2015 年第 3 期。

165. 刘光华、张广浩:《祛魅公共利益:基于“价值—工具”法律利益分类范式》,载《兰州大学学报(社会科学版)》2018 年第 4 期。

166. 刘国:《个人信息保护的公法框架研究——以突发公共卫生事件为例》,载《甘肃社会科学》2020 年第 4 期。

167. 刘加良:《小额诉讼程序适用的改进逻辑》,载《法学论坛》2020 年第 1 期。

168. 刘俊海、徐海燕:《论消费者权益保护理念的升华与制度创新——以我国〈消费者权益保护法〉修改为中心》,载《法学杂志》2013 年第 5 期。

169. 刘俊海:《信用责任:正在生长中的第四大法律责任》,载《法学论坛》2019 年第 6 期。

170. 刘俊海:《以重典治乱理念打造〈食品安全法〉升级版》,载《法学家》2013 年第 6 期。

171. 刘康磊:《权利·义务:现行宪法社会权的理解与反思》,载《西南政法大学学报》2012 年第 3 期。

172. 刘璞:《我国学前教育法律制度的建构——以基本权利功能理论为视角》,载《湖南师范大学教育科学学报》2019 年第 1 期。

173. 刘仁春:《多元利益背景下的公共利益:价值与事实的论辩》,载《前沿》2011 年第 22 期。

174. 刘士国、熊静文:《健康医疗大数据中隐私利益的群体维度》,载《法学论坛》2019 年第 3 期。

175. 刘舒杨:《当代功利主义公共利益思想论析》,载《政治学研究》2020 年第 3 期。

176. 刘水林:《经济法是什么——经济法的法哲学反思》,载《政治与法律》2014 年第 8 期。

177. 刘太刚:《公共利益法治论——基于需求溢出理论的分析》,载《法学家》2011 年第 6 期。

178. 刘威:《超越官与民:慈善事业转型与组织生态重构》,载《中州学刊》2015 年第 9 期。

179. 刘威:《冲突与和解——中国慈善事业转型的历史文化逻辑》,载《学术论坛》2014 年第 2 期。

180. 刘伟忠:《论公共政策之公共利益实现的困境》,载《中国行政管理》2007 年第 8 期。

181. 刘蔚文:《论消费者知情权的性质》,载《河北法学》2010 年第 3 期。

182. 刘学在:《民事公益诉讼原告资格解析》,载《国家检察官学院学报》2013 年第 2 期。

183. 刘艳红:《公共空间运用大规模监控的法理逻辑及限度——基于个人信息有序共享之视角》,载《法学论坛》2020 年第 2 期。

184. 刘艺:《构建行政公益诉讼的客观诉讼机制》,载《法学研究》2018 年第 3 期。

185. 刘艺:《检察公益诉讼的司法实践与理论探索》,载《国家检察官学院学报》

2017 年第 2 期。

186. 刘占兰:《学前教育必须保持教育性和公益性》,载《教育研究》2009 年第 5 期。

187. 刘忠定:《一种官民二重的结构模式——社会转型时期的“第三部门”分析》,载《南京师大学报(社会科学版)》2003 年第 3 期。

188. 龙俊:《商业诋毁侵害客体性质研究——以相关裁判文书为考察样本》,载《西南政法大学学报》2019 年第 5 期。

189. 卢代富、陈治:《经济法基础范畴刍议——基于社会法研究进路的思考》,载《云南大学学报(法学版)》2003 年第 4 期。

190. 卢玮:《食品安全法制与伦理耦合机制研究》,载《山东社会科学》2013 年第 11 期。

191. 陆军、杨学飞:《检察机关民事公益诉讼诉前程序实践检视》,载《国家检察官学院学报》2017 年第 6 期。

192. 陆青:《论消费者保护法上的告知义务——兼评最高人民法院第 17 号指导性案例》,载《清华法学》2014 年第 4 期。

193. 罗丽:《我国环境公益诉讼制度的建构问题与解决对策》,载《中国法学》2017 年第 3 期。

194. 罗培新:《论世行营商环境评估“获得信贷”指标得分的修法路径——以我国民法典颁布为契机》,载《东方法学》2020 年第 1 期。

195. 吕凤国、苏福:《论环境民事公益诉讼案件执行制度的建构》,载《法律适用》2019 年第 1 期。

196. 吕鑫:《法律中的慈善》,载《清华法学》2016 年第 6 期。

197. 吕鑫:《政府开展慈善的正当性反思——以〈慈善法〉第三十条为切入点》,载《浙江社会科学》2016 年第 12 期。

198. 吕忠梅、廖华:《论社会利益及其法律调控——对经济法基础的再认识》,载《郑州大学学报(哲学社会科学版)》2003 年第 1 期。

199. 吕忠梅:《环境司法理性不能止于“天价”赔偿:泰州环境公益诉讼案评析》,载《中国法学》2016 年第 3 期。

200. 吕忠梅:《新时代环境法学研究思考》,载《中国政法大学学报》2018 年第 4 期。

201. 麻宝斌、贾茹:《程序性公共利益及其现实应用》,载《理论探索》2019 年第 4 期。

202. 麻宝斌:《公共利益与政府职能》,载《公共管理学报》2004 年第 1 期。

203. 马聪:《从一般预防理论看〈中华人民共和国食品安全法(草案)〉》,载《河北法学》2008 年第 10 期。

204. 马强:《消费者权益保护法惩罚性赔偿条款适用中引发问题之探讨——以修订后的我国〈消费者权益保护法〉实施一年来之判决为中心》,载《政治与法律》2016 年第 3 期。

205. 马颜昕:《自动化行政的分级与法律控制变革》,载《行政法学研究》2019 年第 1 期。

206. 马一德:《虚假宣传构成欺诈之认定》,载《法律科学(西北政法大学学报)》2014 年第 6 期。

207. 马长山:《当下中国的公共领域重建与治理法治化变革》,载《法制与社会发展》2015 年第 3 期。

208. 买木提明·热西提、沈伟:《间接征收语境下公共利益的多重维度及比例原则的解释路径》,载《中南大学学报(社会科学版)》2020 年第 4 期。

209. 梅夏英:《数据的法律属性及其民法定位》,载《中国社会科学》2016 年第 9 期。

210. 莫纪宏、张毓华:《诉权是现代法治社会第一制度性权利》,载《法学杂志》2002 年第 4 期。

211. 倪斐:《公共利益法律化——基于思想流变的中西方考察》,载《江海学刊》2017 年第 2 期。

212. 聂帅钧:《我国学前儿童受教育权法律保障机制的完善——基于国家义务的视角》,载《河北法学》2018 年第 8 期。

213. 潘俊:《消费者合同中经营者告知义务的法律构造》,载《中南大学学报(社会科学版)》2018 年第 1 期。

214. 潘懋元等:《中国民办教育四十年专题笔谈》,载《华南师范大学学报(社会科学版)》2018 年第 6 期。

215. 潘志玉:《论民法上的公共利益》,载《政法论丛》2008 年第 3 期。

216. 庞丽娟、韩小雨:《中国学前教育立法:思考与进程》,载《北京师范大学学报(社会科学版)》2010 年第 5 期。

217. 庞丽娟:《加快推进〈学前教育法〉立法进程》,载《教育研究》2011 年第 8 期。

218. 彭诚信:《数据利用的根本矛盾何以消除——基于隐私、信息与数据的法理厘清》,载《探索与争鸣》2020 年第 2 期。

219. 戚建刚:《食品危害的多重属性与风险评估制度的重构》,载《当代法学》2012 年第 2 期。

220. 齐爱民、张哲:《识别与再识别:个人信息的概念界定与立法选择》,载《重庆大学学报(社会科学版)》2018 年第 2 期。

221. 齐明山、李彦娅:《公共行政价值、公共利益与公共责任——政府公共权力科学运作的三维构架》,载《学术界》2006 年第 6 期。

222. 钱弘道、吴亮:《论行政征收的公共利益判断》,载《法律科学(西北政法学院学报)》2007 年第 6 期。

223. 钱玉文:《论商品房买卖中惩罚性赔偿责任的法律适用》,载《现代法学》2017 年第 5 期。

224. 钱玉文:《消费者权的法律解释——基于判例与法理视角》,载《法学》2008 年第 8 期。

225. 秦前红、涂云新:《经济、社会、文化权利的可司法性研究——从比较宪法的视角介入》,载《法学评论》2012 年第 4 期。

226. 秦涛、吴义和:《民办幼儿园政府依法监管的困境与出路》,载《湖南师范大学教育科学学报》2019 年第 1 期。

227. 冉克平:《缔约过失责任性质新论——以德国学说与判例的变迁为视角》,载《河北法学》2010 年第 2 期。

228. 任晓林、谢斌:《政府自利性的逻辑悖论》,载《国家行政学院学报》2003 年第6期。

229. 沙莉、庞丽娟:《明确学前教育性质,切实保障学前教育地位——法国免费学前教育法律研究及其对我国的启示》,载《学前教育研究》2010年第9期。

230. 上官丕亮:《论宪法上的社会权》,载《江苏社会科学》2010年第2期。

231. 尚连杰:《“知假买假”的效果证成与文本分析》,载《华东政法大学学报》2015年第1期。

232. 邵国松:《“被遗忘的权利”:个人信息保护的新问题及对策》,载《南京社会科学》2013年第2期。

233. 沈岿:《社会信用体系建设的法治之道》,载《中国法学》2019年第5期。

234. 沈毅龙:《论失信的行政联合惩戒及其法律控制》,载《法学家》2019年第4期。

235. 沈幼伦、黄伟丰:《也谈知假买假索赔的“王海现象”》,载《法学》2002年第8期。

236. 石春雷:《论环境民事公益诉讼中的生态环境修复——兼评最高人民法院司法解释相关规定的合理性》,载《郑州大学学报(哲学社会科学版)》2017年第2期。

237. 石春雷:《职权主义非讼法理在民事公益诉讼中的适用》,载《中南大学学报(社会科学版)》2017年第2期。

238. 石国亮:《慈善组织公信力的影响因素分析》,载《中国行政管理》2014年第5期。

239. 石佳友:《论侵权责任法的预防职能——兼评我国〈侵权责任法(草案)〉(二次审议稿)》,载《中州学刊》2009年第4期。

240. 史际春、蒋媛:《论食品安全卡特尔——一种食品安全法律治理的路径》,载《政治与法律》2014年第8期。

241. 税兵:《惩罚性赔偿的规范构造——以最高人民法院第23号指导性案例为中心》,载《法学》2015年第4期。

242. 税兵:《民办学校“合理回报”之争的私法破解》,载《法律科学(西北政法大学学报)》2008年第5期。

243. 宋亚辉:《个人信息的私法保护模式研究——〈民法总则〉第111条的解释论》,载《比较法研究》2019年第2期。

244. 苏号朋、凌学东:《法国消费欺诈行为的法律规制及借鉴》,载《法学杂志》2013年第4期。

245. 苏立:《英国食品安全立法体系及其启示》,载《理论探索》2010年第2期。

246. 孙笑侠:《论法律与社会利益——对市场经济中公平问题的另一种思考》,载《中国法学》1995年第4期。

247. 唐彬彬:《疫情防控中个人信息保护的边界——一种利益相关者理论的视角》,载《中国政法大学学报》2020年第4期。

248. 唐玉富:《公益诉讼原告主体范围之扩张》,载《浙江工商大学学报》2015年第2期。

249. 田野:《大数据时代知情同意原则的困境与出路——以生物资料库的个人信息保护为例》,载《法制与社会发展》2018年第6期。

250. 涂永前、王晓天:《消费者知情权、政府信息供给义务与我国转基因食品标识制度的完善》,载《学术论坛》2019年第3期。

251. 万方:《我国〈消费者权益保护法〉经营者告知义务之法律适用》,载《政治与法律》2017年第5期。

252. 汪青松:《商事合同效力判定中公共利益条款适用的泛化与矫正》,载《当代法学》2020年第6期。

253. 王保树、邱本:《经济法与社会公共性论纲》,载《法律科学(西北政法学院学报)》2000年第3期。

254. 王博、于连超:《同行监督及其竞争法规制》,载《政法论丛》2017年第3期。

255. 王晨光:《食品安全法制若干基本理论问题思考》,载《法学家》2014年第1期。

256. 王成:《个人信息民法保护的模式选择》,载《中国社会科学》2019年第6期。

257. 王成:《欺诈之意思表示的法律后果》,载《法律科学(西北政法学院学报)》1998年第6期。

258. 王崇敏、郑志涛:《商誉权的法律性质和立法模式探究》,载《当代法学》2018 年第 6 期。

259. 王宏:《论消费者知情权产生和发展的三个阶段》,载《山东社会科学》2012 年第 1 期。

260. 王慧:《环境民事公益诉讼案件执行程序专门化之探讨》,载《甘肃政法学院学报》2018 年第 1 期。

261. 王景斌、张剑平:《论公共利益在我国的立法表达》,载《社会科学战线》2008 年第 3 期。

262. 王景斌:《论公共利益之界定——一个公法学基石性范畴的法理学分析》,载《法制与社会发展》2005 年第 1 期。

263. 王敬波:《政府信息公开中的公共利益衡量》,载《中国社会科学》2014 年第 9 期。

264. 王丽萍:《突破环境公益诉讼启动的瓶颈:适格原告扩张与激励机制构建》,载《法学论坛》2017 年第 3 期。

265. 王利明:《惩罚性赔偿研究》,载《中国社会科学》2000 年第 4 期。

266. 王利明:《美国惩罚性赔偿制度研究》,载《比较法研究》2003 年第 5 期。

267. 王利明:《数据共享与个人信息保护》,载《现代法学》2019 年第 1 期。

268. 王凌皞:《公共利益对个人权利的双维度限制——从公共利益的平等主义构想切入》,载《华东政法大学学报》2016 年第 3 期。

269. 王明远:《论我国环境公益诉讼的发展方向:基于行政权与司法权关系理论的分析》,载《中国法学》2016 年第 1 期。

270. 王琦:《论民事公益诉讼中的证据调查协力义务》,载《政法论丛》2020 年第 5 期。

271. 王全兴、管斌:《经济法与社会法关系初探》,载《现代法学》2003 年第 2 期。

272. 王太高:《公共利益范畴研究》,载《南京社会科学》2005 年第 7 期。

273. 王卫国:《中国消费者保护法上的欺诈行为与惩罚性赔偿》,载《法学》1998 年第 3 期。

274. 王曦:《论环境公益诉讼制度的立法顺序》,载《清华法学》2016 年第 6 期。

275. 王小龙:《论我国食品安全法中风险管理制度的完善》,载《暨南学报(哲学社会科学版)》2013 年第 2 期。

276. 王新生:《执拗的个体权利与无言的公共利益——重庆"最牛钉子户"事件宪法学评析》,载《山东社会科学》2008 年第 4 期。

277. 王秀卫:《我国环境民事公益诉讼举证责任分配的反思与重构》,载《法学评论》2019 年第 2 期。

278. 王秀哲:《大数据时代个人信息法律保护制度之重构》,载《法学论坛》2018 年第 6 期。

279. 王一:《权利视角下社会福利观的演进与反思》,载《社会科学战线》2015 年第 9 期。

280. 王翼妍、满洪杰:《论环境民事公益诉讼原告资格的实践扩张》,载《法律适用》2017 年第 7 期。

281. 魏建国:《"非营利"内涵的立法界定及其对民办教育发展的意义——从〈慈善法〉出台到〈民办教育促进法〉修改》,载《华中师范大学学报(人文社会科学版)》2017 年第 1 期。

282. 魏旭:《生态修复制度基本范畴初探》,载《甘肃政法学院学报》2016 年第 1 期。

283. 吴汉东:《论商誉权》,载《中国法学》2001 年第 3 期。

284. 吴宏洛:《中国特色慈善事业的历史演进与发展路径》,载《东南学术》2016 年第 1 期。

285. 吴杰:《英美法系民事诉讼证明标准理论基础研究》,载《法律科学(西北政法学院学报)》2003 年第 4 期。

286. 吴俊:《中国民事公益诉讼年度观察报告(2017)》,载《当代法学》2018 年第 5 期。

287. 吴乐乐:《社会转型期多元利益立法协调的宪政逻辑研究》,载《郑州大学学报(哲学社会科学版)》2011 年第 1 期。

288. 吴鹏:《生态修复法律概念之辩及其制度完善对策》,载《中国地质大学学报(社会科学版)》2018 年第 1 期。

289. 吴鹏:《最高法院司法解释对生态修复制度的误解与矫正》,载《中国地质大学学报(社会科学版)》2015 年第 4 期。

290. 吴惟予:《生态环境损害赔偿中的利益代表机制研究——以社会公共利益与国家利益为分析工具》,载《河北法学》2019 年第 3 期。

291. 吴伟光:《大数据技术下个人数据信息私权保护论批判》,载《政治与法律》2016 年第 7 期。

292. 吴元元:《信息基础、声誉机制与执法优化——食品安全治理的新视野》,载《中国社会科学》2012 年第 6 期。

293. 奚庆:《论欺骗性商业宣传行为与商业诋毁行为的竞合——〈中华人民共和国反不正当竞争法〉第 5 条第 4 项、第 9 条规定与第 14 条规范竞合的研究》,载《河海大学学报(哲学社会科学版)》2006 年第 1 期。

294. 夏伟:《对法益批判立法功能的反思与确认》,载《政治与法律》2020 年第 7 期。

295. 肖斌:《〈消费者权益保护法〉中"欺诈行为"的认定》,载《河北法学》2015 年第 10 期。

296. 肖斌:《论〈消费者权益保护法〉惩罚性赔偿制度的发展——以功能实现为视角》,载《理论月刊》2015 年第 8 期。

297. 肖峰、陈科林:《我国食品安全惩罚性赔偿立法的反思与完善——以经济法义务民事化归责的制度困境为视角》,载《法律科学(西北政法大学学报)》2018 年第 2 期。

298. 肖峰:《〈消费者权益保护法〉中"欺诈"的解释方法改进》,载《法律科学(西北政法大学学报)》2020 年第 2 期。

299. 肖江平:《经营者产品质量义务的法理逻辑和法律表达——以我国〈产品质量法〉的修订为视角》,载《政治与法律》2019 年第 12 期。

300. 肖顺武:《论消费者权益保护法的谦抑性》,载《法商研究》2019 年第 5 期。

301. 谢晖:《论规范分析方法》,载《中国法学》2009 年第 2 期。

302. 谢琳:《大数据时代个人信息使用的合法利益豁免》,载《政法论坛》2019 年第 1 期。

303. 谢晓尧:《论商业诋毁》,载《中山大学学报(社会科学版)》2001 年第 5 期。

304. 谢晓尧:《欺诈:一种竞争法的理论诠释——兼论〈消费者权益保护法〉第 49 条的适用与完善》,载《现代法学》2003 年第 2 期。

305. 邢会强:《信息不对称的法律规制——民商法与经济法的视角》,载《法制与社会发展》2013 年第 2 期。

306. 邢昕:《行政公益诉讼启动标准:基于 74 份裁判文书的省思》,载《行政法学研究》2018 年第 6 期。

307. 邢永富:《教育公益性原则略论》,载《北京师范大学学报(人文社会科学版)》2001 年第 2 期。

308. 徐海燕:《公共利益与拆迁补偿:从重庆最牛"钉子户"案看〈物权法〉第 42 条的解释》,载《法学评论》2007 年第 4 期。

309. 徐孟洲、谢增毅:《论消费者及消费者保护在经济法中的地位——"以人为本"理念与经济法主体和体系的新思考》,载《现代法学》2005 年第 4 期。

310. 徐全兵:《检察机关提起行政公益诉讼的职能定位与制度构建》,载《行政法学研究》2017 年第 5 期。

311. 徐以祥、王宏:《论我国环境民事公益诉讼赔偿数额的确定》,载《法学杂志》2017 年第 3 期。

312. 徐志军、张传伟:《欺诈的界分》,载《政法论坛》2006 年第 4 期。

313. 许德风:《论瑕疵责任与缔约过失责任的竞合》,载《法学》2006 年第 1 期。

314. 许尚豪:《如何保持中立:民事公益诉讼中法院的职权角色研究》,载《政治与法律》2017 年第 9 期。

315. 许中缘:《论商誉权的人格权法保护模式——以我国人格权法的制定为视角》,载《现代法学》2013 年第 4 期。

316. 薛冰:《个人偏好与公共利益的形成——兼论阿罗不可能定理》,载《西北大学学报(哲学社会科学版)》2003 年第 4 期。

317. 薛刚凌、杨欣:《论我国行政诉讼构造:"主观诉讼"抑或"客观诉讼"?》,载《行政法学研究》2013 年第 4 期。

318. 颜冬铌:《征收中公共利益司法判断的新路径》,载《政治与法律》2020 年第

12 期。

319. 颜海娜:《我国食品安全监管体制改革——基于整体政府理论的分析》,载《学术研究》2010 年第 5 期。

320. 颜佳华、吕炜:《协商治理、协作治理、协同治理与合作治理概念及其关系辨析》,载《湘潭大学学报(哲学社会科学版)》2015 年第 2 期。

321. 颜运秋:《论法律中的公共利益》,载《政法论丛》2004 年第 5 期。

322. 阳建勋:《我国金融机构惩罚性赔偿责任落空的反思与制度完善》,载《法律科学(西北政法大学学报)》2019 年第 5 期。

323. 杨达、王昕:《消费欺诈认定的认识统一与标准重整——兼谈职业打假及“假打”的应对》,载《科学·经济·社会》2018 年第 2 期。

324. 杨会新:《去公共利益化与案件类型化——公共利益救济的另一条路径》,载《现代法学》2014 年第 4 期。

325. 杨立新:《〈消费者权益保护法〉规定惩罚性赔偿责任的成功与不足及完善措施》,载《清华法学》2010 年第 3 期。

326. 杨立新:《商品欺诈惩罚性赔偿责任适用范围争议之我见》,载《江汉论坛》2017 年第 1 期。

327. 杨立新:《我国消费者保护惩罚性赔偿的新发展》,载《法学家》2014 年第 2 期。

328. 杨立新:《消费欺诈行为及侵权责任承担》,载《清华法学》2016 年第 4 期。

329. 杨相琴:《马克思主义的利益观探究》,载《理论月刊》2010 年第 9 期。

330. 杨晓培:《从身份到契约:食品安全共治主体协同之进阶》,载《江西社会科学》2017 年第 7 期。

331. 杨寅:《公共利益的程序主义考量》,载《法学》2004 年第 10 期。

332. 杨永波、张悦:《一事不再理原则在我国民事诉讼中的适用》,载《法律适用》2005 年第 9 期。

333. 姚国艳:《论我国食品安全风险交流制度的完善——兼议〈食品安全法〉第 23 条》,载《东方法学》2016 年第 3 期。

334. 姚辉、雷震文:《文艺批评中的名誉权界限》,载《东方法学》2011 年第 6 期。

335. 叶金强:《论侵权损害赔偿范围的确定》,载《中外法学》2012 年第 1 期。

336. 叶增胜:《推定、倒置抑或第三条道路——环境污染侵权中因果关系举证责任分配研究》,载《社会科学家》2017 年第 8 期。

337. 尹志强:《我国民事法律中是否需要导入惩罚性赔偿制度》,载《法学杂志》2006 年第 3 期。

338. 应飞虎:《从信息视角看经济法基本功能》,载《现代法学》2001 年第 6 期。

339. 应飞虎:《禁止抑或限制?——知假买假行为规制研究》,载《法学评论》2019 年第 4 期。

340. 应飞虎:《论结果导向的信息披露》,载《中国社会科学》2019 年第 5 期。

341. 应飞虎:《消费者评价制度研究》,载《政法论丛》2018 年第 1 期。

342. 于安:《发展导向的〈行政诉讼法〉修订问题》,载《华东政法大学学报》2012 年第 2 期。

343. 于达尔汗:《论消费者食品安全知情权保护的立法完善》,载《苏州大学学报(哲学社会科学版)》2018 年第 5 期。

344. 于杨曜:《比较与借鉴:美国食品安全监管模式特点以及新发展》,载《华东理工大学学报(社会科学版)》2012 年第 1 期。

345. 余军:《"公共利益"的论证方法探析》,载《当代法学》2012 年第 4 期。

346. 余雅风:《公共性:民办学校立法分类规范的分析基础》,载《教育研究》2018 年第 3 期。

347. 余中根:《〈民法总则〉法人制度视野下民办高校分类管理存在的问题与解决机制研究》,载《高教探索》2019 年第 1 期。

348. 余中根:《分类管理背景下民办学校退出的法律规制研究》,载《中国人民大学教育学刊》2017 年第 2 期。

349. 余中根:《分类管理视角下我国民办学校退出的法律依据和法律后果探析》,载《天津市教科院学报》2017 年第 3 期。

350. 喻文德:《论食品安全的三重伦理防线》,载《伦理学研究》2011 年第 6 期。

351. 袁康、刘汉广:《公共数据治理中的政府角色与行为边界》,载《江汉论坛》2020 年第 5 期。

352. 袁梦倩:《“被遗忘权”之争:大数据时代的数字化记忆与隐私边界》,载《学海》2015 年第 4 期。

353. 袁学红:《构建我国环境公益诉讼生态修复机制实证研究——以昆明中院的实践为视角》,载《法律适用》2016 年第 2 期。

354. 臧乃康:《群众利益与公共利益的重叠与差别之辨析》,载《江苏社会科学》2013 年第 5 期。

355. 占善刚:《民事诉讼中的程序异议权研究》,载《法学研究》2017 年第 2 期。

356. 张宝、潘鸣航:《环境公益诉讼中“公益”的识别与认定一种反向排除的视角》,载《中南大学学报(社会科学版)》2018 年第 2 期。

357. 张陈果:《论公益诉讼中处分原则的限制与修正——兼论〈新民诉法解释〉第 289、290 条的适用》,载《中外法学》2016 年第 4 期。

358. 张成福、李丹婷:《公共利益与公共治理》,载《中国人民大学学报》2012 年第 2 期。

359. 张锋:《检察环境公益诉讼之诉前程序研究》,载《政治与法律》2018 年第 11 期。

360. 张红:《法人名誉权保护中的利益平衡》,载《法学家》2015 年第 1 期。

361. 张辉:《论环境民事公益诉讼的责任承担方式》,载《法学论坛》2014 年第 6 期。

362. 张俊霞、李春娟:《〈食品安全法〉之食品召回制度适用研究》,载《法学杂志》2010 年第 9 期。

363. 张奇林、管雨蒙:《中国慈善事业的非典型发展与可持续发展》,载《江汉论坛》2015 年第 10 期。

364. 张勍:《公共利益视角下欧洲公共健康制度研究》,载《东岳论丛》2018 年第 7 期。

365. 张炜达、呼啸:《大数据时代下个人信息行政公益诉讼制度之建构》,载《西北大学学报(哲学社会科学版)》2020 年第 4 期。

366. 张卫平:《当事人文书提出义务的制度建构》,载《法学家》2017 年第 3 期。

367. 张武扬:《公共利益界定的实践性思考》,载《法学》2004 年第 10 期。

368. 张新宝、李倩:《惩罚性赔偿的立法选择》,载《清华法学》2009 年第 4 期。

369. 张新宝:《〈民法总则〉个人信息保护条文研究》,载《中外法学》2019 年第 1 期。

370. 张新宝:《从隐私到个人信息:利益再衡量的理论与制度安排》,载《中国法学》2015 年第 3 期。

371. 张新宝:《个人信息收集:告知同意原则适用的限制》,载《比较法研究》2019 年第 6 期。

372. 张新宝、汪榆淼:《污染环境与破坏生态侵权责任的再法典化思考》,载《比较法研究》2016 年第 5 期。

373. 张雪帆、何艳玲:《公权限制财产权的合法性辨析:兼论城市治理中的"公共利益"》,载《南京社会科学》2019 年第 1 期。

374. 张勇:《论大数据背景下涉疫情个人信息的法律保护》,载《河南社会科学》2020 年第 4 期。

375. 张占江:《不正当竞争行为认定范式的嬗变从"保护竞争者"到"保护竞争"》,载《中外法学》2019 年第 1 期。

376. 张忠民:《论转基因食品标识制度的法理基础及其完善》,载《政治与法律》2016 年第 5 期。

377. 章剑生:《论行政公益诉讼的证明责任及其分配》,载《浙江社会科学》2020 年第 1 期。

378. 赵春:《生态修复机制在环境司法中的实现路径探究》,载《辽宁师范大学学报(社会科学版)》2017 年第 2 期。

379. 赵爽、王中政:《论我国环境民事公益诉讼裁判的执行——基于最高人民法院环境民事公益诉讼典型案例的思考》,载《行政与法》2019 年第 1 期。

380. 赵信会、祝文莉:《未成年人权益的检察保护——以检察机关提起国家监护诉讼为例》,载《中国青年社会科学》2017 年第 1 期。

381. 郑秉文:《社会权利:现代福利国家模式的起源与诠释》,载《山东大学学报(哲学社会科学版)》2005 年第 2 期。

382. 郑风田、胡文静:《从多头监管到一个部门说话:我国食品安全监管体制急待重塑》,载《中国行政管理》2005 年第 12 期。

383. 郑少华:《社会经济法散论》,载《法商研究(中南政法学院学报)》2001 年第 4 期。

384. 郑学林、林文学、王展飞:《〈最高人民法院关于审理环境民事公益诉讼案件适用法律若干问题的解释〉的理解和适用》,载《人民司法》2015 年第 5 期。

385. 周翠:《〈侵权责任法〉体系下的证明责任倒置与减轻规范与德国法比较》,载《中外法学》2010 年第 5 期。

386. 周桂勋、赵颖、明翠翠:《学前教育事业发展的公平之维——罗尔斯正义论的视角》,载《陕西学前师范学院学报》2018 年第 2 期。

387. 周汉华:《个人信息保护的法律定位》,载《法商研究》2020 年第 3 期。

388. 周汉华:《探索激励相容的个人数据治理之道——中国个人信息保护法的立法方向》,载《法学研究》2018 年第 2 期。

389. 周杰普:《论公司参与人的环境损害赔偿责任》,载《政治与法律》2017 年第 5 期。

390. 周秋光、曾桂林:《中国慈善立法:历史、现状及建议》,载《南京社会科学》2014 年第 12 期。

391. 周骁然:《论环境民事公益诉讼中惩罚性赔偿制度的构建》,载《中南大学学报(社会科学版)》2018 年第 2 期。

392. 周雄伟、刘鹏超、陈晓红:《信息不对称条件下双寡头市场中质量差异化产品虚假信息问题研究》,载《中国管理科学》2016 年第 3 期。

393. 周勇飞、高利红:《多元程序进路下环境公共利益司法体系的整合与型构》,载《郑州大学学报(哲学社会科学版)》2020 年第 5 期。

394. 周志忍:《经济全球化挑战与政府观念》,载《中国行政管理》2001 年第 1 期。

395. 周忠华、黄芳:《慈善文化的多层性与核心价值观的引领》,载《中州学刊》2017 年第 10 期。

396. 朱广新:《惩罚性赔偿制度的演进与适用》,载《中国社会科学》2014 年第 3 期。

397. 朱继萍:《法律规范的意义、结构及表达——一种实证的分析理论》,载《法律科学(西北政法学院学报)》2007 年第 4 期。

398. 朱谦:《环境公共利益的宪法确认及其保护路径选择》,载《中州学刊》2019 年第 8 期。

399. 朱新力、余军:《行政法视域下权力清单制度的重构》,载《中国社会科学》2018 年第 4 期。

400. 朱岩:《社会基础变迁与民法双重体系建构》,载《中国社会科学》2010 年第 6 期。

四、中文报纸类

1. 徐日丹、贾阳:《依法履职稳步推进公益诉讼改革试点工作——最高人民检察院相关负责人解读〈检察机关提起公益诉讼改革试点方案〉》,载《检察日报》2015 年 7 月 3 日,第 2 版。

2. 马怀德:《行政公益诉讼制度,从理论走向现实》,载《检察日报》2015 年 7 月 3 日,第 3 版。

3. 刘婧:《最高法发布十件环境公益诉讼典型案例》,载《人民法院报》2017 年 3 月 8 日,第 1 版。

4. 汤维建:《处理好四对关系　深入推进公益诉讼系》,载《检察日报》2017 年 4 月 10 日,第 3 版。

5. 万进福:《行政公益诉讼中的举证责任分配》,载《人民法院报》2017 年 9 月 27 日,第 6 版。